Aprende rápidamente el alemán

A pesar de haber puesto el máximo cuidado en la redacción de esta obra, el autor o el editor no pueden en modo alguno responsabilizarse por las informaciones (fórmulas, recetas, técnicas, etc.) vertidas en el texto. Se aconseja, en el caso de problemas específicos —a menudo únicos— de cada lector en particular, que se consulte con una persona cualificada para obtener las informaciones más completas, más exactas y lo más actualizadas posible. EDITORIAL DE VECCHI, S. A. U.

© Editorial De Vecchi, S. A. 2018
© [2018] Confidential Concepts International Ltd., Ireland
Subsidiary company of Confidential Concepts Inc, USA
ISBN: 978-1-68325-736-3

El Código Penal vigente dispone: «Será castigado con la pena de prisión de seis meses a dos años o de multa de seis a veinticuatro meses quien, con ánimo de lucro y en perjuicio de tercero, reproduzca, plagie, distribuya o comunique públicamente, en todo o en parte, una obra literaria, artística o científica, o su transformación, interpretación o ejecución artística fijada en cualquier tipo de soporte o comunicada a través de cualquier medio, sin la autorización de los titulares de los correspondientes derechos de propiedad intelectual o de sus cesionarios. La misma pena se impondrá a quien intencionadamente importe, exporte o almacene ejemplares de dichas obras o producciones o ejecuciones sin la referida autorización». (Artículo 270)

Kirsten Eger

APRENDE RÁPIDAMENTE EL ALEMÁN

ÍNDICE

Introducción 9
La pronunciación y el alfabeto alemán. 11
Cómo obtener el máximo rendimiento de este libro 15

PRIMERA PARTE. LECCIONES 17

Unidad uno
Erste Lektion 19
    Lectura *(Lesetext)* 19
    Cuestiones gramaticales 20
    Vocabulario. 23
    Ejercicios 24

Unidad dos
Zweite Lektion 25
    Lectura *(Lesetext)* 25
    Cuestiones gramaticales 26
    Vocabulario. 32
    Ejercicios 33

Unidad tres
Dritte Lektion 34
    Lectura *(Lesetext)* 34
    Cuestiones gramaticales 35
    Vocabulario. 44
    Ejercicios 46

Unidad cuatro
Vierte Lektion 47
    Lectura *(Lesetext)* 47

    Cuestiones gramaticales 48
    Vocabulario. 60
    Ejercicios. 61

UNIDAD CINCO
Fünfte Lektion
    Lectura *(Lesetext)* 62
    Cuestiones gramaticales 63
    Vocabulario. 71
    Ejercicios. 72

UNIDAD SEIS
Sechste Lektion 75
    Lectura *(Lesetext)* 75
    Cuestiones gramaticales 76
    Vocabulario. 93
    Ejercicios. 95

UNIDAD SIETE
Siebte Lektion 96
    Lectura *(Lesetext)* 96
    Cuestiones gramaticales 97
    Vocabulario. 103
    Ejercicios. 105

UNIDAD OCHO
Achte Lektion 107
    Lectura *(Lesetext)* 107
    Cuestiones gramaticales 110
    Vocabulario. 115
    Ejercicios. 116

UNIDAD NUEVE
Neunte Lektion 118
    Lectura *(Lesetext)* 118
    Cuestiones gramaticales 126
    Vocabulario. 129
    Ejercicios. 131

UNIDAD DIEZ
Zehnte Lektion 133
    Lectura *(Lesetext)* 133
    Cuestiones gramaticales 136
    Vocabulario. 151
    Ejercicios. 153

UNIDAD ONCE
Elfte Lektion. 155
    Lectura *(Lesetext)* 155

Cuestiones gramaticales	157
Vocabulario	166
Ejercicios	168

UNIDAD DOCE
Zwölfte Lektion	170
Lectura *(Lesetext)*	170
Cuestiones gramaticales	177
Vocabulario	181
Ejercicios	184

UNIDAD TRECE
Dreizehnte Lektion	185
Lectura *(Lesetext)*	185
Cuestiones gramaticales	187
Vocabulario	198
Ejercicios	199

UNIDAD CATORCE
Vierzehnte Lektion	200
Lectura *(Lesetext)*	200
Cuestiones gramaticales	204
Vocabulario	207
Ejercicios	208

UNIDAD QUINCE
Fünfzehnte Lektion	209
Lectura *(Lesetext)*	209
Cuestiones gramaticales	211
Vocabulario	216
Ejercicios	217

SOLUCIONES DE LOS EJERCICIOS	218

SEGUNDA PARTE. TABLAS, DICCIONARIOS E ÍNDICES 227

TABLAS	229
Términos gramaticales con ejemplos	229
Tablas de las conjugaciones	232
Tablas de las declinaciones	236
Lista de los principales verbos fuertes	243
Verbos separables y verbos inseparables	249
Verbos con preposición	251

DICCIONARIO ESPAÑOL-ALEMÁN	253

DICCIONARIO ALEMÁN-ESPAÑOL	281

ÍNDICE ANALÍTICO	309

INTRODUCCIÓN

La lengua alemana tiene fama de ser muy difícil de aprender, con una gramática tan compleja que puede asustar al estudiante más intrépido. Sin embargo, no es así: lo demuestran las numerosas personas que hoy en día han superado estos prejuicios gracias a un profesor que sea capaz de explicar de manera clara una gramática un tanto ingrata con la ayuda de un buen manual (como esperamos que sea este), de modo que consigan aceptar las diferencias del alemán respecto a su propia lengua materna, siguiendo en consecuencia su lógica intrínseca.

Aprender los fundamentos de la lengua alemana no requiere necesariamente años de estudios sino que, si uno lo desea realmente, está motivado y armado de buena voluntad, pueden bastar unas semanas. Los primeros resultados serán el mejor estímulo para espolear al alumno.

Si luego, tras cierto periodo de tiempo (que varía en función de la persona), nos parece que no nos enteramos de nada —proceso normal y bien conocido por los docentes experimentados, así como por quien ha aprendido más de una lengua—, hay que tener paciencia. Debemos concedernos una pausa para descansar. No nos esforcemos en repetir todo aquello que ya hemos estudiado, aprendido y asimilado: limitémonos a leer algo o a emplear los vocablos memorizados jugando al *Scrabble* en alemán. Si tuviéramos que viajar a Alemania (acaso por motivos de trabajo) en esta fase, no nos mortifiquemos por nuestro mutismo y contentémonos con escuchar, leer los carteles de la carretera y los restaurantes y echar un vistazo a los titulares de los periódicos. Sin duda, captaremos mucho más de lo que esperábamos. Sea como fuere, no empecemos a lamentarnos de no haber aprendido nada durante las semanas anteriores dedicadas al estudio de la lengua alemana, porque tal pausa supone en realidad una ganancia: la mente trabaja con el material aprendido, lo elabora y lo clasifica, situando cada concepto en el lugar que le corresponde en la memoria, listo para ser utilizado.

A diferencia de los niños, los adultos afrontan una lengua nueva con un sistema de aprendizaje ya estructurado; de hecho, por lo general la nueva lengua y su correspondiente gramática se clasifican de forma automática y luego se cotejan con las lenguas aprendidas durante la adolescencia. Teniendo en cuenta esta peculiaridad, el libro se propone abordar estas exigencias ofreciendo una descripción bastante esquemática y facilitando tablas con los elementos básicos y las diferencias que más llaman la atención para reducir y concentrar notablemente el volumen de los elementos que se deben saber, ya que se aprende más deprisa aquello que concuerda con las normas y las reglas ya conocidas. De este modo, aprender alemán no será quizás un juego, pero sin duda sí podrá llegar a ser un placer.

Por otro lado, no debemos sobrecargar la mente con reglas superfluas y difíciles de memorizar, bastante tenemos ya con recordar cuanto atañe a nuestro trabajo y nuestra vida cotidiana.

LA REFORMA ORTOGRÁFICA

Este libro se ha escrito según las reglas de la nueva reforma ortográfica de la lengua alemana, que entró en vigor el 1 de agosto de 2005.

LA PRONUNCIACIÓN Y EL ALFABETO ALEMÁN

La pronunciación del alemán (así como la ortografía) es bastante sencilla y se aprende fácilmente; de hecho, podría decirse que el alemán «se lee como se escribe», ignorando naturalmente las pequeñas variantes de pronunciación del alemán estándar *(Hochdeutsch)*, utilizado sobre todo en el norte de Alemania (el dialecto de Hannover está considerado el más claro) respecto al alemán suizo y el austríaco, así como las variantes dialectales o locales.

En cuanto a la transcripción fonética, los diccionarios adoptan el alfabeto fonético internacional, un sistema de fácil aprendizaje que permite describir y atribuir un símbolo unívoco a cada fonema de las lenguas europeas. Al ser la pronunciación correcta uno de los elementos clave de la comunicación eficaz, el aprendizaje del alfabeto fonético internacional nos permitirá emprender con éxito el camino para el conocimiento de cualquier lengua.

En este libro adoptaremos para la pronunciación una versión simplificada del alfabeto propuesto por la Asociación Fonética Internacional. La transcripción fonética aparecerá siempre entre corchetes. No hay razón que impida, siguiendo las reglas e indicaciones facilitadas, la adquisición de una buena pronunciación, aunque indudablemente puede ser muy útil la ayuda de una persona cuya lengua materna sea el alemán.

El alfabeto alemán se compone de 26 letras (una menos que en español, pues carece de la *ñ*), cuya pronunciación difiere en varios casos de la nuestra.

Vocales

La lengua alemana posee cinco vocales *(a, e, i, o, u)* más las *Umlaut* de las vocales *a, o, u,* que son:

— *ä* [e] (corresponde a la *e* abierta);
— *ö* y *ü*, que transcribimos respectivamente [œ] e [y] (la primera corresponde al francés *eu* en *fleur* [flœr]; la otra se obtiene pronunciando una *u* y

tratando de modificar el sonido hacia la letra *i*, como la pronunciación de la letra *u* en francés: *tu* [ty]).

La diéresis sobre las vocales, pues, comporta una modificación sustancial de la pronunciación respecto a las vocales puras de partida.

Al escribirlas, y dado que el teclado suele carecer de estos símbolos, pueden ser sustituidas por *ae, oe, ue*. Si se usa un ordenador corriente, con un procesador de textos tipo Word, basta recurrir al comando insertar símbolo disponible en el menú.

Por otro lado, hay combinaciones vocálicas que, a diferencia del español, se pronuncian como un único sonido:

— *ai, ay, ei, ey* [ai];
— *au* [au];
— *äu, eu* [oi];
— *ie* [i:] (*i* larga).

La diéresis modifica la vocal anterior, alargándola; con frecuencia, el sonido vocálico largo se indica mediante el grafema de duplicación de la vocal: *Meer* [me:r] («mar»), *Staat* [?ta:t] («estado»).

Consonantes

A continuación veremos cómo se pronuncian las consonantes —tanto solas como en combinación con otras consonantes o en relación con su posición en la palabra— en aquellos casos en que difieren del español.

b A final de palabra y delante de las letras *s* y *t*, se pronuncia [p].
c Carece del sonido dental español pero sí posee el velar. Así, delante de *e, i, y, ä* se pronuncia [ts]: *Cicero* [tsitsero]; delante de *a, o, u* se pronuncia [k]: *Café* [ka'fe:].
ch Se pronuncia de varias maneras:

— sonido aspirado gutural tras *a, o, u, au*;
— palatal y suave cuando va precedida de *e, i, ä, ö, ü, eu, äu, ei*, así como en las desinencias;
— seguido por la letra *s* se convierte en [ks]: *sechs* [zeks] («seis»), *wachsen* [vaksen] («crecer»);
— al principio de una palabra de origen griego, *cha* y *cho* se pronuncian [ka] y [ko]: *Chaos* [ka:os] («caos»), *Chor* [ko:r] («coro»).

ck Suena como una *k*: *Jacke* [jake] («chaqueta»).
d   A final de palabra y delante de las letras *s* y *t* se pronuncia [t]: *und* [unt] («y»), *Stadt* [?tat] («ciudad»).
g   Se pronuncia siempre como la letra *g* seguida de *a, o, u (gasa, goma, gusto): gelb* [gelp] («amarillo»), *Ginster* [ginster] («retama»), *gut* [gu:t] («bueno»), *Regen* [re:gen] («lluvia»);

a final de palabra se pronuncia [k]: *Tag* [ta:k] («día»);
la letra compuesta *ng* forma un sonido velar y ligeramente nasal, en el cual no se oye una pronunciación propiamente dicha de cada elemento, sino que es muy similar a la pronunciación inglesa: *singen* [ziŋgen] («cantar»).

gn En la pronunciación se desprenden dos sonidos: *regnen* [re:knen] («llover»), *Begegnung* [be'ge:k-nuŋ] («encuentro»).

h Tiene un sonido aspirado si es inicial o en palabras compuestas: *Haus* [haus] («casa»), *Bahnhof* [ba:nho:f] («estación»), pero permanece átona si se halla en medio o a final de palabras, en cuyo caso sólo sirve para alargar el sonido de la vocal o del diptongo: *ruhen* [ru:en] («descansar»), *wahr* [ba:r] («verdadero»).

j Se pronuncia como la *ll* española: *ja* [ja] («sí»), *Junge* [juhe] («joven»), *Jagd* [ja:kt] («caza»), *Jahr* [ja:r] («año»).

ph En palabras de origen griego se pronuncia [f]: *Philosoph* [filo'zo:f] («filósofo»); muchas palabras ya se escriben con la letra *f*: *Telefon*, *Elefant*, etc.

q No se pronuncia [ku], sino [kv]: *Quelle* [kvele] («fuente», «manantial»).

r Se pronuncia gutural a principio de las sílabas y después de consonantes, semejante a la *r* francesa: *rollen* [rolen] («rodar»), *Ware* [ba:re] («mercancía»), *schreiben* [?raiben] («escribir»).
A final de palabras plurisilábas, se articula débilmente, como si se tratara de una *a*: *Vater* [fa:ter] («padre»).

s Antes de una vocal, se pronuncia [z]: *Sonne* [zone] («sol»), *singen* [ziŋhen] («cantar»), *Summe* [zume] («suma»).

ß Esta letra, que se llama *sz*, representa dos *s*: de hecho, ß puede escribirse *ss* si el teclado carece de este tipo.
Según la nueva reforma ortográfica, se usa sólo tras vocal o diptongo con sonido largo: *Straße* [?tra:se] («calle»), *schließlich* [?li:slich] («por último»).

sch Se pronuncia como la *x* de xilófono delante de las letras *e*, *i*: *Schal* [?a:l] («chal», «bufanda»).

sp Se pronuncia como si fuera una *sch* delante de la *p*: *sprechen* [?prechen] («hablar»).

st Se pronuncia como si fuera *sch* delante de *t*: *Stadt* [?tat] («ciudad»), *Straße* [?tra:se].

t En las palabras de origen latino, se pronuncia [ts]: *Nation* [nats'jo:n] («nación»).

tsch Se pronuncia como la *ch* española: *Deutsch* [doit?] («alemán»).

tz Se pronuncia [ts]: *sitzen* [zitsen] («estar sentado»).

v Se pronuncia [f]: *Vater* [fa:ter] («padre»), *Vogel* [fo:gel] («pájaro»); se pronuncia [v] en las voces de origen extranjero: *Vase* [va:ze] («jarrón»), *Venedig* [ve:'ne:dich] («Venecia»).

w Se pronuncia labiodental: *wo* [vo:] («donde»).

x Se pronuncia [ks]: *Alexander* [alek'sander] («Alejandro»), *Sex* [seks] («sexo»), por lo que no debe confundirse con *sechs* [zeks] («seis»).

y Se pronuncia [j]: *yacht* [jacht] («yate»).

z Se pronuncia [ts]: *zeigen* [tsaigen] («mostrar»), *Zimmer* [tsimer] («habitación»).

> **IMPORTANTE**
>
> - En la transcripción, el acento se indica únicamente cuando no cae sobre la primera sílaba: *vergessen* (fer'gesen) («olvidar»).
> - La longitud de las consonantes, marcada en el grafema con las letras dobles, no se señala en la transcripción fonética: *können* (kœnen) («poder»).
> - En alemán no hay contracciones entre palabras y por tanto se pronuncian bien separadas una de otra; la oración *él está en el jardín*, en alemán *Er ist im Garten*, se pronuncia (e:r ist im garten) y no (eristimgarten).

Para aproximarnos a los signos del alfabeto fonético internacional, utilizaremos el alfabeto telefónico alemán, el cual, a diferencia del español, que usa nombres de ciudades para deletrear las palabras, utiliza sobre todo nombres propios.

De este modo, podremos comprobar que no sólo los sonidos de la lengua alemana, sino también los símbolos, no constituyen obstáculo y son fáciles de aprender.

ALFABETO TELEFÓNICO ALEMÁN

A	Anton		(anton)
Ä	Ärger	rabia	(erger)
B	Berta		(berta)
C	Cäsar		(tse:zar)
D	Dora		(do:ra)
E	Emil		(e:mil)
F	Friedrich		(fri:drich)
G	Gustav		(gustaf)
H	Heinrich		(hainrich)
I	Ida		(i:da)
J	Julius		(ju:lius)
K	Kaufmann	comerciante	(kaufman)
L	Ludwig		(lu:tvich)
M	Martha		(marta)
N	Nordpol	Polo norte	(nortpo:l)
Ö	Ökonom	administrador	(œko'no:m)
O	Otto		(oto)
P	Paula		(paula)
Q	Quelle	manantial	(kvele)
R	Richard		(richart)
S	Siegfried		(zikfri:t)
T	Theodor		(teodo:r)
Ü	Übermut	jactancia	(y:bermu:t)
U	Ulrich		(ulrich)
V	Viktor		(viktor)
W	Wilhelm		(vilhelm)
X	Xanthippe		(ksanthipe)
Y	Ypsilon		(ypsilon)
Z	Zacharias		(tsacha'ri:as)

CÓMO OBTENER EL MÁXIMO RENDIMIENTO DE ESTE LIBRO

Este libro tiene una estructura muy sencilla; de hecho, se divide en dos partes que proporcionan instrumentos distintos al estudiante que desea alcanzar el dominio de la lengua alemana.

La primera parte consta de 15 lecciones divididas en cuatro secciones:

— lectura;
— cuestiones gramaticales;
— vocabulario;
— ejercicios.

    Aconsejamos al estudiante que empiece por la lectura, repitiendo el fragmento en voz alta hasta que, con ayuda de la transcripción fonética que figura debajo, le resulte fluida y natural. Se trata de un óptimo ejercicio que permite practicar la pronunciación y memorizar de forma inconsciente los primeros vocablos.
    Sólo en este punto, es decir, tras una completa inmersión en el alemán, se podrá leer también la traducción española, reproducida a continuación, para dominar el significado del texto.
    De este modo, el estudiante que ya conozca un poco el alemán podrá comprobar su conocimiento de la lengua.
    En la sección dedicada a las cuestiones gramaticales, el estudiante hallará todo lo que ya había conocido y memorizado con la lectura, profundizado con explicaciones, ejemplos, tablas y cuadros sinópticos.
    Por otro lado, las observaciones destacan aquellos matices que pueden resultar más arduos para el estudiante español.
    El vocabulario que completa cada lección no está ordenado alfabéticamente, sino que sigue la aparición de los vocablos a lo largo de la lectura inicial; en él figuran todos los términos y expresiones presentes en el texto, con su transcripción fonética.
    Cada lección concluye con una selección de ejercicios que permiten comprobar el nivel de aprendizaje léxico y gramatical alcanzado durante el estudio.

Aconsejamos abordar los ejercicios únicamente tras haber intentado memorizar los nuevos vocablos y las reglas gramaticales aparecidas. De este modo, el ejercicio se convertirá en un placer y en una diversión.

En caso de que los errores superasen el 50 %, aconsejamos dejar pasar uno o dos días, estudiar de nuevo la lección y repetir los ejercicios. De este modo, los resultados serán mucho mejores.

Es recomendable resolver los ejercicios en un cuaderno específico, recordando que la copia de los textos que se proporcionan es una buena forma de aprendizaje.

Otro ejercicio que puede practicar en cada lección es copiar el texto en alemán, hacer un resumen o incluso, para los estudiantes de nivel avanzado o que afronten el texto por segunda vez, personalizar la lectura inventando variantes. De este modo, empezaremos a usar vocablos y expresiones nuevas en un contexto distinto, relacionándonos de manera creativa con la lengua.

La primera parte concluye con las claves de los ejercicios.

En la segunda, el estudiante hallará varias tablas en las que figuran los términos gramaticales empleados, la conjugación de los verbos (auxiliares, débiles, fuertes y modales), la declinación de los sustantivos, los adjetivos (con y sin artículo), los pronombres (posesivos, personales y reflexivos), una lista de los principales verbos fuertes, algunos verbos tanto separables como inseparables y los verbos con preposición.

El diccionario alfabético básico, primero del español y luego del alemán, permitirá a cualquier estudiante afrontar por sí mismo las primeras lecturas o los ejercicios más creativos.

No olvidemos que el aprendizaje de una lengua depende sin duda tanto del tiempo dedicado al estudio como de la motivación del estudiante; asimismo, es preferible la constancia de quien dedica a ello un mínimo de diez minutos diarios que el esfuerzo de quien le consagra largas sesiones una o dos veces a la semana. Debemos considerar el libro como un amigo, llevarlo encima, hojearlo en el tren, en el metro o durante la comida, de manera que el alemán pronto nos revele todos sus secretos.

Primera parte
LECCIONES

UNIDAD UNO
ERSTE LEKTION

EN EL CURSO DE IDIOMAS
IM SPRACHKURS

▶ Lectura
(Lesetext)

In einer Sprachschule in Madrid. Der Lehrer fragt und die Schüler antworten.
[in ainer ?pra:ch?u:le in madrid/ de:r le:rer fra:kt unt di: ?y:ler antvorten]

(«En una escuela de idiomas de Madrid. El profesor pregunta y los alumnos responden.»)

—*Guten Tag/Guten Abend! Ich heiße Frank Meier und bin der Lehrer. Und wie heißen Sie?*
[gu:ten ta:k/gu:ten a:bent!/ ich haise frank maier unt bin de:r le:rer/ unt vi: haisen zi:?]

(«¡Buenos días/buenas tardes! Me llamo Frank Meier y soy el profesor. Y usted, ¿cómo se llama?»)

—*Ich heiße Eloy Martín.*
[ich haise eloi mar'tin]

(«Me llamo Eloy Martín.»)

—*Woher kommen Sie, Herr Martín?*
[vo:her komen zi:, her mar'tin?]

(«¿De dónde es usted, señor Martín?»)

—*Ich komme aus Santander.*
[ich kome aus santander]

(«Vengo de Santander.»)

—*Aus Santander, sehr interessant. Und was machen Sie in Madrid?*
[aus santander, se:r intere'sant/ unt vas machen zi: in madrid?]
(«De Santander, muy interesante. ¿Y qué hace en Madrid?»)

—*Ich arbeite hier und abends lerne ich Deutsch.*
[ich arbaite hi:r unt a:bents lerne ich doit?]
(«Trabajo aquí y por la tarde aprendo alemán.»)

—*Gut, und Sie, Frau...?*
[gut, unt zi:, frau...?]
(«Bien, ¿y usted, señora...?»)

—*Valenti. Ich heiße Maria Valenti. Auch ich lerne in Madrid Deutsch.*
[va'lenti/ ich haise maria va'lenti/ auch ich lerne in madrid doit?]
(«Valenti. Me llamo María Valenti. También yo aprendo alemán en Madrid.»)

—*Und woher sind Sie?*
[Unt vo:her zind zi:?]
(«¿Y de dónde es usted?»)

—*Ich bin aus Madrid.*
[ich bin aus madrid]
(«Soy de Madrid.»)

Cuestiones gramaticales

Los géneros y el artículo determinado

En alemán hay tres géneros: masculino, femenino y neutro.
 Se indican con los respectivos artículos: *der*, *die*, *das*; en plural, el artículo determinado para los tres géneros es *die*.

EJEMPLOS	
der Lehrer, die Sprachschule, das Haus	el profesor, la escuela de idiomas, la casa

Hay que tener en cuenta que los sustantivos empiezan siempre con mayúscula, ya sean propios o comunes.

Los pronombres personales

En alemán, el sujeto siempre aparece expresado, incluso si se trata de un pronombre personal.

ich	yo	wir	nosotros
du	tú	ihr	vosotros
er, sie, es	él, ella	sie	ellos
		Sie	usted, -es

El pronombre personal *es* se emplea para sustituir sustantivos neutros (que tienen el artículo *das*) o para la forma impersonal.

El pronombre *Sie* es la forma de cortesía (en alemán, el verbo que aparece tras él adopta siempre la desinencia de la tercera persona del plural *-en*) y corresponde en el uso a la forma española singular y plural *usted* y *ustedes*.

La conjugación de los verbos débiles o regulares

La forma del verbo en presente de indicativo se forma mediante la raíz (el infinitivo sin *-en* o *-n*) más desinencia.

Las desinencias son:

ich	*-e*	ihr	*-(e)t*
du	*-(e)st*	sie	*-en*
er, sie es	*-(e)t*	Sie	*-en*
wir	*-en*		

El presente de indicativo de los verbos débiles

	machen	**hacer**	**arbeiten**	**trabajar**
ich	*mache*	yo hago	*ich arbeite*	yo trabajo
du	*machst*	tú haces	*du arbeitest*	tú trabajas
er, sie, es	*macht*	él, ella hace	*er arbeitet*	él, ella trabaja
wir	*machen*	nosotros hacemos	*wir arbeiten*	nosotros trabajamos
ihr	*macht*	vosotros hacéis	*ihr arbeitet*	vosotros trabajáis
sie	*machen*	ellos hacen	*sie arbeiten*	ellos trabajan
Sie	*machen*	ustedes hacen	*Sie arbeiten*	ustedes trabajan

Con los verbos del tipo *arbeiten* —es decir, con la raíz acabada en *-t* o en *-d*—, se escribe entre la raíz y la desinencia la letra *e*: *du arbeit-e-st, du antwortest, er bildet*.

El presente de indicativo del verbo *heißen* («llamarse»)

Este verbo en alemán no es reflexivo.

ich heiße	me llamo
du heißt	te llamas
er, sie, es heißt	se llama
wir heißen	nos llamamos
ihr heißt	os llamáis
sie heißen	ellos se llaman
Sie heißen	usted se llama/ustedes se llaman

Dado que la *ß* representa dos *s*, la *s* de la desinencia *-st* para la forma de la segunda persona del singular se omite.

CÓMO PRESENTARSE

forma de cortesía	Wie heißen Sie?	¿Cómo se llama?
forma amistosa	Wie heißt du?	¿Cómo te llamas?
respuesta	Ich heiße...	Me llamo...

En alemán no se suele decir *yo soy Eloy Martín*, sino siempre *yo me llamo Eloy Martín*. En Alemania, cuando se contesta al teléfono, uno dice su propio apellido: *Müller, guten Tag*.

El presente de indicativo de los verbos *sein* («ser») y *haben* («tener»)

	sein		ser
ich	bin	yo	soy
du	bist	tú	eres
er, sie, es	ist	él, ella	es
wir	sind	nosotros	somos
ihr	seid	vosotros	sois
sie	sind	ellos	son
Sie	sind	usted, ustedes	es, son

	haben		haber
ich	habe	yo	he/tengo
du	hast	tú	has/tienes
er, sie, es	hat	él, ella	ha/tiene
wir	haben	nosotros	hemos/tenemos
ihr	habt	vosotros	habéis/tenéis
sie	haben	ellos	han/tienen
Sie	haben	usted, ustedes	ha, han/tienen

La construcción de frases principales

En alemán, las oraciones siguen este orden:

— sujeto (sustantivo, pronombre personal);
— verbo;
— complemento directo (sustantivo, pronombre personal) o complemento circunstancial de modo, lugar o tiempo.

EJEMPLOS

Ich lerne Deutsch.	Aprendo alemán.
Ihr arbeitet hier.	Trabajáis aquí.
Eloy kommt aus Santander.	Eloy es de Santander.
Der Lehrer kommt aus Köln.	El profesor es de Colonia.

La construcción de preguntas

La construcción de las preguntas se realiza mediante la inversión del sujeto y el verbo:

Du lernst Deutsch.	Estás aprendiendo alemán.
Lernst du Deutsch?	¿Estás aprendiendo alemán?

La inversión después de una forma interrogativa:

Wie heißt du?	¿Cómo te llamas?
Was machst du in Mailand?	¿Qué haces en Milán?
Woher kommen Sie?	¿De dónde es usted?
	¿De dónde son ustedes?

▸ Vocabulario

Sprache (-, -n)	f.	(?pra:che)	lengua
Kurs (-es, -e)	m.	(kurs)	curso
Sprachkurs (-es, -e)	m.	(?pra:chkurs)	curso de idiomas
im Sprachkurs		(im ?pra:chkurs)	en el curso de idiomas
in		(in)	en
Madrid		(madrid)	Madrid

Köln	(kœːln)	Colonia
Schule (-, -en)	f. (ʔuːle)	escuela
Lehrer (-s, -)	m. (leːrer)	profesor
Lehrerin (-, -nen)	f. (leːrerin)	profesora
fragen	(fraːgen)	preguntar
antworten	(antvorten)	responder
Schüler (-s, -)	m. (ʔyːler)	estudiante, alumno
Schülerin (-, -nen)	f. (ʔyːlerin)	estudiante, alumna
heißen	(haisen)	llamarse
Herr (-n, -en)	m. (her)	señor
sein	(zain)	ser
Frau (-, -en)	f. (frau)	señora
haben	(haːben)	tener
wie	(viː)	como
Sie	(ziː)	usted, ustedes (forma de cortesía)
woher	(voːˈheːr)	de dónde
Woher kommen Sie?	(voːheːr komen ziː)	¿De dónde es? ¿De dónde viene?
Ich komme	(ich kome	Soy de
aus Santander	aus santander)	Santander
kommen	(komen)	venir
kommen aus	(komen aus)	ser de, venir de
Von wo kommen Sie?	(fon voː komen ziː)	¿De dónde viene?
was	(vas)	qué
machen	(machen)	hacer
hier	(hiːr)	aquí
arbeiten	(arbaiten)	trabajar
abends	(aːbents)	de tarde, por la tarde
lernen	(lernen)	aprender, estudiar
Deutsch	(doit?)	alemán
gut	(guːt)	bueno, bien
auch	(auch)	también

▶ **Ejercicios**

I. *Leer, completar y traducir:*
1. .... Tag.
2. Ich .... Eloy und komme .... Santander.
3. .... kommst du?
4. .... macht er? .... lernt Deutsch.
5. Ihr arbeit.......... in Madrid und .... lernt hier Deutsch.

UNIDAD DOS
ZWEITE LEKTION

UN VIAJE DE NEGOCIOS A ALEMANIA
EINE GESCHÄFTSREISE NACH DEUTSCHLAND

▶ Lectura
(Lesetext)

Eloy Martín arbeitet für eine deutsche Firma und muss deshalb oft nach Deutschland reisen.
[eloi mar'tin arbaitet fy:r aine doit?e firma unt mus deshalp oft na:ch doit?lant raizen]
(«Eloy Martín trabaja para una empresa alemana y por ello debe ir con frecuencia a Alemania.»)

Es gibt drei Möglichkeiten: er kann einen Firmenwagen nehmen, mit dem Zug reisen oder fliegen.
[es gi:pt drai mœ:glichkaiten/ er kan ainen firmenva:gen ne:men, mit de:m tsu:k raizen o:der fli:gen]
(«Hay tres posibilidades: puede tomar el coche de la empresa, el tren o viajar en avión.»)

Dieses Mal möchte er das Flugzeug nehmen, denn er bleibt nur kurz in Deutschland und braucht keinen Wagen.
[Di:ses ma:l mœchte e:r das flu:kzoik ne:men, den e:r blaibt nu:r kurts in doit?lant unt braucht kainen va:gen]
(«Esta vez querría ir en avión, porque sólo estará poco tiempo en Alemania y no necesitará el coche.»)

Er muss nur eine Messe besuchen.
[Er mus nur aine mese be'zu:chen]
(«Únicamente debe asistir a una feria.»)

Für den Flug benötigt er Auskünfte über die Abflugzeiten von Madrid.
[Fy:r de:n flu:k be'nœtikt e:r auskynfte y:ber di: apflu:ktsaiten fon madrid]
(«Para [tomar] el vuelo necesita información sobre los horarios de salida desde Madrid.»)

Er muss deshalb in ein Reisebüro gehen.
[E:r mus deshalp in ain raizeby'ro: ge:n]
(«Por este motivo debe ir a una agencia de viajes.»)

Cuestiones gramaticales

Los cuatro casos

En alemán hay cuatro casos: nominativo, genitivo, dativo y acusativo.

El nominativo responde a la pregunta *¿quién? (wer?)* o *¿qué? (was?)* e identifica al sujeto de una frase: **Wer** *nimmt das Flugzeug?* («¿quién toma el avión?»).

El genitivo determina la propiedad: **Wessen** *Buch ist das?* («¿de quién es el libro?»).

El dativo corresponde al complemento indirecto: **Wem** *gibst du das Buch?* («¿a quién das el libro?).

El acusativo (complemento directo) expresa el objeto de la frase: **Was** *isst du?* («¿qué comes?»), **Wen** *sieht Herr Martín?* («¿a quién ve el señor Martín?»).

nominativo	**wer?**	quién realiza la acción
genitivo	**wessen?**	de quién
dativo	**wem?**	a quién
acusativo	**wen?**	quién recibe la acción

Se declinan los sustantivos, los artículos, los adjetivos y los pronombres (personales, demostrativos, posesivos, etc.): empecemos con la declinación de los artículos.

La declinación del artículo determinado

SINGULAR			
	masculino	*femenino*	*neutro*
nom.	*der*	*die*	*das*
gen.	*des*	*der*	*des*
dat.	*dem*	*der*	*dem*
ac.	*den*	*die*	*das*

Para facilitar el aprendizaje, basta con tener en cuenta que el nominativo y el acusativo singular son iguales en los géneros femenino y neutro.
Así pues, en un principio aprenderemos la declinación del género masculino.

PLURAL

	masculino	femenino	neutro
nom.	die	die	die
gen.	der	der	der
dat.	den	den	den
ac.	die	die	die

El plural del artículo determinado es igual para los tres géneros en los cuatro casos.

La declinación del artículo indeterminado (+ negación)

	masculino	femenino	neutro
nom.	(k)ein	(k)eine	(k)ein
gen.	(k)eines	(k)einer	(k)eines
dat.	(k)einem	(k)einer	(k)einem
ac.	(k)einen	(k)eine	(k)ein

La negación del artículo indeterminado se forma en todos los casos anteponiendo el sonido [k] al artículo.

EJEMPLOS

Ich brauche **(k)einen** Wagen. (No) necesito un
der Wagen   coche.

Hast du **(k)einen** Appetit?   ¿(No) tienes hambre?
der Appetit

Ihr benötigt **(k)ein** Auto.   (No) necesitáis un coche.
das Auto

Los verbos transitivos y los verbos *haben* («haber» y «tener»), *brauchen* y *benötigen* («tener necesidad de») requieren siempre acusativo, así como la expresión *es gibt* («hay»), que en alemán se emplea siempre en singular, al igual que en español.

| Es gibt eine Möglichkeit. | Hay una posibilidad. |
| Es gibt zwei Möglichkeiten. | Hay dos posibilidades. |

Acabamos de ver que la negación del artículo indeterminado se forma en todos los casos anteponiendo el sonido [k] al artículo.

La negación de una frase con artículo determinativo, por el contrario, se forma mediante *nicht*, que corresponde al español *no*:

EJEMPLOS

Ich brauche den Wagen **nicht**.	No necesito el coche.
Kaufst du das Auto **nicht**?	¿No compras el coche?
Er besucht die Messe **nicht**.	No visita la feria.

Además de los verbos que rigen acusativo, hay también preposiciones que requieren este caso:

durch	a través,	für	por
	por medio de	gegen	contra
entlang	a lo largo de	ohne	sin
		um	en torno a

EJEMPLOS

Er geht **durch** den Park.	Atraviesa el parque.
Sie spazieren die Straße **entlang**.	Pasean a lo largo de la calle.
Für den Flug benötigt er ein Ticket.	Para el vuelo necesita un billete.
Ohne das Ticket kann er nicht reisen.	Sin el billete no puede viajar.

El sustantivo

A diferencia del español, que recurre a los morfemas para señalar el género gramatical de la mayor parte de los sustantivos, resulta prácticamente imposible fijar reglas para determinar el género de los nombres alemanes.

En los nombres de persona, normalmente se entabla una relación directa entre el sexo y el género gramatical, excepción hecha de los diminutivos con desinencia en *-lein* y *-chen* que siempre son neutros: *das Fräulein* («la señorita»), *das Mädchen* («la muchacha»), etc.

Dado que el género no obedece a la lógica natural, resulta necesario aprender cada vocablo con su artículo respectivo.
Aun así, en las siguientes categorías de sustantivos sí existen reglas:

— si son masculinos:
 a) los nombres de los días de la semana, meses y estaciones;
 b) los puntos cardinales;
 c) las marcas automovilísticas;
 d) la mayor parte de los sustantivos con la desinencia -en.
— si son femeninos:
 a) los nombres de barcos y aviones;
 b) los sustantivos que acaban en -ung, -heit, -keit, -schaft;
 c) los sustantivos con la desinencia -enz, -ie, -ik, -ion, -tät.
— si son neutros:
 a) los diminutivos en -lein, -chen;
 b) los sustantivos en -(i)um, -ment;
 c) los infinitivos y adjetivos sustantivados (el viajar, etc.).

Por otro lado, las palabras compuestas adoptan el género de la última palabra: *der Abflug + die Zeit = **die Abflugzeit**.*

La declinación del sustantivo

A diferencia del español y muchas otras lenguas europeas, en alemán los diversos complementos no sólo se indican mediante preposiciones, sino también mediante la declinación de los artículos, sustantivos y adjetivos calificativos.

SINGULAR				
	masculino	*femenino*	*neutro*	
nom.	der Mann	die Frau	das Kind	el hombre, la mujer, el niño
gen.	des Mann**es**	der Frau	des Kind**es**	del hombre, de la mujer, del niño
dat.	dem Mann	der Frau	dem Kind	al hombre, a la mujer, al niño
ac.	den Mann	die Frau	das Kind	el hombre, la mujer, el niño

Los sustantivos femeninos son invariables, mientras que los sustantivos masculinos y neutros en genitivo adoptan la desinencia *-(e)s*.
La desinencia *-es* se añade con frecuencia a los monosílabos y los sustantivos que terminan en *-s, -ß, -z*.
Los sustantivos neutros acabados en *-nis* duplican la *-s* en genitivo.

Algunos sustantivos masculinos adoptan la desinencia -*(e)n* en genitivo, dativo y acusativo: -*en* se añade a los sustantivos que terminan en consonante, -*n* a los que acaban en vocal *(der Kollege, des Kollegen, dem Kollegen, den Kollegen)*.
Excepciones: *der Herr, des Herrn, dem Herrn, den Herrn*.

PLURAL

	masculino	femenino	neutro
nom.	die Männer	die Frauen	die Kinder
gen.	der Männer	der Frauen	der Kinder
dat.	den Männern	den Frauen	den Kindern
ac.	die Männer	die Frauen	die Kinder

Las formas del plural son idénticas en todos los casos, excepto en dativo, donde el sustantivo puede adoptar la desinencia -*n* (a menos que el plural acabe ya en -*n*: *die Kollegen, den Kollegen*).

Dado que para la formación del nominativo plural hay ocho posibilidades, en un curso acelerado como este conviene aprender las formas correspondientes del plural con cada vocablo.

Aun así, indicaremos tres reglas precisas:

1. la desinencia -*er (der Lehrer)* permanece invariable en plural *(die Lehrer)*;
2. los sustantivos femeninos acabados en -*ung*, -*enz*, -*ik*, -*ion*, -*tät* forman el plural añadiendo -*en*;
3. vocablos extranjeros como *der Club, das Team, das Büro, das Radio, das Studio, das Auto*, etc., forman el plural con la desinencia -*s*: *(die) Clubs, Teams, Büros, Radios, Studios, Autos*, etc.

Los verbos modales

En alemán hay seis verbos modales:

wollen	querer, tener intención de
müssen	deber
können	ser capaz, poder
dürfen	poder, en el sentido de tener permiso
sollen	deber impuesto por una tercera persona[1]
mögen	desear, gustar

1. Por ejemplo: el médico ha recomendado a Eloy que deje de fumar y este comenta a su amigo «debo dejar de fumar» *(Ich soll aufhören zu rauchen)*.

Tras un verbo modal, el verbo principal, que se coloca al final de la frase, se utiliza en infinitivo.
La negación *nicht* precede al infinitivo.

EJEMPLOS

Ich **will** den Wagen (nicht) kaufen.	(No) quiero comprar el coche.
Du **musst** die Messe (nicht) besuchen.	(No) debes visitar la feria.
Er **kann** heute (nicht) kommen.	(No) puede venir hoy.
Sie **soll** nicht rauchen.	No debe fumar.
Wir **mögen** keinen Rotwein.	No nos gusta el vino tinto.

La conjugación de los verbos modales en presente

	wollen	müssen	können	dürfen	sollen	mögen
ich	will	muss	kann	darf	soll	mag
du	willst	musst	kannst	darfst	sollst	magst
er, sie, es	will	muss	kann	darf	soll	mag
wir	wollen	müssen	können	dürfen	sollen	mögen
ihr	wollt	müsst	könnt	dürft	sollt	mögt
sie	wollen	müssen	können	dürfen	sollen	mögen
Sie	wollen	müssen	können	dürfen	sollen	mögen

La forma *möchte (ich möchte, du möchtest, er/sie/es möchte, wir möchten, ihr möchtet, sie/Sie möchten)* es el presente del condicional del verbo *mögen* y corresponde al español *querría*, etc. En las proposiciones afirmativas expresan el deseo de algo, mientras que en las preguntas se considera una forma de extrema cortesía:

Möchten Sie einen Kaffee?	¿Le apetece un café?

Vocabulario

Geschäftsreise (-, -n) f.	(ge'?eftsraize)	viaje de negocios
Vorbereitung (-, -en) f.	(forberaituŋ)	preparación
für (+ ac.)	(fy:r)	para, a, hacia
ein	(ain)	uno
deutsch	(doit?)	alemán
Firma (-, -en) f.	(firma)	empresa
müssen	(mysen)	deber
deshalb	(deshalp)	por ello
oft	(oft)	a menudo
reisen	(raizen)	viajar
es gibt	(es gi:pt)	hay
zwei	(tsvai)	dos
Möglichkeit (-, -en) f.	(mœ:klichkait)	posibilidad
können	(kœnen)	poder, saber
Firmenwagen (-s, -) m.	(firmenba:gen)	coche de empresa
oder	(o:der)	o bien, o
Zug (-es, -»e) m.	(tsuk)	tren
nehmen	(ne:men)	tomar, coger
fliegen	(fli:gen)	ir en avión, volar
dieser	(di:zer)	este, esto
Mal (-es, -e) n.	(ma:l)	vez
dieses Mal	(di:zes ma:l)	esta vez
er möchte	(mœchte)	él querría
Flugzeug (-s, -e) n.	(flu:ktsoik)	avión
denn	(den)	dado que
nur	(nu:r)	sólo, únicamente
kurz	(kurts)	por poco tiempo, brevemente
brauchen (+ ac.)	(brauchen)	necesitar
Wagen (-s, -) m.	(va:gen)	coche
Messe (-, -n) f.	(mese)	feria
besuchen	(be'zu:chen)	visitar
benötigen	(be'nœ:tigen)	necesitar, requerir, ser preciso
Auskunft (-, -»nfte) f.	(auskunft)	información
Zeit (-, -en) f.	(tsait)	tiempo
Abflug (-s, -»ge) m.	(apflu:k)	vuelo de ida
Abflugzeit (-, -en) f.	(apflu:ktsait)	horario del vuelo de ida
von	(fon)	de
Reisebüro (-s, -s) n.	(raizeby'ro:)	agencia de viajes
gehen	(ge:n)	ir

Ejercicios

I. *Responder:*
1. Wie kann Herr Martín nach Deutschland reisen?
2. Was muss er in Deutschland machen?
3. Was benötigt er?

II. *Modificar las siguientes frases insertando la negación y un verbo modal:*
Ejemplo: Er fährt nach Italien. — Er **muss nicht** nach Italien fahren.
Wir kaufen einen Wagen. — Wir **können keinen** Wagen kaufen.
1. Ich reise nach Deutschland.
2. Kaufst du ein Buch?
3. Er besucht eine Messe.

III. *Traducir:*
1. No podemos visitar la feria.
2. Eloy quiere ir a Alemania.
3. ¿Quién debe ir a Alemania?

IV. *Insertar el artículo (in)determinado cuando se crea conveniente:*
1. Es gibt .... Möglichkeit.
2. Wir besuchen .... Messe.
3. Sie nimmt .... Firmenwagen.
4. Ich habe k .... Zeit.
5. Ich brauche .... Information.
6. Er arbeitet für .... deutsche Firma.
7. Ihr benötigt .... Auskünfte.
8. Ich möchte .... Messe besuchen.
9. Du nimmst .... Flugzeug.
10. Brauchst du heute .... Wagen?

UNIDAD TRES
DRITTE LEKTION
EN LA AGENCIA DE VIAJES
IM REISEBÜRO

▶ Lectura
(Lesetext)

—*Guten Tag! Was kann ich für Sie tun?*
[gu:ten ta:k!/ vas kan ich fy:r zi: tu:n?]
(«¡Buenos días! ¿Qué puedo hacer por usted?»)

—*Guten Tag! Ich benötige eine Auskunft für eine Reise von Madrid nach Düsseldorf.*
[gu:ten ta:k!/ ich be'nœtige aine auskunft fy:r aine raize fon madrid na:ch dyseldorf]
(«¡Buenos días! Necesito información sobre un viaje de Madrid a Düsseldorf.»)

—*Möchten Sie das Flugzeug oder den Zug nehmen?*
[mœchten zi: das flu:ktsoik o:der de:n tsu:k ne:men?]
(«¿Desea tomar el avión o el tren?»)

—*Ich muss fliegen, denn ich habe wenig Zeit.*
[ich mus fli:gen, den ich ha:be ve:nich tsait]
(«Debo tomar el avión, pues tengo poco tiempo.»)

—*Wann wollen Sie fliegen?*
[van volen zi: fli:gen?]
(«¿Cuándo desea salir?»)

—*Übermorgen von Madrid nach Düsseldorf.*
[y:bermorgen fon madrid na:ch dyseldorf]
(«Pasado mañana, de Madrid a Düsseldorf.»)

—*Um wie viel Uhr, bitte?*
[um vi: fi:l u:r, bite?]
(«¿A qué hora, por favor?»)

—*Am frühen Morgen.*
[am fry:en morgen]
(«A primera hora de la mañana.»)

—*Ja, da gibt es einen Flug. Abflug von Barajas um 7.05 Uhr, Ankunft am Flughafen Düsseldorf um 8.40 Uhr. Ist Ihnen das recht?*
[ja, da gi:pt es ainen flu:k/ apflu:k fon barajas um zi:ben u:r fynf, ankunft am flu:kha:fen dyseldorf um acht u:r firtsich/ ist i:nen das recht?]
(«Sí, hay un vuelo. Salida de Barajas a las 7.05, llegada al aereopuerto de Düsseldorf a las 8.40. ¿Le va bien?»)

—*Ja, das passt gut. Um wie viel Uhr muss ich am Flughafen sein?*
[ja, das past gu:t/ um vi: fi:l u:r mus ich am flu:kha:fen zain?]
(«Sí, muy bien. ¿A qué hora debo estar en el aeropuerto?»)

—*Circa eine Stunde vorher.*
[tsirka aine ?tunde fo:rhe:r]
(«Una hora antes, más o menos.»)

—*Gut, dann brauche ich noch die Abflugzeit für den Rückflug zwei Tage später, also für den 30. Oktober 1998.*
[gu:t, dan brauche ich noch di: apflu:ktsait fy:r de:n rykflu:k tzvai ta:ge ?pe:ter, alzo: fy:r de:n draisichsten ok'to:ber nointse: nhundertachtuntnoinsich]
(«Bien, también necesito saber la hora de salida del vuelo de regreso dos días después, es decir, el 30 de octubre de 1998.»)

—*Es gibt einen Flug von Düsseldorf nach Madrid um 20.40 Uhr, Ankunft Barajas um 22.10 Uhr.*
[es gi:pt ainen flu:k fon dyseldorf na:ch madrid um tsvantsich u:r firtsich, ankunft barajas um tsvaiunttsvantsich u:r tse:n]
(«Hay un vuelo de Düsseldorf a Madrid a las 20.40, con llegada a Barajas a las 22.10.»)

—*Sehr gut, also buchen Sie bitte Hin- und Rückflug.*
[ze:r gu:t, alzo: bu:chen zi: bite hin unt rykflu:k]
(«Perfecto, entonces resérveme, por favor, un vuelo de ida y vuelta.»)

—So, hier ist das Flugticket. Abflug von Barajas am 28., Rückflug von Düsseldorf am 30.10.1998. Bezahlen Sie bar oder mit Kreditkarte?
[zo:, hi:r ist das flu:ktiket/ apflu:k fon barajas am achtunt-tsvantsichsten, rykflu:k fon dyseldorf am draisichsten tse:nten nointse:n-hundertachtuntnointsich/ betsa:len zi: bar o:der mit kre:'ditkarte?]

(«Aquí tiene el billete. Salida de Barajas el 28, regreso desde Düsseldorf el 30 de octubre de 1998. ¿Pagará en efectivo o con tarjeta de crédito?»)

—Mit Kreditkarte. Hier ist sie, bitte schön.
[mit kre:'ditkarte. hi:r ist zi:, bite ?œ:n]

(«Con tarjeta de crédito. Aquí la tiene, si me hace el favor.»)

—Danke. Einen Moment, bitte... so, alles in Ordnung. Bitte unterschreiben Sie hier die Quittung.
[dahke. ainen moment bite... zo:, ales in ordnuh/ bite unter'?raiben zi: hi:r di: kvittuh]

(«Gracias. Un momento, por favor... Todo en orden. Firme el comprobante, por favor.»)

—Vielen Dank und auf Wiedersehen!
[fi:len dank unt auf vi:derse:n]

(«¡Muchas gracias, y adiós!»)

▶ Cuestiones gramaticales

La construcción de una pregunta (consolidación)

Las formas interrogativas

Una pregunta puede plantearse mediante un pronombre o un adverbio interrogativos (como por ejemplo: *woher?*, *was?*, *wie?*, *wann?*, *um wie viel Uhr?*) tras los cuales se produce la inversión del orden de la oración, por lo que el verbo se sitúa en segundo lugar.

EJEMPLOS	
Was kann ich für Sie tun?	¿En qué puedo servirle? ¿Qué puedo hacer por usted?
Wann wollen Sie fliegen?	¿Cuando quiere salir/partir?
Um wie viel Uhr muss ich am Flughafen sein?	¿A qué hora debo estar en el aeropuerto?

Los pronombres interrogativos

	personas		objetos	
nom.	**Wer?**	¿quién?	**Was?**	¿qué?
gen.	**Wessen?**	¿de quién?	**Wessen?**	¿de qué?
dat.	**Wem?**	¿a quién?	**Wo(r)**	la traducción depende de la preposición que se utiliza en español
ac.	**Wen?**	¿quién?	**Was?** **Wo(r) + preposición**	¿qué?

Las formas interrogativas compuestas por *wo + (r) +* preposición se emplean sólo cuando se refieren a objetos: *wofür?* («¿para qué?»), *wogegen?* («¿para/contra qué cosa?»), *woher?* («¿de dónde?»), *wohin?* («¿a dónde?»), *womit?* («¿con qué?»), *woran?* («¿a qué?»), *woraus?* («¿de qué?»), *worüber?* («¿sobre qué?»), *worum?* («¿por qué?»), *wovon?* («¿de qué?»), etc.

La traducción exacta depende de la elección de la preposición en español (véase la lista de los verbos con preposición en la lección 5 y al final del libro).

La letra *r* se inserta entre *wo* y la preposición, cuando esta última empieza por vocal:

wo + r + an = woran, wo + r + über = worüber, wo + r + aus = woraus

No se dice *für was?, von was?, mit was?*, etc., sino *wofür?, wovon?, womit?*, etc.

EJEMPLOS

Wer ist das?	¿Quién es?
Wessen Ticket ist das?	¿De quién es el tique?
Wem gehört das?	¿A quién pertenece esto?
Wen siehst du?	¿Qué ves?
Was ist das?	¿Qué es esto?
Was unterschreibt er?	¿Qué está firmando?

Los adverbios interrogativos

Wo?	¿dónde? (permanencia en un lugar)
Woher?	¿de dónde? (movimiento desde un lugar, procedencia)
Wohin?	¿a dónde? (movimiento hacia un lugar)
Wann?	¿cuándo?

Wie lange?	¿durante cuánto tiempo?
Wie?	¿cómo?
Warum?	¿por qué?
Wie viel?	¿cuánto?
Wie viele?	¿cuántos, -as?
Um wie viel Uhr?	¿a qué hora?

En el caso de una preposición con un pronombre interrogativo referido a personas, la preposición aparece antes del pronombre interrogativo: *mit wem?* («¿con quién?»), *für wen?* («¿para quién?») *an wen?* («¿a quién?»), etc. El caso del pronombre (dativo o acusativo) depende de la preposición.

Los pronombres interrogativos *welcher* («cuál») y *was* («qué»)

	masculino	femenino	neutro	plural
nom.	welcher?	welche?	welches?	welche?
gen.	welches?	welcher?	welches?	welcher?
dat.	welchem?	welcher?	welchem?	welchen?
ac.	welchen?	welche?	welches?	welche?

El genitivo no se utiliza.

	masculino	femenino	neutro	plural
nom.	was für ein?	was für eine?	was für ein?	was für?
gen.	was für eines?	was für einer?	was für eines?	
dat.	was für einem?	was für einer?	was für einem?	
ac.	was für einen?	was für eine?	was für ein?	was für?

El genitivo no se utiliza.

EJEMPLOS

Welcher Zug fährt nach Düsseldorf? Der Zug um 9.00 Uhr.	¿Qué tren va a Düsseldorf? El tren de las 9.00.
Was für ein Zug fährt nach Köln? Ein Eurocity.	¿Qué tipo de tren va a Colonia? Un *eurocity*.
Welche Sprachen sprechen Sie?	¿Qué lengua habla?

Las preguntas sin forma interrogativa

Naturalmente, también en las preguntas que carecen de forma interrogativa se produce la inversión del orden del sujeto y el verbo:

EJEMPLOS	
Möchten Sie das Flugzeug oder den Zug nehmen?	¿Se propone tomar el avión o el tren?
	¿Querría tomar el avión o el tren?
Ist Ihnen das recht?	¿Le va bien?

El verbo *ir*

A diferencia del español, en alemán el verbo *ir* especifica siempre de qué modo se produce el movimiento (a pie, en coche, etc.).

Así pues, se tienen los verbos:

gehen	ir a pie
fahren	ir con un medio de locomoción
fliegen	ir en avión

En caso necesario, se puede especificar:

zu Fuß gehen	ir a pie
mit dem Auto/Wagen fahren	ir en coche
mit dem Fahrrad fahren	ir en bicicleta
mit dem Zug fahren	ir en tren

Los números cardinales

0	*null*	(nul)	10	*zehn*	(tse:n)	20	**zwanzig**
1	*eins*	(ains)	11	**elf**	(elf)	21	*einundzwanzig*
2	*zwei*	(tsvai)	12	**zwölf**	(tsvœlf)	22	*zweiundzwanzig*
3	*drei*	(drai)	13	*dreizehn*	(draitse:n)	23	*dreiundzwanzig*
4	*vier*	(fi:r)	14	*vierzehn*	(firtse:n)	24	*vierundzwanzig*
5	*fünf*	(fynf)	15	*fünfzehn*	(fynftse:n)	25	*fünfundzwanzig*
6	*sechs*	(zeks)	16	**sechzehn**	(zechtse:n)	26	*sechsundzwanzig*
7	*sieben*	(zi:ben)	17	**siebzehn**	(zi:btse:n)	27	*siebenundzwanzig*
8	*acht*	(acht)	18	*achtzehn*	(achtse:n)	28	*achtundzwanzig*
9	*neun*	(noin)	19	*neunzehn*	(nointse:n)	29	*neunundzwanzig*

Las decenas

20	**zwanzig**	(tsvantsich)	60	**sechzig**	(zechtsich)
30	**dreißig**	(draisich)	70	**siebzig**	(zi:btsich)
40	**vierzig**	(firtsich)	80	**achtzig**	(achtsich)
50	**fünfzig**	(fynftsich)	90	**neunzig**	(nointsich)

Las centenas

100	hundert, einhundert	600	sechshundert
200	zweihundert	700	siebenhundert
300	dreihundert	800	achthundert
400	vierhundert	900	neunhundert
500	fünfhundert		

Los millares

1.000	tausend, eintausend	2.000	zweitausend
1.001	tausendeins, eintausendeins	10.000	zehntausend
1.100	tausendeinhundert	100.000	hunderttausend
1.101	tausendeinhunderteins	1.000.000	eine Million

En los números compuestos superiores a 12, a diferencia del español y al igual que en inglés, en alemán se leen primero las unidades y luego las decenas: *dreizehn, neunzehn*, etc.

Las decenas se componen con la unidad más *-zig*: *vierzig, fünfzig*.

Del 21 al 99, entre la unidad y la decena se inserta *und*:

21	ein**und**zwanzig	65	fünf**und**sechzig
32	zwei**und**dreißig	76	sechs**und**siebzig
43	drei**und**vierzig	87	sieben**und**achtzig
54	vier**und**fünzig	98	acht**und**neunzig

Algunas excepciones

Eins usado junto con las decenas pierde la *s* final, mientras que se mantiene en un número compuesto: 21 se dice *ein**und**zwanzig*, pero 101 es *hunderteins*.

    3 es *drei* pero 30 es *dreißig*.

    6 es *sechs*, 600 es *sechshundert*, pero 16 es *sechzehn* y 60 es *sechzig*.

    7 es *sieben*, 700 es *siebenhundert*, pero 17 es *siebzehn* y 70 es *siebzig*.

    Entre las centenas y las decenas, así como entre las centenas y la unidad, no se inserta *und*.

La hora

Para expresar la hora, el alemán usa la forma impersonal del verbo *ser* en tercera persona del singular: *es ist*.

Para expresar qué hora es, se distingue entre el uso corriente de la lengua hablada y el uso oficial, que subdivide la jornada en 24 horas.

Preguntar qué hora es

Wie viel Uhr ist es?	¿Qué hora es?
Wie spät ist es?	¿Qué hora es? (literalmente, «¿cuán tarde es?»)

La respuesta a ambas preguntas es siempre *Es ist... Uhr*.

En el uso oficial (horarios ferroviarios, etc.), los minutos van después de las horas; en la lengua hablada, y a diferencia del español, se expresan primero los minutos y luego las horas.

hora	expresión oficial	expresión corriente
7.00	Es ist sieben Uhr.	Es ist sieben Uhr.
7.10	Es ist sieben Uhr zehn.	Es ist zehn (Minuten) nach sieben.
7.15	Es ist sieben Uhr fünfzehn.	Es ist Viertel nach sieben.
7.20	Es ist sieben Uhr zwanzig.	Es ist zwanzig (Minuten) nach sieben. Es ist zehn vor halb acht.[2]
7.30	Es ist sieben Uhr dreißig.	Es ist halb acht.
7.40	Es ist sieben Uhr vierzig.	Es ist zwanzig (Minuten) vor acht. Es ist zehn nach halb acht.[3]
7.45	Es ist sieben Uhr fünfundvierzig.	Es ist Viertel vor acht.
7.55	Es ist sieben Uhr fünfundfünfzig.	Es ist fünf vor acht.
13.00	Es ist dreizehn Uhr.	Es ist ein Uhr. Es ist eins.[4]

2. Esta forma puede usarse sólo en los diez minutos siguientes a la primera media hora.
3. Esta forma sólo puede usarse hasta los diez minutos siguientes a la media hora.
4. *Ich komme um ein Uhr* («llego a la una»). *Ich komme um eins* («llego a la una»), *fünf nach eins* («la una y cinco»), *Viertel nach eins* («la una y cuarto»), *halb eins* («las doce y media»), *Viertel vor eins* («la una menos cuarto»), etc.

La jornada y los saludos

sustantivo	adverbio	saludo
der Morgen la mañana	morgens por la mañana	Guten Morgen! ¡Buenos días!
der Vormittag media mañana	vormittags a media mañana	Guten Tag! ¡Buenos días!
der Mittag el mediodía	mittags a mediodía	Guten Tag! ¡Buenos días!
der Nachmittag la tarde	nachmittags por la tarde	Guten Tag! ¡Buenos días!
der Abend la tarde	abends por la tarde	Guten Abend! ¡Buenas tardes!
die Nacht noche	nachts por la noche	Gute Nacht! ¡Buenas noches!

Entre familiares y amigos íntimos que se encuentran, se dice *Hallo!* en lugar de *Guten Tag!*

Los saludos para despedirse

Auf Wiedersehen!	¡Adiós!
Tschüß! Tschüs!	¡Chao! (entre familiares, parientes, amigos)
Bis bald!	¡Hasta pronto!
Alles Gute!	¡Que vaya bien!

El saludo italiano *¡chao!*, que se ha convertido en internacional, puede oírse con cierta frecuencia en Alemania, Suiza y Austria.

Los días de la semana

Todos los nombres de los días de la semana son masculinos:

der Montag	[mo:nta:k]	lunes
der Dienstag	[di:nsta:k]	martes
der Mittwoch	[mitvoch]	miércoles
der Donnerstag	[donersta:k]	jueves
der Freitag	[fraita:k]	viernes
der Samstag	[zamsta:k]	sábado
der Sonnabend	[zona:bent]	sábado[5]
der Sonntag	[zonta:k]	domingo

5. Variante.

Los meses y las estaciones

Asimismo, los nombres de los meses y las estaciones son masculinos:

LOS MESES		
der Januar	(ja:nua:r)	enero
der Februar	(fe:brua:r)	febrero
der März	(merts)	marzo
der April	(a'pril)	abril
der Mai	(mai)	mayo
der Juni	(ju:ni)	junio
der Juli	(ju:li)	julio
der August	(au'gust)	agosto
der September	(zep'tember)	septiembre
der Oktober	(ok'to:ber)	octubre
der November	(no'vember)	noviembre
der Dezember	(de'tsember)	diciembre

LAS ESTACIONES		
der Frühling	(fry:li)	primavera
der Sommer	(zomer)	verano
der Herbst	(herpst)	otoño
der Winter	(vinter)	invierno

Los números ordinales

der, die, das		der, die, das	
erste	primero	elfte	undécimo
zweite	segundo	zwölfte	duodécimo
dritte	tercero	dreizehnte	decimotercero
vierte	cuarto	vierzehnte	decimocuarto
fünfte	quinto	fünfzehnte	decimoquinto
sechste	sexto	**sechzehnte**	decimosexto
siebte	séptimo	siebzehnte	decimoséptimo
achte	octavo	achtzehnte	decimoctavo
neunte	noveno	neunzehnte	decimonoveno
zehnte	décimo	zwanzig**ste**	vigésimo
hundertste	centésimo	zehntausendste	diezmilésimo
tausendste	milésimo	millionste	millonésimo

Los números ordinales del 2 al 19 adoptan la desinencia *-te-*, mientras que a partir del 20 adoptan la desinencia *-ste-*.

Los ordinales se declinan como los artículos, por lo que adoptan las desinencias según el caso.

Escritos en cifras, los números ordinales van seguidos de un punto: *am 7.10.1997* (que se suele leer: *am siebten zehnten neunzehnhundertsiebenundneunzig*, o bien, más correctamente, *am siebten Oktober neunzehnhundertsiebenundneunzig*).

La fecha

En alemán, la fecha se expresa con el número ordinal, mientras que en español, excepto el primer día del mes (como en la expresión *primero de mayo*), se usa el número cardinal.

Ya hemos visto la indicación de la fecha con *am*: *Ich fliege am siebten Oktober* (al número se le añade la desinencia *-en*) y en combinación con el verbo *ser*: *Heute ist **der** siebte Oktober.*

En el encabezamiento de una carta, se escribirá *Köln, (den) 07.10.1997* (que se lee: *Köln, den siebten zehnten neunzehnhundertsiebenundneunzig* o bien *Köln, siebter zehnter neunzehnhundertsiebenundneunzig*).

¿Qué día es hoy?	Hoy es 7 de octubre.
Der Wievielte ist heute?	Heute ist der siebte (Oktober).
¿A qué estamos hoy?	Hoy estamos a 7.
Den Wievielten haben wir heute?	Heute haben wir den siebten.

▸ Vocabulario

können		(kœnen)	poder
ich kann		(ich kan)	yo puedo
tun		(tu:n)	hacer
müssen		(mysen)	deber
ich muss		(ich mus)	yo debo
wenig		(ve:nich)	poco
Zeit (-, -en)	f.	(tsait)	tiempo
wann		(van)	cuando
wollen		(volen)	querer
übermorgen		(y:bermorgen)	pasado mañana
von		(fon)	de, desde
nach		(na:ch)	a, para
Uhr (-, -en)	f.	(u:r)	hora
um wie viel Uhr		(um vi: fi:l u:r)	a qué hora
bitte		(bite)	por favor
Morgen (-s, -)	m.	(morgen)	mañana

früh		(fry:)	pronto, temprano
am frühen Morgen		(am fry:en morgen)	primera hora de la mañana
es gibt + ac.		(es gi:pt)	hay
es gibt einen Flug		(es gi:pt ainen flu:k)	hay un vuelo
recht sein		(recht zain)	ir bien
passen		(pasen)	ir bien
Stunde (-, -n)	f.	(?tunde)	hora (es decir, una duración de 60 minutos)
vorher		(fo:he:r)	primero
gut		(gu:t)	bien, bueno
noch		(noch)	aún, todavía
zwei		(tsvai)	dos
Tag (-es, -e)	m.	(ta:k)	día
später		(?pe:ter)	más tarde
zwei Tage später		(tsvai ta:ge ?pe:ter)	dos días después
also		(alzo:)	entonces, así pues
achtundzwanzig		(achtunt'tsvantsich)	28
dreißig		(draisich)	30
Oktober (-s)	m.	(ok'to:ber)	octubre
neunzehn		(nointse:n)	19
hundert		(hundert)	100
acht		(acht)	8
neunzig		(nointsich)	90
achtundneunzig		(achtunt'nointsich)	98
vierzig		(firtsich)	40
20.40 Uhr		(tsvantsik u:r firtsich)	20.40
zweiundzwanzig		(tsvaiunt'tsvantsich)	22
zehn		(tse:n)	10
sehr		(ze:r)	muy, mucho
sehr gut		(ze:r gu:t)	muy bien, perfectamente
buchen		(bu:chen)	reservar
Hinflug (-s, -ge)	m.	(hinflu:k)	vuelo de ida
Rückflug (-s, -ge)	m.	(rykflu:k)	vuelo de vuelta
Flugticket (-, -)	n.	(flu:ktiket)	billete de avión
hier ist		(hi:r ist)	aquí tiene
bezahlen		(be'tsa:len)	pagar
bar		(ba:r)	en efectivo
Kreditkarte (-, -n)	f.	(kre:'ditkarte)	tarjeta de crédito
bitte schön		(bite ?œ:n)	por favor, de nada
danke		(dahke)	gracias
Moment (-s, -e)	m.	(mo:ment)	momento
Einen Moment, bitte!		(ainen mo:ment bite)	¡Un momento, por favor!
alles in Ordnung		(ales in ordnuŋ)	todo en orden
unterschreiben		(unter'?raiben)	firmar
Quittung (-, -en)	f.	(kvituŋ)	comprobante
vielen Dank		(fi:len daŋk)	muchas gracias
auf Wiedersehen		(auf vi:derse:n)	adiós

▸ Ejercicios

I. *Formular las preguntas para las siguientes respuestas:*
   Ejemplo: Ja, er lernt Deutsch.
   Lernt er Deutsch?
   1. Wir wollen *übermorgen* nach Deutschland fliegen.
   2. Ja, die *Abflugzeit ist ihm recht.*
   3. *Eloy* arbeitet für eine deutsche Firma.
   4. *Nein, sie bezahlen bar.*
   5. *Er muss eine Messe besuchen.*

II. *Traducir:*
   1. Debo salir a primera hora de la mañana.
   2. ¿A qué hora hay un vuelo desde Madrid a Düsseldorf?
   3. ¿Todo en orden?
   4. Eloy firma el comprobante.

III. *Escribir los siguientes números:*
   0, 6, 7, 13, 16, 17, 20, 29, 31, 46, 57, 60, 77, 82, 93, 101, 106, 1.004, 1.012, 1.734.

IV. *Tratar de recordar las diversas posibilidades de expresar la hora:*
   6.10 Uhr:
   7.15 Uhr:
   8.25 Uhr:
   9.30 Uhr:
   10.34 Uhr:
   11.40 Uhr:
   12.45 Uhr:
   13.50 Uhr:
   14.59 Uhr:
   15.00 Uhr:
   24.00 Uhr:

UNIDAD CUATRO
VIERTE LEKTION

EN EL AEROPUERTO DE DÜSSELDORF
AM FLUGHAFEN DÜSSELDORF

▸ Lectura *(Lesetext)*

Am 28. Oktober 1998 landet die Maschine von Eloy Martín pünktlich um 9.10 Uhr in Düsseldorf.
[am achtunttsvantsichsten ok'to:ber nointse:nhundertachtuntnointsich landet di: ma'?i:ne von eloi mar'tin pynktlich um noin u:r tse:n in dyseldorf]
(«El 28 de octubre de 1998, el avión de Eloy Martín aterriza puntualmente a las 9.10 en Düsseldorf.»)

Wenig später ist Eloy Martín bereits am Ausgang. Dort wartet sein deutscher Kollege Rainer Müller.
[ve:nich ?pe:ter ist eloi mar'tin beraits am ausgan/ dort vartet zain doit?er kole:ge rainer myler]
(«Poco después, Eloy Martín ya está en la salida. Allí, su colega alemán Rainer Müller le está esperando.»)

—*Guten Morgen, Herr Martín!*
[gu:ten morgen, her mar'tin!]
(«¡Buenos días, señor Martín!»)

—*Guten Morgen, Herr Müller!*
[gu:ten morgen, her myler!]
(«¡Buenos días, señor Müller!»)

—*Hatten Sie einen guten Flug, Herr Martín?*
[haten zi: ainen gu:ten flu:k, her mar'tin?]
(«¿Ha tenido un buen viaje, señor Martín?»)

—*Ja, danke. Und vielen Dank auch, dass Sie mich abholen, Herr Müller.*
[ja: danke/ unt fi:len dank auch, das zi: mich apho:len, her myler]
(«Sí, gracias. Y muchas gracias también por haber venido a recogerme, señor Müller.»)

—*Keine Ursache, gern geschehen. Das ist doch selbstverständlich. Wollen wir einen Kaffee trinken? Hier gibt es auch eine italienische Bar.*
[kaine u:rzache, gern ge?e:n/ das ist doch selpstfer'?tentlich/ volen vi:r ainen kafe: triken?/ hi:r gi:pt es auch aine ital'je:ni?e ba:r.]
(«No se merecen, no hay de qué. Es natural. ¿Quiere que tomemos un café? Aquí hay también un bar italiano.»)

—*Ja, gerne, das ist eine sehr gute Idee. Ein Espresso ist immer willkommen! Darf ich Sie einladen, Herr Müller?*
[ja:, gerne, das ist aine gu:te i:'de:/ ain espreso ist imer vil'komen!/ darf ich zi: ainla:den, her myler?]
(«Sí, con mucho gusto, es una buena idea. ¡Un café es siempre bien recibido! ¿Puedo invitarle, señor Müller?»)

▶ Cuestiones gramaticales

La construcción de una frase principal con complementos de tiempo, modo y lugar

¿Cuándo? Wann?	Am 28. Oktober 1998	complemento de tiempo
	landet	verbo
¿Qué? Was?	Eloy Martíns Maschine	sujeto
¿Cómo? Wie?	pünktlich	complemento de modo
¿A qué hora? Um wie viel Uhr?	um 09.10 Uhr	complemento de tiempo
¿Dónde? Wo?	in Düsseldorf.	complemento de lugar

Al iniciar una frase con un complemento de tiempo, modo o lugar, se produce la inversión del sujeto y el verbo.

En presencia de más de un complemento, su orden en la frase es el siguiente:

— primero el complemento de tiempo,
— a continuación el de modo,
— y por último el de lugar.

En presencia de varios complementos del mismo tipo, el complemento genérico precede al complemento específico.

Las preposiciones

Como en todas las lenguas, también en alemán las preposiciones constituyen un campo difícil. Es preciso elegir siempre la preposición exacta, venga regida por el verbo o no.

Una vez aprendidas de memoria las preposiciones que rigen siempre genitivo, dativo o acusativo, sigue sin resolverse el problema de la elección del caso de las preposiciones que pueden regir tanto dativo como acusativo.

En estos casos, se usa el acusativo para expresar el movimiento hacia o desde un lugar, y el dativo para la permanencia en un sitio concreto.

MOVIMIENTO HACIA UN LUGAR

Eloy Martín muss oft **ins Ausland** fahren.	Eloy Martín debe ir a menudo al extranjero.
Wohin muss er oft fahren?	¿A dónde debe ir a menudo?
Ins Ausland.	Al extranjero.

Cuando se indica un movimiento, el sustantivo se expresa con el acusativo, a menos que la preposición requiera expresamente el dativo.

En el ejemplo, la preposición *in* con el acusativo del artículo determinado *das* se convierte en *ins*. Lo mismo cabe decir de las siguientes:

— *an + das = ans,*
— *für + das = fürs,*
— *um + das = ums.*

ESTADO EN UN LUGAR

Am Ausgang wartet sein Kollege.	Su colega está esperando en la salida.
Wo wartet sein Kollege?	¿Dónde está esperando su colega?
Am Ausgang.	En la salida.
Er ist **im Büro**.	Está en la oficina.
Wo ist er?	¿Dónde está?
Im Büro.	En la oficina.

La permanencia en un lugar se expresa con el dativo, excepto en el caso de que la preposición requiera expresamente el acusativo.

En el ejemplo, la preposición *an* con el dativo del artículo determinado *dem* se convierte en *am*. Lo mismo cabe decir de:

— in + dem = im,
— bei + dem = beim,
— zu + dem = zum,
— zu + der = zur.

Las preposiciones que rigen dativo

Aus («desde», «fuera de»)	**movimiento desde un lugar, procedencia**
Woher?	¿De dónde?
Er kommt **aus** Santander.	Viene de Santander.
Sie gehen **aus** der Bar.	Salen del bar.
Bei («cerca de, con»)	**estado en un lugar**
Bei wem?	¿De quién?
Er ist **bei** Maria.	Es de María.
Wo?	¿Dónde?
Der Flughafen ist **bei** Düsseldorf.	El aeropuerto está cerca de Düsseldorf.
Er arbeitet bei Vaillant.	Trabaja con Vaillant
Gegenüber («frente a»)	**estado en un lugar**
Wo?	¿Dónde?
Eloy sitzt seinem Kollegen **gegenüber**.	Eloy está sentado frente a su colega.
	Esta preposición suele posponerse.
Mit («con»)	**compañía y medio**
Mit wem?	¿Con quién?
Eloy trinkt **mit** seinem Kollegen einen Espresso.	Eloy bebe un café con su colega.
Nach («a», «en»)	**movimiento hacia un lugar** (en caso de ciudades y países sin artículo)
Wohin?	¿Dónde?
Er fährt oft **nach** Deutschland.	Va a menudo a Alemania.
Er geht **nach** unten.	Baja.
Wir gehen **nach** Hause.	Vamos a casa.
Seit («desde»)	**tiempo**
Seit wann?	¿Desde cuándo?
Er arbeitet **seit** einer Woche hier.	Trabaja aquí desde hace una semana.

Von («de», «desde»)	propiedad, movimiento desde un lugar
Von wem?	¿De quién?
Der Wagen ist **von** meinem Kollegen.	El coche es de mi colega.
Woher?	¿Desde dónde?
Das Flugzeug kommt **von** Madrid.	El avión viene de Madrid.
Zu («a»)	movimiento hacia un lugar o propósito
Zu wem?	¿A casa de quién?
Ich gehe **zu** einem Kollegen.	Voy a casa de un colega.
Wohin?	¿A dónde?
Du gehst **zur** Universität.	Vas a la universidad.
Wohin?	¿Dónde?
Wir gehen **zum** Essen.	Vamos a comer.

Sin embargo, cuando se expresa la permanencia en un lugar *(er ist zu Hause)*, le corresponde el interrogativo *wo?*

Las preposiciones que rigen el acusativo

bis	hasta (local, temporal)
durch	a través
entlang	a lo largo (pospuesto)
für	por
gegen	hacia (complemento de tiempo), contra
ohne	sin
um	en torno

Wir gehen **durch** den Park.	Atravesamos el parque.
Er kommt **gegen** 15.00 Uhr an.	Llega hacia las 15.00.
Ich bin **gegen** das Rauchen.	Estoy en contra del tabaco.

Recordemos además que:

— *durch + das = durchs*,
— *für + das = fürs*,
— *um + das = ums*.

La preposición *bis* puede concurrir con otras preposiciones, como:

Wir fahren **bis** an die Grenze.	Vamos hasta la frontera.
Er arbeitet **bis** spät in die Nacht.	Trabaja hasta muy entrada la noche.

Las preposiciones que rigen dativo y acusativo

Las preposiciones *an* («a», «junto a»), *auf* («sobre», con contacto), *hinter* («detrás»), *in* («en»), *neben* («junto», sin contacto), *über* («sobre», encima sin contacto), *unter* («debajo», «entre muchos»), *vor* («delante») y *zwischen* («entre dos») rigen dativo y acusativo:

— en acusativo se expresa el movimiento hacia un lugar (pregunta: *wohin?*);
— en dativo se expresa la permanencia en un lugar (pregunta: *wo?*).

Las preposiciones *an* (que se usa con los días de la semana, festividades y partes de la jornada), *in* (años, estaciones, meses, semanas), *nach* («después»), *seit* («desde»), *vor* («antes de»; se usa con los días de la semana, meses, horas, etc.), *zwischen* («entre», referida a horas) rigen siempre dativo en los complementos de tiempo.

EJEMPLOS	
Wir warten **am** Ausgang.	Esperamos a la salida.
Die Vase steht **auf** dem Tisch.	El jarrón está sobre la mesa.
Eloy ist **in** der Bar.	Eloy está en el bar.
Eloy geht **in** die Bar.	Eloy entra en el bar.
Sie steht **neben** dem Auto.	Está junto al coche.
Über dem Tisch hängt eine Lampe.	Encima de la mesa hay una lámpara.
Vor Montag kommen sie nicht.	No vendrán antes del lunes.
Sie sitzt **zwischen** den Kollegen.	Está sentada entre colegas.

Pretérito imperfecto de indicativo de los auxiliares *haben* y *sein*

	haben				haben	
ich	hatte	yo había	wir	hatten	nosotros habíamos
du	hattest	tú habías	ihr	hattet	vosotros habíais
er, sie, es	hatte	él, ella había	sie	hatten	ellos habían

	sein				sein	
ich	war	yo era	wir	waren	nosotros éramos
du	warst	tú eras	ihr	wart	vosotros érais
er, sie, es	war	él, ella era	sie	waren	ellos eran

A diferencia del español, el alemán prefiere el uso del imperfecto de los verbos auxiliares en lugar del pretérito perfecto:

Hatten Sie einen guten Flug?	¿Tuvo un buen viaje?
	en lugar de:
Haben Sie eine guten Flug gehabt?	¿Ha tenido un buen viaje?
War er hier?	¿Estuvo aquí?
	en lugar de:
Ist er hier gewesen?	¿Ha estado aquí?

Verbos separables y verbos inseparables

En alemán, muchos verbos se construyen mediante prefijos; algunos van unidos a la raíz y otros no. Los prefijos inseparables son muy pocos, por lo que pueden memorizarse:

be-, emp-, ent-, er-, ge-, miss-, ver-, zer-.

begrüßen	saludar	*verstehen*	comprender

A diferencia de los verbos separables, el prefijo de los verbos inseparables siempre es átono.

Los verbos separables

En el presente de indicativo, el prefijo de los verbos separables se desprende del verbo y se coloca al final de la frase. Veamos lo dicho en el caso de *einladen* («invitar»):

einladen		*einladen*	
ich lade ein	yo invito	*wir laden ein*	nosotros invitamos
du lädst ein	tú invitas	*ihr ladet ein*	vosotros invitáis
er, sie, es lädt ein	él, ella invita	*sie laden ein*	ellos invitan

EJEMPLOS

Herr Martín lädt Herrn Müller ein.	El señor Martín invita al señor Müller.
Er lädt ihn zum Espresso ein.	Le invita a (beber) un café.

Los prefijos separables siempre se acentúan: *ab-, an-, auf-, aus-, bei-, da(r)-, ein-, fest-, her-, herein-, hin-, hinaus-, los-, mit-, nach-, um-, vor-, vorbei-, weg-, weiter-, wieder-, zu-, zurück-, zusammen-*.

Damos a continuación algunos verbos separables de uso frecuente:

abfahren	(apfa:ren)	partir
abholen	(apho:len)	ir a buscar
ankommen	(ankomen)	llegar
anrufen	(anru:fen)	telefonear
ansprechen	(an?prechen)	dirigirse a
aufstehen	(auf?te:n)	levantarse
aussteigen	(aus?taigen)	bajar
einkaufen	(ainkaufen)	hacer la compra
vorbereiten	(fo:rberaiten)	preparar
vorschlagen	(fo:r?la:gen)	proponer
zuhören	(tsu:hœ:ren)	escuchar
zurückfahren	(tsu:rykfa:ren)	retroceder, regresar
zusammenfassen	(tsu:'zamenfasen)	resumir

El genitivo de los nombres propios

El genitivo precede siempre al sustantivo al que se refiere.
    La desinencia del genitivo singular es -*s*.
    Los títulos y nombres que preceden a los apellidos son invariables:

Eloy Martíns Maschine landet pünktlich.	El avión de Eloy Martín aterriza puntualmente.

Con frecuencia, el genitivo se forma con la preposición *von* más un dativo (en particular, con los sustantivos que acaban en -*s* y -*z*, en los cuales la desinencia del genitivo no puede identificarse):

*Die Maschine **von** Eloy Martín landet pünktlich.*	El avión de Eloy Martín aterriza puntualmente.
*Der Wagen **von** Fritz ist neu.*	El coche de Fritz es nuevo.
*Der Kollege **von** Hans heißt Rainer.*	El colega de Hans se llama Rainer.

La declinación del adjetivo calificativo

Se distinguen para el adjetivo calificativo tres formas de declinación:

— cuando el adjetivo aparece precedido por el artículo indeterminado *(ein, eine, kein, keine)* o por un pronombre posesivo como *mein, dein, sein* («mío», «tuyo», «suyo»), etc.
— cuando el adjetivo aparece precedido por el artículo determinado *(der, die, das)*, por un pronombre demostrativo como *dieser* («esto») o *jener* («aquello»), así como por *alle* («todos»), *derselbe* («lo mismo», «el mismo»), *jeder* («cada»), *mancher* («alguno»);
— cuando el adjetivo no aparece precedido por un artículo o un pronombre.

El adjetivo precedido por el artículo indeterminado

En esta forma, el adjetivo, en función del género y el caso, adopta en singular las siguientes desinencias:

	masculino	femenino	neutro
nom.	-er	-e	-es
gen.	-en	-en	-en
dat.	-en	-en	-en
ac.	-en	-e	-es

En todos los casos del plural, los adjetivos adoptan la desinencia *-en*, como los adjetivos precedidos por el artículo determinado.

En singular, basta con aprender las desinencias del nominativo masculino, femenino y neutro, así como la del acusativo masculino, dado que el acusativo femenino y el neutro son iguales que el nominativo.

Los adjetivos precedidos por los pronombres posesivos y por *kein* siguen esta declinación de los adjetivos precedidos por el artículo indeterminado.

LA DECLINACIÓN SINGULAR

	masculino	femenino	neutro
nom.	ein gut**er** Mann	eine neu**e** Kollegin	ein schnell**es** Auto
gen.	(m)eines gut**en** Mannes	(m)einer neu**en** Kollegin	(m)eines schnell**en** Autos
dat.	(d)einem gut**en** Mann	(d)einer neu**en** Kollegin	(d)einem schnell**en** Auto
ac.	(k)einen gut**en** Mann	(k)eine neu**e** Kollegin	(k)ein schnell**es** Auto

LA DECLINACIÓN PLURAL

	masculino	femenino	neutro
nom.	keine guten Männer	seine neuen Kolleginnen	meine schnellen Autos
gen.	keiner guten Männer	seiner neuen Kolleginnen	meiner schnellen Autos
dat.	keinen guten Männern	seinen neuen Kolleginnen	meinen schnellen Autos
ac.	keine guten Männer	seine neuen Kolleginnen	meine schnellen Autos

EJEMPLOS

Wir trinken einen italienischen Espresso.	Bebemos un café italiano.
Hier gibt es eine italienische Bar.	Aquí hay un bar italiano.
Ich habe ein deutsches Auto.	Tengo un coche alemán.
Das ist ein guter Wein.	Este es un buen vino.
Das ist eine neue Kollegin.	Esta es una nueva colega.
Er hat kein neues Auto.	No tiene un coche nuevo.

A diferencia del uso corriente en español, en alemán el adjetivo precede al sustantivo.

El adjetivo precedido por el artículo determinado

En esta forma, el adjetivo, en función del género y del caso, adopta en singular las siguientes desinencias:

SINGULAR

	masculino	femenino	neutro
nom.	-e	-e	-e
gen.	-en	-en	-en
dat.	-en	-en	-en
ac.	-en	-e	-e

Dado que las desinencias del genitivo y del dativo son siempre *-en*, cabe recordar únicamente las del nominativo (iguales en los tres géneros): *-e*, así

como la del acusativo masculino: *-en* (las del acusativo femenino y neutro son iguales a las del del nominativo).
El plural tiene siempre la desinencia *-en*:

PLURAL

	masculio	femenino	neutro
nom.	-en	-en	-en
gen.	-en	-en	-en
dat.	-en	-en	-en
ac.	-en	-en	-en

Los adjetivos precedidos por *alle* («todos»), *dieser* («esto»), *jener* («aquello»), *mancher* («algún») y *welcher* («cuál») adoptan las mismas desinencias que el adjetivo precedido por el artículo determinado.

EJEMPLOS

alle guten Straßen	todos los buenos caminos/carreteras/calles
dieser gute Wein	este buen vino
jenes rote Haus	aquella casa roja
manche junge Frau	alguna mujer joven
welcher neue Wagen?	¿qué coche nuevo?

LA DECLINACIÓN SINGULAR

	masculino	femenino	neutro
nom.	*der gute Wein*	*die gute Straße*	*das gute Auto*
gen.	*des guten Weins*	*der guten Straße*	*des guten Autos*
dat.	*dem guten Wein*	*der guten Straße*	*dem guten Auto*
ac.	*den guten Wein*	*die gute Straße*	*das gute Auto*

PLURAL

	masculino	femenino	neutro
nom.	*die guten Weine*	*die guten Straßen*	*die guten Autos*
gen.	*der guten Weine*	*der guten Straßen*	*der guten Autos*
dat.	*den guten Weinen*	*den guten Straßen*	*den guten Autos*
ac.	*die guten Weine*	*die guten Straßen*	*die guten Autos*

El adjetivo sin artículo

A falta de artículo, el adjetivo adopta las desinencias del artículo determinado (a excepción del genitivo masculino y neutro, donde la desinencia es *-en* en lugar de *-es*):

SINGULAR

	masculino	femenino	neutro
nom.	-er	-e	-es
gen.	-en	-er	-en
dat.	-em	-er	-em
ac.	-en	-e	-es

PLURAL

	masculino	femenino	neutro
nom.	-e	-e	-e
gen.	-er	-er	-er
dat.	-en	-en	-en
acc.	-e	-e	-e

El plural es igual para los tres géneros.

Los adjetivos precedidos por *einige* («algunos»), *einzelne* («cada uno»), *mehrere* («varios»), *viele* («muchos»), *manche* («algunos», «ciertos») y *wenige* («pocos») y por números cardinales, tienen las mismas desinencias que los adjetivos sin el artículo.

EJEMPLOS	
einige gute Straßen	algunos caminos buenos
wenige gute Straßen	pocos caminos buenos
zwei gute Straßen	dos caminos buenos

LA DECLINACIÓN SINGULAR

	masculino	femenino	neutro
nom.	*guter Wein*	*gute Luft*	*gutes Wetter*
gen.	*guten Weins*	*guter Luft*	*guten Wetters*
dat.	*gutem Wein*	*guter Luft*	*gutem Wetter*
ac.	*guten Wein*	*gute Luft*	*gutes Wetter*

PLURAL

	masculino	femenino	neutro
nom.	gute Weine	gute Straßen	gute Autos
gen.	guter Weine	guter Straßen	guter Autos
dat.	guten Weinen	guten Straßen	guten Autos
ac.	gute Weine	gute Straßen	gute Autos

EJEMPLOS

Guter Wein ist nicht immer teuer.	Un buen vino no siempre es caro.
Ich wünsche Ihnen guten Appetit.	Le deseo buen provecho.

Felicitaciones y parabienes

Al felicitar, se suele omitir el verbo *Ich wünsche* (+ ac.), que significa *yo deseo*, y se dice simplemente (usando el acusativo) alguna de las fórmulas o frases hechas del siguiente cuadro.

Guten Appetit	Buen provecho
Gute Fahrt	Buen viaje
Gute Reise	Buen viaje
Viel Erfolg	Mucho éxito
Frohes Schaffen	Buen trabajo
Gute Besserung	Que se mejore
Viel Glück	Buena suerte
Frohe Ostern	Felices Pascuas/Feliz Navidad
Frohe Weihnachten	Feliz Navidad
Alles Gute	Que vaya bien

Lo mismo cabe decir para las felicitaciones con motivo de un cumpleaños, de un examen aprobado, de un ascenso laboral, etc.: la expresión será *Herzlichen Glückwunsch (zum Geburtstag, zur bestandenen Prüfung, zum Führerschein, zur Beförderung)*.

Vocabulario

landen		(landen)	aterrizar
Maschine (-, -n)	f.	(ma'?i:ne)	avión, coche
pünktlich		(pynktlich)	puntual, puntualmente
bereits		(berαits)	ya
Ausgang (-s, -»e)	m.	(ausgaŋ)	salida
dort		(dort)	allí
warten auf (+ ac.)		(varten auf)	esperar algo
Kollege (-n, -n)	m.	(ko:'le:ge)	colega
sein		(zain)	su, suyo
ihn (ac.)		(i:n)	él
sie hatten		(haten)	tenían
Hatten Sie einen guten Flug?		(haten zi: ainen gu:ten flu:k)	¿Ha tenido buen viaje?
ja		(ja)	sí
dass		(das)	que
mich (ac.)		(mich)	me
abholen		(apho:len)	venir a recoger
Ursache (-, -n)	f.	(u:rzache)	razón, causa
keine Ursache		(kaine u:rzache)	no se merecen
gern		(gern)	con mucho gusto
gern geschehen		(gern ge'?e:n)	no hay de qué
doch		(doch)	sin duda
selbstverständlich		(zelpstfer?tentlich)	natural, obvio
Kaffee (-s, -s)	m.	(kafe:)	café
trinken		(trinken)	beber
einen Kaffee trinken		(ainen kafe: trinken)	tomar un café
Bar (-, -s)	f.	(bar)	bar
italienisch		(italje:ni?)	italiano
Idee (-, -n)	f.	(i:'de:)	idea
Espresso (-s, -)	m.	(es'preso)	expreso, café
willkommen		(vil'komen)	bienvenido
immer		(imer)	siempre
einladen zu (+dat.)		(ainla:den tsu:)	invitar a
Ausland (-s)	n.	(auslant)	extranjero
ins Ausland fahren		(ins auslant fa:ren)	ir al extranjero
gute Besserung		(gu:te beseruŋ)	buena curación
Prüfung (-, -en)	f.	(pry:fuŋ)	examen
Beförderung (-, -en)	f.	(be'fœrderuŋ)	promoción, ascenso

Ejercicios

I. *Eliminar el verbo modal:*
   Ejemplo: Ich **muss** den Kollegen am Flughafen abholen.
   Ich hole den Kollegen am Flughafen ab.
   1. Wir wollen die neue Kollegin nicht einladen.
   2. Sie muss viel einkaufen.
   3. Willst du meinen Kollegen nicht begrüßen?
   4. Es ist sieben Uhr. Er muss aufstehen.
   5. Er soll nicht rauchen.

II. *Añadir las desinencias:*
   Ejemplo: Ein..... gut..... Wein muss nicht teuer sein.
   Ein guter Wein muss nicht teuer sein.
   1. D..... neu..... Kollegin wartet dort.
   2. Mein..... Kollege heißt Müller.
   3. Ich habe ein..... schnell..... Wagen.
   4. D..... Flugzeug landet pünktlich.....
   5. Es gibt hier auch ein..... italienisch..... Bar.

III. *Traducir:*
   1. Mi nueva colega y yo esperamos a la salida.
   2. Mis colegas deben preparar la feria.
   3. Eloy Martín invita a su colega.
   4. Mañana tengo que levantarme a las seis.
   5. ¡Buen trabajo!
   6. ¿Rainer ha estado aquí?
   7. El nuevo coche de Eloy no era caro.
   8. ¿A qué hora debo estar en el aereopuerto?
   9. ¿Qué es lo que propone el señor Müller?
   10. Voy con frecuencia al extranjero.

UNIDAD CINCO
FÜNFTE LEKTION

TRAYECTO HACIA LA EMPRESA Y LLEGADA
FAHRT IN DIE FIRMA UND ANKUNFT

▸ Lectura *(Lesetext)*

Nach dem Kaffee verlassen die Herren Martín und Müller den Flughafen und gehen zum Parkplatz.
[na:ch de:m kafe: fer'lasen di: heren mar'tin unt myler de:n flu:kha:fen unt ge:n tsum parkplats]

(«Tras el café, los señores Martín y Müller salen del aereopuerto y van al aparcamiento.»)

—*Wo steht Ihr Wagen, Herr Müller?*
[vo: ?te:t i:r va:gen, her myler?]

(«¿Dónde está su coche, señor Müller?»)

—*Gleich hier vorne! Bitte, steigen Sie ein!*
[glaich hi:r forne! bite, ?taigen zi: ain!]

(«¡Aquí mismo! Suba, por favor.»)

Auf der Fahrt in die Firma sprechen die Kollegen über Probleme in der Firma, die Messe und das Programm der nächsten zwei Tage.
[auf de:r fa:rt in di: firma ?prechen di: kole:gen y:ber pro'ble:me in de:r firma, di: mese unt das program de:r ne:chsten tsvai ta:ge]

(«A lo largo del trayecto hacia la empresa, los colegas hablan de los problemas de la empresa, de la feria y del programa de los próximos dos días.»)

Trotz des starken Verkehrs kommen sie ziemlich schnell in der Firma an.
[trots des ?tarken fe:r'ke:rs komen zi: tsi:mlich ?nel in de:r firma an]

(«A pesar del tráfico intenso, llegan a la empresa bastante deprisa.»)

Dort begrüßt Herr Martín die anderen deutschen Kollegen und unterhält sich mit ihnen.
[dort be'gryst her mar'tin di: anderen doit?en kolegen unt unter'helt zich mit i:nen]
(«Allí, el señor Martín saluda a los demás colegas alemanes y conversa con ellos.»)

Alle freuen sich über seinen Besuch und stellen ihm viele Fragen.
[ale froien sich y:ber zainen be:'zuch unt ?telen i:m fi:le fra:gen]
(«Todos están contentos por su visita y le formulan muchas preguntas.»)

—*Guten Tag, Herr Martín! Wie geht es Ihnen?*
[gu:ten ta:k, her mar'tin!/ vi: ge:t es i:nen?]
(«¡Buenos días, señor Martín! ¿Cómo está?»)

—*Guten Tag! Mir geht es gut, danke.*
[gu:ten ta:k!/ mi:r ge:t es gu:t, danke]
(«¡Buenos días! Bien, gracias.»)

—*Wie war der Flug? Wie lange bleiben Sie bei uns?*
[vi: va:r de:r flu:k?/ vi: lae blaiben zi: bai uns?]
(«¿Cómo ha ido el vuelo? ¿Cuánto tiempo estará entre nosotros?»)

—*Ich bleibe bis Freitag.*
[ich blaibe bis fraita:k]
(«Estaré aquí hasta el viernes.»)

—*Sind Sie morgen und übermorgen auch auf der Messe?*
[zint zi: morgen unt y:bermorgen auch auf de:r mese?]
(«¿Estará usted también en la feria mañana y pasado mañana?»)

—*Ja, auch ich bin morgen und übermorgen auf der Messe. Wir sehen uns dort!*
[ja:, auch ich bin morgen unt y:bermorgen auf de:r mese/ vi:r se:n uns dort!]
(«Sí, yo también estaré en la feria mañana y pasado mañana. ¡Allí nos veremos!»)

▶ Cuestiones gramaticales

Los pronombres posesivos

Al igual que en español, en alemán el pronombre posesivo precede al sustantivo al que se refiere:

ich	mein	mi, mío	mein Wagen, meine Bar, mein Auto – meine Wagen (Bars, Autos)
du	dein	tu, tuyo	dein Wagen, deine Bar, dein Auto – deine Wagen (Bars, Autos)
er, es	sein	su, suyo	sein Wagen, seine Bar, sein Auto – seine Wagen (Bars, Autos)
sie	ihr	su, suyo	ihr Wagen, ihre Bar, ihr Auto – ihre Wagen (Bars, Autos)
wir	unser	nuestro	unser Wagen, unsere Bar, unser Auto – unsere Wagen (Bars, Autos)
ihr	euer	vuestro	euer Wagen, **eure** Bar, euer Auto – **eure** Wagen (Bars, Autos)
sie	ihr	su, suyo	ihr Wagen, ihre Bar, ihr Auto – ihre Wagen (Bars, Autos)

En alemán, el pronombre posesivo tiene dos formas para la tercera persona del singular: *sein* e *ihr*. *Sein* se refiere sólo a la tercera persona masculina singular *(er)* y neutra *(es)*. Si se trata de un poseedor de género femenino, hay que usar el pronombre posesivo *ihr*.

Las desinencias concuerdan siempre con el género gramatical del objeto poseído:

EJEMPLOS

el coche de Eloy – su coche	sein Wagen
el coche de María – su coche	ihr Wagen
el colega de Eloy – su colega	seine Kollegin
la colega de María – su colega	ihre Kollegin

En singular, el pronombre posesivo adopta las desinencias del artículo indeterminado; en plural, para los tres géneros adopta las desinencias *-e* (nom.), *-er* (gen.), *-en* (dat.), *-e* (ac.):

	masculino	femenino	neutro	plural
nom.	mein	meine	mein	meine, deine, seine
gen.	meines	meiner	meines	meiner, deiner, seiner
dat.	meinem	meiner	meinem	meinen, deinen, seinen
ac.	meinen	meine	mein	meine, deine, seine

EJEMPLOS

Wo steht Ihr Wagen?	¿Dónde se encuentra su coche?
Er kommt mit seinem Kollegen.	Viene con su colega.
Wir laden unseren Kollegen ein.	Invitamos a nuestro colega.

La declinación de los pronombres personales

Para no repetir un sustantivo, en alemán se sustituye —como en español— por el pronombre personal en el caso apropiado. El pronombre *es* figura en lugar de un sustantivo neutro.

nom.	ich	du	er	sie	es	wir	ihr	sie	Sie
dat.	mir	dir	ihm	ihr	ihm	uns	euch	ihnen	Ihnen
ac.	mich	dich	ihn	sie	es	uns	euch	sie	Sie

Comparando los pronombres personales de la tercera persona del singular y del plural con el artículo, comprobaremos que las desinencias concuerdan:

er (der)	es (das)	sie (die)	sie (die)
ihm (dem)	ihm (dem)	ihr (der)	ihnen (den + n)
ihn (den)	es (das)	sie (die)	sie (die)

El genitivo de los pronombres personales (*meiner, deiner, seiner/ihrer,* etc.) se utiliza de un modo tan infrecuente, que no lo trataremos ahora.

Los pronombres preceden siempre a los complementos expresados por sustantivos, independientemente del caso del pronombre y del sustantivo.

Cuando, por el contrario, en una oración hay dos pronombres personales, el acusativo precede al dativo.

EJEMPLOS

Ich spreche mit **ihm**.	Hablo con él.
Er heißt Rainer Müller.	Se llama Rainer Müller.
Ich hole **ihn** ab.	Voy a buscarlo.
Ich gebe **sie** dem Hund.	Le doy el perro.
Ich gebe **ihm** die Hand.	Le doy la mano.
Ich gebe **sie ihm**.	Yo se la doy (la mano).

Los verbos que rigen preposición

Los verbos alemanes pueden regir un determinado caso o una preposición. El mayor número de los verbos rige acusativo, si bien bastantes verbos que en español son transitivos (es decir, que rigen acusativo) son intransitivos en alemán (por ejemplo, *helfen* + dat., que en español equivale a *ayudar* + ac.).

Respecto a los verbos con preposición, primero se debe establecer si la preposición requiere un caso determinado (lo cual resuelve el problema) o bien si esta puede regir tanto acusativo como dativo.

LOS VERBOS QUE RIGEN PREPOSICIÓN MÁS USUALES

abhängen **von**+D	(aphenen fon)	depender de
achten **auf**+A	(*achten auf*)	procurar
sich amüsieren **über**+A	(zich amy'zi:ren y:ber)	divertirse con
anfangen **mit**+D	(anfanen mit)	emprender algo
ankommen **auf**+A	(ankomen auf)	depender de (sólo en impersonales)
arbeiten **an**+A	(arbaiten an fy:r)	trabajar en
arbeiten **für**+A		trabajar para
arbeiten **bei**+D		trabajar con
sich ärgern **über**+A	(zich ergern y:ber)	enfadarse por
auffordern **zu**+D	(aufordern tsu:)	invitar a
aufmerksam machen **auf**+A	(aufmerkza:m machen auf)	hacer notar algo
sich äußern **über**+A	(zich oisern y:ber)	hablar sobre
sich auswirken **auf**+A	(zich ausvirken auf)	influir sobre
begrenzen **auf**+A	(be:'grentsen auf)	limitar a
begründen **mit**+D	(be'grynden mit)	motivar con
beitragen **zu**+D	(baitra:gen tsu:)	contribuir a
berichten **über**+A	(be'richten y:ber)	referirse a
sich beschäftigen mit+**D**	(zich be'?eftigen mit)	ocuparse de
bestehen **aus**+D	(be'?te:n aus)	consistir en
sich beteiligen **an**+D	(zich be'tailigen an)	participar en
betrachten **als**+A	(betrachten als)	considerar como
sich bewerben **um**+A	(zich be'verben um)	solicitar, aspirar a
bezeichnen **als** +A	(be'tsaichnen als)	definir como
sich beziehen **auf**+A	(zich be'tsi:en auf)	referirse a

bitten +A **um**+A	(biten um)	pedir a alguien algo
danken +D **für**+A	(danken fy:r)	dar las gracias a alguien por algo
denken **an**+A	(denken an)	pensar en
sich eignen **für**+A	(sich aiknen fy:r)	ser adecuado para
einladen **zu**+D	(ainla:den tsu:)	invitar a
sich entscheiden **für**+A	(zich ent'?aiden fy:r)	decidirse por
sich ergeben **aus**+A	(zich er'ge:ben aus)	derivarse de
sich erinnern **an**+A	(zich er'inern an)	acordarse de
sich freuen **auf**+A	(zich froien auf)	esperar con ilusión algo
sich freuen **über**+A	(zich froien y:ber)	alegrarse por
gehören **zu**+D	(ge'hœ:ren tsu:)	pertenecer a
sich gewöhnen **an**+A	(zich ge'vœ:nen an)	acostumbrarse a
gratulieren +D **zu**+D	(gra:tu:'li:rentsu:)	felicitar a alguien por algo
sich handeln **um**+A	(zich handeln um)	tratarse de
hinweisen +A **auf**+A	(hinvaizen auf)	reclamar la atención de alguien sobre algo
sich informieren **über**+A	(zich infor'mi:ren y:ber)	informarse sobre
sich interessieren **für**+A	(zich intere'si:ren fy:r)	interesarse por
kämpfen **für**+A	(kempfen fy:r)	luchar por
sich kümmern **um**+A	(sich kymern um)	encargarse de
nachdenken **über**+A	(na:chdeken y:ber)	reflexionar sobre
neigen **zu**+D	(naigen tsu:)	ser propenso a
passen **zu**+D	(pasen tsu:)	ir bien con, congeniar
profitieren **von**+D	(profi'ti:ren fon)	sacar partido de
rechnen **mit**+D	(rechnen mit)	contar con
schreiben **an**+A	(?raiben an)	escribir a
sprechen **mit**+D **von**+D	(?prechen mit fon)	hablar con alguien de algo
sprechen **mit**+D über		
streben **nach**+D	(?tre:ben na:ch)	aspirar a
sich stützen **auf**+A	(zich stytsen auf)	basarse en
teilnehmen **an**+D	(tailne:men an)	participar en
telefonieren **mit**+D	(te:le:fo:'ni:ren mit)	hablar por teléfono con

Unidad cinco 67

sich unterhalten **mit**+D **über**+A	(zich unter'halten mit y:ber)	conversar con, entretenerse con
verbinden **mit**+D	(fer'binden mit)	poner en comunicación con
verfügen **über**+A	(fer'fy:gen y:ber)	disponer de
vergleichen **mit**+D	(fer'glaichen mit)	comparar con
verweisen **auf**+A	(fer'vaizen auf)	referirse a, remitir a
sich verabreden **mit**+D	(zich fer'apre:den mit)	concertar una cita con
sich verabschieden **von**+D	(zich fer'ap?i:den fon)	despedirse de
sich verstehen **mit**+D	(zich fer'?te:n mit)	estar de acuerdo con
warten **auf**+A	(varten auf)	esperar a alguien
sich wenden **an**+A	(zich venden an)	dirigirse a
wissen **über**+A	(visen y:ber)	saber sobre
sich wundern **über**+A	(zich vundern y:ber)	sorprenderse de
zählen **zu**+D	(tse:len tsu:)	incluir entre, contar entre

EJEMPLOS

Herr Martín **arbeitet für** eine deutsche Firma.	El señor Martín trabaja para una empresa alemana.
Herr Müller **wartet** am Ausgang **auf** seinen Kollegen.	El señor Müller espera a su colega a la salida.
Darf ich Sie **zu** einem Espresso **einladen**?	¿Puedo invitarle a beber un café?
Die Kollegen **freuen sich über** seinen Besuch.	Los colegas están contentos por su visita.
Wir **sprechen über** das neue Programm.	Hablamos del nuevo programa.

Las preposiciones que rigen genitivo

Las preposiciones que rigen genitivo son las siguientes:

außerhalb	fuera	innerhalb	dentro de
statt	en lugar de	trotz	no obstante
während	durante	wegen	a causa de, por

Los verbos reflexivos

Como en español, también en alemán hay numerosos verbos reflexivos o verbos usados en forma reflexiva, en función de su significado (por ejemplo: *Me compro un helado*). Se debe aprender a distinguir cuándo el pronombre reflexivo debe ir en acusativo y cuándo, por el contrario, debe ir en dativo.

El pronombre reflexivo se pone en acusativo si es el único complemento de la frase o si hay otro complemento regido por una preposición.

Si, por el contrario, en la frase ya hay un objeto directo, el pronombre reflexivo se pone en dativo.

Los pronombres reflexivos

	ich	du	er	sie	es	wir	ihr	sie
dat.	mir	dir	sich	sich	sich	uns	euch	sich
ac.	mich	dich	sich	sich	sich	uns	euch	sich

Tanto en la primera como en la segunda persona del singular y del plural, las formas del pronombre reflexivo son iguales a las del pronombre personal.

El pronombre reflexivo de la tercera persona del singular y del plural es *sich*.

EJEMPLOS

*Sie unterhalten **sich** über die Messe.* Hablamos de la feria.
*Eloy unterhält **sich** mit Rainer.* Eloy habla con Rainer.
*Ich freue **mich** über deinen Besuch.* Estoy contento por tu visita.

Verbos de acción y verbos de estado

Mientras que en español suelen bastar los verbos *poner*, *estar*, *ser*, *hallarse* para indicar dónde se desenvuelve o se halla algo, en alemán se requieren verbos más precisos para distinguir si se trata de una acción o de un estado.

Los verbos que indican una acción rigen una preposición con acusativo:

setzen	(zetsen)	tomar asiento
stellen	(?elen)	poner en posición vertical
legen	(le:gen)	poner en posición horizontal
stecken	(?teken)	introducir
hängen	(henen)	colgar

Los verbos que indican un estado rigen una preposición con dativo:

sitzen	(zitsen)	estar sentado
stehen	(?te:n)	estar en posición vertical
liegen	(li:gen)	estar en posición horizontal, yacer
stecken	(?teken)	estar metido en
hängen	(henen)	estar colgado

Los verbos que indican una acción son débiles (regulares), mientras que los que indican un estado son fuertes (irregulares), es decir, la vocal sufre una variación en la segunda y tercera persona del singular, así como en la forma del imperfecto y del participio pasado (véase la lista de los verbos irregulares en la pág. 245).

Los verbos *stecken* y *hängen* indican tanto acción como estado, y por ello pueden regir una preposición con acusativo o con dativo.

EJEMPLOS

acción
Wohin stellt er seinen Wagen?   Herr Müller stellt seinen Wagen auf **den** Parkplatz.

estado
Wo steht sein Wagen?   Der Wagen von Herrn Müller steht auf **dem** Parkplatz.

acción
Wohin legt Eloy das Buch?   Eloy legt es auf **den** Tisch.

estado
Wo liegt es?   Das Buch liegt auf **dem** Tisch.

acción
Wohin setzt Maria das Kind?   Maria setzt ihr Kind auf **den** Stuhl.

estado
Wo sitzt das Kind?   Das Kind sitzt auf **dem** Stuhl.

acción
Wohin hängt er das Bild?   Rainer hängt es an **die** Wand.

estado
Wo hängt das Bild?   Es hängt an **der** Wand.

acción
Wohin steckt Herr Martín den Schlüssel?   Er steckt ihn **ins** Schloss.

estado
Wo steckt der Schlüssel?   Er steckt **im** Schloss.

El imperativo

Como en español, el imperativo presente está formado tanto por la segunda persona del singular *(tú)* como por todas las personas del plural *(nosotros, vosotros, usted/ustedes)*.

Se obtiene la segunda persona del singular del imperativo eliminando la desinencia *-st* de la forma del presente: *(du) komm! gib! nimm! arbeite!*

La forma de la primera, segunda y tercera persona del plural corresponde a la del presente de indicativo; en la segunda persona *(vosotros)* se omite el pronombre personal, mientras que en la primera y la tercera persona del plural se produce la inversión del pronombre y la forma del verbo:

	du	*wir*	*ihr*	*Sie*
gehen	*geh!*	*gehen wir!*	*geht!*	*gehen Sie!*
bleiben	*bleib hier!*	*bleiben wir hier!*	*bleibt hier!*	*bleiben Sie hier!*
nehmen	*nimm das Auto!*	*nehmen wir das Auto!*	*nehmt das Auto!*	*nehmen Sie das Auto!*
einsteigen	*steig ein!*	*steigen wir ein!*	*steigt ein!*	*steigen Sie ein!*
haben	*hab Geduld!*	*haben wir Geduld!*	*habt Geduld!*	*haben Sie Geduld!*

El imperativo del verbo auxiliar *sein* es irregular:

Sei (du) pünktlich!   ¡Sé puntual!
Seid (ihr) pünktlich!   ¡Sed puntuales!
Seien Sie pünktlich!   ¡Sea puntual!
Seien Sie püntklich!   ¡Sean puntuales!

▶ Vocabulario

Fahrt (-, -en) f.	(faːrt)	trayecto, viaje
verlassen	(ferˈlasen)	dejar, salir
Parkplatz (-es, -e) m.	(parkplats)	aparcamiento
Ihr	(iːr)	suyo, -a
gleich	(glaich)	enseguida
hier	(hiːr)	aquí
vorn	(forn)	delante
einsteigen	(ain?taigen)	subir
sprechen über + ac.	(?prechen)	hablar de

Problem (-s, -e)	n.	(pro'ble:m)	problema
Programm (-s, -e)	n.	(pro'gram)	programa
nächst		(nechst)	próximo
trotz + gen.		(trots)	a pesar de
stark		(?tark)	fuerte, intenso
Verkehr (-s)	m.	(fer'ke:r)	tráfico
ziemlich		(tsi:mlich)	bastante
schnell		(?nel)	veloz, rápido
die anderen Kollegen		(di: anderen ko'le:gen)	los demás colegas
sich unterhalten mit + dat.		(sich unter'halten)	hablar, conversar con
sich freuen über + ac.		(sich froien)	alegrarse por, estar contento por
Besuch (-es, -e)	m.	(be:'zuch)	visita
Frage (-, -n)	f.	(fra:ge)	pregunta
Fragen stellen		(fra:gen ?telen)	hacer preguntas
viel		(fi:l)	muy, mucho
wie geht es Ihnen?		(vi: ge:t es i:nen)	¿cómo está?
mir geht es gut		(mir ge:t es gu:t)	estoy bien
bleiben		(blaiben)	quedarse, permanecer
bei uns		(bai uns)	entre nosotros
bis		(bis)	hasta
sehen		(se:n)	ver
Hand (-, -e)	f.	(hant)	mano
geben		(ge:ben)	dar
Kind (-es, -er)	n.	(kint)	niño
Tisch (-es, -e)	m.	(ti?)	mesa
Schlüssel (-s, -)	m.	(?lysel)	llave
Schloss (-es, -er)	n.	(?los)	cerradura
Bild (-es, -er)	n.	(bilt)	cuadro
Wand (-, -e)	f.	(vant)	pared
Stuhl (-es, -e)	m.	(?tu:l)	silla
Geduld (-)	f.	(ge'dult)	paciencia
übermorgen		(y:bermorgen)	pasado mañana

▸ Ejercicios

I. *Sustituir los sustantivos por pronombres personales:*
   Ejemplo: Ich hole meinen Kollegen ab. — Ich hole ihn ab.
1. Wir helfen Maria.
2. Ich rufe Eloy an.
3. Sie nehmen das Geld (dinero).
4. Das Flugzeug landet pünktlich.
5. Herr Martín begrüßt die anderen Kollegen.

II. *Escribir los pronombres posesivos:*
 1. Rainer Müller kommt aus Düsseldorf. .... Kollege Eloy Martín kommt aus Santander.
 2. Maria fliegt nach Deutschland. .... Flugzeug landet pünktlich am Flughafen.
 3. Rainer Müller und Eloy Martín fahren in die Firma. .... Kollegen warten auf sie.
 4. Ich gehe zum Parkplatz. .... Auto steht dort.
 5. «Wie heißt .... spanischer Kollege, Rainer?» «Er heißt Eloy.»

III. *Completar con pronombres reflexivos:*
 1. Er unterhält .... mit seinem Kollegen.
 2. Wir interessieren .... für das neue Programm.
 3. Ihr kümmert .... um die Firma.
 4. Sie beschäftigen .... mit dem Problem.
 5. Du informierst .... über die Abflugzeiten.
 6. Ich suche .... einen Platz.
 7. Sie kauft .... einen Mantel.
 8. Du bestellst .... noch ein Bier.
 9. Wir sehe .... im Spiegel.

IV. *Colocar en estas oraciones el pronombre que corresponda:*
 1. ist krank («enfermo»).
 2. sind böse («enfadado»).
 3. bind müde («cansado»).
 4. bist dumm («tonto»).
 5. seid zufrieden («contento»).

V. *Escribir el artículo teniendo en cuenta el caso:*
 1. Er stellt .... Wagen auf .... Parkplatz.
 2. .... Bild hängt an .... Wand.
 3. Wir sitzen in .... Auto.
 4. .... Kollege steht an .... Ausgang.
 5. Rainer steckt .... Schlüssel in .... Schloss.

VI. *Formar el imperativo en segunda persona del singular y en la forma de cortesía de los siguientes verbos:*
 1. machen: ....
 2. sein: ....
 3. singen: ....
 4. kommen: ....
 5. sprechen: ....

VII. *Traducir:*
 1. «¿Cómo estás?» «Bien, gracias.»
 2. El señor Müller manda un fax *(das Fax)* a su colega español.
 3. Mi coche no era caro.
 4. Estamos contentos por vuestra visita.

5. Los colegas hablan de la feria.
6. ¡Coge el autobús *(der Bus)*!
7. No veo a tu colega (fem.).
8. Te esperamos a la salida.
9. ¡Llámame por teléfono!
10. ¡Tened paciencia!

UNIDAD SEIS
SECHSTE LEKTION
EN LA OFICINA
IM BÜRO

Lectura *(Lesetext)*

Herr Martín bedankt sich noch einmal bei seinem Kollegen Müller und verabschiedet sich kurz von ihm.
[her mar'tin be'dakt zich noch ainma:l bai zainem ko'le:gen myler unt fer'ap i:det zich kurts fon i:m]
(«El señor Martín vuelve a dar las gracias a su colega Müller y se despide de él brevemente.»)

—*Bis später, Herr Müller! Wir sehen uns um elf Uhr im Konferenzzimmer.*
[bis pe:ter her myler!/ vir se:n uns um elf u:r im konfe'rentstsimer]
(«¡Hasta luego, señor Müller! Nos veremos a las once en la sala de conferencias.»)

Vor der Besprechung mit den anderen ausländischen Mitarbeitern muss Herr Martín noch einige organisatorische Probleme mit seinen deutschen Kollegen und Kolleginnen des Innendienstes klären.
[fo:r der be' prechun mit de:n anderen auslendi en mitarbaitern mus her mar'tin noch ai:nige organiza'to:ri e pro'ble:me mit zainen doit en ko'le:gen unt ko'le:ginen des inen'di:nstes kle:ren]
(«Antes de la reunión con los demás colaboradores extranjeros, el señor Martín aún debe aclarar algunos problemas organizativos con los colegas y las colegas alemanes del servicio interno.»)

Außerdem benötigt er ein paar Unterlagen und Vordrucke, die er nach Spanien mitnehmen will.
[auser'de:m be:'nœticht e:r ain pa:r unter'la:gen unt fo:rdruke di: er na:ch espanien mitne:men vil]
(«Además, necesita algunos documentos e impresos que quiere llevarse a España.»)

Der Rundgang durch die verschiedenen Abteilungen dauert ca. eine Stunde.
[de:r runtgaŋ durch di: fer' i:denen ap'tailuen dauert tsirka aine tunde]
(«Su paseo por las distintas secciones dura cerca de una hora.»)

Gegen elf Uhr hat Herr Martín die wichtigsten Probleme geklärt und trifft sich mit Herrn Müller und den österreichischen, ungarischen, tschechischen und holländischen Kollegen im Konferenzzimmer.
[ge:gen elf u:r hat her mar'tin di: vichtichsten pro'ble:me ge'klert unt trift zich mit hern myler unt de:n œ:steraichi en, ugari en, t echi en unt holendi en ko'le:gen im 'konfe'rents'tsimer]
(«Hacia las once, el señor Martín ha resuelto los problemas más importantes y se reúne con el señor Müller y los colegas austriacos, húngaros, checos y holandeses en la sala de conferencias.»)

Nach der Begrüßung tragen alle ihre Probleme vor.
[na:ch der be'gry:sun tra:gen ale i:re pro'ble:me fo:r]
(«Tras la bienvenida, todos exponen sus problemas.»)

Es stellt sich heraus, dass die Schwierigkeiten der ausländischen Mitarbeiter fast identisch sind.
[es telt zich he'raus das di: vi:richkaiten der auslendi en mitarbaiter fast i'denti zint]
(«Se pone de manifiesto que las dificultades de los colaboradores extranjeros son casi idénticas.»)

Das Hauptproblem stellen die Lieferungen dar, die oft mit Verspätung erfolgen.
[das 'hauptpro'ble:m telen di: li:ferugen da:r, di: oft mit fer pe:tuŋ er'folgen]
(«Las entregas, que a menudo sufren un retraso, constituyen el problema principal.»)

Außerdem kommt die Ware oft unvollständig oder beschädigt an.
['auserde:m komt di: va:re oft unfol tendich o:der be' e:dicht an]
(«Además, con frecuencia la mercancía llega incompleta o estropeada.»)

Gemeinsam diskutieren sie über Lösungsmöglichkeiten. Herr Müller führt Protokoll.
[ge'mainza:m disku'ti:ren zi: y:ber lœzunksmœ:klichkaiten/ her myler fy:rt proto'kol]
(«Discuten conjuntamente las posibles soluciones. El señor Müller levanta acta.»)

▶ Cuestiones gramaticales

La construcción de la frase

Habremos constatado que, al coordinar dos oraciones con la conjunción copulativa *und*, no se modifica su construcción. Lo mismo cabe decir de las siguientes conjunciones: *aber*, («pero»), *sondern* («sino», «en cambio»), *oder* («o», «o bien»), *denn* («porque»).

Con las conjunciones *und, aber, sondern* y *oder* no hay necesidad de repetir el pronombre personal si es idéntico en ambas oraciones. Lo mismo cabe decir de las preposiciones, las cuales no deben repetirse (evidentemente, se mantiene el caso regido por esta preposición).

EJEMPLOS

Er bedankt sich bei ihm **und** (er) verabschiedet sich von ihm.	Le da las gracias y le envía un saludo.
Er trifft sich mit Herrn Müller **und** (mit) den ausländischen Kollegen.	Se encuentra con el señor Müller y con los colegas extranjeros.
Er kann nach Deutschland fahren **oder** fliegen.	Puede ir a Alemania en coche o en avión.
Er spricht Deutsch, **aber** ist kein Deutscher.	Habla alemán, pero no es alemán.
Er heißt nicht Valenti, **sondern** Martín.	No se llama Valenti, sino Martín.
Er fährt zum Flughafen, **denn** er muss seinen Kollegen abholen.	Va al aeropuerto porque debe ir a recoger a su colega.

Las oraciones subordinadas

Las oraciones subordinadas se introducen mediante una conjunción o un pronombre relativo y se separan de la oración principal mediante una coma. La construcción de la oración subordinada es la siguiente:

— conjunción o pronombre relativo;
— sujeto;
— complementos;
— negación;
— verbo no conjugado;
— verbo perfectivo.

EJEMPLOS

Er benötigt ein paar Unterlagen, **die er nach Spanien mitnehmen will.**	Necesita algunos documentos que quiere llevar a España.
Es stellt sich heraus, **dass die Schwierigkeiten der ausländischen Mitarbeiter fast identisch sind.**	Es evidente que las dificultades de sus colaboradores extranjeros son casi idénticas.

Las oraciones de relativo

Para explicar o describir de una forma más detallada una cosa, persona o situación, o bien para no tener que repetir el sustantivo de la frase principal, tanto en español como en alemán, se recurre a las oraciones de relativo. Se trata de una frase subordinada introducida por el pronombre relativo, el cual se coloca por lo general inmediatamente después del sustantivo al que se refiere.

Sólo las preposiciones pueden preceder al pronombre relativo; el género y el número del pronombre relativo concuerdan con los del sustantivo al que se refiere, mientras que el caso depende del verbo de la frase de relativo o de la preposición que precede al pronombre relativo.

En alemán, el verbo perfectivo en las oraciones subordinadas ocupa el último lugar de la frase.

EJEMPLOS

Der Kollege, auf den Herr Müller wartet, kommt aus Spanien.	El colega, a quien el señor Müller está esperando, viene de España.
Die Kollegin, auf die ich gewartet habe, kommt aus Düsseldorf.	La colega a quien he esperado viene de Düsseldorf.

Los pronombres relativos

En alemán, el pronombre relativo adopta las mismas formas que el artículo determinado, excepto la forma del genitivo singular y plural y la del dativo plural, a las que se añade la desinencia *-en*:

	masculino	*femenino*	*neutro*	*plural*
nom.	**der**	**die**	**das**	**die**
gen.	**dessen**	**deren**	**dessen**	**deren**
dat.	**dem**	**der**	**dem**	**denen**
ac.	**den**	**die**	**das**	**die**

Tras el genitivo del pronombre relativo, el sustantivo al que se refiere pierde el artículo.

EJEMPLOS

nom. *Der Kollege, **der** auf mich wartet, heißt Müller.*
El colega que me espera se llama Müller.

*Die Kollegin, **die** Herrn Martín begrüßt, ist neu in der Firma.*
La colega a quien saluda el señor Martín es nueva en la empresa.

*Das Auto, **das** auf dem Parkplatz steht, war teuer.*
El coche, que se encuentra en el aparcamiento, era caro.

*Die Kollegen, **die** mit Eloy sprechen, kommen nicht aus Italien.*
Los colegas que hablan con Eloy, no vienen de Italia.

gen. *Der Kollege, **dessen** Auto auf dem Parkplatz steht, heißt Müller.*
El colega, cuyo coche se halla en el aparcamiento, se llama Müller.

*Die Kollegin, **deren** Wagen auf dem Parkplatz steht, ist neu.*
La colega, cuyo coche se halla en el aparcamiento, es nueva.

*Das Auto, **dessen** Preis nicht hoch war, ist von Herrn Müller.*
El coche, cuyo precio no era elevado, es del señor Müller.

*Die Kollegen, **deren** Autos noch auf dem Parkplatz stehen, bereiten die Messe vor.*
Los colegas, cuyos coches aún se encuentran en el aparcamiento, preparan la feria.

dat. *Der Kollege, **mit dem** er spricht, kommt aus Ungarn.*
El colega, con quien habla, viene de Hungría.

*Die Kollegin, **von der** er oft spricht, heißt Maria.*
La colega, de quien habla con frecuencia, se llama María.

*Das Kind, **dem** ich die Hand gebe, ist das Kind meiner Kollegin.*
El niño al que le doy la mano, es el niño (hijo) de mi colega.

*Die Mitarbeiter, **denen** wir die Stadt zeigen, kommen aus Österreich.*
Los colaboradores a quienes mostramos la ciudad vienen de Austria.

ac. *Der Kollege, **den** sie begrüßen, heißt Eloy.*
El colega a quien saludan se llama Eloy.

*Die Kollegin, **die** ihm Fragen stellt, ist neu in der Firma.*
La colega a la que preguntan es nueva en la empresa.

*Das Ticket, **das** er mit Kreditkarte bezahlt, ist teuer.*
El billete, que él paga con la tarjeta de crédito, es caro.

*Die Kollegen, **auf die** wir warten, kommen aus Holland.*
Los colegas que esperamos vienen de Holanda.

Además de los pronombres relativos *der*, *die*, *das*, se pueden usar los pronombres *welcher* («el cual»), *welche* («la cual») y *welches* («lo cual»).
La declinación corresponde a la del artículo:

	masculino	femenino	neutro	plural
nom.	welcher	welche	welches	welche
dat.	welchem	welcher	welchem	welchen
ac.	welchen	welche	welches	welche

El adjetivo interrogativo *welch-*

Con *welcher*, *welche* y *welches* se forman las preguntas destinadas a interpelar por una persona o una cosa determinada.
Se responde con el artículo, que se acentúa (con un adjetivo, un complemento o con *da* o *hier*: *der hier/da, den hier/da, die hier/da, das hier/da*, etc.) o bien con el pronombre demostrativo *dieser, diese, dieses* («este, -a»):

	masculino	femenino	neutro	plural
nom.	dieser	diese	dieses	diese
gen.	dieses	dieser	dieses	dieser
dat.	diesem	dieser	diesem	diesen
ac.	diesen	diese	dieses	diese

EJEMPLOS

nom. **Welcher** Mann ist dein deutscher Kollege? **Der** mit den blauen Augen.
¿Cuál es tu colega alemán? El de los ojos azules.

Welche Kollegin ist neu in der Firma? **Die** gerade mit Herrn Müller spricht.
¿Qué colega es nueva en la empresa? La que está hablando con el señor Müller.

Welches Kleid gefällt dir? **Das rote. Das hier. Das da. Dieses hier.**
¿Qué vestido te gusta? El rojo. Este de aquí. Ese de allá. Este de aquí.

dat. Mit **welchem** Bus ist er gefahren? Mit **dem** um 15.40 Uhr.
¿Con qué autobús se ha ido? Con el de las 15.40.

*Von **welcher** Dame spricht er? Von **der** mit dem kleinen Kind.*
¿De qué señora está hablando? De esa con el niño pequeño.
*Vor **welchem** Examen hat er Angst? Vor **dem** in Geschichte.*
¿De qué examen tiene miedo? Del de historia.

ac. ***Welchen** Wagen will er kaufen? **Den** schwarzen*
¿Qué coche quiere comprar? El negro.
***Welche** Kollegin holt er ab? **Die** neue*
¿A qué colega va a buscar? A la nueva.
***Welches** Kleid ziehst du heute Abend an? **Das** rote.*
¿Qué vestido te vas a poner esta noche? El rojo.

La locución interrogativa *was für ein*

Para preguntar por una persona o una cosa indeterminada, en cambio, se utiliza la expresión *was für ein(er)*, que podría traducirse por «¿de qué clase?» o «¿qué tipo de?».
Se responde siempre con el artículo indeterminado. El adjetivo se declina como el artículo indeterminado. Usado como pronombre, *was für ein-* se declina en nominativo masculino y en nominativo y acusativo neutro singular como el pronombre indefinido *(einer, einen, eines, eines)*. En plural se usan las formas de *welch-*.

EJEMPLOS

***Was für ein** Kleid gefällt dir? **Ein** langes.*	¿Qué clase (qué tipo) de vestido te gusta? Uno largo.
***Was für einen** Wagen will er kaufen? **Einen** schnellen.*	¿Qué clase de coche quiere comprar? Uno rápido.
*Das hat mir ein Herr erzählt. **Was für einer**? **Ein** Notar aus dem Nachbarhaus.*	Me lo ha explicado un señor. ¿Qué tipo (de señor)? Un notario de la casa de al lado.
*Sie hat eine Hose gekauft. **Was für eine**? **Eine** kurze.*	Ha comprado unos pantalones. ¿De qué tipo? Unos cortos.
*Wir haben Kleider gekauft. **Was für welche**?[1] Abendkleider.*	Hemos comprado vestidos. ¿De qué tipo? De noche.

El pronombre *es*

Como se ha señalado, el pronombre personal *es* no sólo se utiliza para sustituir el artículo neutro *das*, sino también en las formas impersonales.

1. Para indicar qué tiempo hace:

Es ist kalt.	Hace frío.
Es ist heiß.	Hace mucho calor.
Es ist feucht.	Hace humedad
Es schneit.	Nieva.

Es ist warm.	Hace calor.
Es ist schwül.	Hace bochorno.
Es regnet.	Llueve.

2. Para indicar qué hora es:

Wie spät ist es? Wie viel Uhr ist es?	¿Qué hora es?
Es ist zwölf Uhr.	Son las doce.

3. Para indicar el estado de ánimo o de salud con el verbo *gehen* más dativo:

Wie geht es dir (Ihnen, ihm, ihr, euch, ihnen)?	Cómo estás (está usted, está él, está ella, estáis, están)?
Es geht mir (mir, ihm, ihr, uns, ihnen) gut.	Estoy (estoy, está, está, estamos, están) bien.
Es geht mir schlecht.	Estoy mal.

Nótese que si se utiliza el verbo *sein* en lugar de *gehen*, cambia el significado de la frase:

Es ist mir schlecht (mir ist schlecht).	Me siento mal.
Ich bin gut.	Soy bueno.
Ich bin schlecht.	Soy malo.

4. La forma verbal *hay* en alemán es:

In Spanien gibt es viel zu sehen.	En España hay mucho que ver.
In Spanien gibt es viele Strände.	En España hay muchas playas.

Igual que en español, *es gibt* se utiliza para expresar tanto el singular como el plural.

5. Con los verbos *gefallen* («gustar») más dativo y *handeln um* más acusativo («tratar»):

Es gefällt mir in Düsseldorf.	Me gusta (estar) en Düsseldorf.
Worum handelt es sich?	¿De qué se trata?
Es handelt sich um die Messe.	Se trata de la feria.

Recordemos los casos en las formas siguientes: *Es ist* más nominativo; *es gibt* + acusativo; *es geht, es gefällt* + dativo. En combinación con un verbo, la construcción es la siguiente: verbo más el adverbio *gern* (*Ich iese* gern, «me gusta leer»).

6. *Es* al principio de una frase actúa como sujeto pleonástico (duplica el sujeto):

Es waren **viele Kollegen** auf der Messe.	Había muchos colegas en la feria.

La forma del verbo viene determinada por el sustantivo y no por *es*.

7. *Es* se usa también en las oraciones principales, en las que un verbo impersonal rige una frase subordinada de sujeto:

Es stellt sich heraus, dass die Schwierigkeiten der ausländischen Mitarbeiter fast identisch sind.	Es evidente que las dificultades de los colaboradores extranjeros son casi idénticas.
Es ist sicher, dass mein Kollege auch auf der Messe ist.	Seguro que mi colega también se encuentra en la feria.

La conjunción *dass*

La conjunción *dass* («que») introduce una oración subordinada de sujeto o de objeto.

subjetiva	Es ist sicher, dass er die Messe besucht.
objetiva	Er sagt, dass er die Messe besuchen will.

El verbo perfectivo ocupa entonces el último lugar de la oración subordinada.

El pretérito perfecto de indicativo

En la lengua hablada, una conversación sin el uso del pretérito perfecto (*Perfekt*) es prácticamente imposible.
   Este tiempo del indicativo se forma con el presente del auxiliar *haben* o *sein* más participio pasado.

Ya hemos visto que, en alemán, hay dos categorías de verbos: los verbos débiles o regulares y los verbos fuertes o irregulares.

Los verbos débiles conservan invariable la vocal temática, mientras que los verbos fuertes la modifican. Para saber a cuál de las dos categorías pertenece un verbo, deben aprenderse las tres formas fundamentales: presente de indicativo (tercera persona del singular, dado que la modificación sólo se produce en la segunda y la tercera persona del singular), imperfecto y participio pasado.

Para la formación del pretérito perfecto, además, hay que saber si el verbo en cuestión tiene como verbo auxiliar *haben* o *sein*.

La mayor parte de los verbos alemanes (transitivos, reflexivos, impersonales e intransitivos) forma el pretérito perfecto con el presente de indicativo del verbo auxiliar *haben* más el participio pasado.

Los verbos intransitivos que indican movimiento (*fahren*, *gehen*, *kommen*, etc.) o cambio de estado (*vergehen*, «pasar»; *wachsen*, «crecer»; *werden*, «convertirse en»), los verbos *bleiben* y *sein*, así como algunos verbos que se emplean con valor impersonal, como *gelingen* («conseguir»), *geschehen* («suceder»), *passieren* («ocurrir»), y *vorkommen* («acontecer»), por el contrario, forman el pretérito perfecto con el presente de indicativo del verbo auxiliar *sein* más el participio pasado.

La mayor parte de los verbos fuertes con vocal temática *e* modifican esta vocal en *i*, o bien en *ie* en la segunda y la tercera persona de singular del presente de indicativo (por ejemplo: *nehmen*, *er nimmt*; *geben*, *er gibt*; *sprechen*, *er spricht*; *sehen*, *er sieht*, etc.). Por su parte, los que poseen la vocal temática *a* modifican esta vocal en *ä* (por ejemplo: *fahren*, *er fährt*, etc.), el diptongo *au* cambia a *äu* (*laufen*, *er läuft*, etc.).

El participio pasado

1. El participio pasado de los verbos débiles se forma como sigue:

ge-tema-*t*

Recordemos que se obtiene el tema eliminando la desinencia *-(e)n* del infinitivo: *klären*, *klär* (tema).

EJEMPLOS			
klären	**ge**-klär-**t**	ich habe geklärt	yo he aclarado
stellen	**ge**-stell-**t**	du hast gestellt	tú has puesto

En los verbos con tema en *-t*, *-d*, *-m* o *-n* precedido por consonante que no sea *h*, *l*, *r* se añade *-et*:

arbeiten	**ge**-arbeit-**et**	ich habe gearbeitet	yo he trabajado
öffnen	**ge**-öffn-**et**	er hat geöffnet	él ha abierto

2. El participio pasado de los verbos fuertes se forma como sigue:

$$ge\text{-tema-}en$$

(modificando, con frecuencia, la vocal temática).

EJEMPLOS

nehmen	**ge**-nomm-**en**	ich habe genommen	yo he tomado
sprechen	**ge**-sproch-**en**	er hat gesprochen	él ha hablado
sehen	**ge**-seh-**en**	wir haben gesehen	nosotros hemos visto
treffen	**ge**-troff-**en**	ihr habt getroffen	vosotros habéis encontrado

3. Los verbos con acento en la segunda sílaba (verbos inseparables) y los verbos acabados en *-ieren* forman el participio pasado sin la partícula *ge-*:

EJEMPLOS

sich bedanken	bedankt-**t**	er hat sich bedankt él ha dado las gracias
begrüßen	begrüß-**t**	er hat begrüßt él ha saludado
besuchen	besuch-**t**	er hat besucht él ha visitado
bezahlen	bezahl-**t**	wir haben bezahlt nosotros hemos pagado
sich verabschieden verabschiedet	verabschied-**et**	ihr habt euch vosotros habéis saludado
sich unterhalten unterhalten	unterhalt-**en**	ich habe mich me he entretenido
diskutieren	diskutier-**t**	ihr habt diskutiert vosotros habéis discutido
telefonieren	telefonier-**t**	sie haben telefoniert ellos han telefoneado

Los prefijos inseparables son: *be-, emp-, ent-, er-, ge-, ver-, zer-, hinter, -miss-, wider-*.

4. En los verbos separables *-ge-* figura entre el prefijo separable y el verbo:

EJEMPLOS		
abholen	ab-**ge**-hol-*t*	ich habe abgeholt yo he ido a buscar
ankommen	an-komm-**en**	ich bin angekommen yo he llegado
sich herausstellen	heraus-**ge**-stell-*t*	es hat sich herausgestellt es evidente

5. Los verbos modales tienen el participio pasado débil, siempre sin *Umlaut*:

müssen	**ge**-muss-*t*	er hat gemusst	él ha debido
dürfen	**ge**-durf-*t*	ich habe gedurft	yo he podido
können	**ge**-konn-*t*	wir haben gekonnt	nosotros hemos podido

El participio pasado de los verbos modales puede utilizarse solo, sin el infinitivo, cuando está claro, por el contexto o por las frases precedentes, a qué se refiere.

Cuando los verbos modales rigen infinitivo nos hallamos ante una construcción con dos infinitivos:

presente de indicativo de *haben* + infinitivo del verbo principal + infinitivo del verbo modal (en lugar del participio pasado).

Er hat die Messe besuchen **wollen**. (en lugar de *gewollt*)	Él ha querido visitar la feria.
Wir haben nach Deutschland fahren **müssen**. (en lugar de *gemusst*)	Nosotros hemos debido ir a Alemania.
Herr Müller hat seinen Kollegen abholen **können**. (en lugar de *gekonnt*)	El señor Müller ha podido ir a buscar a su colega.

Para simplificar el uso de los verbos modales, en la lengua hablada se prefiere el imperfecto al pretérito perfecto:

Er wollte die Messe besuchen.	Él quería visitar la feria.
Wir mussten nach Deutschland fahren.	Nosotros debíamos ir a Alemania.
Herr Müller konnte seinen Kollegen abholen.	El señor Müller podía ir a buscar a su colega.

El participio pasado del verbo *sein* es *gewesen* y el pretérito perfecto se forma con el presente de indicativo del auxiliar *sein*: *ich bin gewesen, du bist gewesen, er ist gewesen*, etc.

Los nombres geográficos

La mayor parte de los nombres geográficos tiene género neutro y carece de artículo. El complemento de movimiento hacia un lugar se expresa con la preposición *nach* y el complemento de estancia en un lugar, con *in*.

Italien liegt in Südeuropa.	Italia se halla en el sur de Europa.
Düsseldorf liegt in Deutschland.	Düsseldorf se halla en Alemania.
Wir fahren nach England.	Vamos a Inglaterra.

Si, por el contrario, el nombre neutro aparece acompañado por un adjetivo o un complemento que lo define, entonces tendrá artículo, y el complemento de movimiento hacia un lugar se expresará con la preposición *in*.

Viele Touristen kommen in das sonnige Italien.	Muchos turistas vienen (van) a la soleada Italia.

Los nombres de países pueden ser femeninos (Turquía, *die Türkei*; Suiza, *die Schweiz*), masculinos (Líbano, *der Libanon*) o plurales (Países Bajos, *die Niederlande*; Estados Unidos, *die USA, die Vereinigten Staaten*); en este caso se usan siempre con el artículo, y el complemento de movimiento hacia un lugar se expresa con la preposición *in*.

La mayor parte de los gentilicios termina en *-er* o bien en *-e*. *Der Deutsche*, en cambio, es un adjetivo sustantivado, por lo que se emplearán las siguientes formas: *die Deutsche, die Deutschen, ein Deutscher, eine Deutsche*, etcétera.

Los nombres que aluden a una lengua y los adjetivos derivados de nombres geográficos terminan con el sufijo *-isch* (a excepción de *Deutsch, deutsch*).

País	Gentilicio		Adjetivo
Afganistán	Afghanistan	der Afghane, -in	afghanisch
África	Afrika	der Afrikaner, -in	afrikanisch
Albania	Albanien	der Albaner, -in	albanisch
América	Amerika	der Amerikaner, -in	amerikanisch
Argelia	Algerien	der Algerier, -in	algerisch
Argentina	Argentinien	der Argentinier, -in	argentinisch
Asia	Asien	der Asiate, -in	asiatisch
Australia	Australien	der Australier, -in	australisch
Austria	Österreich	der Österreicher, -in	österreichisch
Bélgica	Belgien	der Belgier,-in	belgisch
Benelux	die Beneluxstaaten		
Bulgaria	Bulgarien	der Bulgare, -in	bulgarisch
Canadá	Kanada	der Kanadier, -in	kanadisch
China	China	der Chinese, -in	chinesisch
Chipre	Zypern	der Zypr(i)er, -in	zyprisch
Corea	Korea	der Koreaner, -in	koreanisch
Croacia	Kroatien	der Kroate, -in	kroatisch
Cuba	Kuba	der Kubaner, -in	kubanisch
Dinamarca	Dänemark	der Däne, -in	dänisch
Egipto	Ägypten	der Ägypter, -in	ägyptisch
Escocia	Schottland	der Schotte, -in	schottisch
Eslovaquia	die Slowakei	der Slowake, -in	slowakisch
Eslovenia	Slowenien	der Slowene, -in	slowenisch
España	Spanien	der Spanier, -in	spanisch
Estados Unidos	die Vereinigten Staaten		
Etiopía	Äthiopien	der Äthiopier, -in	äthiopisch
Europa	Europa	der Europäer, -in	europäisch
Finlandia	Finnland	der Finne, -in	finnisch
Francia	Frankreich	der Franzose, -"in	französisch
Gran Bretaña	Großbritannien	der Brite, -in	britisch
Grecia	Griechenland	der Grieche, -in	griechisch
Holanda	Holland	der Holländer, -in	holländisch
Hungría	Ungarn	der Ungar, -in	ungarisch
India	Indien	der Inder, -in	indisch
Indonesia	Indonesien	der Indonesier, -in	indonesisch
Inglaterra	England	der Engländer, -in	englisch
Irak	der Irak	der Iraker, -in	irakisch
Irán	der Iran	der Iraner, -in	iranisch
Irlanda	Irland	der Ire, -in	irisch
Israel	Israel	der Israeli, -n	israelisch
Italia	Italien	der Italiener, -in	italienisch
Japón	Japan	der Japaner, -in	japanisch
Líbano	der Libanon	der Libanese, -in	libanesisch
Lituania	Litauen	der Litaue, -in	litauisch
Luxemburgo	Luxemburg	der Luxemburger, -in	luxemburgisch
Marruecos	Marokko	der Marokkaner, -in	marokkanisch
México	Mexiko	der Mexikaner, -in	mexikanisch

País	Gentilicio	Adjetivo
Países Bajos	*die* Niederlande	der Holländer	niederländisch
Palestina	Palästina	der Palästinenser, -in	palästinensisch
Polonia	Polen	der Pole, -in	polnisch
Portugal	Portugal	der Portugiese, -in	portugiesisch
República Checa	*die* Tschechische Republik	der Tscheche, -in	tschechisch
República Federal de Alemania	*die* Bundesrepublik Deutschland	der Deutsche, -	deutsch
Rusia	Russland	der Russe, -in	russisch
Serbia	Serbien	der Serbe, -in	serbisch
Suecia	Schweden	der Schwede, -in	schwedisch
Suiza	*die* Schweiz	der Schweizer, -in	schweizerisch
Turquía	*die* Türkei	der Türke, -in	türkisch
Vietnam	Vietnam	der Vietnamese, -in	vietnamesisch

Cuando el adjetivo se utiliza para nombrar la lengua deberá escribirse con la letra inicial mayúscula: *Er spricht Deutsch. Er lernt Spanisch.*

Para los sustantivos que presenten las desinencias *-er* y *-e*, el femenino se formará añadiendo el sufijo *-in*: *der Engländer, die Engländerin*; *der Ire, die Irin*. De este modo, podremos construir enunciados como: *Herr Martín ist Spanier und Herr Müller ist Deutscher. Maria ist Italienerin und Mary ist Irin.*

Los nombres de ciudad

Para formar el gentilicio de cada ciudad, basta con añadir la desinencia *-er* a su nombre. Sin embargo, el adjetivo resultante es indeclinable: *die Mailänder Mode* («moda de Milán»), *Frankfurter Würstchen* («salchicha de Frankfurt»), *die Frankfurter Messe*.

Aquisgrán	Aachen	Aachener
Ausburgo	Augsburg	Augsburger
Berlín	Berlin	Berliner
Bonn	Bonn	Bonner
Bremen	Bremen	Bremer
Colonia	Köln	Kölner/Kölsch/Kölnisch
Constanza	Konstanz	Konstanzer
Dortmund	Dortmund	Dortmunder
Dresde	Dresden	Dresd(e)ner
Düsseldorf	Düsseldorf	Düsseldorfer
Essen	Essen	Essener
Francfort	Frankfurt	Frankfurter
Friburgo	Freiburg	Freiburger

Hamburgo	Hamburg	Hamburger
Hannover	Hannover	Hannoversch
Jena	Jena	Jenaer
Kiel	Kiel	Kieler
Leipzig	Leipzig	Leipziger
Lübeck	Lübeck	Lübecker
Maguncia	Mainz	Mainzer
Mannheim	Mannheim	Mannheimer
Múnich	München	Münchner
Nüremberg	Nürnberg	Nürnberger
Rostock	Rostock	Rostocker
Stuttgart	Stuttgart	Stuttgarter
Tubinga	Tübingen	Tübinger
Zwickau	Zwickau	Zwickauer

Los nombres de los dieciséis Bundesländer (estados) alemanes

Estados confederados		Capital
Baden-Württemberg		Stuttgart
Bayern	Baviera	München
Berlin	Berlín	Berlin
Brandenburg	Brandemburgo	Potsdam
Bremen	Bremen	Bremen
Hamburg	Hamburgo	Hamburg
Hessen	Hesse	Wiesbaden
Mecklenburg-Vorpommern	Meclemburgo-Pomerania Occidental	Schwerin
Niedersachsen	Baja Sajonia	Hannover
Nordrhein-Westfalen	Renania-Sept.- Westfalia	Düsseldorf
Rheinland-Pfalz	Renania-Palatinado	Mainz
Saarland	Sarre	Saarbrücken
Sachsen	Sajonia	Dresden
Sachsen- Anhalt	Sajonia-Anhalt	Magdeburg
Schleswig-Holstein		Kiel
Thüringen	Turingia	Erfurt

El comparativo y el superlativo

Como en español, también en alemán se distinguen dos grados del adjetivo y del adverbio: el comparativo (por ejemplo, *más grande*) y el superlativo *(grandísimo)*.

El comparativo del adjetivo y del adverbio se forma añadiendo al adjetivo o al adverbio la desinencia *-er*, mientras que el superlativo se obtiene con la desinencia *-st*, o *-est* cuando el adjetivo termina en *d, t, s, ß, sch, z* o en vocal.

		comparativo	superlativo
importante	*wichtig*	*wichtig-er*	*wichtig-st-*
poco	*wenig*	*wenig-er*	*wenig-st-*
interesante	*interessant*	*interessant-er*	*interessant-est-*

Los adjetivos y los adverbios acabados en *-el*, *-er* pierden en el comparativo la letra *e* de estas desinencias:

oscuro	*dunk(e)l*	*dunkl-er*	*dunkel-st-*
caro	*teu(e)r*	*teur-er*	*teuer-st-*

Los adjetivos monosílabos en el comparativo y en el superlativo adoptan la *Umlaut*, con excepción de los adjetivos con el diptongo *au* y algunos otros, entre ellos *bunt* («coloreado»), *brav* («valiente», «bueno»), *falsch* («falso», «errado»), *flach* («plano»), *klar* («claro»), *satt* («saciado»), *toll* («estupendo»), *voll* («lleno»).

viejo	*alt*	*ält-er*	*ält-est-*
grande	*groß*	*größ-er*	*größ-t-*

Algunos adjetivos tienen el comparativo y el superlativo irregulares:

con mucho gusto	*gern*	*lieb-er*	*lieb-st-*
bueno	*gut*	*bess-er*	*be-st-*
alto	*hoch*	*höh-er*	*höch-st-*
cercano, próximo	*nah*	*näh-er*	*näch-st-*
mucho	*viel*	*mehr*	*mei-st-*

El comparativo de *viel (mehr)* es indeclinable *(Er hat mehr Geld und mehr Autos als ich)*.

El superlativo de *viel (meist)* significa «la mayor parte de» y concuerda en caso, género y número con el sustantivo que le sigue.

Mucho, delante de un comparativo, se traduce con *viel (Er fährt viel schneller als ich)*.

El comparativo de *wenig (weniger)* no se declina *(Er hat weniger Geld als ich)*.

En las lecciones anteriores ya hemos visto que, a diferencia del español, en alemán el adjetivo predicativo *(Der Flug war gut)* y el adjetivo con una función adverbial son invariables *(Herr Müller fährt schnell)*, mientras que el adjetivo atributivo sí se declina.

Usado como atributo, el comparativo se declina entonces como un adjetivo atributivo y precede al sustantivo, mientras que si se usa como adjetivo predicativo permanece invariable:

Er benötigt bessere Informationen.	Él necesita mejores informaciones.
Dieser Katalog ist besser.	Este catálogo es mejor.

El superlativo relativo se declina tanto en función atributiva como en la predicativa. Siempre va precedido por el artículo determinado:

Er hat die wichtigsten Probleme geklärt.	Él ha aclarado los problemas más importantes.
Seine Frage ist die interessanteste, die ich heute gehört habe.	Su pregunta es la más interesante de las que he oído hoy.

La forma adverbial del superlativo se forma con la perífrasis *am* + *-en*. Se usa también como predicado nominal:

Dieses Problem ist am wichtigsten.	Este problema es el más importante.
Eloys Auto ist am schnellsten.	El coche de Eloy es el más rápido.
Am schnellsten kommt man mit dem Flugzeug von Madrid nach Düsseldorf.	De Madrid a Düsseldorf se va más rápido en avión.

El superlativo absoluto se forma anteponiendo al adjetivo positivo *sehr*:

Mir geht es sehr gut.	Estoy muy bien/perfectamente.

El comparativo de superioridad, igualdad e inferioridad

1. El comparativo de superioridad se forma con el adjetivo en comparativo más *als*, que introduce el segundo término de comparación:

Eloy fährt schneller als Rainer.	Eloy conduce más rápido que Rainer.
Sein Deutsch ist besser als mein Spanisch.	Su alemán es mejor que mi español.
Eloy ist schneller als ich.	Eloy es más rápido que yo.

2. El comparativo de igualdad se expresa mediante la construcción *so... wie*:

Eloy spricht so gut Deutsch, wie er schreibt.	Eloy habla alemán tan bien como lo escribe.

3. La formación del comparativo de inferioridad es como sigue:

weniger + adjetivo positivo + *als*

Sein Problem ist weniger wichtig als meine Frage.	Su problema es menos importante que mi pregunta.

▶ Vocabulario

sich bedanken bei + dat.	(zich be:'daŋken)	agradecer
noch einmal	(noch ainma:l)	una vez más, otra vez
sich verabschieden von + dat.	(zich fer'ap l:den)	despedirse de
kurz	(kurts)	brevemente
bis später	(bis pe:ter)	hasta luego
Konferenzzimmer (-s, -) n.	(konfe:'rents'tsimer)	sala de conferencias
Besprechung (-, -en) f.	(be:' prechuŋ)	entrevista
ausländisch	(auslendi)	extranjero
Mitarbeiter (-s, -) m.	(mitarbaiter)	colaborador
organisatorisch	(orga:ni:zato:ri)	organizador
Innendienst (-es, -e) m.	(inendi:nst)	servicio interno
klären	(kle:ren)	aclarar, resolver
außerdem	(auserde:m)	además
ein paar	(ain pa:r)	un par, algunos
Unterlagen f.pl.	(unter'la:gen)	documentos, impresos

Alemán	Género	Pronunciación	Español
Vordruck (-es, -e)	m.	(fo:rdruk)	impreso
Rundgang (-s, -e)	m.	(runtgaŋ)	paseo, vuelta
verschieden		(fer' i:den)	varios, diversos
Abteilung (-, -en)	f.	(ap'tai:luŋ)	departamento, sección
dauern		(dauern)	durar
wichtig		(vichtich)	importante
die wichtigsten Probleme		(di: vichtichsten) (pro'ble:me)	los problemas más importantes
sich treffen mit		(zich trefen mit)	encontrarse con
österreichisch		(œsteraichi)	austríaco
ungarisch		(uŋgari)	húngaro
tschechisch		(t echi)	checo
holländisch		(holendi)	holandés
Begrüßung (-, -en)	f.	(be'gry:suŋ)	saludo, bienvenida
vortragen		(fo:rtra:gen)	exponer, presentar un informe
sich herausstellen		(zich he'raus' telen)	poner de manifiesto
Schwierigkeit(-,-en)	f.	(vi:rich'kait)	dificultad
fast		(fast)	casi
identisch		(i:'denti)	idéntico
Hauptproblem (-s,-e)	n.	(hauptpro'ble:m)	problema principal
darstellen		(dar telen)	representar, constituir
Lieferung (-, -en)	f.	(li:feruŋ)	envío
Verspätung (-, -en)	f.	(fer' pe:tuŋ)	retraso
erfolgen		(er'folgen)	ocurrir
Ware (-, -n)	f.	(va:re)	mercancía
unvollständig		(fol tendich)	incompleto
beschädigt		(be' e:dicht)	estropeado
gemeinsam		(ge'mainza:m)	conjuntamente
diskutieren		(dis'ku'ti:ren)	discutir
Lösung (-, -en)	f.	(lœzuŋ)	solución
Möglichkeit (-, -en)	f.	(mœ:klichkait)	posibilidad
Lösungsmöglichkeit (-, -en)	f.	(lœ:zuŋ ksmœ:klichkait)	solución posible
Protokoll (-s, -e)	n.	(proto'kol)	protocolo, acta
Protokoll führe	n.	(proto'kol fy:ren)	levantar acta
Preis (-es, -e)	m.	(prais)	precio, premio
hoch		(hoch)	alto
geben		(ge:ben)	dar
Kind (-es, -er)	n.	(kint)	niño
Stadt (-, -e)	f.	(tat)	ciudad
zeigen		(tsaigen)	mostrar
Österreich	n.	(œ:steraich)	Austria
Holland	n.	(holant)	Holanda

Ejercicios

I. *Poner las siguientes frases en pretérito perfecto:*
1. Er klärt die wichtigsten Fragen mit seinen Kollegen.
2. Sie gibt ihr die Hand.
3. Der Rundgang dauert eine Stunde.
4. Herr Martín bedankt sich bei Herrn Müller.
5. Wir müssen uns von euch verabschieden.
6. Oft kommt die Ware beschädigt an.
7. Die Mitarbeiter tragen ihre Probleme vor.
8. Er spricht nicht viel Deutsch.
9. Wir diskutieren über Lösungsmöglichkeiten.
10. Die Lieferungen erfolgen oft mit Verspätung.

II. *Insertar el pronombre relativo en el caso correcto:*
1. Die Schwierigkeiten, ... die ausländischen Mitarbeiter haben, sind fast identisch.
2. Der Herr, ... ich die Hand gebe, ist mein Kollege aus Italien.
3. Die Kollegin, auf .... wir warten, ist neu in der Firma.
4. Das Auto, ... auf dem Parkplatz steht, ist Marias Auto.
5. Die Kollegen, bei .... sich Eloy bedankt, sind morgen auch auf der Messe.
6. Die Unterlagen, ... ich benötige, sind nicht im Büro.
7. Das Flugzeug, mit .... er nach Madrid geflogen ist, war neu.
8. Der Rundgang, ... Eloy durch die verschiedenen Abteilungen macht, dauert ca. eine Stunde.
9. Das organisatorische Problem, ... er mit den Kollegen klären will, ist sehr wichtig.
10. Die Stadt, ... wir euch zeigen wollen, ist sehr alt.

III. *Formar el comparativo:*
gut, schnell, viel, hoch, oft, spät, wichtig, toll, interessant, flach.

IV. *Insertar el superlativo:*
1. Eloys Wagen ist .... (schnell).
2. Herr Martín spricht .... Deutsch. (gut)
3. Diese Frage ist .... (wichtig).
4. Seine Lösungsmöglichkeit ist .... (interessant).
5. Ihre Schwierigkeiten sind .... (groß).

V. *Traducir:*
1. Debemos aclarar los mayores problemas.
2. El coche de María es más rápido que el coche de Eloy.
3. (Él) necesita algunas informaciones.
4. La mercancía, cuyo envío se ha producido con retraso, estaba estropeada.

UNIDAD SIETE
SIEBTE LEKTION

PREPARATIVOS PARA LA FERIA
VORBEREITUNGEN FÜR DIE MESSE

▶ Lectura *(Lesetext)*

Zum Mittagessen gehen die Herren in die Kantine. Die Speisenauswahl ist groß, aber die ausländischen Kollegen von Herrn Müller kennen die meisten Gerichte nicht. Nach einigen Erklärungen finden jedoch alle etwas, was ihnen Appetit macht.
[tsum mita:kesen ge:n di: heren in di: kan'ti:ne/ di: paizenausva:l ist gro:s, a:ber di: auslendi en kole:gen fon hern myler kenen di: maisten ge'richte nicht/ na:ch ainigen er'kle:ruŋen finden je:'doch ale etvas vas i:nen ape'tit macht]
(«Para el almuerzo, los señores se dirigen a la cantina. Hay un gran surtido de platos, pero los colegas extranjeros del señor Müller no conocen la mayor parte de ellos. Sin embargo, tras algunas explicaciones, todos prueban algo apetecible.»)

Nach der Mittagspause treffen sich die Mitarbeiter aus Spanien, Ungarn, Holland, Österreich und der Tschechischen Republik wieder im Konferenzzimmer, weil noch der nächste Tag auf der Messe besprochen werden muss.
[nach der mita:kspauze trefen zich di: mitarbaiter aus espanien, uŋgarn, holant, œsteraich unt de:r t echi en repu'blik vi:der im konfe:'rents'tsimer, vail noch der nekste ta:k auf de:r mese be prochen verden mus]
(«Tras la pausa para comer, los colaboradores de España, Hungría, Holanda, Austria y la República Checa se reúnen de nuevo en la sala de conferencias, pues aún se debe hablar del día siguiente a la feria.»)

Es werden viele wichtige Kunden erwartet, deren Fragen so gut wie möglich und freundlich beantwortet werden müssen, um die Zuverlässigkeit der Firma zu bekräftigen und die Kunden für die neuen Produkte zu gewinnen.
[es ve:rden fi:le vichtige kunden ervartet, de:ren fra:gen zo: gu:t vi: mœklich unt frointlich be'antvortet ve:rden mysen, um di: tsu:ferlesich'kait der firma tsu: be'kreftigen unt di: kunden fy:r di: noien pro'dukte tsu: ge'vinen]

Unidad siete 97

(«Se esperan muchos clientes importantes, a cuyas preguntas se debe responder del mejor modo y lo más educadamente posible para consolidar la fiabilidad de la empresa y convencer a los clientes de los nuevos productos.»)

Herr Müller simuliert daher mit seinen Kollegen noch einmal ein paar Kundengespräche und gibt ihnen Ratschläge für eine überzeugende Gesprächsführung.
[her myler simu'li:rt da:her mit zainen ko'le:gen noch ainma:l ain pa:r kundeŋge' pre:che unt gi:pt i:nen ra:t le:ge fy:r aine yber'tsoigende ge' pre:chsfy:ruŋ]
(«Por ello, el señor Müller simula una vez más con sus colegas algunas entrevistas con los clientes y les da consejos para [mantener] una línea de conversación convincente.»)

—Wie ich Ihnen bereits während des letzten Gesprächsführungsseminars sagte, sind Freundlichkeit und Sachkompetenz die wichtigsten Faktoren im Gespräch mit dem Kunden.
[vi: ich i:nen be'raits ve:rent des letsten ge' pre:chsfy:ruŋks'zemina:rs za:gte zind frointlichkait unt zachkompetents di: vichtichsten fak'to:ren im ge' pre:ch mit de:m kunden]
(«Como ya les dije durante el último seminario sobre el modo de conducir una conversación, cortesía y competencia son los factores más importantes en la entrevista con el cliente.»)

Zum Abschluss erhalten alle Mitarbeiter den neuen Messeanzug und den Messeausweis.
[tsum ap lus er'halten ale mitarbaiter de:n noien meseantsu:k unt de:n 'mese'ausvais]
(«Por último, todos los colaboradores reciben el traje nuevo y el pase para la feria.»)

Erst gegen 18.00 Uhr ist die Besprechung endlich zu Ende und die Herren können mit einem Taxi in das Hotel fahren, wo die Firma Zimmer für sie reserviert hat.
[erst ge:gen achtse:n u:r ist di: be' prechuŋ entlich tsu: ende unt di: heren kœnen mit ainem taksi in das ho'tel fa:ren, vo: di: firma tsimer fy:r zi: rezer'vi:rt hat]
(«Hacia las 18.00 termina por fin la reunión y los señores pueden ir en taxi al hotel, donde la empresa ha reservado habitaciones para ellos.»)

▶ Cuestiones gramaticales

El pronombre relativo *was*

El pronombre relativo *was* introduce una oración de relativo precedida por los pronombres *das, alles, etwas, nichts*.

EJEMPLOS

Alles, was ich will, ist eine klare Antwort.	Todo lo que quiero es una respuesta clara.
Das, was ihr sagt, ist sehr interessant.	Lo que está diciendo es muy interesante.
Was ihr sagt, ist sehr interessant.	

El adverbio *wo*

Wo puede sustituir una preposición acompañada de un pronombre relativo cuando se refiere a una expresión de lugar:

Sie fahren in das Hotel, wo (in dem) die Firma Zimmer für sie reserviert hat.	Van al hotel, donde (en el que) la empresa ha reservado habitaciones para ellos.
Die Herren gehen zum Parkplatz, wo (auf dem) ihre Wagen stehen.	Los señores van al aparcamiento, donde están sus coches.

Cuando la indicación de lugar es un nombre de país y de localidad, se usa siempre *wo*:

Er war dieses Jahr eine Woche in Österreich, wo er seinen Kollegen getroffen hat.	Este año ha estado una semana en Austria, donde se encontró con su colega.
Er fliegt nach Düsseldorf, wo er eine Messe besuchen will.	Va en avión a Düsseldorf, donde quiere visitar una feria.

Asimismo, el adverbio relativo *wo* junto con una preposición (siempre que esta empiece por una vocal, se inserta la letra *r* entre ambos) introduce una oración de relativo precedida por los pronombres *das*, *alles*, *etwas* y *nichts*.

Er findet etwas, worauf er Appetit hat.	Encuentra algo que le abra el apetito.
Ist das alles, worum du dich kümmerst?	¿Esto es todo de lo que te ocupas?

El pretérito imperfecto de indicativo de los verbos débiles

El pretérito imperfecto de indicativo (*Imperfekt* o *Präteritum*) de los verbos débiles se forma insertando la letra *t* entre el tema del verbo y las desinencias *-e, -est, -e, -en, -et, -en*.

sag-t-desinencia

	sagen	
ich	sag-t-e	decía/dije[6]
du	sag-t-est	decías/dijiste
er, sie, es	sag-t-e	decía/dije
wir	sag-t-en	decíamos/dijimos
ihr	sag-t-et	decíais/dijisteis
sie	sag-t-en	decían/dijeron

Si el tema termina en *-t, -d* o bien en *-m* o *-n*, y está precedido por una consonante que no sea *l, r* o *h*, se inserta *-et-*:

antwort-et-desinencia

	antworten	
ich	antwort-et-e	respondía
du	antwort-et-est	respondías
er, sie, es	antwort-et-e	respondía
wir	antwort-et-en	respondíamos
ihr	antwort-et-et	respondíais
sie	antwort-et-en	respondían

	öffnen	
ich	öffn-et-e	abría
du	öffn-et-est	abrías
er, sie, es	öffn-et-e	abría
wir	öffn-et-en	abríamos
ihr	öffn-et-et	abríais
sie	öffn-et-en	abrían

6. A diferencia del español, en alemán no se distingue entre el pretérito imperfecto y el perfecto de indicativo, sino que se utiliza siempre el imperfecto *(Präteritum)*.

La conjunción *weil*

La conjunción *weil* («porque») introduce una oración causal que explicita una causa no conocida por todos. Recordemos que el verbo perfectivo se coloca en el último lugar en la oración subordinada.

EJEMPLOS

Sie müssen die Messe gut vorbereiten, weil sie wichtige Kunden erwarten.	Deben preparar bien la feria, porque esperan a clientes importantes.
Wir haben Schwierigkeiten mit der Auswahl der Gerichte, weil wir die deutschen Speisen nicht kennen.	Tenemos dificultades con la elección de los platos, porque no conocemos la comida alemana.
Er verabschiedet sich von Rainer, weil er noch einen Rundgang durch die verschiedenen Abteilungen machen will.	Se despide de Rainer, porque aún quiere dar una vuelta por las distintas secciones.
Er spricht mit seinen Kollegen, weil er einige Probleme klären will.	Habla con sus colegas porque quiere aclarar algunos problemas.
Ich gebe der Kollegin die Hand, weil sie neu in der Firma ist.	Doy la mano a la colega porque es nueva en la empresa.

Si, en cambio, la causa es conocida por todos, se usa la conjunción *da*:

Ich bleibe zu Hause, da es regnet.	Me quedo en casa porque llueve.
Da er erst seit einem Monat an einem Deutschkurs teilnimmt, kennt er noch nicht viele Vokabeln.	No conoce aún muchas palabras porque sólo hace un mes que asiste a un curso de alemán.

La construcción de una oración subordinada con *um... zu*

La oración final construida con *um... zu* («para») responde a las preguntas formuladas por *warum?* («¿por qué?»), *wozu?* («¿para qué?»), *zu welchem Zweck?* («¿con qué fin?»).

Esta construcción se usa cuando el sujeto de la oración subordinada es el mismo que el de la principal.

EJEMPLOS

Er bereitet sich gut vor, um die Kunden für die neuen Produkte zu gewinnen.	Se prepara bien para convencer a los clientes de los nuevos productos.

Sie sprechen mit den Kunden, **um** sie von der Zuverlässigkeit der Firma **zu** überzeugen.	Hablan con los clientes para convencerles de la fiabilidad de la empresa.
Sie antworten freundlich, **um** die Kunden nicht **zu** verlieren.	Responden cortésmente para no perder a sus clientes.
Herr Martín diskutiert mit seinen Kollegen, **um** einige wichtige Probleme **zu** klären.	El señor Martín discute con sus colegas para aclarar algunos problemas importantes.
Eloy ist nach Düsseldorf geflogen, **um** die Messe besuchen **zu** können.	Eloy ha ido a Düsseldorf en avión para poder visitar la feria.
Ich fahre zum Flughafen, **um** einen Kollegen ab**zu**holen.	Voy al aeropuerto para recoger a un colega.
Er bleibt länger im Büro, **um** die letzten Unterlagen für die Messe vor**zu**bereiten.	Se queda más tiempo en la oficina para preparar los últimos documentos para la feria.

El infinitivo precedido por *zu* ocupa el último lugar de la oración de infinitivo. En los verbos separables *zu* figura entre el prefijo y el verbo.

La forma pasiva

En alemán, la forma pasiva se construye con el verbo *werden* más el participio pasado. El participio pasado ocupa el último lugar de la frase.

El complemento agente (que es el que realiza la acción) se expresa mediante la preposición *von* más dativo, cuando se trata de personas, y con *durch*, si se trata de objetos.

Al transformar una frase activa en pasiva, el complemento directo expresado por el acusativo (en nuestro ejemplo, *den Kollegen*) se convierte en el sujeto de la frase pasiva *(der Kollege)* y el sujeto *(er)* se convierte el complemento agente *(von ihm)*.

Forma activa	*Er fragt den Kollegen.*
Forma pasiva	*Der Kollege wird von ihm gefragt.*

El objeto indirecto permanece, en cambio, en dativo también en la forma pasiva:

Forma activa	*Maria hilft der Kollegin.*
Forma pasiva	*Der Kollegin wird von Maria geholfen.*

El verbo en forma pasiva suele ser sustituido por la forma impersonal con *man* («ser»):

Forma activa	Man trinkt in Deutschland viel Bier.
Forma pasiva	Es wird in Deutschland viel Bier getrunken. In Deutschland wird viel Bier getrunken.

El presente de indicativo de *werden*

ich	werde	du	wirst
er, sie, es	wird	wir	werden
ihr	werdet	sie	werden

El presente de indicativo en la forma pasiva

Sie werden von Herrn Meier zum Hotel gefahren.	El señor Meier los lleva al hotel.
Es werden viele wichtige Kunden erwartet.	Se esperan muchos clientes importantes.
Die Verspätung der Warenlieferung wird durch Transportprobleme verursacht.	El retraso de la partida de mercancías se debe a problemas de transporte.

El pretérito imperfecto de indicativo de *werden*

ich	wurde	du	wurdest
er, sie, es	wurde	wir	wurden
ihr	wurdet	sie	wurden

El pretérito imperfecto de indicativo en la forma pasiva

La forma pasiva del imperfecto se forma, pues, con el imperfecto de *werden* más el participio pasado.

Er wurde von Herrn Müller am Flughafen abgeholt.	El señor Müller le lleva al aeropuerto.

Los tiempos compuestos del indicativo en la forma pasiva

El pretérito perfecto de *werden* se forma con el verbo auxiliar *sein*.
El participio pasado del verbo *werden* en la forma pasiva es *worden* en lugar de *geworden*.

Die Ware ist noch nicht geliefert worden.	La mercancía aún no ha sido entregada.

La forma pasiva en los verbos modales

También los verbos modales tienen forma pasiva; mientras que el verbo modal se conjuga según el tiempo y la persona, el participio pasado y *werden* permanecen invariables y *werden* ocupa el último lugar en la frase tras el participio pasado.

EJEMPLOS	
Auf die Fragen der Kunden muss freundlich geantwortet werden.	Hay que contestar con amabilidad a las preguntas de los clientes.
Herr Martín kann von seinem Kollegen am Flughafen abgeholt werden.	El señor Martín puede ser recogido en el aeropuerto por su colega.

Cuando el pasivo de un verbo modal forma parte de la oración subordinada, el verbo modal conjugado ocupa el último lugar de la misma.
El orden, por tanto, sería el siguiente:

participio pasado + *werden* + infinitivo del verbo modal.

Die Vorbereitung der Gespräche mit den Kunden ist wichtig, weil ihre Fragen mit Sachkompetenz beantwortet werden müssen.	La preparación de las entrevistas con los clientes es importante porque hay que responder a sus preguntas con competencia.

▶ Vocabulario

Mittagessen (-s, -)	n.	(mita:kesen)		almuerzo
Kantine (-, -n)	f.	(kan'ti:ne)		cantina, comedor
Speise (-, -n)	f.	(paize)		comida, vianda
Auswahl (-, -en)	f.	(ausva:l)		gama, elección

Alemán		Pronunciación	Español
Speisenauswahl (-, -en)	f.	(paizenausva:l)	elección del plato
kennen		(kenen)	conocer
Gericht (-es, -e)	n.	(ge'richt)	plato
Erklärung (-, -en)	f.	(er'kle:ruŋ)	explicación, declaración
finden		(finden)	hallar, encontrar
etwas		(etvas)	algo
Appetit haben auf + ac.		(ape'tit ha:ben auf)	tener hambre de
Mittag (-s, -e)	m.	(mita:k)	mediodía
Pause (-, -n)	f.	(pauze)	pausa, intervalo, descanso
Mittagspause (-, -n)	f.	(mita:kspauze)	pausa para comer
weil		(vail)	porque
nächst		(ne:chst)	próximo
besprechen		(be' prechen)	hablar de
erwarten		(er'varten)	esperar
Kunde (-, -n)	m.	(kunde)	cliente
wichtig		(vichtich)	importante
möglich		(mœ:klich)	posible
freundlich		(frointlich)	amable, cortés
beantworten		(be'antvorten)	responder
Zuverlässigkeit (-)	f.	('tsu:ferlesich'kait)	fiabilidad
bekräftigen		(be'kreftigen)	confirmar
Produkt (-es, -e)	n.	(pro'dukt)	producto
gewinnen		(ge'vinen)	vencer, conquistar, convencer
simulieren		(zimu'li:ren)	simular, fingir
Kundengespräch (-es, -e)	n.	('kundeŋge' pre:ch)	entrevista con el cliente, conversación, charla
Ratschlag (-es, -e)	m.	(ra:t la:k)	consejo
einen Ratschlag geben		(ainen ra:t la:k ge:ben)	dar un consejo
überzeugen		(y:ber'tsoigen)	convencer
überzeugend		(y:ber'tsoigent)	convincente
Führung (-, -en)	f.	(fy:ruŋ)	conducta, dirección
Gesprächsführung (-)	f.	(ge' pre:chsfy:ruŋ)	línea de conversación
bereits		(be'raits)	ya
letzt		(letst)	último
Seminar (-s, -e)	n.	(zemi'na:r)	seminario, curso
Gesprächsführungsseminar	n.	(ge' pre:chsfy:ruŋkszemi'na:r)	curso sobre la forma de llevar una conversación
Freundlichkeit (-, -en)	f.	(frointlich'kait)	cortesía, amabilidad
Sachkompetenz(-, n)	f.	(zachkompetents)	competencia

Faktor (-s, -en)	m. (faktor)	factor
Abschluss (-es, -e)	m. (ap lus)	fin
zum Abschluss	(tsum ap lus)	por fin
erhalten	(er'halten)	recibir, conseguir
Anzug (-es, -e)	m. (antsu:k)	traje
Messeanzug (-es, -e)	m. ('mese'antsu:k)	traje de la feria
Ausweis (-es, -e)	m. (ausvais)	tarjeta
Messeausweis (-es, -e)	m. (mese'ausvais)	pase
erst	(erst)	únicamente, sólo
endlich	(entlich)	finalmente
Ende (-s, -n)	n. (ende)	fin
zu Ende sein	(tsu: ende zain)	terminar
Taxi (-s, -s/-xen)	n. (taksi)	taxi
Hotel (-s, -s)	n. (ho'tel)	hotel
Zimmer (-s, -)	n. (tsimmer)	cuarto, habitación
reservieren	(rezer'vi:ren)	reservar
nichts	(nichts)	nada
sich kümmern um + ac.	(zich kymern um)	ocuparse de
da	(da:)	porque, dado que
teilnehmen an + dat.	(tailne:men)	participar en
warum	(va'rum)	por qué
wozu	(vo:tsu:)	a qué
zu welchem Zweck	(tsu: velchem tsvek)	con qué fin
verlieren	(fer'li:ren)	perder
lang	(laŋ)	largo
länger	(leŋer)	más largo
werden	(ve:rden)	convertirse en
Warenlieferung (-, -en)	f. (va:renli:feruŋ)	envío de la mercancía
Transport (-s, -e)	m. (trans'port)	transporte
Transportproblem (-es, -e)	n. (trans'portpro'ble:m)	problema de transporte
verursachen	(fer'u:rzachen)	causar

Ejercicios

I. *Poner las frases en forma pasiva:*
1. Herr Müller führt das erste Gespräch mit den Kunden.
2. Eloy legt die Unterlagen auf den Tisch.
3. Die Firma bezahlt das Hotelzimmer.
4. Die Kollegen klären die wichtigen Probleme.
5. Wir überzeugen die Kunden von den neuen Produkten.
6. Alle beantworten die Fragen der Kunden freundlich.
7. Die Firma erwartet auf der Messe viele wichtige Kunden.
8. Man erklärt noch einmal die wichtigsten Faktoren.
9. Die Mitarbeiter bekräftigen die Zuverlässigkeit der Firma.
10. Man spricht über die neuen Produkte.

II. *Coordinar ambas oraciones con* weil:
1. Ich bleibe zu Hause. Ich habe Rainer zum Abendessen eingeladen.
2. Er fährt zum Flughafen. Er muss seinen italienischen Kollegen abholen.
3. Wir nehmen das Flugzeug. Wir können nur kurz in Berlin bleiben.
4. Sie gibt ihm die Unterlagen. Er benötigt sie für die Besprechung.
5. Sie warten auf Maria. Sie ist neu in der Firma.
6. Er spricht mit allen Kollegen. Er will die Probleme lösen.
7. Eloy will die Messe besuchen. Sie soll interessant sein.
8. Wir rufen das Reisebüro an. Wir brauchen ein paar Auskünfte.
9. Die Herren bleiben bis 18.00 Uhr im Büro. Der nächste Tag auf der Messe muss noch besprochen werden.
10. Eloy muss oft nach Deutschland reisen. Er arbeitet für eine deutsche Firma.

III. *Una secretaria explica a una amiga qué hicieron sus colegas extranjeros durante su primer día en la oficina. Tomando como base el texto de la lección, completar:*
Zum Mittagessen sind die Herren in die Kantine gegangen...

IV. *Coordinar las oraciones con* um... zu, *prestando especial atención a los verbos modales* wollen *y* müssen *que se omiten en la oración de infinitivo:*
1. Ich gehe in ein Reisebüro. Ich will ein Flugticket kaufen.
2. Er spricht mit Maria. Er muss ein Problem klären.
3. Er ruft das Hotel an. Er will ein Zimmer reservieren.
4. Wir treffen uns nach der Besprechung. Wir wollen einen Kaffee trinken.
5. Sie bereiten sich gut auf die Kundengespräche vor. Sie wollen die Kunden von den neuen Produkten überzeugen.

V. *Formar el pretérito imperfecto de indicativo:*
er sagt, wir begrüßen, sie arbeiten, ihr öffnet, ich bin, du wartest, es regnet, ihr seid, er wird, du bist, es schneit, wir kaufen, sie holt ab, er telefoniert, sie diskutieren, ich erwarte, er überzeugt, wir beantworten.

VI. *Traducir:*
1. Hago un curso de alemán porque trabajo en una empresa alemana.
2. Nada de lo que estás diciendo es nuevo para mí.
3. Aprendo alemán para hablar con mis colegas alemanes.
4. La fiabilidad de la empresa debe ser confirmada.
5. Debemos convencer a nuestros clientes de los nuevos productos.

UNIDAD OCHO
ACHTE LEKTION

EN LA RECEPCIÓN DEL HOTEL
AN DER HOTELREZEPTION

▶ Lectura *(Lesetext)*

Wenig später hält das Taxi vor dem Hotel.
[ve:nich pe:ter helt das taksi fo:r de:m ho'tel]
(«Poco después, el taxi se detiene frente al hotel.»)

Da Herr Martín von allen am besten Deutsch spricht, hat ihn die Gruppe zum Wortführer bestimmt.
[da: her mar'tin fon alen am besten doit pricht hat i:n d:i grupe tsum vortfy:rer be' timt]
(«Dado que el señor Martín es quien mejor habla el alemán de todos ellos, el grupo le ha nombrado su portavoz.»)

—*Guten Abend! Wir sind von der Firma Klick, mein Name ist Martín. Die Firma hat für uns Zimmer reserviert.*
[gu:ten a:bent!/ vi:r zint fon de:r firma klik, main na:me ist mar'tin/ di: firma hat fy:r uns tsimer rezer'vi:rt]
(«¡Buenas noches! Somos de la empresa Klick, me llamo Martín. La empresa ha reservado habitaciones para nosotros.»)

—*Guten Abend, Herr... Wie war noch der Name?*
[gu:ten a:bent, her... vi: va:r noch de:r na:me?]
(«Buenas noches, señor... ¿cuál dijo que era su apellido?»)

—*Martín, ich heiße Eloy Martín.*
[mar'tin, ich haise eloi mar'tin]
(«Martín, me llamo Eloy Martín.»)

—*Firma Klick, sagen Sie? Einen Moment, ich schaue sofort nach. Ja, richtig, von Ihrer Firma sind fünf Einzelzimmer für zwei Übernachtungen mit Frühstück reserviert worden.*
[firma klik, za:gen zi:?/ ainen mo'ment, ich aue zo'fort na:ch/ ja:, richtich, fon i:rer firma zint fynf 'ain'tsel'tsimer fy:r tsvai y:ber'nachtuŋgen mit fry: tyk rezer'vi:rt vorden]
(«¿La empresa Klick, dice usted? Un momento, lo compruebo enseguida. Sí, correcto, su empresa ha reservado cinco habitaciones individuales con desayuno para dos noches.»)

—*Ihre Zimmer liegen alle im ersten Stock, Nummer 31-35. Haben die Herren viel Gepäck? Soll ich es hinaufbringen lassen?*
[i:re tsimer li:gen ale im e:rsten tok, numer ainuntdraisich bis fynfuntdraisich/ ha:ben di: heren fi:l ge'pek?/ zol ich es hi'nauf'briŋgen lasen?]
(«Sus habitaciones se encuentran todas en el primer piso, números 31 al 35. ¿Los señores traen mucho equipaje? ¿Mando que lo suban?»)

—*Nein danke, sehr freundlich von Ihnen, aber das ist nicht nötig. Wir haben alle nur einen kleinen Reisekoffer, wir reisen ja am Freitag bereits wieder ab.*
[nain daŋke, ze:r frointlich fon i:nen, a:ber das ist nicht nœtich/ vi:r ha:ben ale nur ainen klainen raizekofer, vi:r raizen ja: am fraita:k be'raits vi:der ap]
(«No, gracias, es muy amable por su parte, pero no es necesario. No traemos más que una maleta pequeña, dado que nos vamos el viernes.»)

—*Natürlich, ich verstehe. Könnte ich dann bitte die Ausweise der Herrschaften haben?*
[na'ty:rlich, ich fer' te:e/ kœnte ich dan bite di: ausvaize de:r her aften ha:ben?]
(«Claro, ya entiendo. Por favor, ¿podría ver entonces la documentación de los señores?»)

Herr Martín wendet sich kurz an seine Kollegen.
[her mar'tin vendet zich kurts an zaine ko'le:gen]
(«El señor Martín se dirige brevemente a sus colegas.»)

—*Entschuldigen Sie, aber sprechen Ihre Kollegen kein Deutsch, Herr Martín?*
['ent' uldigen zi:, a:ber prechen i:re ko'le:gen kain doit her mar'tin?]
(«Perdone, señor Martín, pero ¿sus colegas no hablan alemán?»)

—*Doch, doch, aber noch nicht so gut. Deshalb haben Sie mich zum Wortführer bestimmt, verstehen Sie?*
[doch doch, a:ber noch nicht zo: gu:t/ deshalp ha:ben zi: mich tsum vortfy:rer be' timt fer'ste:n zi:?]
(«Sí, sí, pero aún no muy bien. Por ello me han nombrado su portavoz, ¿sabe?»)

—*Ach so! Nach Ihrem Namen zu schließen, kommen Sie sicher aus Spanien, Herr Martín, nicht wahr?*
[ach zo:!/ nach i:rem na:men tsu: li:sen, komen zi: sicher aus espanien, her mar'tin, nicht va:r?]
(«Entiendo. Teniendo en cuenta su apellido, sin duda debe de ser de España, señor Martín, ¿no es así?»)

—*Ja, das stimmt, ich bin Spanier. Meine Kollegen kommen dagegen aus Holland, Ungarn, Österreich und der Tschechischen Republik.*
[ja:, es timt, ich bin espanier/ maine ko'le:gen kommen da:ge:gen aus holant, uŋgarn, œsteraich, unt der t echi en repu'blik]
(«Sí, así es, soy español. Mis colegas, en cambio, son de Holanda, Hungría, Austria y la República Checa.»)

—*Eine richtig internationale Gruppe also, das ist interessant! Und wie verständigen Sie sich untereinander?*
[aine richtich internatsjo'na:le grupe alzo:, das ist intere'sant!/ unt vi: fer' tendigen zi: zich unterainander?]
(«Un grupo realmente internacional, ¡qué interesante! ¿Y cómo se entienden entre sí?»)

—*Oh, auf Deutsch und natürlich auf Englisch. Manchmal ist das sehr lustig! So, hier sind unsere Ausweise.*
[o:, auf doit unt na'ty:rlich auf eŋgli / manchma:l ist das ze:r lustich!/ zo: hi:r zint unzere ausvaize]
(«Oh, en alemán y, naturalmente, en inglés. ¡De vez en cuando es muy divertido! Y aquí tiene nuestros documentos.»)

—*Danke sehr. Wünschen die Herren morgen früh zu einer bestimmten Zeit geweckt zu werden?*
[daŋke ze:r/ vyn en di: heren mo:rgen fry: tzu: ainer be timten tsait ge'vekt tsu: verden?]
(«Muchas gracias. ¿Los señores desean que les despierten a una hora concreta mañana por la mañana?»)

—*Ja, bitte um sieben Uhr, dann bleibt uns vor der Fahrt zur Messe in Köln genug Zeit zum Frühstücken. Ab wie viel Uhr gibt es Frühstück?*
[ja:, bite um zi:ben u:r, dan blaipt uns fo:r de:r fa:rt tsu:r mese in kœln genu:k tsait tsum fry: tyken/ ap vi:fi:l u:r gi:pt es fry: tyk?]
(«Sí, a las siete, por favor, así antes de ir a la feria de Colonia nos quedará suficiente tiempo para desayunar. ¿A partir de qué hora se sirve el desayuno?»)

—*Ab sieben Uhr, aber auf Wunsch auch früher. Aber Sie wollen ja erst um sieben Uhr geweckt werden... Eine andere Frage: Speisen die Herren heute Abend in unserem Restaurant oder...? Ich könnte dann für Sie einen Tisch reservieren lassen, ist das recht?*

[ap zi:ben u:r, a:ber auf vun auch fry:er/ a:ber zi: volen ja: erst um zi:ben u:r ge'vekt verden/ aine andere fra:ge/ paizen di: heren hoite a:bent in unzerem resto'rant o:der...?/ ich kœnte dan fy:r zi: ainen ti rezer'vi:ren lasen, ist das recht?]
(«A partir de las siete, aunque, si lo solicitan, incluso antes. Pero ustedes desean que les despierten a las siete... Otra pregunta: ¿los señores cenarán esta noche en nuestro restaurante o...? Podría reservar una mesa para ustedes, ¿les parece bien?»)

Alle nicken. «Ja, danke, das wäre nett. Heute Abend würden wir gerne hier essen, das ist am einfachsten und bequemsten. Würden Sie uns bitte einen Tisch für 19.30 Uhr reservieren?»
[ale niken/ ja:, daŋ ke, das ve:re net/ hoite a:bent vyrden vi:r gerne hi:r esen, das ist am ainfachsten und bekve:msten/ vyrden zi: uns bite ainen ti fy:r nointse:n u:r draisich rezer'vi:ren?]
(«Todos asienten. "Sí, gracias, si es tan amable. Esta noche cenaremos aquí con mucho gusto, es lo más fácil y lo más cómodo. ¿Le importaría reservar una mesa para nosotros a las 19.30?"»)

—*Selbstverständlich, Herr Martín, ich sage der Bedienung sofort Bescheid. Und hier sind Ihre Zimmerschlüssel. Ich wünsche Ihnen einen angenehmen Aufenthalt bei uns!*
[zelpstfer' tentlich, her mar'tin, ich za:ge de:r be'di:nuŋ zo'fort be' ait/ unt hi:r zint i:re tsimer lysel/ ich vyn e i:nen ainen aŋge'ne:men aufenthalt bai uns!]
(«Naturalmente, señor Martín, avisaré enseguida al personal de servicio. Aquí tiene las llaves de sus habitaciones. ¡Les deseo una agradable estancia entre nosotros!»)

Die Herren danken ihm, nehmen die Schlüssel und ihr Gepäck und gehen zum Fahrstuhl.
[di: heren daŋken i:m, ne:men di: lysel unt i:r ge'pek unt ge:n tsum fa:r tu:l]
(«Los señores le dan las gracias, toman las llaves y su equipaje y se dirigen hacia el ascensor»).

▸ Cuestiones gramaticales

El imperfecto de indicativo y de subjuntivo de los verbos modales

El imperfecto de subjuntivo (o *Konjunktiv II*) de los verbos modales se forma con el imperfecto de indicativo más el *Umlaut* (si está en infinitivo):

Infinitivo presente	Pret. imperf. indic.	Pret. imperf. subj.
dürfen	er durfte	er dürfte
können	er konnte	er könnte
mögen	er mochte	er möchte
müssen	er musste	er müsste
sollen	er sollte	er sollte
wollen	er wollte	er wollte

Como ya hemos observado, las formas de la tercera persona del singular del presente, el imperfecto de indicativo y del participio pasado de los verbos se aprenden de memoria. Sobre todo en el caso de los verbos modales que se usan con mayor frecuencia (en la segunda parte del libro, en la pág. 245, aparece la lista de los verbos fuertes más importantes).

PRETÉRITO IMPERFECTO DE INDICATIVO

	dürfen	können	mögen	müssen	sollen	wollen
ich	durfte	konnte	mochte	musste	sollte	wollte
du	durftest	konntest	mochtest	musstest	solltest	wolltest
er, sie, es	durfte	konnte	mochte	musste	sollte	wollte
wir	durften	konnten	mochten	mussten	sollten	wollten
ihr	durftet	konntet	mochtet	musstet	solltet	wolltet
sie	durften	konnten	mochten	mussten	sollten	wollten

Por consiguiente, el imperfecto de subjuntivo (en alemán, el condicional es igual que el imperfecto de subjuntivo) se forma como sigue:

PRETÉRITO IMPERFECTO DE SUBJUNTIVO

	dürfen	können	mögen	müssen	sollen	wollen
ich	dürfte	könnte	möchte	müsste	sollte	wollte
du	dürftest	könntest	möchtest	müsstest	solltest	wolltest
er, sie, es	dürfte	könnte	möchte	müsste	sollte	wollte
wir	dürften	könnten	möchten	müssten	sollten	wollten
ihr	dürftet	könntet	möchtet	müsstet	solltet	wolltet
sie	dürften	könnten	möchten	müssten	sollten	wollten

El pretérito imperfecto de subjuntivo del verbo *sein*

ich	wäre	(si) fuera/sería
du	wärst	(si) fueses/serías
er, sie, es	wäre	(si) fuese/sería
wir	wären	(si) fuésemos/seríamos
ihr	wärt	(si) fueseis/seríais
sie	wären	(si) fuesen/serían

El pretérito imperfecto de subjuntivo con *würden* más infinitivo

Esta forma puede sustituir casi todas las formas del imperfecto de subjuntivo (en el caso de los verbos auxiliares y modales, sin embargo, se usa la forma propia) y es también una forma de plasmar el condicional español, aunque no suele considerarse muy elegante, ya que la palabra *würden* se repetiría tanto en la oración principal como en la subordinada.

Sea como fuere, la construcción *würden* más infinitivo es mucho más fácil de aprender y sirve para evitar frases complicadas y ambiguas, ya que la forma del imperfecto de indicativo y del imperfecto de subjuntivo de los verbos débiles es la misma, mientras que no ocurre lo contrario con los verbos fuertes.

De hecho, en la lengua hablada, la mayoría de los alemanes prefiere el uso de la construcción con *würden* más infinitivo.

Con todo, es preciso tener en cuenta que *würden* es el imperfecto de subjuntivo del verbo *werden*.

La conjugación de würden más infinitivo

Veamos, en concreto, un ejemplo con el verbo *gehen*:

ich	würde gehen	(si) fuera/iría
du	würdest gehen	(si) fueras/irías
er, sie, es	würde gehen	(si) fuera/iría
wir	würden gehen	(si) fuéramos/iríamos
ihr	würdet gehen	(si) fuerais/iríais
sie	würden gehen	(si) fueran/irían

EJEMPLO

Wenn ich du wäre, würde ich ihm helfen.	Si estuviera en tu lugar...
Wenn er mit uns kommen würde, wäre er früher zu Hause.	Si él viniera con nosotros, estaría antes en casa.

En alemán, el imperfecto de subjuntivo se usa después de la conjunción *wenn* («si») en las frases condicionales y después de *als ob* («como si») en las oraciones comparativas hiperbólicas.

Wenn er hier wäre, könnte er mir helfen.[7]	Si estuviera aquí, me podría ayudar.
Er fährt so schnell, als ob er Michael Schumacher wäre.	Va (tan) rápido como si fuera Michael Schumacher.

---

7. Nótese que, a diferencia del español —en el que se usa la forma del subjuntivo en la oración subordinada y el condicional en la principal—, en alemán se emplea en ambas oraciones el imperfecto de subjuntivo.

El verbo *lassen* más infinitivo

En español, la construcción formada por el verbo *lassen* más un infinitivo se traduce generalmente por el verbo *hacer* más el infinitivo del verbo en cuestión:

Ich kann Sie anrufen lassen.	Puedo mandarla llamar.
Herr Müller hat Zimmer reservieren lassen.	El señor Müller ha reservado las habitaciones.
Sie lässt sich die Haare schneiden.	Se hace cortar el pelo.

Nótese que el participio pasado de *lassen (gelassen)* usado con el infinitivo de un verbo principal se transforma también en infinitivo.

El mismo fenómeno se produce con los verbos *sehen* («ver»), *hören* («oír»), *brauchen*[8] («necesitar») y todos los verbos modales *(müssen, wollen, können, dürfen, mögen)*. Para evitar errores, es aconsejable el uso del imperfecto de indicativo en lugar del pretérito perfecto.

EJEMPLOS

Ich habe ihn nicht kommen hören.	No le he oído llegar.
Er hat ihn aus dem Flugzeug aussteigen sehen.	La he visto bajar del avión.
Ich habe es kommen sehen.	Lo tenía previsto./Me lo imaginaba.
Sie haben uns nicht besuchen können.	No han podido visitarnos.

Sustantivos especiales

Algunos sustantivos sólo tienen la forma del singular o la del plural.

Únicamente tienen singular:

1. Los nombres de alimentos, como:

das Eis	el helado	der Kaffee	el café
der Tee	el té	der Whisky	el whisky
die Salami	el salchichón		

---

8. El verbo *brauchen* exige el infinitivo con la preposición *zu*:
Sie braucht nicht zu arbeiten («no necesita trabajar»).
Sie hat nicht zu arbeiten brauchen («no necesitaba trabajar»).
Er braucht nicht zu kommen («no necesita que venga»).

2. Los nombres colectivos, como:

das Gepäck	el equipaje	die Polizei	la policía
das Publikum	el público	die Bevölkerung	la población
die Bedienung	el personal de servicio		

3. Los sustantivos abstractos, como:

der Durst	la sed	der Hunger	el hambre
der Verkehr	el tráfico	das Wetter	el tiempo atmosférico
der Lärm	el ruido	der Bedarf	la necesidad
die Erholung	el descanso		

4. Los infinitivos sustantivados (*das* más infinitivo) como:

das Rauchen	el fumar	das Skifahren	el esquí

Únicamente tienen plural:

1. Algunas denominaciones geográficas, como:

die USA	los EE.UU.	die Niederlande	los Países Bajos
die Alpen	los Alpes		

2. Nombres que aluden a grupos de personas, como:

die Leute	la gente	die Eltern	los padres

3. Otros sustantivos, como:

die Ferien	las vacaciones	die Kosten	los costes
die Papiere[9]	los documentos	die Unterlagen[10]	los informes, la documentación
die Lebensmittel	los alimentos	die Möbel	los muebles

9. El singular *das Papier* es «el papel».
10. El singular *die Unterlage* es «la base», «el sostén».

EJEMPLOS

Die Kinder machen viel Lärm.	Los niños hacen mucho ruido.
Bald beginnen die Weihnachtsferien.	En breve empezarán las fiestas de Navidad.
Alte Möbel sind oft teurer als neue.	A menudo los muebles viejos son más caros que los nuevos.
Herr Müller benötigte die Unterlagen für die Besprechung.	El señor Müller necesitaba los informes para la entrevista.
Soll ich das Gepäck hinauftragen lassen?	¿Mando subir el equipaje?

Vocabulario

Hotelrezeption (-n)	f.	(ho'telretsepts'jo:n)	recepción del hotel
wenig später		(ve:nich pe:ter)	poco después
Gruppe (-, -n)	f.	(grupe)	grupo
Wortführer (-s, -)	m.	(vortfy:rer)	portavoz
nachschauen		(na:ch auen)	controlar
richtig		(richtich)	exacto, correcto
Einzelzimmer (-s, -)	n.	(aintsel'tsimer)	habitación individual
Übernachtung (-, en)	f.	(y:ber'nachtuŋ)	pernoctación
Frühstück (-es, -e)	n.	(fry: tyk)	desayuno
frühstücken		(fry: tyken)	desayunar
Stock (-es, -e)	m.	(tok)	piso de un edificio
Nummer (-, -n)	f.	(numer)	número
Gepäck (-s, -e)	n.	(ge'pek)	equipaje
hinaufbringen		(hi'naufbriŋgen)	subir, llevar arriba
lassen + infinitivo		(lasen)	hacer + infinitivo
nein danke		(nain daŋke)	no gracias
nötig		(nœ:tich)	necesario
klein		(klain)	pequeño
Reise (-, -n)	f.	(raize)	viaje
Koffer (-s, -)	m.	(kofer)	maleta
Reisekoffer (-s, -)	m.	(raize'kofer)	maleta de viaje
abreisen		(apraizen)	partir, marcharse
natürlich		(na'ty:rlich)	naturalmente
verstehen		(fer' te:hen)	comprender
Könnte ich...?		(kœnte ich)	¿Podría...?
Ausweis (-es, -e)	m.	(ausvais)	documentación, carné de identidad
Herrschaften	f. pl.	(her aften)	señores
sich wenden an + ac.		(zichvenden an)	dirigirse a
kurz		(kurts)	brevemente
entschuldigen		(ent' uldigen)	disculpar/se

Entschuldigen Sie...	(ent' uldigen ziː)	perdóneme...
doch	(doch)	sí (respuesta a una pregunta negativa)
ach so!	(ach zoː)	entiendo
schließen nach + dat.	(ˈliːsen naːch)	concluir
das stimmt	(das timt)	así es, es correcto
dagegen	(daːˈgeːgen)	en lugar de, en cambio
international	(internatsjoˈnaːl)	internacional
also	(alzoː)	entonces, pues
sich verständigen	(zich ferˈtendigen)	comunicarse entre sí
untereinander	(unterainander)	
manchmal	(manchmaːl)	de vez en cuando, en ocasiones
lustig	(lustich)	divertido
so, hier sind...	(zoː hiːr zint)	y aquí están...
wünschen	(vyn en)	desear
auf Wunsch	(auf vun)	a petición, opcionalmente
wecken	(veken)	despertar
geweckt werden	(geˈvekt veːrden)	ser despertado
bestimmt	(beˈ timt)	sin duda
genug	(geˈnuːk)	bastante
speisen	(paizen)	comer
Restaurant (-s, -s) n.	(restoˈrant)	restaurante
Tisch (-es, -e) m.	(ti)	mesa
nicken	(niken)	asentir
einfach	(ainfach)	fácil, sencillo
bequem	(beˈkveːm)	cómodo
Bescheid sagen + dat.	(beˈ ait zaːgen)	avisar
Bedienung (-) f.	(beˈdiːnuŋ)	personal de servicio, camareros
Schlüssel (-s, -) m.	(lysel)	llave
Zimmerschlüssel (-s,-) m.	(tsimerˈ lysel)	llave de la habitación
Aufenthalt (-s, -e) m.	(aufenthalt)	estancia
Fahrstuhl (-s, -e) m.	(faːr tuːl)	ascensor

▶ **Ejercicios**

I. Antes de cenar, el colega holandés llama a su mujer para explicarle cómo le ha ido el primer día en la oficina y la llegada al hotel.
Empieza así:

Nach der Ankunft in der Firma hatten wir um elf Uhr eine Besprechung, an der alle ausländischen Mitarbeiter teilgenommen haben. Jeder hat seine Probleme vorgetragen und dann haben wir zusammen über Lösungsmöglichkeiten gesprochen. Mittags...

II. *Poner las siguientes frases en imperfecto:*
1. Er kann nicht kommen, weil er keine Zeit hat.
2. Wir brauchen die Unterlagen für die Messe.
3. Alle sollen um 11.00 Uhr im Konferenzzimmer sein.
4. Sie hat ihn nicht anzurufen brauchen.
5. Hat er dir den Katalog nicht geben wollen?
6. Sie müssen nach Köln fliegen.
7. Ist er schon hier?
8. Willst du nicht oder kannst du nicht mit uns zu Abend essen?
9. Er kann es ihr nicht sagen.
10. Die Kunden müssen von den neuen Produkten überzeugt werden.

III. *Traducir:*
1. Yo en tu lugar, me compraría un coche nuevo.
2. Sería muy amable por su parte si pudiera reservar una mesa para todos nosotros.
3. ¿Podría darme un catálogo?
4. Si viniese con nosotros, llegaría a casa primero.
5. Conduce como si fuese Michael Schumacher.
6. ¿Has oído llegar a María?
7. ¿Te has hecho cortar el pelo?
8. ¿Por qué no necesitas trabajar?
9. ¿Dónde está vuestro equipaje?
10. ¿Puedo mandarla llamar?
11. ¿A qué hora desean desayunar los señores?
12. Por usted yo haría cualquier cosa [todo].
13. La empresa ha reservado cinco habitaciones.
14. ¿Habéis podido hallar el hotel?
15. Si vosotros también estuvierais aquí, nuestra estancia en Colonia sería más divertida.

UNIDAD NUEVE
NEUNTE LEKTION
EN EL RESTAURANTE DEL HOTEL
IM HOTELRESTAURANT

▶ Lectura *(Lesetext)*

Um Viertel nach sieben trifft sich die Gruppe wieder an der Rezeption.
[um firtel na:ch zi:ben trift zich di: grupe vi:der an de:r retsepts'jo:n]
(«A las siete y cuarto, el grupo vuelve a encontrarse en la recepción.»)

—*Sind die Herrschaften mit den Zimmern zufrieden? Ist alles in Ordnung?*
[zint di: her aften mit de:n tsimern tsu:'fri:den?/ ist ales in ortnuŋ?]
(«¿Los señores están satisfechos con las habitaciones? ¿Todo en orden?»)

—*Oh ja, danke, es ist alles bestens.*
[o: ja:, daŋ ke, es ist ales bestens]
(«Sí, sí, gracias, todo está perfecto.»)

—*Das freut mich. Hier sind Ihre Ausweise, meine Herren. Und jetzt wünsche ich Ihnen guten Appetit!*
[das froit mich/ hi:r zint i:re ausvaize, maine heren/ unt jetst vyn e ich i:nen gu:ten ape'tit!]
(«Estoy contento. Aquí tienen sus documentos, señores. Y ahora, ¡les deseo buen provecho!»)

Im Hotelrestaurant setzen sich alle hungrig an den für sie reservierten Tisch. Ein Kellner bringt ihnen sofort die Speisekarte.
[im ho'telresto'rant setsen zich ale huŋgrich an de:n fy:r zi: rezer'vi:rten ti / ain kelner briŋ kt i:nen zo'f:ort di: paizekarte]
(«En el restaurante del hotel, todos se sientan hambrientos a la mesa reservada para ellos. Un camarero les lleva enseguida la carta.»)

—*Guten Abend! Können wir gleich die Getränke bestellen? Wir sind sehr durstig!* —*fragt Herr Martín.*
[guːten aːbent!/ kœnen viːr glaich diː ge'trenk be' telen?/ viːr zint zeːr durstich! fraːkt her mar'tin]
(«"¡Buenas noches! ¿Podemos encargar ya la bebida? ¡Estamos sedientos!" —pregunta el señor Martín.»)

—*Natürlich, was darf ich bringen?*
[na'tyːrlich, vas darf ich briŋgen?]
(«Por supuesto, ¿qué les puedo traer?»)

—*Fünf Bier, bitte!*
[fynf biːr, bite!]
(«¡Cinco cervezas, por favor!»)

Nach kurzer Zeit kommt der Kellner mit dem frisch gezapften Bier zurück und stellt die Gläser auf die Bierdeckel.
[naːch kurtser tsait komt deːr kelner mit deːm fri ge'tsapften biːr tsuːryk unt telt diː gleːzer auf diː biːrdekel]
(«Al poco rato, el camarero vuelve con los vasos llenos de cerveza de barril y pone los vasos sobre los posavasos.»)

—*So, bitte schön! Haben die Herren bereits gewählt oder...?*
[zoː bite œːn!/ haːben diː heren be'raits ge'veːlt oːder...?]
(«Aquí tienen. ¿Los señores ya han elegido, o...?»)

—*Lassen Sie uns noch etwas Zeit, viele Gerichte kennen wir überhaupt nicht!*
[lasen ziː uns noch etvas tsait, fiːle ge'richte kenen viːr yːber'haupt nicht!]
(«Déjenos un poco más de tiempo: ¡hay algunos platos que ni siquiera conocemos!»)

Dann stoßen Herr Martín und seine Kollegen erstmal auf den gelungenen Tag in der Firma an. «Prost!» «Zum Wohl!»
[dan toːsen her mar'tin unt zaine ko'leːgen erstmaːl auf deːn ge'luŋgenen taːk in deːr firma an/ prost!/ tsum voːl!]
(«Entonces, el señor Martín y sus colegas brindan por el éxito de la jornada de trabajo. "¡Salud!" "¡Chin, chin!"»)

Eine Viertelstunde später kehrt der Kellner an ihren Tisch zurück, um die Bestellung aufzunehmen.
—*Haben die Herrschaften etwas gefunden? Oder darf ich Ihnen etwas empfehlen? Heute haben wir frische Steinpilze, vielleicht hätten Sie Appetit auf eine Steinpilzcremesuppe?*
[aine firtel tunde peːter keːrt deːr kelner an iːren ti tsuːryk, um diː be' teluŋ auftsuːneːmen/ haːben diː her aften etvas ge'funden? oːder darf ich iːnen etvas em'pfeːlen?/ hoite haːben viːr fri e tainpiltse, fiːlaicht heten ziː ape'tit auf aine tainpilskreːmzupe?]

(«Al cabo de un cuarto de hora, el camarero vuelve a su mesa para tomar nota. "¿Han decidido ya los señores? ¿O puedo recomendarles algo? Hoy tenemos níscalos frescos; quizás les gustaría [tomar] una cremosa sopa de níscalos."»)

—*Ja, das klingt gut. Was meinen Sie?* —*fragt Herr Martín seine Kollegen. Alle sind einverstanden.*
[ja:, das kliŋkt gu:t. vas mainen zi:?/ fra:kt her mar'tin zaine kolegen/ ale zint ainfer tanden]

(«"Sí, suena bien. ¿Qué os parece?" —pregunta el señor Martín a sus colegas. Todos están de acuerdo.»)

—*Und was darf ich Ihnen danach bringen? Die Schweinefiletmedaillons mit Kroketten sind heute köstlich. Dazu vielleicht einen frischen Salat?*
[unt vas darf ich i:nen da:'na:ch briŋgen?/ di: vainefi'le:medaljons mit kro:'keten zint hoite kœstlich/ datsu: fi:laicht ainen fri en za'la:t?]

(«¿Y qué puedo traerles después? Los medallones de cerdo con croquetas hoy están deliciosos. ¿Añadimos quizás una ensalada verde?»)

Der Vorschlag des freundlichen Kellners wird einstimmig angenommen.
[de:r fo:r la:k des frointlichen kelners virt ain timich aŋgenomen]

(«La propuesta del amable camarero es aceptada por unanimidad.»)

Bald wird die bestellte Suppe serviert. «Guten Appetit wünsche ich!»
[balt virt di: be' telte zupe ser'vi:rt/ gu:ten ape'tit vyn e ich!]

(«Enseguida se les sirve la sopa que habían pedido. "¡Les deseo un buen provecho!"»)

Nach der Suppe, die alle schweigend und mit Genuss gelöffelt haben, bringt der Kellner den Hauptgang.
[na:ch de:r zupe, di: ale vaigent unt mit ge'nus ge'lœfelt ha:ben, briŋkt de:r kelner de:n hauptgaŋ]

(«Tras la sopa que todos han tomado en silencio y con gusto, el camarero trae el segundo.»)

—*Herr Ober, bitte bringen Sie uns noch fünf Bier!*
[her o:ber, bite briŋgen zi: uns noch fynf bi:r!]

(«Camarero, ¡tráiganos cinco cervezas más, por favor!»)

—*Selbstverständlich gern, meine Herren, Ihr Bier kommt sofort!*
[selpstfer' tentlich gern, maine heren i:r bi:r komt zo:'fort!]

(«Con mucho gusto, señores. ¡Sus cervezas llegarán en un momento!»)

Nach dem Essen räumt der Kellner die Teller ab und fragt: « Hat es Ihnen geschmeckt? Wünschen die Herren jetzt vielleicht ein Dessert? Ein Eis, einen Obstsalat...?»

[na:ch de:m esen roimt de:r kelner di: teler ap unt fra:kt/ hat es i:nen ge' mekt?/ vyn en di: heren jetst fi:laicht ain de'se:r?/ ain ais, ainen o:pstza'la:t?]
(«Tras la cena, el camarero retira los platos y pregunta: "¿Les ha gustado? Quizá los señores ahora desearán un postre. Un helado, una macedonia..."»)

—*Es hat sehr gut geschmeckt, danke. Aber es war so reichlich, dass wir nur noch einen Kaffee nehmen möchten. Haben Sie vielleicht auch Espresso? Meine Kollegen und ich würden gern einen Espresso trinken!*
[es hat ze:r gu:t ge' mekt, daŋke/ a:ber es va:r zo: raichlich, das vi:r nu:r noch ainen kafe: ne:men mœchten/ ha:ben zi: fi:laicht auch es'preso?/ maine ko'le:gen unt ich vyrden gern ainen es'preso triŋken!]
(«Gracias, nos ha gustado mucho. Pero ha sido tan abundante que sólo tomaremos un café. ¿Tienen por casualidad café expreso? ¡Mis colegas y yo nos tomaríamos [beberíamos] con gusto un expreso!»)

—*Espresso? Kein Problem, wir haben seit kurzem sogar eine italienische Espressomaschine und auch der Kaffee kommt aus direkt aus Italien, damit wir unseren Gästen einen Espresso anbieten können, wie man ihn in Italien trinkt. Also fünf Espresso?*
[es'preso?/ kain pro'ble:m, vi:r ha:ben zait kurtsem zo:ga:r aine ital'je:ni e es'presoma' i:ne unt auch de:r kafe: komt di:'rekt aus italjen, da:'mit vi:r unzeren gesten ainen es'preso anbi:ten kœnen vi: man i:n in italjen triŋkt/ alzo: fynf es'preso?]
(«¿Expreso? Ningún problema, es más, hace poco que tenemos una máquina italiana para café expreso, e incluso el café viene directamente de Italia, de manera que podemos ofrecer a nuestros clientes un café expreso como se toma [bebe] en Italia. Así, pues, ¿cinco expresos?»)

—*Ja, und lassen Sie das Abendessen bitte auf unsere Zimmerrechnungen setzen, Nummer 31-35!*
[ja:, unt lasen zi: das a:bent'esen bite auf unsere 'tsimer'rechnuŋgen zetsen, tsimer ainuntdraisich bis fynfuntdraisich!]
(«Sí, y ponga la cena en la cuenta de las habitaciones, por favor; habitaciones del 31 al 35.»)

—*In Ordnung, mein Herr! Der Espresso kommt sofort!*
[in ortnuŋ, main her!/ de:r es'preso komt zo:'fort!]
(«De acuerdo, señor. ¡El expreso llega enseguida!»)

Königs-Stuben

SPEISEKARTE - MENÚ

Vorspeisen - entrantes

6 Schnecken «Elsässer Art» mit Kräuterbutter und Brot 6 caracoles a la alsaciana con mantequilla a las hierbas y pan	9,50
Elsässer Zwiebelkuchen mit Salat Pastel alsaciano de cebollas con ensalada	8,00
Kleines Rösti mit Räucherlachs, Creme fraiche und Salat Pequeño roesti con salmón ahumado, nata y ensalada	13,50
Landpastete mit warmer Zwiebelkonfitüre, Apfelscheiben, *Toast und Butter* Hojaldre relleno con confitura de cebollas caliente, lonchas de manzana, pan tostado y mantequilla	14,50
Hausgeräucherte Entenbrustscheiben auf Blattsalat in *Walnussöldressing, Brot und Butter* Lonchas de pechuga de pato ahumado casero con ensalada verde aliñada con aceite de nueces, pan y mantequilla	17,50
Cocktail «Düsseldorf»: Crevetten, Ananas und Avocado *in einem Orangendressing, Brot und Butter* Cóctel «Düsseldorf». Gambas, piña y aguacates con aliño de naranja, pan y mantequilla	14,90
Gebackener Camembert mit Preiselbeeren, Toast und Butter Camembert al horno con arándanos rojos, pan tostado y mantequilla	9,50

Suppen - sopas

Wir kochen unser Süppchen selbst!
¡Sopas preparadas por nosotros!

Hühnerbrühe mit Einlage Caldo de pollo con guarnición	5,50
Tomatencremesuppe mit Sahnehäubchen Crema de tomate con una capa de nata	7,50
Elsässer Zwiebelsuppe mit Käse überbacken Sopa de cebolla alsaciana gratinada con queso	7,50
Fischsuppe mit Pernod - Sopa de pescado con Pernod	9,50

Salate - Ensaladas

Salat der Saison - Ensalada de temporada	4,50
Salat «Chef de Cuisine» mit Räucherlachs, Pastete, *Hühnerbrust, Ei, Toast und Butter* Ensalada «Chef de Cuisine» con salmón ahumado, hojaldre, pechuga de pollo, huevos, pan tostado y mantequilla	18,50

Hauptgerichte - Plato principal

Entenkeule mit Bratkartoffeln und Salat der Saison   23,50
Muslo de pato con patatas asadas y ensalada de temporada

Hühnertopf «Bombay» mit Currysauce, Früchten und Reis   25,00
Guiso de pollo «Bombay» con salsa de curri, fruta y arroz

Lammkoteletts auf grünen Bohnen, dazu Macaire Kartoffeln   26,80
Chuletas de cordero con judías verdes y patatas Macaire

*Rumpsteak mit Röstzwiebeln und Champignons, Pommes
frites und Salat der Saison*   28,50
Lomo con cebollas asadas y champiñones,
patatas fritas y ensalada de temporada

*Schweinefiletmedaillons «Försterin Art» mit Pfifferlingen,
Kroketten und Salat der Saison*   28,50
Medallones de cerdo estilo campestre con rebozuelo,
croquetas y ensalada de temporada

*Kalbsteak «Jenny Lind» mit Schinken und Käse überbacken,
Pommes frites und Salat der Saison*   28,50
Bistec de ternera «Jenny Lind» con jamón y queso al gratén,
patatas fritas y ensalada de temporada

Dessert - Postres

Französische Käseplatte mit Brot und Butter   12,50
Quesos franceses con pan y mantequilla

Eisbecher «Kö» mit heißer Schokoladensauce und Sahne   9,50
Copa de helado «Kö» con chocolate caliente y nata montada

Obstsalat aus frischen Früchten der Saison   8,50
Macedonia de fruta fresca de temporada

Weitere Desserts finden Sie auf unserer Dessertkarte!
¡Encontrará otros postres en nuestra carta de postres!

Für Kinder und Senioren bereiten wir gerne kleinere Portionen zu.
Para los niños y nuestros clientes de la tercera edad, preparamos
con gusto raciones más pequeñas.

Warme Küche von 12.00 bis 14.00 und von 18.00 bis 22.00 Uhr.
Platos calientes de las 12 a las 14 y de las 18 a las 22.

*Selbstverständlich stehen wir Ihnen bei Familienfeiern wie Kommunion,
Konfirmation, Verlobung, Hochzeit, Geburtstagsfeiern und zu sonstigen
Anlässen jederzeit gerne zur Verfügung.*
Estamos a su disposición para fiestas familiares, comuniones,
confirmaciones, compromisos, bodas, cumpleaños y cualquier otra
celebración.

Frases y expresiones útiles en el restaurante

WAS DARF ES SEIN?	¿QUÉ LE TRAIGO?
Kellner/Kellnerin **Camarero/camarera**	**Gäste** **Clientes**
Was darf es sein? ¿Qué le traigo?	*Ich bekomme...* Yo tomo...
Bitte, was möchten Sie? ¿Qué desea?	*Ich nehme...* Yo tomo...
Was bestellen Sie? ¿Qué va a pedir?	
Was hätten Sie gern? ¿Qué le gustaría tomar?	*Ich hätte gern...* Quisiera...
Darf ich Ihnen vielleicht etwas empfehlen? ¿Podría aconsejarle algo?	*Ja, bitte, das ist sehr freundlich von Ihnen.* Sí, por favor, muy amable por su parte.
Haben Sie schon gewählt? ¿Ya ha elegido?	*Nein, wir sind noch nicht soweit.* No, no aún no (lo hemos hecho).
Keine (Vorspeise)? ¿Algún entrante?	*Nein, danke.* No, gracias.
Nehmen Sie eine Vorspeise? ¿Tomará un entrante?	*Ja, ich möchte gern...* Sí, querría... *Nein, ich nehme nur...* No, sólo tomaré...
Nehmen Sie keine Vorspeise? ¿No tomará un entrante?	*Doch, ich nehme...* Pues sí, yo tomaré...
Und als Vorspeise? ¿Y como entrante?	*Als Vorspeise nehme ich...* Como entrante tomaré...
Und als Hauptgang? ¿Y de segundo?	*Als Hauptgang nehme/bekomme ich...* De segundo tomaré...
Und als Beilage? ¿Y como guarnición?	*Als Beilage nehme/bekomme ich...* Como guarnición tomaré...
Und als Dessert? ¿Y de postre?	*Als Dessert nehme/bekomme ich...* De postre tomaré...
Und für Sie? ¿Y para usted?	*Für mich bitte...* Para mí... por favor.
	Ich nehme... Yo tomaré...
	Bitte bringen Sie mir... Tráigame... por favor.

Kellner/Kellnerin Camarero/camarera	Gäste Clientes
	Ich hätte gern... Yo querría...
Und was möchten Sie trinken? ¿Y qué querría/quisiera beber?	Ich möchte ein Glas... Querría un vaso...
Und zum Trinken? ¿Y de beber?	Ich möchte eine Flasche... Querría una botella...
Etwas zum Trinken? ¿Algo de beber?	Haben Sie auch offenen Wein? ¿Tienen también vino espumoso?
NACH DEM ESSEN	**DESPUÉS DE COMER**
Hat es Ihnen geschmeckt? ¿Le ha gustado?	Ja, danke, es war gut/sehr gut/ausgezeichnet. Sí, gracias, era bueno/muy bueno/excelente.
Darf ich Ihnen noch ein Bier bringen? ¿Le puedo traer otra cerveza?	Nein, danke, im Moment nicht. No, gracias, ahora no.
	Ja, bitte. Sí, por favor.
Wünschen die Herschaften ein Dessert? ¿Los señores desean un postre?	Nein, danke, es war so reichlich, dass wir nur einen Kaffee nehmen. No, gracias, era tan abundante que sólo tomaremos un café.
	Ja, bitte, was haben Sie als Dessert? Sí, por favor. ¿Qué tienen de postre?
DIE RECHNUNG	**LA CUENTA**
	Herr Ober, bitte zahlen! Camarero, ¡quisiéramos pagar!
	Die Rechnung, bitte! ¡La cuenta, por favor!
Komme gleich! Komme sofort! ¡Vengo enseguida! Bin schon unterwegs! ¡Voy volando! Hier ist die Rechnung, bitte schön! Aquí tiene la cuenta.	Danke schön. Gracias.

Kellner/Kellnerin Camarero/camarera	Gäste Clientes
Das macht 63,20 DM. Son...	Stimmt so, danke. Ya está bien, gracias.
Getrennt oder zusammen? ¿Juntos o por separado?	Zusammen. Todo junto.
	Getrennt, bitte. Por separado/ cuentas separadas, por favor.
	Lassen Sie das Mittagessen/ Abendessen bitte auf die Zimmerrechnung setzen. Haga que carguen el almuerzo/ la cena en la cuenta de la habitación.

▶ Cuestiones gramaticales

El pretérito imperfecto de subjuntivo del verbo *haben*

ich	hätte	(si) hubiese/habría
du	hättest	(si) hubieses/habrías
er, sie, es	hätte	(si) hubiese/habría
wir	hätten	(si) hubiésemos/habríamos
ihr	hättet	(si) hubieseis/habríais
sie	hätten	(si) hubiesen/habrían

EJEMPLOS

Wenn ich genug Geld hätte, würde ich eine lange Reise machen.	Si tuviera el dinero necesario, haría un largo viaje.
Wenn wir Zeit hätten, würden wir euch besuchen.	Si tuviésemos tiempo, iríamos a visitaros.
Ich hätte gern einen Espresso.	Me gustaría tomar un café solo.

El participio presente con función de adjetivo calificativo y adverbio

El participio presente se forma añadiendo la letra *-d* al infinitivo: *schweigen, schweigend*.

1. Cuando se utiliza con función adverbial el participio presente es invariable:

Sie löffelten schweigend die Suppe.	Tomaron la sopa en silencio.
Er wartete lächelnd am Ausgang.	Esperaba sonriendo a la salida.

2. A menudo se usa junto con un sustantivo con función de adjetivo atributivo; en este caso, debe declinarse como tal:

der schweigende Kollege	el colega taciturno
die dampfende Suppe	la sopa humeante
die lächelnde Kollegin	la colega sonriente

3. Por otro lado, el participio presente puede expresar el gerundio español:

Auf den Kollegen wartend, vergaß Herr Müller die Zeit.	Esperando a su colega, el señor Müller olvidó la hora.
Lächelnd ging sie zu ihm.	Sonriendo fue hacia él.
Eine Scheibe Salami kauend las er die Zeitung.	Masticando una loncha de salchichón leía el periódico.

Sin embargo, el uso del participio presente para expresar el gerundio español, en alemán es muy limitado; se prefiere utilizar formas distintas:

1. Con una oración coordinada:

Er wartete auf den Kollegen und vergaß die Zeit.	Esperaba a su colega y olvidó la hora.
Sie lächelte und ging zu ihm.	Sonrió y fue hacia él.

2. Con una oración subordinada (temporal, causal, etc.):

temporal	Während er auf den Kollegen wartete, vergaß er die Zeit. Mientras estaba esperando a su colega, se olvidó de la hora.
temporale	Während er eine Scheibe Salami kaute, las er dieZeitung. Mientras masticaba una loncha de salchichón, leía el periódico.

3. Con un sustantivo o un infinitivo sustantivado precedido por la preposición *bei*:

Beim Warten auf den Kollegen vergaß er die Zeit.	Esperando a su colega olvidó la hora.
Beim Essen vergeht die Zeit gleichmäßig.	Comiendo, el tiempo pasa de un modo uniforme.

El participio pasado con función de adjetivo calificativo y adverbio

El participio pasado se comporta como el participio presente:

adverbial	Die Ware wurde beschädigt geliefert. La mercancía se envió estropeada.
atributivo	Sie freuen sich über den gelungenen Messetag. Están contentos de la jornada lograda en la feria.
atributivo	Die bestellte Ware ist noch nicht geliefert worden. La mercancía encargada aún no ha sido enviada.

La conjunción *damit*

La conjunción subordinativa *damit* («de modo que», «para que») introduce una oración final.

En las oraciones finales no se utilizan los verbos modales que expresan finalidad o intención *(wollen, sollen, mögen)*.

Der Kaffe wird aus Italien importiert, damit wir unseren Gästen richtigen italienischen Espresso anbieten können.	El café se importa de Italia para que podamos ofrecer a nuestros clientes un auténtico expreso italiano.
Ich lerne Deutsch, damit mich meine deutschen Kollegen verstehen können.	Estudio alemán para que mis colegas alemanes me puedan entender.

Ya hemos visto la construcción con *um... zu* más infinitivo, que en español expresa la construcción *para* más infinitivo (véase la unidad 7).

También en este caso se trata de una frase subordinada final, si bien esta construcción puede utilizarse únicamente cuando el sujeto de la frase principal y el de la subordinada son el mismo; de no ser así, es preciso usar la conjunción *damit*.

EJEMPLOS

Ich lerne Deutsch, um mit meinen deutschen Kollegen sprechen zu können.	Estudio alemán para poder hablar con mis colegas alemanes.
Herr Müller fährt zum Flughafen, um seinen italienischen Kollegen abzuholen.	El señor Müller va al aeropuerto a buscar a su colega italiano.
Ich lerne Deutsch, damit mich meine deutschen Kollegen verstehen können.	Aprendo alemán para que mis colegas alemanes puedan entenderme.
Er spricht langsam und deutlich, damit wir ihn besser verstehen können.	Habla lentamente y de forma clara para que lo podamos entender mejor.

Vocabulario

sich treffen	(zich trefen)	encontrarse, reunirse
Rezeption (-, -en) f.	(retsepts'jo:n)	recepción
zufrieden mit + dat.	(tsu:'fri:den mit)	contentos, satisfechos con
alles in Ordnung	(ales in ortnuŋ)	todo en orden
alles bestens	(ales bestens)	todo en orden
das freut mich	(das froit mich)	estoy contento (de ello)
hungrig	(huŋgrich)	hambriento
sofort	(zo:'fort)	enseguida
Getränk (-es, -e) n.	(ge'treke)	bebida
durstig	(durstich)	sediento
natürlich	(na'ty:rlich)	natural, naturalmente
bringen	(briŋgen)	llevar
nach kurzer Zeit	(na:chkurtser tsait)	después, en breve
frisch gezapft	(fri ge'tsapft)	fresco, de barril
Bier (-es, -e) n.	(bi:r)	cerveza
Glas (-es , -er) n.	(gla:s)	vaso
Bierdeckel (-s, -) m.	(bi:rdekel)	posavasos
bitte schön	(bite œ:n)	por favor
bereits	(be'raits)	ya
wählen	(ve:len)	elegir
lassen	(lasen)	dejar
ein bisschen	(ain bischen)	un poco
etwas Zeit	(etvas tsait)	un poco de tiempo
überhaupt nicht	(y:berhaupt nicht)	en absoluto
anstoßen	(an to:sen)	brindar

gelingen	(ge'lɪŋgen)	conseguir
Prost!	(proːst)	¡salud!
Zum Wohl!	(tsum voːl)	¡chin, chin!
zurückkehren	(tsuː'ryk'keːren)	volver
Kellner (-s, -) m.	(kelner)	camarero
Bestellung (-, -en) f.	(be' teluŋ)	pedido
die Bestellung aufnehmen	(aufneːmen)	tomar nota
finden	(finden)	hallar, encontrar
empfehlen	(em'pfeːlen)	recomendar, aconsejar
frisch	(fri)	fresco
Steinpilz (-es, -e) m.	(tainpilts)	níscalo
Steinpilzcremesuppe f. (-, -n)	(tainpiltscreːmzupe)	crema de níscalos
klingen	(klɪŋgen)	sonar
meinen	(mainen)	pensar
einverstanden	(ainfer' tanden)	de acuerdo
danach	(daː'naːch)	después
Schwein (-es, -e) n.	(vain)	cerdo
Filet (-s, -s) n	(fi'leː)	filete
Medaillon (-s, -s) n.	(medal'jon)	medallón
Schweinefiletmedaillon n. (-s, -s)	(vainefi'leː medal'jon)	medallón (filete) de cerdo
Krokette (-, -n) f.	(kro'kete)	croqueta
Salat (-es, -e) m.	(za'laːt)	ensalada
köstlich	(kœstlich)	delicioso
Vorschlag (-es, -e) m.	(foːr laːk)	propuesta
freundlich	(frointlich)	amable
einstimmig	(ain timich)	al unísono
annehmen	(anneːmen)	aceptar
bald	(balt)	enseguida
servieren	(zer'viːren)	servir
bestellen	(be' telen)	encargar, pedir (en un bar)
schweigen	(vaigen)	callar
schweigend	(vaigent)	taciturno, en silencio
Genuss (-es, -e) m.	(ge'nus)	gusto, deleite, placer
löffeln	(lœfeln)	comer (con cuchara)
Hauptgang (-s, -e) m.	(hauptgaŋ)	segundo plato, plato principal
Herr Ober!	(her oːber)	¡camarero!
Ober (-s, -) m.	(oːber)	camarero
gern	(gern)	con mucho gusto
abräumen	(aproimen)	retirar, llevarse
Teller (-s, -) m.	(teler)	plato
Hat es Ihnen geschmeckt?	(hat es iːnen ge mekt?)	¿les ha gustado?
Mir hat es geschmeckt.	(miːr hat es ge mekt)	me ha gustado
Dessert (-s, -s) n.	(deseːr)	postre
Eis (-es) n.	(ais)	helado

Obst (-es)	n.	(o:pst)	fruta
Obstsalat (-es, -e)	m.	(o:pstza'la:t)	macedonia
reichlich		(raichlich)	abundante, copioso
seit kurzem		(zait kurtsem)	desde hace poco
sogar		(zo'ga:r)	incluso
Maschine (-, -n)	f.	(ma' i:ne)	máquina
Espressomaschine (-, -n)	f.	(es'presoma' i:ne)	máquina de café expreso
direkt		(di'rekt)	directo, directamente
Gast (-es, -e)	m.	(gast)	huésped, cliente
anbieten		(an'bi:ten)	ofrecer
also		(alzo:)	entonces, pues
Abendessen (-s, -)	n.	('a:bent'esen)	cena
Rechnung (-, -en)	f.	(rechnuŋ)	cuenta, factura
Zimmerrechnung(-, -en)	f.	(tsimer'rechnuŋ)	cuenta de la habitación
setzen		(zetsen)	poner, cargar en cuenta
Nummer (-, -n)	f.	(numer)	número
Geld (-es, -er)	n.	(gelt)	dinero
besuchen		(be'zu:chen)	visitar, ir a visitar
lächeln		(lecheln)	sonreír
dampfen		(dampfen)	exhalar vapor
dampfend		(dampfent)	humeante
vergessen		(ver'gesen)	olvidar
er vergaß		(e:r ver'ga:s)	él olvidaba, olvidó
Scheibe (-, -n)	f.	(aibe)	loncha
Salami (-, -s)	f.	(za'la:mi)	salchichón
sie ging		(zi: giŋ)	ella iba, fue
lesen		(le:zen)	leer
er las		(e:r la:s)	él leía, leyó
vergehen		(fer'ge:n)	pasar, transcurrir
gleichmäßig		(glaichme:sich)	de manera uniforme, constante
damit		('da:'mit)	a fin de que, para qué

Ejercicios

I. *Elija sus platos preferidos del menú del restaurante Königs-Stuben y encárguelos.*

II. *Insertar los participios que faltan:*
1. Die .... (bestellen) Ware ist noch nicht angekommen.
2. Das war wirklich ein .... (gelingen) Tag!
3. Die Kollegen aßen .... (schweigen) zu Abend.
4. .... (warten) stand er am Ausgang.
5. Die .... (finden) Lösungen wurden von allen akzeptiert.

III. *¿Recuerda el participio pasado de los siguientes verbos?*
arbeiten, kommen, verstehen, stellen, liegen, sein, setzen, machen, bestellen, telefonieren, sprechen, diskutieren, anrufen, einsteigen.

IV. *Formar frases o preguntas en pretérito perfecto con los verbos del ejercicio anterior.*

V. *Traducir al español:*
1. Wir sind mit eurem Vorschlag einverstanden.
2. Das Abendessen war wirklich köstlich.
3. Hat es Ihnen geschmeckt?
4. Ich möchte einen Tisch für 20.00 Uhr reservieren (lassen).
5. Als Vorspeise nehme ich nur einen kleinen Salat.
6. "Wir möchten zahlen." "Getrennt oder zusammen?"
7. Was darf ich Ihnen bringen?
8. Möchten Sie einen Espresso?
9. Darf ich Sie zu einem Bier einladen?
10. Das freut mich.

VI. *Traducir al alemán:*
1. ¿Puedo recomendarle algo?
2. ¡Haga que pongan la cena en la cuenta de la habitación!
3. Se come muy bien en el restaurante del hotel, ¿no es cierto?
4. ¿Ya han elegido los señores?
5. El señor Martín y sus colegas tomaron la sopa en silencio.
6. ¿Todo en orden?
7. ¡Qué aproveche!
8. Por favor, ¡tráiganos cinco cervezas más!
9. Todos asienten con la cabeza.
10. Comen la sopa (con la cuchara).

UNIDAD DIEZ
ZEHNTE LEKTION

LA BARRA DE CERVECERÍA
MÁS LARGA DEL MUNDO
DIE LÄNGSTE BIERTHEKE DER WELT

▶ Lectura *(Lesetext)*

Um 20.30 Uhr wird Herr Müller ins Hotel kommen, um seine ausländischen Kollegen abzuholen.
[um tsvantsich u:r draisich virt her myler ins ho'tel komen, um zaine auslendi en ko'le:gen 'aptsu:'ho:len]

(«A las 20.30, el señor Müller vendrá al hotel a recoger a sus colegas extranjeros.»)

Sie wollen zusammen in die Altstadt gehen und einen Zug durch die Kneipen machen, um das Düsseldorfer Altbier, ein dunkles süffiges Bier, das nicht nur zum Essen schmeckt, richtig kennenzulernen.
[zi: volen tsu:'zamen in di: alt tat ge:n unt ainen tsu:k durch di: knaipen machen, um das dyseldorfer altbi:r, ain dunkles zyfiges bi:r, das nicht nu:r tsum esen mekt richtich kenentsu:lernen]

(«Se proponen ir juntos al barrio antiguo y dar una vuelta por las cervecerías para conocer con detalle la cerveza Alt de Düsseldorf, una cerveza negra, agradable, que no se degusta sólo durante la comida.»)

Herr Müller ist in Düsseldorf geboren und kennt sich daher in der Stadt gut aus.
[her myler ist in dyseldorf gebo:ren unt kent zich da:he:r in der tat gu:t aus]

(«El señor Müller nació en Düsseldorf y, por tanto, conoce bien la ciudad.»)

Trotz großer Müdigkeit freuen sich alle bereits auf den Abend in der Altstadt.
[trots gro:ser my:dichkait froien zich ale be'raits auf de:n a:bent in de:r alt tat]

(«A pesar de estar muy cansados, todos se congratulan de la velada en el barrio antiguo.»)

Herr Müller ist wie immer pünktlich. Da das Hotel nicht weit vom Stadtzentrum entfernt liegt, geht die Gruppe zu Fuß.
[her myler ist vi: imer pynktlich/ da: das ho'tel nicht vait fom tat'tsentrum ent'fernt li:kt, ge:t di: grupe tsu: fu:s]
(«El señor Müller es puntual como siempre. Dado que el hotel no está muy lejos del centro, el grupo va a pie.»)

Alle haben noch immer großen Durst: es gab es viel zu besprechen und wenig Zeit für Pausen.
[ale ha:ben noch imer gro:sen durst: es ga:p fi:l tsu: be' prechen unt ve:nich tsait fy:r pau:zen im by'ro]
(«Todos tienen todavía mucha sed: había mucho que discutir y poco tiempo para una pausa.»)

Bald kommen sie in der Altstadt an.
[balt komen zi: in de:r alt tat an]
(«Pronto llegan al barrio antiguo.»)

Nach dem Spaziergang ist es angenehm, sich in einer Kneipe bei einem Bier aufwärmen zu können.
[na:ch de:m pa:'tsi:rgaŋ i:st es aŋge'ne:m, zich in ainer knaipe bai ainem bi:r auf've:rmen tsu: kœnen]
(«Después del paseo, es agradable poder calentarse en una taberna con una cerveza.»)

Die meisten Lokale sind sehr gemütlich, so dass man die Qual der Wahl hat.
[di: maisten lo'ka:le zint ze:r ge'my:tlich, zo: das man di: kval de:r va:l hat]
(«La mayor parte de los locales son muy acogedores, así que el único problema es elegir [uno de ellos].»)

Herr Müller führt seine Kollegen auch in ein paar Kneipen, die er kennengelernt hat, als er Student an der Universität war.
[her myler fy:rt zaine ko'le:gen auch in ain pa:r knaipen, di: er keneŋgelernt hat, als e:r tu'dent an de:r univerzi'te:t va:r]
(«El señor Müller lleva a sus colegas a algunas cervecerías que conoció cuando era estudiante universitario.»)

—*Damals hörte man andere Musik, aber ansonsten hat sich hier nicht viel verändert. Ein Zug durch die Düsseldorfer Altstadt war schon immer ein Erlebnis.*
[da:mals hœ:rte man andere mu'zi:k, a:ber an'zonsten hat zich hi:r nicht fi:l fer'endert/ ain tsu:k durch di: dyseldorfer alt tat va:r o:n imer ain er'le:pnis]
(«Entonces se oía una música distinta, pero por lo demás no ha cambiado mucho. Una vuelta por el barrio antiguo de Düsseldorf siempre ha sido un acontecimiento.»)

»*Früher bin ich oft mit Freunden hierher gekommen, wenn es etwas zu feiern gab: zum Beispiel wenn einer von uns ein Examen bestanden hatte oder als wir endlich eine Stelle gefunden hatten.*
[fry:er bin ich oft mit froinden hi:r'he:r ge'komen, ven es etvas tsu: faiern ga:p tsum bai pi:l ven ainer fon uns ain e'ksa:men be' tanden hate o:der vi:r entlich aine tele ge'funden haten]
(«En otra época venía a menudo con mis amigos, cuando había algo que celebrar: por ejemplo, si uno de nosotros había aprobado un examen, o cuando al fin habíamos encontrado un puesto de trabajo.»)

»*In den letzten Jahren sind diese spontanen Treffen leider ziemlich selten geworden.*
[in de:n letsten ja:ren zint di:se pon'ta:nen trefen laider tsi:mlich zelten ge'vorden]
(«En los últimos años, por desgracia, estas reuniones espontáneas son más bien escasas.»)

»*Anscheinend hat keiner mehr die Zeit für einen gemütlichen Bierabend.*
[an ainent hat kainer me:r di: tsait fy:r ainen gemy:tlichen 'bi:r'a:bent]
(«Al parecer, nadie tiene tiempo para [pasar] una agradable velada a base de cerveza.»)

»*Schade, denn wir haben uns auf unseren Zügen durch die Altstadt immer großartig amüsiert!*
[a:de, den vi:r ha:ben uns auf unzeren tsy:gen durch di: alt tat imer gro:sartik amy'zi:rt!]
(«Lástima, porque siempre nos divertimos mucho deambulando por el barrio antiguo.»)

Seine Kollegen stimmen ihm zu.
[zaine ko'le:gen timen i:m tsu:]
(«Sus colegas están de acuerdo.»)

«*Es ist doch so: entweder hat man nicht genug Geld oder nicht genug Zeit zum Ausgehen. Früher fehlte es hauptsächlich an Geld, jetzt bleibt uns kaum Zeit für ein ruhiges Gespräch mit Freunden oder Kollegen. Wir leiden an chronischem Zeitmangel!*»
[es ist doch zo: entve:der hat man nicht ge'nu:k gelt o:der nicht ge'nu:k tsait tsum ausge:n/ fry:er fe:lte es hauptzechlich an gelt, jetst blaipt uns kaum tsait fy:r ain ru:iges ge' pre:ch mit froinden o:der ko'le:gen/ vi:r laiden an kro:ni em tsaitmaŋgel!]
(«Así es: o no se tiene bastante dinero, o no se tiene bastante tiempo para salir. Entonces escaseaba sobre todo el dinero, ahora a duras penas nos queda tiempo para una charla tranquila con los amigos o los colegas. ¡Sufrimos una crónica falta de tiempo!»)

«*Es ist fast schon ein kleines Wunder, dass wir uns die Zeit für diesen gemeinsamen inoffiziellen Abend genommen haben!*»
[es ist fast o:n ain klaines vunder, das vi:r uns di: tsait fy:r di:zen ge'mainza:men 'inofits'jelen a:bent ge'nomen ha:ben!]
(«¡Es casi un pequeño milagro que nos hayamos tomado tiempo para [pasar] esta velada informal todos juntos!»)

▶ Cuestiones gramaticales

El futuro simple de indicativo

Como en español, en alemán se expresa el futuro inmediato mediante el presente de indicativo con un adverbio de tiempo como *morgen* («mañana»), *nächste Woche* («la próxima semana»), *nächsten Monat* («el mes que viene»), *nächstes Jahr* («el año que viene»), etc.

Hay dos formas de futuro: presente y pasado. El futuro presente se forma con el presente de indicativo del verbo *werden* más el infinitivo y sirve para expresar una suposición o una intención. El futuro pasado se forma con el presente del verbo *werden* más el participio pasado y el infinitivo de los verbos auxiliares *haben* o *sein*.

1. SUPOSICIÓN: NO SE SABE CON SEGURIDAD PERO SE PRESUME

presente	Was machen die ausländischen Kollegen jetzt? ¿Qué están haciendo los colegas extranjeros?	Sie werden noch immer im Konferenzzimmer sein. Aún estarán en la sala de conferencias.
futuro	Wird er morgen auch auf der Messe sein? ¿También estará él en la feria mañana?	Er wird morgen auch auf der Messe sein. Él también estará mañana en la feria.
pasado	Hat er Herrn Martín schon abgeholt? ¿Ya ha ido a buscar al señor Martín?	Er wird ihn sicher schon abgeholt haben, Martín sollte doch um 09.10 Uhr in Düsseldorf ankommen. Ya habrá ido a buscarlo, dado que Martín debía llegar a Düsseldorf a las 9.10.

2. INTENCIÓN

futuro	Fliegen Sie nächste Woche wieder nach Deutschland?	Ja, ich werde nächste Woche wieder nach Deutschland fliegen.
	¿Irá de nuevo a Alemania la semana próxima?	Sí, la semana próxima iré de nuevo a Alemania.

La aposición

La aposición concuerda en caso, género y número con el sustantivo al que se refiere:

nom.	Altbier, **ein dunkles süffiges Bier**, wird in Düsseldorf gebraut. La cerveza Alt, una agradable cerveza negra, se produce en Düsseldorf.
dat.	Er spricht mit Herrn Martín, **seinem spanischen Kollegen**. Está hablando con el señor Martín, su colega español.
ac.	Sie sucht Maria, **ihre neue Kollegin**. Está buscando a María, su nueva colega.

Asimismo, con los sustantivos geográficos la aposición adopta el mismo caso que el sustantivo al que se refiere y va precedida por el artículo:

Er ist aus Düsseldorf, **der** Landeshauptstadt von Nordrhein-Westfalen.	Es de Düsseldorf, la capital de la región de Renania-Westfalia.

El uso del infinitivo

Por lo general, el infinitivo rige la preposición *zu*; en cualquier caso, ya hemos visto algunos verbos que rechazan esta preposición.

1. Los verbos modales *(können, wollen, müssen, dürfen, sollen, mögen)*.

Können Sie mir helfen?	¿Puede ayudarme?
Ich will nach Hause gehen.	Quiero ir a casa.
Er musste länger im Büro bleiben.	Debía permanecer durante más tiempo en la oficina.
Wir dürfen ins Kino gehen.	Podemos ir al cine.
Soll er auf dich warten?	¿Debe esperarte?
Ich möchte einen Kaffee.	Querría un café.

2. Los verbos *lassen* y *bleiben*.

| Er lässt die Koffer hinaufbringen. | Manda traer su equipaje. |
| Bitte bleiben Sie sitzen! | Por favor, ¡quédese sentado! |

3. Los verbos de movimiento *gehen* y *fahren*.

| Ich gehe sonntags gern spazieren. | El domingo me gusta dar un paseo. |
| Wann fährst du einkaufen? | ¿Cuándo vas a comprar? |

4. Los verbos *sehen* y *hören*.

| Ich habe dich weinen sehen. | Te he visto llorar. |
| Er hört sie kommen. | La oye llegar. |

Sin embargo, el infinitivo suele ir precedido por la preposición *zu* («de» o «a») en los siguientes casos.

1. Junto con un verbo perfectivo.

Er schlägt vor, am Abend zusammen ein Bier trinken zu gehen.	Propone ir por la noche a beber una cerveza juntos.
Sie glaubt, ihn zu kennen.	Cree conocerlo.
Sie versuchen, den Kunden von dem neuen Produkt zu überzeugen.	Tratan de convencer al cliente del nuevo producto.

Con los verbos separables, *zu* se inserta entre el prefijo y el tema:

| Er verspricht, ihn anzurufen. | Promete telefonearle. |

2. Después de expresiones impersonales (a diferencia del español).

| Es scheint nicht möglich zu sein, die Steuern zu senken. | No parece posible reducir los impuestos. |

Es ist angenehm, sich nach einem Spaziergang in einer Kneipe aufwärmen zu können.	Es agradable poder calentarse en una cervecería tras dar un paseo.
Es ist notwendig, den Kunden von der Zuverlässigkeit unserer Firma zu überzeugen.	Es necesario convencer al cliente de la fiabilidad de nuestra empresa.
Es ist schwierig, mit dir zu arbeiten.	Es difícil trabajar contigo.

El verbo *scheinen* («parecer») puede tener una construcción personal o impersonal:

Die ausländischen Kollegen scheinen heute nicht auf der Messe zu sein.	Hoy los colegas extranjeros parecen no estar en la feria.
Wie mir scheint, sind die ausländischen Kollegen heute nicht auf der Messe.	Me parece que hoy los colegas extranjeros no están en la feria.
(Mir scheint) Es scheint, dass die ausländischen Kollegen heute nicht auf der Messe sind.	Parece que los colegas extranjeros hoy no están en la feria.
Es scheint möglich zu sein, eine Lösung für das Problem zu finden.	Parece posible hallar una solución al problema.
Wie es scheint, ist es möglich, eine Lösung für das Problem zu finden.	Al parecer, es posible hallar una solución al problema.
Es scheint, dass es möglich ist, eine Lösung für das Problem zu finden.	Parece que es posible hallar una solución al problema.

El verbo *scheinen* puede ser sustituido por los adverbios *anscheinend* («evidentemente») y *offenbar* («notoriamente»):

Anscheinend sind die ausländischen Kollegen heute nicht auf der Messe.	Evidentemente, los colegas extranjeros hoy no están en la feria.
Offenbar ist es möglich, eine Lösung für das Problem zu finden.	Es perfectamente posible hallar una solución al problema.

3. Junto con el verbo *brauchen*

Sie braucht nicht zu arbeiten.	No necesita trabajar.

4. Junto con las locuciones *um... zu* («a», «para»), *ohne... zu* («sin»), *anstatt... zu* («en lugar de»)

Ohne ein Wort zu sagen, verließ er das Konferenzzimmer.	Sin decir una palabra, salió de la sala de conferencias.
Wir fahren nach Deutschland, um die Messe zu besuchen.	Vamos a Alemania a visitar la feria.
Anstatt zu arbeiten, gingen sie in die Altstadt.	En lugar de trabajar, han ido al barrio antiguo.

El infinitivo regido por *zu* aparece tras la oración principal.
Si va acompañado de complementos, aparece una coma antes del infinitivo.
En español, *zu* corresponde a *de* y *a*, si bien su uso en ambas lenguas no es equivalente.

La conjunción subordinante *als*

El adverbio *als* («cuando») indica una acción que se ha producido en el pasado una única vez («aquella vez que»).

Wann wart ihr das letzte Mal in der Altstadt?	¿Cuándo habéis estado en el barrio antiguo por última vez?
Als wir das bestandene Examen feiern wollten.	Cuando queríamos celebrar el examen aprobado.

La conjunción subordinante *wenn*

El adverbio *wenn* («cuando») introduce una oración subordinada e indica una acción presente o futura.
Junto con verbos en presente o en pasado, tiene el significado de las locuciones *cada vez que* o *todas las veces que* e indica una acción repetida.

Wenn du kommst, gehen wir sofort eine Pizza essen.	Cuando llegues, iremos enseguida a comer una pizza.
Wann siehst du Herrn Müller?	¿Cuándo ves (vas a ver) al señor Müller?
Wenn ich morgens ins Büro fahre.	Cuando (cada vez que) voy a la oficina por la mañana.
Wann hast du deine Eltern angerufen?	¿Cuándo has llamado a tus padres?
Wenn ich ihren Ratschlag brauchte.	Cuando (todas las veces que) necesitaba su consejo.

El adverbio *wenn* puede introducir una oración subordinada condicional:

Wenn du nicht sofort kommst, gehe ich allein eine Pizza essen.	Si no vienes enseguida, me voy sola a comer una pizza.

Hin y her

La partícula *hin* indica alejamiento respecto al hablante, mientras que *her* indica proximidad a quien habla o un movimiento en la misma dirección que otro movimiento.

Hin y *her* van siempre acompañados por los verbos de movimiento y pueden sustituir al complemento de movimiento hacia un lugar.

Wo geht er **hin**?/**Wohin** geht er?	¿A dónde va?
Dort steht schon unser Bus und wartet.	Allí está esperándonos nuestro autobús.
Wir laufen schnell **hin**.	Corramos deprisa (hacia el autobús).
Wo kommst du **her**?/**Woher** kommst du?	¿De dónde vienes?
Fahren Sie hinter mir **her**!	¡Sígame! (en coche).
Gehen Sie hinter mir **her**!	¡Sígame! (a pie).
Komm (hier) **her**!	¡Ven aquí!

En la lengua hablada, los prefijos *hin-* y *her-* son sustituidos por una *r-*, con lo que se simplifica el uso de estos prefijos, sin especificar si equivale a nuestros *para* o *por*:

Er geht die Treppe runter.	Baja las escaleras.
Sie geht eine Stunde mit dem Hund raus.	Sale una hora con el perro.

Los prefijos *hin-* y *her-*, solos o seguidos por una preposición *(-auf, -aus, -über, -unter)*, con frecuencia se unen a un verbo para formar un verbo separable:

hereinkommen	
Er ist gerade reingekommen.	Acaba de entrar.
hinausgehen	
Er ist gerade rausgegangen.	Acaba de salir.
herunterfallen	
Mir ist der Teller runtergefallen.	Se me ha caído el plato.
hinübergehen	
Er geht zu Eloy rüber.	Va a casa de Eloy.

El pretérito imperfecto de indicativo

Ya hemos observado que el alemán no establece distinciones entre el imperfecto y el indefinido de indicativo.
El denominado *Präteritum* (o *Imperfekt*) expresa ambos tiempos españoles.

El imperfecto de los verbos débiles se forma como sigue:

tema-*(e)t*-desinencia.

Las desinencias son:

ich	-e	du	-est
er, sie, es	-e	wir	-en
ihr	-et	sie	-en

	hören		
ich	hörte	oía/oí	
du	hörtest	oías/oíste	
er, sie, es	hörte	oía/oyó	
wir	hörten	oíamos/oímos	
ihr	hörtet	oíais/oísteis	
sie	hörten	oían/oyeron	

Los verbos débiles cuyo tema termina en *-d*, *-t*, *-m*, *-n* (precedidas por consonante que no sea *r*, *l* o *h*) intercalan una *-e* entre el tema verbal y la desinencia en todas las formas del imperfecto *(Präteritum)*:

	arbeiten	
ich	arbeitete	trabajaba/trabajé
du	arbeitetest	trabajabas/trabajaste
er, sie, es	arbeitete	trabajaba/trabajó
wir	arbeiteten	trabajábamos/trabajamos
ihr	arbeitetet	trabajábais/trabajasteis
sie	arbeiteten	trabajaban/trabajaron

El pretérito imperfecto de indicativo de los verbos fuertes

En el imperfecto, los verbos fuertes modifican la vocal temática y, en ocasiones, incluso todo el tema verbal:

	gehen	
ich	ging	andaba/anduve
du	gingst	andabas/anduviste
er, sie, es	ging	andaba/anduvo
wir	gingen	andábamos/anduvimos
ihr	gingt	andabais/anduvisteis
sie	gingen	andaban/anduvieron

	helfen	
ich	half	ayudaba/ayudé
du	halfst	ayudabas/ayudaste
er, sie, es	half	ayudaba/ayudó
wir	halfen	ayudábamos/ayudamos
ihr	halft	ayudabais/ayudasteis
sie	halfen	ayudaban/ayudaron

Las formas del imperfecto de los verbos fuertes deben aprenderse de memoria.

El pluscuamperfecto de indicativo

El pluscuamperfecto se forma con el imperfecto de los verbos auxiliares *haben* o *sein* más el participio pasado. La lengua alemana no distingue entre el pluscuamperfecto y el pretérito anterior. El pluscuamperfecto se utiliza para indicar la secuencia de los acontecimientos producidos en el pasado.

	fragen	
ich	hatte gefragt	había/hube preguntado
du	hattest gefragt	habías/hubiste preguntado
er, sie, es	hatte gefragt	había/hubo preguntado
wir	hatten gefragt	habíamos/hubimos preguntado
ihr	hattet gefragt	habíais/hubisteis preguntado
sie	hatten gefragt	habían/hubieron preguntado

	ankommen	
ich	war angekommen	había/hube llegado
du	warst angekommen	habías/hubiste llegado
er, sie, es	war angekommen	había/hubo llegado
wir	waren angekommen	habíamos/hubimos llegado
ihr	wart angekommen	habíais/hubisteis llegado
sie	waren angekommen	habían/hubieron llegado

EJEMPLOS

Wenn einer von uns ein Examen bestanden hatte, feierte er es in der Altstadt.	Cuando uno de nosotros aprobaba un examen, lo celebraba en el barrio antiguo.
Als ich endlich eine Stelle gefunden hatte, fühlte ich mich besser.	Cuando por fin encontré un lugar, me sentí mejor.
Nachdem ich endlich eine Stelle gefunden hatte, fühlte ich mich besser.	Tras haber hallado finalmente un lugar, me sentí mejor.

Los complementos y los adverbios de tiempo

Se distinguen adverbios que indican los siguientes conceptos:

1. Un acontecimiento en el pasado.

damals	entonces
früher	antes
kürzlich, neulich, vor kurzem	hace poco
(so)eben, gerade	acabar de, en cuanto
vorhin	hace poco tiempo
gestern	ayer
vorgestern	antes de ayer
vor zwei Tagen, vor einer Woche	hace dos días, hace una semana
vor einem Monat, vor einem Jahr	hace un mes, hace un año

EJEMPLOS

Damals hatten wir nicht genug Geld, um auszugehen.	Entonces aún no teníamos bastante dinero para salir.
Früher war das Klima anders.	Antes el clima era distinto.
Er war kürzlich in Köln.	Recientemente ha estado en Colonia.
Er ist (so)eben (gerade) angekommen.	Acaba de llegar.
Hast du Maria gesehen?	¿Has visto a María?
Ja, ich habe sie vorhin in ihr Büro gehen sehen.	Sí, hace poco la he visto entrar en su despacho.
Gestern haben wir nicht gearbeitet.	Ayer no trabajamos.
Vorgestern war Feiertag.	Antes de ayer era fiesta.
Vor einem Jahr wohnte ich noch in Köln.	Hace un año aún vivía en Colonia.

2. Un acontecimiento en el presente.

jetzt	ahora
nun	ya, ahora
heute	hoy
heutzutage	hoy en día, en la actualidad

EJEMPLOS

Es ist jetzt 18.00 Uhr.	Ahora son las 18.00.
Was machen wir nun?	¿Qué hacemos ahora?
Heute bleiben wir zu Hause.	Hoy nos quedamos en casa.
Heutzutage lernen die Kinder schon in der Schule, mit dem Computer zu arbeiten.	Hoy en día, los niños ya aprenden en la escuela a trabajar con el ordenador.

3. Un acontecimiento en el futuro.

bald	pronto
in Kürze	dentro de poco (tiempo)
gleich, sofort	casi, en un momento, enseguida
heute (heute Morgen, heute Vormittag, heute Mittag, heute Nachmittag, heute Abend, morgen, übermorgen)	hoy (esta mañana, esta mañana, hoy a mediodía, esta tarde, esta noche, mañana, pasado mañana)
später	más tarde, después
künftig, in Zukunft	en el futuro

EJEMPLOS

Bald ist Weihnachten.	Pronto será Navidad.
Er wird in Kürze heiraten.	Se casará dentro de poco.
Ich bin gleich fertig.	Estaré listo enseguida.
Ich komme gleich!	Vuelvo enseguida. Ahora vuelvo.
Ich komme sofort!	Vengo enseguida.
Übermorgen bin ich auch auf der Messe.	Pasado mañana yo también estaré en la feria.
Später wirst du keine Zeit mehr haben.	Más tarde ya no tendrás tiempo.
Wird in der Schule künftig nur noch am Computer gearbeitet?	En el futuro, ¿en la escuela se trabajará sólo con ordenador?

4. Una correlación temporal.

zuerst (am Anfang, anfangs)	antes
dann	después, luego
zunächst	antes
zuerst	ante todo, en primer lugar
zuletzt	por último
vorher, zuvor	antes
dann	después
danach	luego, después
nachher	después
hinterher	a continuación
schließlich, am Ende	al final
inzwischen	entretanto
bisher	hasta ahora
seitdem	desde entonces (desde aquel momento, desde nuestro último encuentro, etc.)

Zuerst ging er ins Büro, dann auf die Messe.	Primero iba a la oficina, luego a la feria.
Anfangs hatte er in der neuen Firma große Probleme, dann schaffte er es, sich Respekt zu verschaffen.	Al principio tenía grandes problemas en la nueva empresa, pero luego logró hacerse respetar.
Zunächst möchte ich hören, was Herr Müller zu diesem Punkt zu sagen hat.	Primero quisiera oír qué tiene que decir el señor Müller respecto a este punto.
Zuletzt gingen die Herren aus der Marketing-Abteilung ins Konferenzzimmer.	Por último, los señores de la sección de mercadotecnia entraron en la sala de conferencias.
Vorher benötige ich noch sämtliche Unterlagen.	Todavía necesito toda la documentación.
Er hat seinen Kollegen am Flughafen abgeholt und dann sind sie ins Büro gefahren.	Ha ido a buscar a su colega al aeropuerto y luego han ido al despacho.
Sie essen im Hotelrestaurant zu Abend.	Cenan en el restaurante del hotel.
Danach wollen sie in die Altstadt gehen.	Después quieren ir al barrio antiguo.
Möchten Sie nachher einen Espresso?	¿Después desea un expreso?
Hinterher war ich froh, ihm nicht geglaubt zu haben.	A continuación me alegré de no haberlo creído.
Die Konferenz dauerte drei Stunden.	La conferencia duró tres horas.

Schließlich wurde das Protokoll vorgelesen.	Al final, el acta fue leída en voz alta.
Ich rufe Maria an, inzwischen kannst du ja fernsehen.	Llamo a María, y entretanto puedes ver el televisor.
Es tut mir leid, aber ich hatte bisher noch keine Zeit, Herrn Müller zurückzurufen.	Lo siento, pero hasta ahora no he tenido tiempo de llamar de nuevo al señor Müller.
Sie ist vor fünf Jahren nach Mailand gezogen.	Hace cinco años se trasladó a Milán.
Seitdem habe ich sie nicht mehr gesehen.	Desde entonces no he vuelto a verla.

5. Frecuencia y repetición (*wie oft?*, «¿cuántas veces?»).

stündlich, täglich, wöchentlich, monatlich, jährlich	a la hora, al día, a la semana, al mes, al año
einmal, zweimal, mehrmals, wiederholt, erneut	una vez, dos veces, varias veces, repetidamente, nuevamente
häufig (oft), jeden Tag, alle Tage, alle zwei Tage, jeden zweiten Tag	a menudo, cada día, todos los días, cada dos días
montags, dienstags,...	lunes, martes,...
morgens, vormittags, mittags, nachmittags, abends, nachts	por la mañana, a mediodía, por la tarde, por la noche
regelmäßig, immer (ständig), jederzeit, stets	regularmente, siempre (permanente, continuo), en cualquier momento, siempre
manchmal, hin und wieder, ab und zu, ab und an, dann und wann	en ocasiones, de vez en cuando, eventualmente
öfters, gelegentlich, von Zeit zu Zeit mitunter	a menudo, ocasionalmente, de vez en cuando, alguna vez
meistens, fast immer	normalmente, casi siempre
selten, kaum, fast nie, nie, niemals	raramente, apenas, casi nunca, nunca, ni siquiera una vez

6. Una puntualización en el tiempo y duración.

früh	pronto
spät	tarde
erst	sólo, únicamente
schon (bereits)	ya
lange	desde hace mucho tiempo
längst	desde hace tiempo
weiterhin	en el futuro
minutenlang, stundenlang	durante minutos, durante horas
tagelang	durante días
wochenlang, monatelang	durante semanas, durante meses
jahrelang	durante años
jahrzehntelang, jahrhundertelang	durante décadas, durante siglos

EJEMPLOS

Er geht früh ins Büro und kommt abends spät nach Hause.	Va pronto a la oficina y por la noche vuelve tarde a casa.
Es ist erst 21.00 Uhr.	Sólo son las 21.00.
Es ist schon (bereits) Mitternacht.	Ya es medianoche.
Wir haben sie schon lange nicht mehr gesehen.	Desde hace mucho tiempo no hemos vuelto a verla.
Die Unterlagen hätten längst fertig sein müssen.	La documentación debería haber estado lista desde hace tiempo.
Wir wünschen dir auch weiterhin viel Erfolg.	Te deseamos mucho éxito también para el futuro.
Sie blieb stundenlang am Telefon.	Hablaba por teléfono durante horas.

Las conjunciones distributivas *entweder... oder* («o... o»), *weder... noch* («ni... ni»), *sowohl... als auch* («tanto... como»)

En estos casos, la construcción de la oración es la siguiente:

— conjunción;
— verbo;
— sujeto;
— complemento;
— coma;
— conjunción;
— sujeto;
— verbo;
— complemento.

ENTWEDER... ODER

Entweder kommst du jetzt sofort nach Hause, oder ich gehe allein eine Pizza essen.	O vuelves a casa pronto o me voy sola a comer una pizza.
Entweder hörst du mir jetzt zu, oder ich lege auf.	O me escuchas ahora o cuelgo el teléfono.

WEDER... NOCH

Ich spreche weder Französisch noch Italienisch.	No hablo ni francés ni italiano.
Seine Behauptung hat weder Hand noch Fuß.	Su afirmación no tiene ni pies ni cabeza.

SOWOHL... ALS AUCH

Er spricht sowohl Russisch als auch Arabisch perfekt.	Habla tanto ruso como árabe perfectamente.
Die Computer können sowohl von den Professoren als auch von den Studenten benutzt werden.	Los ordenadores pueden ser usados tanto por los profesores como por los estudiantes.

La oración de gerundio

En la lección anterior ya hemos visto algunos modos para expresar el gerundio español. Completemos ahora la explicación, reproduciendo algunas construcciones que semánticamente adoptan el mismo valor:

ORACIÓN SUBORDINADA CON LA CONJUNCIÓN TEMPORAL ALS

Als sie durch die Altstadt gingen, trafen sie einen Kollegen.	Paseando por el barrio antiguo, se encontraron con un colega.

ORACIÓN COORDINADA

Er rief seinen Chef an und dankte ihm für die Einladung.	Agradeció a su jefe la invitación, llamándolo.

El gerundio sin complementos se puede expresar mediante *beim* más el infinitivo sustantivado:

BEIM + INFINITIVO SUSTANTIVADO

Beim Essen spricht man nicht.	Comiendo no se habla.

El gerundio sin complementos, cuando indica acción simultánea, también se puede expresar con el participio presente:

PARTICIPIO PRESENTE

Lächelnd begrüßte er sie.	Sonriendo la saludó.

El gerundio puede sustituirse por un adverbio del mismo significado:

SUSTITUCIÓN CON UN ADVERBIO

Unterwegs unterhielten sie sich über Musik.	Caminando, hablaban de música.

El gerundio se puede expresar con un sustantivo del mismo significado:

SUSTITUCIÓN POR UN SUSTANTIVO

In der Erwartung, bald von Ihnen zu hören, verbleibe ich mit freundlichen Grüßen	A la espera de volver a hablar pronto con usted, le envío cordiales saludos

La conjunción *indem* introduce una oración subordinada que tiene el mismo objeto que la oración principal e indica el modo en que se realiza una acción:

ORACIÓN SUBORDINADA CON *INDEM*

Die Kollegen drückten ihr Einverständnis aus, indem sie nickten.	Los colegas manifestaban su conformidad, asintiendo.

Con el adverbio *gerade* se plasma la expresión *estar* más gerundio:

CON EL ADVERBIO *GERADE*

Was macht ihr gerade?	¿Qué estáis haciendo?

Vocabulario

Theke (-, -n)	f.	(te:ke)	barra de bar
Biertheke (-, -n)	f.	(bi:rte:ke)	barra de cervecería
Welt (-, -en)	f.	(velt)	mundo
Altstadt (-, -e)	f.	(alt tat)	barrio antiguo
Zug (-es, -e)	m.	(tsu:k)	vuelta, paseo
dunkel		(duŋkel)	oscuro
süffig		(zyfich)	agradable
Altbier (-es, -e)	n.	(altbi:r)	cerveza Alt
geboren		(ge'bo:ren)	nacido
sich auskennen		(zich auskenen)	conocer bien, a fondo
kennenlernen		(kenenlernen)	conocer
Müdigkeit (-)	f.	(my:dichkait)	cansancio
sich freuen auf (+ ac.)		(zich froien auf)	alegrarse
entfernt		(entfernt)	lejos
weit entfernt		(vait entfernt)	muy lejos, distante
Stadtzentrum (-s, -zentren)	n.	(' tat'tsentrum)	centro urbano
Gruppe (-, -n)	f.	(grupe)	grupo
besprechen		(be' prechen)	discutir
bald		(balt)	pronto
Spaziergang (-s, -e)	m.	(pa'tsi:rgaŋ)	paseo
angenehm		(aŋge'ne:m)	agradable
Kneipe (-, -n)	f.	(knaipe)	cervecería
sich aufwärmen		(zich'auf'vermen)	calentarse
Gemütlich		(ge'my:tlich)	acogedor
Qual (-, -en)	f.	(kva:l)	suplicio, tormento
Qual der Wahl		(kva:l de:r va:l)	elección embarazosa
führen		(fy:ren)	llevar, conducir
Student (-en, -en)	m.	(tu:dent)	estudiante
Universität (-, -en)	f.	(univerzi'te:t)	universidad
damals		(da:ma:ls)	entonces
ansonsten		(an'zonsten)	en caso contrario, de no ser así
sich verändern		(zich fer'endern)	cambiar
Erlebnis (-ses, -se)	n.	(er'le:pnis)	acontecimiento
früher		(fry:er)	antes, en otra época
hierherkommen		(hi:r'he:r'komen)	venir aquí
feiern		(faiern)	celebrar
zum Beispiel		(tsum bai pi:l)	por ejemplo
einer von uns		(ainer fon uns)	uno de nosotros
Examen (-s, -)	n.	(eksamen)	examen
ein Examen bestehen		(ain esa:men be' te:n)	aprobar un examen
Stelle (-, -n)	f.	(tele)	puesto (de trabajo)
finden		(finden)	hallar, encontrar
endlich		(entlich)	finalmente, al fin
in den letzten Jahren		(in de:n letsten ja:ren)	en los últimos años
spontan		(pon'ta:n)	espontáneo

Treffen (-s,-) n.	(trefen)	reunión
leider	(laider)	desgraciadamente
selten	(zelten)	raro, infrecuente
ziemlich	(tsi:mlich)	bastante
anscheinend	(an ainent)	al parecer
Bierabend (-es, -e) m.	('bi:r'a:bent)	velada a base de cerveza
schade	(a:de)	¡lástima!
großartig	(gro:sartich)	estupendo
sich amüsieren	(zich amy'zi:ren)	divertirse
zustimmen + dat.	(tsu: timen)	estar de acuerdo
entweder... oder	(entve:der o:der)	o... o
genug	(ge'nu:k)	bastante, suficiente
ausgehen	(ausge:n)	ir de juerga
fehlen an + dat.	(fe:len an)	carecer
hauptsächlich	('haupt'zechlich)	principalmente, más que otro
bleiben	(blaiben)	permanecer
kaum	(kaum)	apenas, difícilmente
ruhig	(ru:ich)	tranquilo
Gespräch (-es, -e) n.	(ge' pre:ch)	conversación
chronisch	(kro:ni)	crónico
Zeitmangel (-) m.	(tsaitmaŋgel)	falta de tiempo
fast	(fast)	casi
Wunder (-s, -) n.	(vunder)	milagro
gemeinsam	(ge'mainza:m)	común
offiziell	(ofits'jel)	oficial, formal
inoffiziell	(inofits'jel)	informal
sich die Zeit nehmen	(zich di: tsait ne:men)	tomarse tiempo
brauen	(brauen)	producir cerveza
Landeshauptstadt f. (-, -e)	(landeshaupt tat)	capital de la región
Kino (-s, -s) n.	(ki:no)	cine
sonntags	(zonta:ks)	en domingo
spazieren gehen	(pa'tsi:ren ge:n)	dar un paseo
weinen	(vainen)	llorar
vorschlagen	(fo:r la:gen)	proponer
glauben	(glauben)	creer
versuchen	(fer'zu:chen)	tratar de
scheinen	(ainen)	parecer
möglich	(mœ:klich)	posible
Steuer (-, -n) f.	(toier)	impuesto
senken	(zeŋken)	reducir, (hacer) bajar
notwenig	(no:tvendich)	necesario
schwierig	(vi:rich)	difícil
offenbar	(ofenba:r)	notoriamente
Wort (-, -er/-e) n.	(vort)	palabra
verlassen	(fer'lasen)	dejar
das Zimmer verlassen	(das tsimer fer'lasen)	salir de la habitación
anstatt zu + inf.	(an' tat tsu:)	en lugar de
ohne zu + inf.	(o:ne tsu:)	sin
das letzte Mal	(das letste ma:l)	la última vez

Pizza (-, -s/-en)	f. (pitsa)	pizza
anrufen	(anruːfen)	telefonear
Ratschlag (-es, -"e)	m. (raːt laːk)	consejo
hereinkommen	(he'rain'komen)	entrar
hinausgehen	(hi'naus'geːn)	salir
herunterfallen	(he'runterf'alen)	caer
hinübergehen	(hi'nyːber'geːn)	ir a
sich fühlen	(zich fyːlen)	sentirse
weder Hand noch Fuß haben	(veːder hant noch fuːs)	no tener ni pies ni cabeza
Einladung (-, -en)	f. (ainlaːduŋ)	invitación
mit freundlichen Grüßen	(mit frointlichen gryːsen)	atentamente

Ejercicios

I. *Poner en futuro:*
1. Er fährt nächste Woche nach Italien zurück.
2. Sie versteht dich.
3. Wir warten am Ausgang.
4. Sie verlassen dieses Land.
5. Er hat immer Zeit für dich.
6. Seid ihr heute Abend zu Hause?
7. Er ist morgen auch auf der Messe.
8. Wir fliegen nach Holland, weil wir nur wenig Zeit haben.
9. Sie kommt um 08.00 Uhr, um dich abzuholen.
10. Wartest du auf mich?

II. *Insertar la preposición* zu *(en caso necesario):*
1. Heute braucht sie nicht einkaufen .... gehen. (Heute braucht sie nicht einkaufen *zu* gehen.)
2. Kann ich dir .... helfen?
3. Das Restaurant soll gut .... sein.
4. Er scheint nicht am Ausgang auf uns .... warten.
5. Ich schlage vor, heute Abend in die Altstadt .... gehen.
6. Hast du Maria kommen .... sehen?
7. Es ist notwendig, die Messe gut .... (vorbereiten).
8. Sie versuchten mehrmals, ihn .... überzeugen.
9. Er blieb zu Hause, anstatt ins Büro .... gehen.
10. Ist es möglich, schnell eine Lösung .... finden?

III. *Colóquese* hin *o* her *cuando convenga:*
1. Komm schnell .... !
2. Gib .... !

3. Bitte kommen Sie .... ein!
4. Ich gehe kurz mit dem Hund .... aus.
5. Der Wagen fährt neben dem Auto ....

IV. *Formar el pretérito imperfecto de indicativo de los siguientes verbos:*
Du gehst – er kommt – sie hilft – wir arbeiten – ihr holt ab – ihr fragt – sie antworten – ich bin – Sie sind, er hat.

V. *Formar el pretérito pluscuamperfecto de indicativo:*
1. Ich habe ihn gesehen.
2. Wir schlagen vor.
3. Sie gibt keine Antwort.
4. Er geht zu seinem Kollegen.
5. Ihr versteht die Frage nicht.
6. Er sagte nichts.
7. Er kommt gerade an.
8. Wir fahren in die Türkei.
9. Er arbeitet den ganzen Tag.
10. Wir bestellen.

VI. *Traducir:*
1. ¿Que harán ahora?
2. Pasado mañana también yo estaré en la feria.
3. Había olvidado que quería recogerme hoy.
4. Están preparando la documentación para la feria.
5. Está discutiendo con el señor Müller, su colega alemán.
6. Permanezca sentado, por favor.
7. ¿Cuándo vas a ir a buscar a tu colega al aeropuerto?
8. ¿Debemos esperaros?
9. ¿A qué hora quieres ir a casa?
10. Naturalmente, no tienen tiempo de ir de fiesta con nosotros.
11. Ayer en la feria todos trataron de convencerme de sus nuevos productos.
12. Cuando vi a mi colega italiano, no le reconocí enseguida.
13. Es muy difícil hablar contigo.
14. Cuando vuelvas a casa, lo primero que haremos será ir a comprar.
15. ¡Sígame con el coche, señor Martín!
16. ¿A qué hora salió con el perro?
17. ¿No conocías a María?
18. ¿Debes ir de nuevo a Alemania en breve?
19. O compras la gramática alemana o seguirás hablando mal el alemán.
20. Habla perfectamente tanto alemán como ruso.

UNIDAD ONCE
ELFTE LEKTION

LA FERIA DE COLONIA
DIE MESSE IN KÖLN

▶ Lectura *(Lesetext)*

Am nächsten Tag steht der Besuch der Messe an, die in Köln stattfindet.
[am ne:chsten ta:k te:t de:r be'zu:ch de:r mese an, di: in kœln tatfindet]
(«Al día siguiente, está prevista la visita a la feria que tiene lugar en Colonia.»)

Herr Martín und die anderen ausländischen Mitarbeiter fahren zusammen mit ihren deutschen Kollegen nach Köln.
[her mar'tin unt di: anderen ausleŋdi en mitarbaiter fa:ren tsu:'zamen mit i:ren doit en ko'le:gen na:ch kœln]
(«El señor Martín y los demás colaboradores extranjeros van a Colonia con los colegas alemanes.»)

Im Parkhaus an der Messe finden sie sofort einen Parkplatz.
[im parkhaus an de:r mese finden zi: zo:'fort ainen parkplats]
(«En el aparcamiento de la feria hallan pronto una plaza.»)

Da es sich um eine internationale Messe handelt, sind Herr Martín und seine ausländischen Kollegen dazu bestimmt worden, als Ansprechpartner für die ausländischen Kunden zu fungieren.
[da: es zich um aine internatsjo'na:le mese handelt, zint her mar'tin unt zaine ausleŋdi en ko'le:gen datsu: be timt vorden, als an prechpartner fy:r di: ausleŋdi en kunden tsu: fuŋ'gi:ren]
(«Dado que se trata de una feria internacional, al señor Martín y a sus colegas se les ha asignado la tarea de servir de interlocutores de los clientes extranjeros.»)

Vor ihrem Standeinsatz machen sie einen Rundgang über die Messe, um sich einen Überblick über die Produkte der Konkurrenz zu verschaffen.

[fo:r i:rem tantainzats machen zi: ainen runtgaŋ y:ber di: mese, um zich ainen y:berblik y:ber di: pro'dukte der koŋku'rents tsu: fer' afen]
(«Antes de su presentación en la caseta, dan una vuelta por la feria para echar un vistazo a los productos de la competencia.»)

Für den Einsatz auf dem Stand hatte Herr Müller ihnen noch den Tip gegeben, die geführten Gespräche kurz zu notieren.
[fy:r de:n ainzats auf de:m tant hate her myler i:nen noch de:n tip ge'ge:ben, di: ge'fy:rten ge' pre:che kurts tsu: no'ti:ren]
(«Para la intervención en la caseta, el señor Müller había aconsejado tomar unas breves notas de las entrevistas mantenidas.»)

Die Firma Klick hat dieses Jahr als Standtyp einen Eckstand gewählt. Er ist zwar teurer als ein normaler Reihenstand, bietet dafür aber besseren Kontakt zum Publikum.
[di: firma klik hat di:zes ja:r als ' tant'ty:p ainen ek tant ge've:lt/ e:r ist tsva:r toirer als ain nor'ma:ler raien tant, bi:tet dafy:r a:ber beseren kon'takt tsum publikum]
(«Este año, la empresa Klick ha elegido una caseta en la esquina. Ciertamente es más cara que una normal, pero en compensación ofrece mayores contactos con el público.»)

Zahlreiche Besucher kommen auf ihren Stand, wo sie von den geschulten Mitarbeitern empfangen werden.
[tsa:lraiche be'zu:cher komen auf i:ren tant, vo: zi: fon de:n ge' u:lten 'mitar'baitern em'pfaŋgen verden]
(«Numerosos visitantes se paran en la caseta, donde son recibidos por los colaboradores preparados [a tal efecto].»)

Man hört viele anerkennende Stimmen über die Präsentation der Exponate, und viele Kunden äußern sich positiv über die Zuverlässigkeit und den guten Service der Firma.
[man hœrt fi:le aner'kenende timen y:ber di: prezentats'jo:n de:r ekspo'na:te, unt fi:le kunden oisern zich posi'ti:f y:ber di: tsu:fer'lesichkait unt de:n gu:ten servis de:r firma]
(«Se oyen muchos elogios sobre la presentación de las piezas expuestas y numerosos clientes se pronuncian positivamente sobre la fiabilidad y el buen servicio de la empresa.»)

Auch Herr Martín und seine ausländischen Kollegen führen einige Kundengespräche, dessen Inhalt und Verlauf sie wie ihnen empfohlen kurz festhalten.
[auch her mar'tin unt zaine auslendi en ko'le:gen fy:ren ainige kundeŋge pre:che, desen inhalt unt fer'lauf zi: vi: i:nen em'pfo:len kurts festhalten]
(«Asimismo, el señor Martín y sus colegas extranjeros mantienen algunas entrevistas con clientes, de cuyo contenido y desarrollo han tomado unas breves notas, tal como les fue sugerido.»)

Am nächsten Tag werden sie aus ihren Notizen Gesprächsberichte anfertigen, die der Firma für die Messenacharbeit dienen und eine wichtige Rolle bei der Analyse der Messeteilnahme spielen.
[am neːchsten taːk verden ziː aus iːren noʼtitsen ge preːchsberichte anfertigen, diː deːr firma fyːr diː meseʼnaːcharbait diːnen unt aine vichtige role bai der anaʼlyːze deːr meseʼtailnaːme piːlen]
(«Al día siguiente, a partir de estos apuntes redactarán informes que servirán a la empresa para [llevar a cabo] la actividad posterior a la feria, y que cumplen un papel importante en el análisis de la participación en la feria.»)

Andere Mitarbeiter der Firma haben die Aufgabe, die Besucher zu empfangen und diese an den gewünschten Gesprächspartner weiterzuleiten.
[andere mitarbaiter deːr firma haːben diː aufgaːbe, diː beʼzuːcher tsuː emʼpfaŋen unt diːze an deːn geʼvyn ten geʼ preːchspartner vaitertsuːʼlaiten]
(«Otros colaboradores de la empresan tienen la misión de recibir a los visitantes y presentarles al interlocutor deseado.»)

Wieder andere sind für die Auslage von Prospekten und für die Überprüfung der Exponate zuständig.
[viːder andere zint fyːr diː auslaːge fon prosʼpekten unt fyːr diː yberpryːʼfuŋ deːr ekspoʼnaːte tsuː tendich]
(«Otros son responsables de la exposición de los catálogos y del control de las muestras expuestas.»)

Ehe man sich versieht, ist der erste Messetag vorüber.
[eːe man zich ferʼziːt, ist deːr erste mesetaːk foːʼryːber]
(«Antes de que puedan darse cuenta, la primera jornada de feria ya ha acabado.»)

Zwar sind alle nach dem langen Tag ziemlich erschöpft, aber die hohe Anzahl der Besucher auf dem Stand der Firma Klick bestätigt, wie wichtig die Beteiligung an einer Messeveranstaltung ist.
[tsvaːr zint ale naːch deːm laŋen taːk tsiːmlich erʼœpft, aːber diː hoːe antsaːl deːr beʼzuːcher auf deːm tant deːr firma klik beʼ teːticht, viː vichtich diː beʼtailiguŋ an ainer meseferan taltuŋ ist]
(«Es cierto que todos están bastante cansandos tras la larga jornada, si bien el gran número de visitantes [que se han acercado] a la caseta de la empresa Klick confirma la importancia de la participación en una muestra ferial.»)

▶ Cuestiones gramaticales

La construcción de la oración

Resumamos brevemente los tres tipos de oración que ya hemos analizado:
— la oración principal sin la inversión del sujeto y el verbo;
— la oración principal con la inversión del sujeto y el verbo;
— la oración subordinada.

La oración principal sin inversión de sujeto y verbo

Mein Kollege kommt heute nicht.	Mi colega hoy no viene.
Maria hat gestern nicht gearbeitet.	Ayer María no trabajó.
Ich muss morgen nicht ins Büro gehen.	Mañana no debo ir a la oficina.
Herr Müller wird ihn am Flughafen abholen.	El señor Müller le recogerá en el aerepuerto.
Vielen Dank, ich habe ihn mir schon genommen.	Muchas gracias, ya me lo he tomado.

El sujeto ocupa el primer lugar en la oración afirmativa y nunca puede darse por sobreentendido.

Los complementos siguen a los verbos perfectivos. Según este orden, aparecen primero los pronombres y luego el complemento, ya sea de tiempo o de lugar.

La negación *nicht* precede a la palabra que se quiere negar. Sin embargo, cuando se niega el verbo, *nicht* sigue al verbo perfectivo, aunque precede a la segunda parte del verbo.

Si los complementos aparecen expresados por sustantivos, el dativo precede al acusativo. En cambio, si los complementos aparecen expresados por pronombres, el acusativo precede al dativo.

La oración principal con inversión de sujeto y verbo

En alemán, cuando la oración no empieza con el sujeto, sino con un adverbio o con un complemento, o bien con una oración subordinada, se produce la inversión del sujeto con el verbo.
La construcción es la siguiente:

— complemento u oración subordinada;
— verbo perfectivo;
— sujeto;
— complementos;
— negación;
— segunda parte del verbo (infinitivo, participio pasado, partícula separable).

En las oraciones interrogativas (*wann?*, *wie?*, *woher?*, *warum?*, etc.) la inversión es obligatoria.

Por el contrario, la inversión no se produce tras ciertas conjunciones coordinantes como *und*, *aber*, *oder*, *denn*, *beziehungsweise*.

Heute koche ich nicht.	Hoy no cocino.
Morgen braucht er nicht auf dem Stand zu sein.	Mañana no debe estar en la caseta.
Am Donnerstag ist das Flugzeug nicht pünktlich gelandet.	El jueves, el avión no aterrizó puntualmente.
Nach der Arbeit holt sie Marcos vom Kindergarten ab.	Después del trabajo, va a buscar a Marcos a la guardería.
Da es regnet, bleiben wir zu Hause.	Ya que llueve, nos quedamos en casa.
Wann beginnt die Messe?	¿Cuándo empieza la feria?

La oración subordinada

En el caso de una oración subordinada, la construcción es la siguiente:
— conjunción subordinante o pronombre relativo;
— sujeto;
— complemento;
— negación;
— verbo no conjugado;
— verbo perfectivo.

Wenn ich Zeit habe, komme ich dich besuchen.	Si tengo tiempo, voy a visitarte.
Er hat gesagt, dass er morgen nach Deutschland fährt.	Ha dicho que va a Alemania mañana.
Das Auto, das er kaufen will, ist nicht teuer.	El coche que se quiere comprar no es caro.
Er ging aus dem Zimmer, ohne ein Wort zu sagen.	Salió de la habitación sin decir ni una palabra.
Sie schaltete den Fernseher aus, weil sie den Film schon gesehen hatte.	Apagó el televisor porque ya había visto la película.
Er ist jetzt nicht im Büro, weil er seinen Kollegen am Flughafen abholt.	Ahora no está en el despacho, porque ha ido a recoger al colega al aeropuerto.
Er verließ die Sitzung, ohne etwas gesagt zu haben.	Abandonó la reunión sin haber dicho nada.

Las reglas esenciales en la construcción de oraciones subordinantes son:
— el sujeto debe ir siempre en segundo lugar;
— el verbo perfectivo ocupa el último lugar de la oración;
— los verbos separables nunca se separan.
— el participio pasado precede al infinitivo.
— la oración subordinada se separa de la principal mediante una coma.

La formación de los sustantivos

En alemán, los sustantivos se forman también añadiendo un sufijo a otro sustantivo, a un verbo o a un adjetivo.
Los sufijos son:

— *-ung*;
— *-keit (-heit)*;
— *-e*;
— *-schaft*;
— *-lein* y *-chen*;
— *-ion*.

El sufijo *-ung*

Con el sufijo *-ung* se forman los sustantivos femeninos a partir de los verbos.

verbo		sustantivo femenino	
bedienen	servir	Bedienung	servicio
prüfen	examinar	Prüfung	examen
verteilen	distribuir	Verteilung	distribución
üben	ejercer	Übung	ejercicio
werben	hacer publicidad	Werbung	publicidad
reservieren	reservar	Reservierung	reserva
beschreiben	describir	Beschreibung	descripción
erklären	explicar	Erklärung	explicación
beteiligen	participar	Beteiligung	participación

El sufijo *-keit (-heit)*

Con el sufijo *-keit (-heit)* se forman los sustantivos femeninos a partir de los adjetivos.
El sufijo *-keit* aparece tras los sufijos *-bar*, *-ig*, *-lich*, *-sam* y a menudo también después de los adjetivos acabados en *-el*, *-er*.

adjetivo		sustantivo femenino	
verfügbar	disponible	Verfügbarkeit	disponibilidad
dankbar	grato	Dankbarkeit	gratitud
abhängig	dependiente	Abhängigkeit	dependencia
traurig	triste	Traurigkeit	tristeza
freundlich	amable	Freundlichkeit	amabilidad
höflich	cortés	Höflichkeit	cortesía

adjetivo		sustantivo femenino	
ehrlich	honesto	Ehrlichkeit	honestidad
persönlich	personal	Persönlichkeit	personalidad
gefährlich	peligroso	Gefährlichkeit	peligrosidad
öffentlich	público	Öffentlichkeit	público
langsam	lento	Langsamkeit	lentitud
genügsam	sobrio	Genügsamkeit	sobriedad
sicher	seguro	Sicherheit	seguridad
unsicher	incierto	Unsicherheit	incertidumbre
wahr	verdadero	Wahrheit	verdad
klar	claro	Klarheit	claridad

El sufijo -e

Asimismo, con el sufijo -*e* se forman los sustantivos femeninos de los adjetivos.

Cuando es posible, estos sustantivos toman la *Umlaut* en la vocal temática de la raíz.

adjetivo		sustantivo femenino	
weit	ancho	Weite	anchura
hart	duro	Härte	dureza
lang	largo	Länge	longitud
groß	grande	Größe	grandeza
hoch	alto	Höhe	altura
kurz	breve, corto	Kürze	brevedad

El sufijo -schaft

Con el sufijo -*schaft* se forman los sustantivos femeninos colectivos, o bien referentes a instituciones o conceptos abstractos o concretos.

sustantivo		sustantivo femenino colectivo	
der Einwohner	habitante	die Einwohnerschaft	habitantes, población
die Eltern	padres	die Elternschaft	(conjunto de los) padres
der Genosse	compañero	die Genossenschaft	cooperativa, consorcio
der Lehrer	profesor	die Lehrerschaft	cuerpo docente
der Kunde	cliente	die Kundschaft	clientela
der Verwandte	pariente	die Verwandtschaft	parentela
der Nachbar	vecino	die Nachbarschaft	vecindario
der Mann	hombre	die Mannschaft	humanidad

sustantivo		sustantivo femenino referente a una institución	
der Staatsanwalt	fiscal del estado	die Staatsanwaltschaft	Fiscalía del Estado

sustantivo		sustantivo femenino con denotación abstracta	
das Wissen	conocimiento	die Wissenschaft	ciencia
der Kamerad	compañero	die Kameradschaft	camaradería
der Freund	amigo	die Freundschaft	amistad

sustantivo		sustantivo femenino con denotación concreta	
der Gastwirt	hostelero	die Gastwirtschaft	casa de comidas, restaurante
der Landwirt	agricultor	die Landwirtschaft	agricultura

El sufijo -lein y -chen

Con el sufijo -*lein* y -*chen* se forman diminutivos de género neutro a partir de un sustantivo.

Cuando es posible, estos diminutivos toman la *Umlaut* en la vocal temática de la raíz.

sustantivo		diminutivo neutro	
das Buch	libro	das Büchlein	librito
die Frau	señora	das Fräulein	señorita
der Hut	sombrero	das Hütchen	sombrerito
der Bub	muchacho	das Bübchen	muchachito
der Tisch	mesa	das Tischchen	mesita
die Puppe	muñeca	das Püppchen	muñequita

Nótese que *das Mädchen* significa «la muchacha».

El sufijo -ion

Con el sufijo -*ion* se forman sustantivos femeninos a partir de los verbos:

verbo		sustantivo femenino	
organisieren	organizar	Organisation	organización
diskutieren	discutir	Diskussion	discusión
konstruieren	construir	Konstruktion	construcción
produzieren	producir	Produktion	producción

La formación de los adjetivos

Se pueden formar los adjetivos añadiendo a algunos sustantivos o verbos las desinencias *-lich*, *-isch*, *-ig*, *-bar*, *-mäßig*, *-haft*, *-weise*.

El sufijo -lich

sustantivo		adjetivo	
der Mensch	hombre	menschlich	humano
die Tatsache	hecho	tatsächlich	de hecho, realmente
die Stunde	hora	stündlich	a todas horas
der Tag	día	täglich	diario, cotidiano
die Woche	semana	wöchentlich	semanal
das Jahr	año	jährlich	anual

Nótese que, si el sustantivo termina en *-e*, el adjetivo pierde la *-e* final.

verbo		adjetivo	
vermuten	presumir, suponer	vermutlich	presunto, probable
erben	heredar	erblich	hereditario
erdenken	imaginar	erdenklich	imaginable

El sufijo -isch

sustantivo		adjetivo	
die Demokratie	democracia	demokratisch	democrático
die Bürokratie	burocracia	bürokratisch	burocrático
die Politik	política	politisch	político

En la formación de los adjetivos en -isch los sustantivos en *-e*, *-ie*, *-ik* pierden estas desinencias.

El sufijo -ig

sustantivo		adjetivo	
der Durst	sed	durstig	sediento
der Hunger	hambre	hungrig	hambriento
die Ruhe	tranquilidad	ruhig	tranquilo

Los sustantivos en -e pierden la -e final.

El sufijo -bar

verbo		adjetivo	
essen	comer	essbar	comestible
lesen	leer	lesbar	legible
erkennen	reconocer	erkennbar	reconocible

El sufijo -mäßig

Con la desinencia -*mäßig* se forman adjetivos a partir de sustantivos.
En algunos casos se inserta la letra -*s* entre el sustantivo y -*mäßig*.

sustantivo		adjetivo	
die Regel	regla	regelmäßig	regular
die Ordnung	orden, reglamento	ordnungsmäßig	regular
die Vorschrift	norma, prescripción	vorschriftsmäßig	conforme a las disposiciones

El sufijo -haft

Con la desinencia -*haft* se forman adjetivos de sustantivos.
En algunos casos se inserta la letra -*n* entre el sustantivo y la desinencia -*haft*.

sustantivo		adjetivo	
der Name	nombre	namhaft	notable, importante
der Glaube	fe	glaubhaft	creíble
der Zauber	magia	zauberhaft	mágico, encantado
das Märchen	cuento	märchenhaft	fabuloso
das Beispiel	ejemplo	beispielhaft	ejemplar
der Ernst	seriedad	ernsthaft	serio
der Fehler	defecto, error	fehlerhaft	defectuoso, erróneo
das Rätsel	enigma, misterio	rätselhaft	enigmático, misterioso
der Zweifel	duda	zweifelhaft	dudoso
die Dauer	duración	dauerhaft	duradero
der Mangel	falta, defecto	mangelhaft	falto de, defectuoso
der Vorteil	ventaja	vorteilhaft	ventajoso
die Masse(n)	masa	massenhaft	masivo, en gran cantidad
die Sage(n)	leyenda, fábula	sagenhaft	fabuloso

La formación de los adverbios

Con la desinencia -*weise* (*die Weise*, «el modo») se forman algunos adverbios. Esta desinencia se añade a los siguientes tipos de palabra:

1. Un sustantivo (con la inserción de una -*s*, -*e* o bien -*en* entre el sustantivo y la desinencia).

sustantivo		adverbio	
der Schritt	paso	schrittweise	paso a paso
die Hilfe	ayuda	hilfsweise	auxiliar
der Versuch	experimento	versuchsweise	en fase de experimentación
das Beispiel	ejemplo	beispielsweise	por ejemplo, a modo de ejemplo
der Vergleich	comparación	vergleichsweise	en comparación
der Vorzug	preferencia	vorzugsweise	preferentemente
der Tag	día	tageweise	diariamente
die Woche	semana	wochenweise	semanalmente
die Stunde	hora	stundenweise	a horas
die Ausnahme	excepción	ausnahmsweise	excepcionalmente

2. Un adjetivo (con la inserción de -*er*).

adjetivo		adverbio	
freundlich	amable	freundlicherweise	amablemente
nett	gentil	netterweise	gentilmente
höflich	cortés	höflicherweise	cortésmente
möglich	posible	möglicherweise	posiblemente

3. El tema del presente de un verbo (raramente).

verbo		adverbio	
leihen	prestar	leihweise	en préstamo
wechseln	cambiar	wechselweise	alternativamente, por turno

La conjunción *ehe*

La conjunción subordinante *ehe* («antes») introduce una oración subordinada temporal.

| Ehe du ins Kino gehst, kaufe bitte noch ein. | Antes de ir al cine, haz la compra, por favor. |

La construcción zwar... aber

La construcción *zwar... aber*, de carácter coordinativo, se usa como sigue:

| Unser Urlaub in Griechenland war zwar schön, aber anstrengend. | Nuestras vacaciones en Grecia fueron bonitas, pero agotadoras. |

Vocabulario

anstehen		(an te:n)	figurar en programa
stattfinden		(tatfinden)	tener lugar
Parkhaus (-es, -er)	n.	(parkhaus)	aparcamiento (edificio)
Parkplatz (-es, -e)	m.	(parkplats)	aparcamiento
bestimmen		(be' timen)	determinar, asignar
Ansprechpartner (-s, -)	m.	(an prechpartner)	interlocutor
fungieren		(fuŋ'gi:ren)	servir de, actuar como
Standeinsatz (-es, -e)	m.	(' tant'ainzats)	intervención en la caseta
Rundgang (-es, -e)	m.	(runtgaŋ)	paseo
verschaffen		(fer' afen)	procurar
sich einen Überblick verschaffen		(zicainen y:berblik fer' afen)	echar un vistazo
Konkurrenz (-; sólo sing.)	f.	(koku'rents)	competencia
Tip (-s, -s)	m.	(tip)	sugerencia, consejo
notieren		(no'ti:ren)	tomar nota, anotar
Reihenstand (-es, -e)	m.	(rai:en tant)	caseta en hilera
Eckstand (-es, -e)	m.	(ek tant)	caseta en la esquina
bieten		(bi:ten)	ofrecer
Kontakt (-es, -e)	m.	(kon'takt)	contacto
zahlreich		(tsa:lraich)	numeroso
Besucher (-s, -)	m.	(be'zu:cher)	visitante
empfangen		(em'pfaŋgen)	recibir
schulen		(u:len)	adiestrar, preparar
geschult		(ge' u:lt)	adiestrado, preparado
Stimme (-, -n)	f.	(time)	voz
anerkennende Stimmen		(aner'kenende timen)	elogios
Präsentation (-, -en)	f.	(pre:zentats'jo:n)	presentación

sich äußern über (+ ac.)	(zich oisern y:ber)	pronunciarse sobre
positiv	(pozi'ti:f)	positivo
Service (-, -s) m.	(servis)	servicio
Inhalt (-es, -e) m.	(inhalt)	contenido
Verlauf (-es) m.	(fer'lauf)	desarrollo
empfehlen	(em'pfe:len)	recomendar, sugerir
empfohlen	(empfo:len)	recomendado, sugerido
(schriftlich) festhalten	(riftlich festhalten)	anotar
anfertigen	(anfertigen)	hacer, elaborar
Bericht (-es, -e) m.	(be'richt)	informe (escrito)
Gesprächsbericht (-es, -e) m.	(ge' pre:chsbe'richt)	informe de la entrevista
dienen	(di:nen)	servir
Messenacharbeit (-, -en) f.	('mese'na:char'bait)	trabajo post-feria
Analyse (-, -n) f.	(ana'ly:ze)	análisis
Messeauftritt (-es, -e) m.	('mese'auftrit)	presencia en la feria
Messeteilnahme (-, -n) f.	('mese'tailna:me)	participación en la feria
Rolle (-, -n) f.	(role)	papel
eine Rolle spielen	(eine role pi:len)	jugar un papel
gewünscht	(ge'vyn t)	deseado
Aufgabe (-, -n) f.	(auf'ga:be)	tarea, misión
die Aufgabe haben	(di: auf'ga:be ha:ben)	tener la misión
weiterleiten	(vaiterlaiten)	presentar
Auslage (-, -n) f.	(aus'la:ge)	exposición
Überprüfung (-, -en) f.	(y:ber'pry:fuŋ)	control
Exponat (-es, -e) n.	(ekspo'na:t)	muestra, pieza de exposición
zuständig	(tsu: tendich)	competente, responsable
ehe	(e:e)	antes de
sich versehen	(zich fer'ze:n)	percatarse, darse cuenta
vorüber sein	(fo:ry:ber zain)	estar terminado, haber concluido
zwar	(tsva:r)	cierto que
erschöpft	(er' œpft)	agotado
Anzahl (-, -en) f.	(antsa:l)	número
die hohe Anzahl	(di: ho:e antsa:l)	el gran número
bestätigen	(be' te:tigen)	confirmar
Beteiligung (-, -en) f.	(be'tailiguŋ)	participación
Veranstaltung (-, -en) f.	(fer'an taltuŋ)	muestra
Messeveranstaltung f. (-, -en)	('mesefer'an taltuŋ)	muestra ferial
Sitzung (-, -en) f.	(zitsuŋ)	reunión
aus dem Zimmer gehen	(aus de:m tsimer ge:n)	salir de la habitación
Wort (-es, -"er) n.	(vort)	palabra
ausschalten	(aus alten)	apagar

Fernseher (-s, -)	m.	(fernze:er)		televisor, telespectador
Film (-es, -e)	m.	(film)		película
bedienen		(be'di:nen)		servir
Bedienung (-)	f.	(be'di:nuŋ)		personal de servicio
prüfen		(pry:fen)		examinar
Prüfung (-, -en)	f.	(pry:fuŋ]		examen
Verteilung (-, -en)	f.	(fer'tailuŋ)		distribución
beschreiben		(be' raiben)		describir
Beschreibung (-, -en)	f.	(be' raibuŋ)		descripción
Erklärung (-, -en)	f.	(er'kle:ruŋ)		explicación
sich beteiligen		(zich be'tailigen)		participar
verfügbar		(fer'fy:kba:r)		disponible
zur Verfügung stehen		(tsu:r fer'fy:guŋ te:n)		estar a disposición

▶ Ejercicios

I. *Formar el sustantivo con los sufijos indicados:*
-*ung:* enden, buchen («reservar»), vorbereiten, reservieren, ändern («cambiar»), werben, erhöhen («levantar»), streichen («cancelar», «borrar», «suprimir»), annullieren («anular»), einschreiben («inscribir»), bremsen («frenar»);
-*keit:* nachdenklich («pensativo»), sauber («limpio»), fähig («capaz»), menschlich, anständig («decente»), herrlich («maravilloso»);
-*heit:* rein («puro»), echt («genuino»), klar, Kind («niño»), schön («bello»), schlank («esbelto»);
-*e:* groß, hart, kurz, weit, lang, breit («ancho»), hoch;
-*schaft:* Nachbar, Mann, Wissen, Freund, Eltern, Herr, Kunde;
-*lein:* Frau, Buch, Tisch;
-*chen:* Kind, Hut, Tisch, Puppe, Hund («perro»);
-*ion:* produzieren, organisieren, diskutieren, konstruieren.

II. *Formar el adjetivo con los sufijos indicados:*
-*lich:* Herr, Tag, Stunde, Jahr, Mund («boca»), Schrift («escritura»), Hauptsache («principal»), Glück, Beruf («profesión»), Kunst («arte»), Ursprung («origen»);
-*ig:* Vorsicht («cautela»), Mut («valor»), Zukunft («futuro»), Ruhe, Zeit, Hunger, Nachteil («desventaja»);
-*isch:* Automat, Bürokratie, Demokratie, Kritik («crítica»), Statistik («estadística»), Ökonomie;
-*bar:* machen, erkennen, essen, trinken, lesen, passieren («pasar»), durchführen («realizar»), aussprechen («pronunciar»), bewohnen («habitar»), brauchen («utilizar»), verschließen («cerrar con llave»), hören («oír»), kontrollieren, vorstellen («imaginar»), schätzen («apreciar»);
-*mäßig:* Regel, Vorschrift, Routine, Zweck, Gesetz («ley»), Plan («plano»);
-*haft:* Dauer, Name, Mangel, Vorteil, Zauber, Sage, Märchen.

III. *Formar el adverbio con la desinencia* -weise:
Probe, leihen, glücklich («feliz», «afortunado»), verständlich («comprensible»), merkwürdig («extraño»), möglich, Versuch, Beispiel, Ersatz («sustitución»), Raten («plazos»), Wahl.

IV. *Traducir:*
1. Er arbeitet heute nicht, weil er krank («enfermo») ist.
2. Das ist der Mann, den ich heute morgen auf dem Parkplatz gesehen habe.
3. Ich tue alles, was du willst.
4. Die Firma Klick hat dieses Jahr einen Eckstand gewählt.
5. Er kaufte sich ein Auto, um bequemer in Urlaub fahren zu können.
6. Er fliegt nach Deutschland, denn er bleibt nur drei Tage dort.
7. Könnten Sie uns sagen, wo das Parkhaus ist?
8. Zahlreiche Besucher kommen auf den Stand, um sich über die neuen Produkte zu informieren.
9. Nach den Gesprächen mit den Kunden machen wir uns immer Notizen über den Inhalt.
10. Er stieg aus dem Wagen, ohne ein Wort zu sagen.
11. Da es sich um eine internationale Messe handelt, werden viele ausländische Besucher erwartet.
12. Herr Martín hat die Aufgabe, als Ansprechpartner für die italienischen Kunden zu fungieren.
13. Wir machen einen Rundgang über die Messe, um uns einen Überblick über die Produkte der Konkurrenz zu verschaffen.
14. Über die Präsentation der Exponate wurde sich lobend geäußert.
15. Wo hat die Messe letztes Jahr stattgefunden?

UNIDAD DOCE
ZWÖLFTE LEKTION
¡CIEN POR CIEN KÖLSCH!
KÖLSCH PUR!

▶ **Lectura** *(Lesetext)*

Nach dem Messebesuch steht ein Abend in Köln auf dem Programm.
[na:ch de:m mesebe'zu:ch te:t ain a:bent in kœln auf dem pro'gram]
(«Tras la visita a la feria, está programada una velada en Colonia.»)

Köln ist nicht nur Wirtschaftszentrum und Messestandort, sondern auch ein bedeutendes Kulturzentrum mit einer sehenswerten Altstadt und vielen mittelalterlichen Kirchen.
[kœln ist nicht nu:r virt afts'tsentrum unt mese tant'o:rt, zondern auch ain be'doitendes kul'tu:r'tsentrum mit ainer ze:ensve:rten alt tat unt fi:len mitelalterlichen kirchen]
(«Colonia no es sólo un centro económico y de convenciones, sino también un centro cultural importante con un barrio antiguo digno de ser visitado y muchas iglesias medievales.»)

In Köln wird kein Alt gebraut, sondern das berühmte Kölsch, ein helles leichtes Bier, das aus dem typischen schlanken Kölschglas getrunken wird.
[in kœln virt kain alt ge'braut, zondern das be'ry:mte kœl , ain heles laichtes bi:r, das aus de:m ty:pi en lanken kœl gla:s ge'truŋken virt]
(«En Colonia no se produce la cerveza Alt, sino la famosa Kölsch, una cerveza rubia ligera, que se bebe en el típico vaso alargado.»)

In Köln gibt es viele Brauhäuser, die dem Gast neben dem beliebten Kölsch auch schmackhafte Kölner Spezialitäten anbieten.
[in kœln gi:pt es fi:le brauhoizer, di: de:m gast ne:ben de:m be'li:pten kœl auch makhafte kœlner pe:tsjali'te:ten anbi:ten]
(«En Colonia hay muchas cervecerías que, además de la popular Kölsch, también ofrecen al cliente las especialidades de Colonia.»)

In gemütlicher Atmosphäre kann man in Ruhe essen und trinken und den Alltagsstress vergessen.
[in ge'my:tlicher atmos'fe:re kan man in ru:e esen unt triŋken unt de:n alta:ks' tres fer'gesen]
(«En un ambiente acogedor, se puede comer y beber con toda tranquilidad y olvidar el estrés cotidiano.»)

Herr Müller hat einen großen Tisch im Brauhaus Früh direkt am Domplatz reservieren lassen.
[her my:ler hat ainen gro:sen ti im brauhaus fry: direkt am do:mplats rezer'vi:ren lasen]
(«El señor Müller ha reservado una gran mesa en la cervecería Früh que está en la plaza de la catedral.»)

Von der Messe aus kann man über die Rheinbrücke in die Altstadt gelangen.
[fon de:r mese aus kan man y:ber di: rainbryke in di: alt tat ge'laŋgen]
(«Atravesando el puente sobre el Rhin desde la feria, se llega al barrio antiguo.»)

Die Gruppe bestehend aus einem Geschäftsführer der Firma Klick, dem Marketingleiter Herrn Müller, den ausländischen Gebietsleitern und einigen Kunden bewundert den Blick auf den Rhein mit all den Schiffen und die Rheinpromenade mit der dahinter liegenden Altstadt und den angestrahlten Kirchen.
[di: grupe be' te:ent aus ainem ge' eftsfy:rer de:r firma klik, de:m marketiŋlaiter hern myler, den auslendi en ge'bi:tslaitern unt ainigen kunden be'vundert den blik auf den rain mit al de:n ifen unt die rainprome'na:de mit der da'hinter li:genden alt tat unt de:n aŋge' tra:lten kirchen]
(«El grupo, compuesto por un administrador de la empresa Klick, el director de mercadotecnia, señor Müller, los jefes de área extranjeros y algunos clientes, admira la vista sobre el Rhin con todas las embarcaciones y el paseo por el Rhin con el barrio antiguo y las iglesias iluminadas que están detrás.»)

Nach einem kurzen Besuch im Kölner Dom und einem Blick auf das Museum Ludwig und das Römisch-Germanische Museum begibt sich die Gruppe zum Brauhaus Früh.
[na:ch ainem kurtsen bezu:ch im kœlner do:m unt ainem blik auf das mu'ze:um lu:tvich unt das rœ:mi ger'ma:ni e mu'ze:um be'gi:pt zich die grupe tsum brauhaus fry:]
(«Tras una breve visita a la catedral de Colonia y un vistazo al museo Ludwig y al museo romano-germánico, el grupo se dirige a la cervecería Früh.»)

Wie immer ist das Lokal brechend voll.
[vi: imer ist das lo'ka:l brechent fol]
(«Como siempre, el local está abarrotado.»)

Herr Müller fragt einen der vielen Kellner, die hier Köbes genannt werden, wo der für sie reservierte Tisch ist.

[her myler fra:kt ainen de:r fi:len kelner, di: hi:r kœ:bes ge'nant verden, vo: de:r fy:r zi: rezer'vi:rte ti ist]
(«El señor Müller pregunta a uno de los muchos camareros, que aquí se llaman *köbes*, dónde se halla la mesa reservada para ellos.»)

An der Theke stehen so viele Leute, dass es nicht einfach ist, sich an ihnen vorbei zu drängen und dem Köbes zu folgen.
[an de:r te:ke te:n zo: fi:le loite, das es nicht ainfach ist, zich an i:nen fo:rbai tsu: dreŋgen unt de:m kœbes tsu: folgen]
(«En la barra hay tanta gente que no es fácil abrirse paso y seguir al *köbes*.»)

Aufatmend lassen sich alle auf die Holzbänke und -stühle fallen. «Mein Gott, ist das ein Betrieb hier heute Abend!»
[aufatment lasen zich ale auf di: holtsbeŋke unt ty:le falen/ main got ist das ain be'tri:p hi:r hoite a:bent]
(«Con una respiración de alivio, todos se dejan caer sobre los bancos y las sillas de madera. "¡Dios mío, qué jaleo hay aquí esta noche!"»)

Der Köbes kommt mit einem vollen Tablett Kölsch und verteilt die Gläser und auch die Speisekarten.
[de:r kœ:bes komt mit ainem folen ta'blet kœl unt fer'tailt di: gle:zer unt auch di: paizekarten]
(«El *köbes* llega con una bandeja llena de Kölsch y distribuye los vasos y las cartas.»)

«Zum Wohl!» «Prosit!» «Prost!» «Auf einen gelungenen Messetag!»
[tsum vo:l!/ pro:zit!/ pro:st!/ auf ainen ge'luŋgenen meseta:k!]
(«"¡Salud!" "¡Salud!" "¡Chin, chin!" "¡Por una jornada exitosa en la feria!"»)

Zum Glück kommt der Köbes bald mit einer weiteren Runde.
[tsum glyk komt de:r kœ:bes balt mit ainer vaiteren runde]
(«Por suerte, el *köbes* llega pronto con otra ronda.»)

—*Möchten Sie schon bestellen?*
[mœ:chten zi: o:n be' telen?]
(«¿Quieren pedir ya?»)

Er nimmt sich sogar die Zeit, ein paar Gerichte näher zu erklären.
[e:r nimt zich zo:gar di: tsait, ain pa:r ge'richte ne:er tsu: er'kle:ren]
(«Incluso se toma el tiempo de explicar con más detalle algunos platos.»)

—*Haben Sie schon gewählt, Herr Martín?» fragt Herr Müller.*
[haben zi: o:n ge'velt, her mar'tin? fra:kt her myler]
(«"¿Ya ha decidido, señor Martín?" —pregunta el señor Müller.»)

»Vielleicht darf ich Ihnen etwas empfehlen? Oder schmeckt Ihnen die deutsche Küche nicht so gut?

[fi:laicht darf ich i:nen etvas em'pfe:len?/ o:der mekt i:nen di: doit e kyche nicht zo: gu:t?]
(«¿Quiere que le aconseje algo? ¿O no le hace mucha gracia la cocina alemana?»)

—*Sehr freundlich von Ihnen, Herr Müller, aber Sie brauchen sich wirklich keine Sorgen zu machen! Ich würde gern wieder ein typisch deutsches Gericht essen. Wer weiß, am Ende könnte ich mich sogar an die deutsche Küche gewöhnen!*
[ze:r frointlich fon i:nen, her myler, aber zi: brauchen zich virklich kaine zorgen tsu: machen!/ ich vyrde gern vi:der ain ty:pi doit es ge'richt esen/ ve:r vais, am ende kœnte ich mich zo:'gar an di: doit e kyche ge'vœ:nen!]
(«Muy amable por su parte, señor Müller, pero no debe preocuparse. Me gustaría volver a comer un plato típico alemán. ¡Quién sabe, al final podría llegar a acostumbrarme a la cocina alemana!»)

Der Köbes nimmt die Bestellungen auf und bringt dann für alle noch ein Bier.
[de:r kœbes nimt di: be' teluŋgen auf unt briŋgt dan fy:r ale noch bi:r]
(«El camarero toma nota y luego trae más cervezas para todos.»)

«Ja, frisch gezapft schmeckt Kölsch doch am besten!» hört man alle befriedigt sagen.
[ja:, fri ge'tsapft mekt kœl doch am besten! hœrt man ale be'fri:dicht za:gen]
(«"¡Sí, fresca de barril, la Kölsch sabe mejor!", oye que todos dicen satisfechos.»)

Nach dem Abendessen sind alle wieder voller Energie und Herr Müller schlägt vor, einen Bummel durch die Altstadt von Köln zu machen.
[nach de:m a:bentesen zint ale vi:der foler energi: unt her myler le:kt fo:r, ainen bumel durch di: alt tat fon kœln tsu: machen]
(«Después de la cena, todos están de nuevo llenos de energía y el señor Müller propone dar una vuelta por el barrio antiguo de Colonia.»)

Aus allen Kneipen hört man Musik und Gelächter und dem Kölsch wird überall kräftig zugesprochen.
[aus alen knaipen hœrt man mu'zi:k unt ge'le:chter unt de:m kœl virt y:ber'al kreftik tsu:'ge prochen]
(«De todas las cervecerías sale música y risas, y por doquier se bebe Kölsch en abundancia.»)

Auch Herr Müller, seine Kollegen und ihre Kunden besuchen noch manche Kneipe. So bald wird man nicht wieder nach Köln kommen!
[auch her myler, zaine ko'le:gen unt i:re kunden be'zu:chen noch manche knaipe/ zo: balt virt man nicht vi:der na:ch kœln komen!]
(«Asimismo, el señor Müller, sus colegas y sus clientes visitan más cervecerías. ¡Uno no visita Colonia todos los días!»)

Wenn der Tag auf der Messe nur nicht so anstrengend gewesen wäre!
[ven de:r ta:k auf de:r mese nu:r nicht zo: an treŋgent ge'we:sen ve:re!]
(«¡Si la jornada en la feria no hubiese sido tan agotadora...!»)

Der Heinzelmännchenbrunnen vor dem Brauhaus Früh am Dom

COLNER HOFBRAU FRUH

Unsere Tagesempfehlung

Täglich ab 8.00 Uhr unser **Brauhaus früh**stück zünftig und lecker!

Donnerstag, 11. Dezember 1997

SUPPEN

GRIESS-SUPPE mit Röggelchen	DM 5,60
LEBERKNÖDELSUPPE mit Röggelchen	DM 6,70

HEUTE: frisches Zucchinigemüse

SPEZIALITÄTEN DES HAUSES

QUARK-PFANNEKUCHEN mit Zucker und Zimt	DM 13,90
DEUTSCH-BEEFSTEAK mit Zwiebeln, frisches Zucchinigemüse und Salzkartoffeln	DM 14,20
BRAUHAUSWURST mit Grünkohl „bürgerlich"	DM 15,30

GÄNSELEBER -ROSA GEBRATEN- auf Endiviensalat, dazu Brot und Gänseschmalz DM 21,30	KNUSPRIGER GÄNSEBRATEN, frischer Apfelrotkohl, Kartoffelklöße und Marzipan-Schmorapfel DM 28,70

SCHWEINE-RIPPCHEN GEBRATEN mit Grünkohl „bürgerlich"	DM 18,30
OCHSENBRUST mit Meerrettichsauce, frisches Zucchinigemüse und Salzkartoffeln	DM 19,90
GESCHNETZELTES VOM SCHWEIN „Zigeuner Art", Butterreis und Salat	DM 19,90

NACHSPEISE

ROTE GRÜTZE, hausgemacht von frischen Früchten, mit flüssiger Sahne	DM 6,90

BESONDERS ZU EMPFEHLEN

HERINGSTÖPFCHEN „Hausfrauenart" mit Salzkartoffeln	DM 14,10
UNGARISCH GOULASCH mit Salzkartoffeln und Salat	DM 18,60
1/2 BRATHÄHNCHEN mit pommes frites und gemischtem Salat	DM 18,70
KASSELER RIPPENSPEER mit Sauerkraut und Kartoffelpüree	DM 19,40
HÄMCHEN mit Sauerkraut und Kartoffelpüree	DM 20,40
JÄGERSCHNITZEL VOM SCHWEINERÜCKEN, pommes frites und Salat	DM 21,00
GLACIERTE SCHWEINEHAXE, Salzkartoffeln und gemischter Salat	DM 21,60
RHEINISCHER SAUERBRATEN, Kartoffelklöße und frisches Apfelkompott	DM 21,70
FRÜH-TELLER - 2 kleine Rinderfilets mit Spiegelei, frischen Gemüsen, verschiedenen Salaten, dazu Bratkartoffeln	DM 28,20

BRAUHAUS

AM DOM

Getränke

früh KÖLSCH (direkt vom Faß)	0,2 ltr.	2,30	früh KÖLSCH - ALKOHOLFREI		
Glas Ahr-Rotwein, Qualitätswein	0,2 ltr.	6,60	Flasche	0,33 ltr.	3,40
Glas Mosel-Wein, Qualitätswein	0,2 ltr.	6,50	Flasche Malzbier	0,33 ltr.	3,70
Martini, weiß	5 cl	4,90	Glas Coca 1, 2, 14	0,2 ltr.	3,30
Flasche Piccolo, Geldermann	0,20 ltr.	14,00	Glas Fanta 2, 4, 7	0,2 ltr.	3,30
Flasche Sekt, Geldermann	0,75 ltr.	37,50	Flasche Mineralwasser	0,25 ltr.	3,60
Flasche Moselwein oder Rheinwein, Qualitätswein weiß	0,75 ltr.	29,50	Flasche Apfelsaft, 100% Fruchtgehalt	0,2 ltr.	3,70
			Glas Orangensaft, 100% Fruchtgehalt	0,1 ltr.	3,00
Flasche Ahrwein, Qualitätswein rot	0,75 ltr.	29,50	Multi Vitaminsaft	0,2 ltr.	4,50
			Glas Milch	0,2 ltr.	1,50
Herstellung nach hauseigener Rezeptur:			Tasse Kaffee		3,30
			Ännchen Kaffee		6,60
DECK un DÖNN 38%	2 cl	3,40	Glas Tee mit Zitrone		3,30
			Ännchen Tee mit Zitrone		6,60
Alter Ulan 32%	2 cl	2,60	Glühwein (Ahr-Rotwein)	0,2 ltr.	6,60
Stippeföttche 32%	2 cl	3,30	Grog aus echtem Rum, Flasche	4 cl	6,00
SÜNNER Kom No7 38%	2 cl	3,40			
SÜNNER KORN 32%	2 cl	2,30	Zusätzliche Konservierungstoffe und Zusatzstoffe: 1=koffeinhaltig, 2=mit Farbstoff, 4=mit Konservierungsstoff Benzoesäure, 7=gefärbt mit Beta-Carotin, 14=Phosphat.		
SÜNNER WACHHOLDER-GEIST 38%	2 cl	3,40			
Apfelkorn 25%	2 cl	2,40			
Aquavit (Malteserkreuz) 40%	2 cl	4,20			
Eversbusch 46%	2 cl	4,60	Speisen und Getränke incl. 13,5% Bedienung und gesetzlicher Mehrwertsteuer. Unser Personal ist angewiesen, nach Pfennigen abzurechnen; bitte verlangen Sie eine schriftliche Abrechnung. Bei Reklamationen wenden Sie sich bitte direkt an den Geschäftsführer. Wir bitten unsere verehrten Gäste, auf die Garderobe selbst zu achten, da für abhandengekommene Garderobe keine Haftung übernommen wird. Diese Karte können Sie zum Selbstkostenpreis von DM 4,80 erwerben.		
Asbach Uralt, Alter Weinbrand 38%	2 cl	4,60			
1 Fl. Orig. Underberg 44%	2 cl	4,70			
Kirschwasser 40%	2 cl	4,60			
1 Fl. Rum 40%, Flasche	4 cl	6,00			
ZWACK Apricosen-Liqueur 25%	2 cl	5,10			

Täglich ab 8.00 Uhr Brauhaus früh stück zünftig und lecker!

Zum Wohle unserer Gäste ist unserem Bedienungspersonal der Genuß von Alkohol während der Dienstzeit nicht gestattet.

Die Geschenk-Idee!
Schnäpse - hergestellt nach alter hauseigener Rezeptur - im Geschenkkarton

DECK un DÖNN	Alter Ulan	Stippeföttche
0,7 ltr. Flasche DM 27,50	0,7 ltr. Flasche DM 27,30	0,7 ltr. Flasche DM 27,40

Cölner Hofbräu P. Josef Früh
Am Hof 12-14, 50667 Köln, Tel.: 0221-258 03 97
Täglich von 8.00 Uhr bis 24.00 Uhr geöffnet

Cuestiones gramaticales

Los pronombres interrogativos

Ya hemos visto algunos pronombres interrogativos, por ejemplo: *Wer?, was?, wo?, wohin?, woher?, wen?, wem?, wie?, wozu?* y *warum?*

Estos pronombres pueden también emplearse para introducir una oración subordinada interrogativa indirecta. En este caso, el verbo perfectivo ocupa el último lugar y los verbos separables no se separan. El sujeto de la oración subordinada suele figurar inmediatamente después de la conjunción.

EJEMPLOS	
Er fragt, wo der reservierte Tisch ist.	Pregunta dónde está la mesa reservada.
Er weiß nicht, warum ich der Kollegin die Hand gebe.	No sabe por qué le doy la mano a mi colega (fem.).
Wir verstehen nicht, wozu das gut sein soll.	No sabemos para qué puede servir.
Ich kann nicht sagen, mit wem er schon gesprochen hat.	No sé decir con quién ha hablado (él).
Sie möchten wissen, an wen sie sich wenden sollen.	Quisieran saber a quién se pueden dirigir.
Können Sie mir sagen, wann Herr Müller im Büro ist?	¿Podría decirme cuándo estará en la oficina el señor Müller?

Únicamente el pronombre puede figurar entre la conjunción y el sujeto.

Der Kellner möchte wissen, ob uns das Abendessen geschmeckt hat.	El camarero quiere saber si nos ha gustado la cena.

La conjunción *sondern*

Además de las conjunciones coordinativas *und, aber, denn* y *oder*, que ya vimos, en alemán existe la conjunción *sondern*, que equivale al *sino* adversativo español:

Köln ist nicht nur Wirtschaftszentrum und Messestandort, sondern auch ein bedeutendes Kulturzentrum.	Colonia no es sólo un centro económico y ferial, sino también un centro cultural importante.

In Köln trinkt man nicht nur Kölsch, sondern man spricht auch Kölsch.	En Colonia no se bebe sólo Kölsch, sino que también se habla el *kölsch* (dialecto de Colonia).
Sein Kollege war nicht nervös, sondern nur ziemlich müde.	Su colega no estaba nervioso, sino sólo muy cansado.

Otras conjunciones

Para expresar una conversación más vivaz, interesante y completa, se estructura el discurso con oraciones subordinadas.

A continuación presentamos otras conjunciones que también introducen una oración subordinada, aunque debe tenerse en cuenta que, a la hora de traducirlas al español, no siempre equivalen a una conjunción, sino que a menudo se corresponden con preposiciones y locuciones preposicionales.

La conjunción temporal *bevor* («antes de»)

Bevor er ins Büro fährt, frühstückt er.	Antes de ir a la oficina, desayuna.
Bevor sie in die Altstadt gehen, essen sie im Hotel zu Abend.	Antes de dirigirse al barrio antiguo, cenan en el hotel.

La conjunción temporal *nachdem* («tras», «después de que»)

Esta conjunción introduce varias fases temporales, en función de las cuales se obtendrán tiempos distintos en el verbo de la oración principal y de la subordinada. En concreto, si la oración principal tiene el verbo en presente, futuro, imperfecto o pretérito perfecto de indicativo, el verbo de la subordinada será, respectivamente, pretérito perfecto, pretérito perfecto, pluscuamperfecto y pluscuamperfecto.

Nachdem wir in Köln angekommen sind, fahren wir direkt zum Hotel.	Tras llegar a Colonia vamos directamente al hotel.
Nachdem wir zu Abend gegessen haben, werden wir in die Altstadt gehen.	Después de cenar, iremos al barrio antiguo.
Nachdem wir die Messe besucht hatten, gingen wir zum Bahnhof.	Tras haber visitado la feria, fuimos a la estación.
Nachdem wir gegessen hatten, haben wir unsere Freunde angerufen.	Después de comer, hemos llamado a nuestros amigos.

La conjunción temporal *bis* («hasta que», «llegado el caso de que»)

| Er hat am Ausgang gewartet, bis er seinen Bruder kommen sah. | Esperó a la salida hasta que vio llegar a su hermano. |

La conjunción temporal *solange* («hasta que», «mientras que»)

| Solange sie an dem Buch schrieb, hatte sie keine Zeit für ihn. | Mientras escribía el libro, no tuvo tiempo para él. |

La conjunción temporal *seit(dem)* («desde que»)

| Seit(dem) er für eine deutsche Firma arbeitet, besucht er einen Deutschkurs. | Desde que trabaja para una empresa alemana, asiste a un curso de alemán. |

La conjunción temporal *sobald* («en cuanto»)

| Sobald ich am Flughafen ankomme, werde ich ihn anrufen, damit er mich abholen kommt. | En cuanto llegue al aeropuerto, le llamaré para que venga a buscarme. |
| Sobald sie eine bessere Stelle gefunden hatte, suchte sie sich eine größere Wohnung. | En cuanto encontró un lugar mejor, se buscó un piso más grande. |

La conjunción temporal *während* («mientras»)

| Während er arbeitete, dachte er an den schönen Abend, der ihn erwartete. | Mientras trabajaba, pensaba en la bonita velada que le esperaba. |

Während sirve como conjunción en una oración subordinada, como acabamos de ver, si bien también puede ser una simple preposición:

| Während der Arbeit dachte er an den schönen Abend, der ihn erwartete. | Durante el trabajo pensaba en la bonita velada que le esperaba. |

La conjunción adversativa *während*, *wohingegen* («mientras»)

Alle machten Urlaubspläne, während ihr Chef bereits Überstunden organisierte.	Todos hacían planes para las vacaciones, mientras su jefe organizaba ya horas extraordinarias
Er fährt gern Ski, wohingegen sie lieber ins Schwimmbad geht.	Le gusta esquiar, mientras ella prefiere ir a la piscina.

La conjunción comparativa *als* («de lo que», «de cuanto»)

Herr Martín spricht besser Deutsch, als wir dachten.	El señor Martín habla alemán mejor de lo que creíamos.
Die Wohnung ist größer, als ich dachte.	El apartamento es más grande de lo que creía.

La conjunción comparativa *wie* («como»)

Unsere Firma hat endlich neue Computer gekauft. Aber er macht seine Arbeit weiterhin so, wie er sie seit fünfundzwanzig Jahren gemacht hat.	Nuestra empresa finalmente ha comprado ordenadores nuevos, pero él continúa desarrollando su trabajo como hace 25 años.

La construcción *je* más comparativo... *desto* más comparativo («cuanto más..., tanto más»)

Je schneller du Deutsch lernst, desto eher kannst du befördert werden.	Cuanto más rápidamente aprendas alemán, antes podrás ascender.

La construcción *so dass* («tanto que..., que»)

Es regnete so stark, dass sie das Auto nehmen musste. Es regnete, so dass sie das Auto nehmen musste.	Llovía con tanta intensidad, que tuvo que coger el coche.

La construcción *je nachdem, ob* (wieviel, wann...) («en función de, cuando...»)

Je nachdem, ob er vormittags oder nachmittags kommt, können wir entweder zusammen zu Mittag oder zu Abend essen.	En función de si él viene por la mañana o por la tarde, podremos comer o cenar juntos.
Je nachdem, wie viel ich verdienen werde, kann ich mir einen größeren Wagen kaufen.	En función de lo que gane podré comprarme un coche más grande.

La construcción concesiva *obwohl* más indicativo («aunque», «si bien»)

Obwohl sie müde waren, haben sie die ganze Nacht gefeiert.	Aunque estaban cansados, estuvieron de fiesta toda la noche.

En alemán, la oración subordinada concesiva también puede expresar dos oraciones principales. La segunda oración principal se introduce con la conjunción *trotzdem* («a pesar de que», «ello no obstante», «sin embargo»):

Sie waren müde. Trotzdem haben sie die ganze Nacht gefeiert.	Estaban cansados. Sin embargo, estuvieron de fiesta toda la noche.

Indem

En español, la conjunción *indem* se expresa mediante el gerundio:

Indem man täglich die Zeitung liest, ist man immer über die letzten Neuigkeiten informiert.	Leyendo el periódico todos los días uno siempre está informado de las últimas novedades.

▶ Vocabulario

Programm (-s, -e)	n.	(pro'gram)	programa
auf dem		(auf de:m	
Programm stehen		pro'gram te:n)	estar programado
Wirtschaft (-; sólo sing.)	f.	(virt aft)	economía, empresa
Wirtschaftszentrum (-s, -zentren)	n.	(virt afts'tsentrum)	centro económico
Messestandort (-es, -e)	m.	(mese' tant'ort)	lugar de ferias

Kultur (-, -en) f.	(kul'tu:r)	cultura
sehenswert	(ze:hens've:rt)	digno de ser visitado
mittelalterlich	(mitel'alterlich)	medieval
Kirche (-, -n) f.	(kirche)	iglesia
brauen	(brauen)	producir cerveza
berühmt	(be'ry:mt)	famoso
hell	(hel)	claro
leicht	(laicht)	ligero
typisch	(ty:pi)	típico
schlank	(lank)	esbelto
Brauhaus (-es, -"er) n.	(brauhaus)	cervecería
beliebt	(be'li:pt)	popular, querido
schmackhaft	(makhaft)	sabroso
Spezialität (-, -en) f.	(petsjali'te:t)	especialidad
gemütlich	(ge'my:tlich)	acogedor
Atmosphäre (-, -n) f.	(atmos'fe:re)	ambiente
in Ruhe	(inru:e)	tranquilamente, con toda calma
Alltagsstress (-es) m.	('alta:ks' tress)	estrés cotidiano
Dom (-es, -e) m.	(do:m)	catedral
Domplatz (-es, -e) m.	(do:mplats)	plaza de la catedral
Platz (-es, -e) m.	(plats)	plaza, lugar
Rhein m.	(rain)	Rhin
Brücke (-, -n) f.	(bryke)	puente
gelangen	(ge'laŋgen)	alcanzar
bestehend aus (+ dat.)	(be' te:hent aus)	compuesto por
Geschäftsführer(-s,-) m.	(ge' efts'fy:rer)	administrador, gerente
Leiter (-s, -) m.	(laiter)	director, responsable
Marketingleiter (-s, -) m.	(marketiŋlaiter)	director de mercadotecnia
Gebiet (-es, -e) n.	(ge'bi:t)	región, zona, área
Gebietsleiter (-s, -) m.	(ge'bi:tslaiter)	jefe de área
bewundern	(be'vundern)	admirar
Blick (-es, -e) m.	(blik)	vista; mirada
Schiff (-es, -e) n.	(if)	embarcación
Promenade (-, -n) f.	(prome'na:de)	paseo
anstrahlen	(an tra:len)	iluminar
Museum, Museen n.	(mu'ze:um)	museo
Ludwig	(lutvi:ch)	Luis
römisch	(rœ:mi)	romano
germanisch	(ger'ma:ni)	germánico
sich begeben zu (+ dat.)	(zich be'ge:ben tsu:)	inducir
Lokal (-es, -e) n.	(lo'ka:l)	local
brechend voll	(brechent fol)	abarrotado
nennen	(nenen)	llamar
genannt	(genant)	llamado
Theke (-, -n) f.	(te:ke)	barra de bar
sich vorbeidrängen	(zich fo:r'bai'dreŋgen)	sobrepasar, abrirse paso
folgen	(folgen)	seguir

aufatmend		(aufatment)	con un suspiro de alivio
atmen		(atmen)	respirar
Holzbank (-, -"e)	f.	(holtsbak)	banco de madera
Holzstuhl (-es, -"e)	m.	(holts' tu:l)	silla de madera
Mein Gott!		(main got)	¡Dios mío!, ¡caramba!
Betrieb (-es, -e)	m.	(be'tri:p)	empresa, actividad; animación, jaleo
Tablett (-s, -s)	n.	(ta'blet)	bandeja
verteilen		(fer'tailen)	distribuir
zum Glück		(tsum glyk)	por suerte, afortunadamente
Runde (-, -n)	f.	(runde)	ronda
sich Zeit nehmen		(zich tsait ne:men)	tomarse el tiempo
ein paar		(ain pa:r)	algunos
näher		(ne:her)	con más detalle
erklären		(er'kle:ren)	explicar
Küche (-, -n)	f.	(kyche)	cocina
schmecken		(meken)	degustar (comida, bebida)
Sorge (-, -n)	f.	(zorge)	preocupación
sich Sorgen machen		(zich zorgen machen)	preocuparse
typisch		(typi)	típico
sich gewöhnen		(zich ge'vœ:nen an)	acostumbrarse a
sogar		(zo'ga:r)	incluso
wer weiß		(ve:r vais)	quién sabe
befriedigt		(be'fri:dicht)	satisfecho
Energie (-, -n)	f.	(ener'gi:)	energía
vorschlagen		(fo:r la:gen)	proponer
Bummel (-s, -)	m.	(bumel)	paseo (por el centro)
überall		(y:ber'al)	por doquier, por todas partes
zusprechen		(tsu: prechen)	brindar por, beber mucho
Kraft (-, -"e)	f.	(kraft)	fuerza
kräftig		(kreftich)	fuertemente
anstrengend		(an treŋgent)	agotador
wissen		(visen)	saber
er weiß		(e:r vais)	él sabe
wozu		(vo:'tsu:)	para qué
sich wenden an + ac.		(zich venden an)	dirigirse a

Ejercicios

I. *Insertar el pronombre interrogativo:*
1. Er weiß nicht, ... sein Kollege einen Tisch reserviert hat.
2. Ich verstehe nicht, ... nicht schon früher mit mir gesprochen hast.
3. Kannst du mir sagen, ... der Zug nach Köln fährt?
4. Er hat mir noch nicht gesagt, ... er jetzt wohnt.
5. Sie versteht nicht, ... man so viel arbeiten kann.

II. *Responder a las preguntas:*
1. Wie heißt das Bier in Köln?
2. Wo vergessen viele Kölner den Alltagstress?
3. Wie gelangt man von der Messe in die Altstadt?
4. Wie heißen die Kellner in der Brauerei «Früh»?
5. Mit wem geht Herr Martín abends in die Kölner Altstadt?
6. Was machen sie dort?
7. Trinkt man in Köln auch Alt?
8. Was sprechen die Kölner?
9. Was kann man in der Altstadt abends sehen?
10. Wie schmeckt Kölsch am besten?

III. *Traducir:*
1. No estoy nerviosa, sino muy cansada.
2. Tenemos que hablarte, aunque comprendemos que debes trabajar.
3. Tras llegar a la empresa, los señores se reúnen en la sala de conferencias.
4. Antes de ir a la feria, he de desayunar.
5. Mientras comía, miraba el televisor.
6. Habláis mejor italiano de lo que creíamos.
7. Nevaba tan fuerte, que tuve que coger el autobús.
8. Aunque estaban cansados, hablaron durante toda la noche de la feria.
9. Leyendo el periódico todos los días, siempre se sabe lo que está ocurriendo en el mundo.
10. Cuanto más rápidamente aprendas alemán, antes podrás comunicarte con tus colegas en su lengua.

UNIDAD TRECE
DREIZEHNTE LEKTION

AL DÍA SIGUIENTE, DE NUEVO EN LA OFICINA
DER TAG DANACH, WIEDER IM BÜRO

▶ Lectura *(Lesetext)*

Am nächsten Morgen erscheinen alle bleich und verschlafen im Hotelrestaurant.
[am ne:chsten morgen er' ainen ale blaich und fer' la:fen im ho'telresto'rant]
(«A la mañana siguiente, todos se presentan en el restaurante del hotel pálidos y somnolientos.»)

Als der Kellner fragt, was er ihnen zu trinken bringen solle, verlangen sämtliche Kollegen starken Kaffee oder Espresso.
[als de:r kelner fra:kt, vas e:r i:nen tsu: triken briŋgen zole, fer'laen zemtliche ko'le:gen tarken kafe o:der es'preso]
(«Cuando el camarero pregunta qué debe traer, todos los colegas piden un café cargado o un expreso.»)

Herr Martín bestellt sogar einen doppelten Espresso: «Den brauche ich, um richtig wach zu werden!»
[her mar'tin be' telt zo:gar ainen dopelten es'preso/ de:n brauche ich um richtich vach tsu: ve:rden!]
(«El señor Martín incluso pide un expreso doble: "¡Lo necesito para poder despertarme completamente!"»)

Auch wenn niemand einen richtigen Kater hat, hat mancher auf dem Zimmer doch schon ein Aspirin genommen.
[auch ven ni:mant ainen richtigen ka:ter hat, hat mancher auf de:m tsimer doch o:n ain aspi'ri:n ge'nomen]
(«Aunque nadie tiene realmente resaca, alguno que otro sí que se ha tomado una aspirina en la habitación.»)

Um acht Uhr kommt Herr Müller mit einem weiteren Angestellten ins Hotel, um die ausländischen Mitarbeiter mit ihrem Gepäck ins Büro zu bringen.
[um acht u:r komt her myler mit ainem vaiteren ange' telten ins ho'tel, um di: auslendi en mitarbaiter mit i:rem ge'pek ins by'ro: tsu: brigen]
(«A las 8.00, el señor Müller llega al hotel con otro empleado para acompañar a la oficina a los colaboradores extranjeros con su equipaje.»)

Auch sie scheinen mit den Nachwirkungen des letzten Abends zu kämpfen zu haben, denn sie bestellen sich im Restaurant noch schnell einen Kaffee.
[auch zi: ainen mit den na:chvirkugen des letsten a:bents tsu: kempfen tsu: ha:ben, den zi: be telen zich im resto'rant noch nel ainen kafe]
(«También ellos parecer tener que combatir las consecuencias de la velada anterior, dado que piden enseguida otro café.»)

In der Firma angekommen, versammeln sich die Herren wieder im Konferenzzimmer.
[in de:r firma ange'komen, fer'zameln zich di: heren vi:der im 'konfe'rents'tsimer]
(«Cuando llegan a la empresa, los señores se reúnen de nuevo en la sala de conferencias.»)

Zunächst werden die Eindrücke ausgetauscht, die man gewonnen hat.
[tsu:'ne:chst verden di: aindryke ausgetau t, di: man ge'vonen hat]
(«Al principio, se intercambian las impresiones obtenidas.»)

Danach spricht man über die Kunden, die der Einladung der Firma Klick, ihren Stand auf der Messe in Köln zu besuchen, gefolgt sind.
[da:'na:ch pricht man y:ber di: kunden, di: de:r ainla:du de:r firma klik, i:ren tant auf de:r mese in kœln tsu: be'zu:chen ge'folkt zint]
(«Luego se habla de los clientes que han aceptado la invitación de la empresa Klick a visitar su caseta en la feria de Colonia.»)

Dann wird eine Liste der Kunden aufgestellt, die der persönlichen Einladung nicht entsprochen haben, um sie darauf ansprechen zu können und die Gründe zu erfahren.
[dan virt aine liste de:r kunden aufge telt, di: de:r per'zœ:nlichen ainla:du nicht ent' prochen haben, um zi: da:'rauf an pre:chen tsu: kœnen unt di: grynde tsu: er'fa:ren]
(«Después, se confecciona una lista con los clientes que no han respondido a la invitación personal, para contactar con ellos y conocer el motivo.»)

Nach dem Mittagessen, das wieder in der Kantine eingenommen wird, haben die ausländischen Mitarbeiter den ganzen Nachmittag zur Verfügung, um aus den Notizen über die am Vortag geführten Kundengespräche ihre Berichte anzufertigen, die die Firma später auswerten wird.
[na:ch de:m mita:kesen, das vi:der in de:r kan'ti:ne ainge'nomen virt, ha:ben di: auslendi en mitarbeiter de:n gantsen na:chmita:k tsur fer'fy:gu, um aus de:n notitsen y:ber di: am fo:rta:k ge'fy:rten kundenge pre:che i:re be'richte antsu:'fertigen, di: di: firma pe:ter ausve:rten virt]

(«Tras el almuerzo, que se sirve de nuevo en la cantina de la empresa, los colaboradores extranjeros tienen toda la tarde a su disposición para redactar los informes a partir de los apuntes, tomados el día anterior durante las entrevistas con los clientes, y que la empresa analizará posteriormente.»)

Da diese Berichte auf Deutsch zu schreiben sind, brauchen die ausländischen Mitarbeiter etwas mehr Zeit für die Formulierung, doch gegen 17.00 Uhr sind alle damit fertig.
[da: di:ze be'richte auf doit tsu: raiben zint, brauchen di: auslendi en mitarbaiter etvas me:r tsait fy:r di: formu'li:ru, doch ge:gen zi:ptse:n u:r zint ale da:'mit fertich]
(«Dado que los informes deben ser escritos en alemán, los colaboradores extranjeros necesitan un poco más de tiempo para su redacción, si bien hacia las 17.00 todos ya han acabado.»)

Während die anderen Kollegen nunmehr zum Flughafen gebracht werden, um die Heimreise anzutreten, verabschiedet sich Herr Martín von Herrn Müller und den anderen Kollegen und nimmt ein Taxi in die Innenstadt, wo er noch einen Freund besuchen will, der schon seit vielen Jahren in Düsseldorf lebt und den er schon lange nicht mehr gesehen hat.
[ve:rent di: anderen ko'le:gen nunme:r tsum flu:kha:fen ge'bracht ve:rden, um di: haimraize antsu:tre:ten fer'ap i:det zich her mar'tin fon hern myler unt de:n anderen ko'le:gen unt nimt ain taksi in di: inen tat, vo: e:r noch ainen froint be'zu:chen vil, de:r o:n zait fi:len ja:ren in dyseldorf le:pt unt de:n e:r o:n lage nicht me:r ge'ze:n hat]
(«Mientras los otros colegas son acompañados al aeropuerto para [tomar] el vuelo de vuelta, el señor Martín se despide del señor Müller y los demás colegas, y toma un taxi hacia el centro, donde quiere visitar a un amigo que hace muchos años que vive en Düsseldorf y que hace tiempo que no ve.»)

Sein Freund besitzt im Zentrum ein spanisches Restaurant und hat Herrn Martín eingeladen, vor dem Rückflug nach Madrid mit ihm zu Abend zu essen, und Herr Martín hat diese Einladung gern angenommen.
[zain froint be'zitst im tsentrum ain espani es resto:'rant unt hat hern mar'tin ainge'la:den fo:r de:m rykflu:k na:ch Madrid mit i:m tsu: a:bent tsu: esen unt her mar'tin hat di:ze ain'la:du gern ange'nomen]
(«Su amigo posee un restaurante español en el centro y ha invitado al señor Martín a cenar con él antes de que regrese a Madrid, y el señor Martín ha aceptado con mucho gusto la invitación.»)

▶ Cuestiones gramaticales

Los sustantivos masculinos con declinación en -(e)n

Algunos sustantivos masculinos adoptan la desinencia -*(e)n* en los casos genitivo, dativo y acusativo singular, además de en nominativo plural.

Adoptan la desinencia -n:

1. Los sustantivos que en singular acaban en -e:

nominativo	der Kollege	el colega
genitivo	des Kollegen	del colega
dativo	dem Kollegen	a/para el colega
acusativo	den Kollegen	al colega

nominativo	der Junge	el muchacho
genitivo	des Jungen	del muchacho
dativo	dem Jungen	a/para el muchacho
acusativo	den Jungen	al muchacho

Asimismo, los adjetivos sustantivados (por ejemplo, *der Neue*, «el recién llegado») y los participios (por ejemplo, *der Angestellte*, «el empleado») que aluden a nombres de persona masculinos precedidos por el artículo determinado adoptan esta declinación:

— *der Neue, des Neuen, dem Neuen, den Neuen;*
— *der Angestellte, des Angestellten, dem Angestellten, den Angestellten.*

Sin embargo, siguiendo la declinación del adjetivo, los adjetivos sustantivados y los participios que aluden a nombres de persona femeninos, así como los adjetivos sustantivados neutros (abstractos) no adoptan la desinencia *-n* en acusativo:

nominativo	die Angestellte	la empleada
genitivo	der Angestellten	de la empleada
dativo	der Angestellten	a/para la empleada
acusativo	die Angestellte	a la empleada

nominativo	das Gute	el bueno
genitivo	des Guten	del bueno
dativo	dem Guten	a/para el bueno
acusativo	das Gute	al bueno

Si van precedidos por el artículo indeterminado, estos adjetivos sustantivados y participios adoptan las siguientes formas:

nominativo	ein Angestellter (Neuer)	eine Angestellte (Neue)
genitivo	eines Angestellten (Neuen)	einer Angestellten (Neuen)
dativo	einem Angestellten (Neuen)	einer Angestellten (Neuen)
acusativo	einen Angestellten (Neuen)	eine Angestellte (Neue)

2. Los títulos profesionales acabados en *-oge:*

nominativo	der Biologe	el biólogo
genitivo	des Biologen	del biólogo
dativo	dem Biologen	a/para el biólogo
acusativo	den Biologen	al biólogo

3. Los sustantivos gentilicios:

nominativo	der Deutsche	el alemán
genitivo	des Deutschen	del alemán
dativo	dem Deutschen	a/para el alemán
acusativo	den Deutschen	el alemán

Adoptan la desinencia *-en*:

1. Los sustantivos que acaban con una consonante:

nominativo	der Mensch	el hombre
genitivo	des Menschen	del hombre
dativo	dem Menschen	a/para el hombre
acusativo	den Menschen	al hombre

Sin embargo: *der Herr, des Herrn, dem Herrn, den Herrn* (plural, *die Herren*).

2. Los vocablos de origen extranjero que aluden a títulos profesionales acabados en *-ant, -ent, -ist*:

nominativo	der Student	el estudiante
genitivo	des Studenten	del estudiante
dativo	dem Studenten	a/para el estudiante
acusativo	den Studenten	al estudiante

Dado que el número de sustantivos masculinos con declinación en *-(e)n* es limitado, a continuación se enumeran los más importantes:

der Affe, des Affen	mono
der Bär, des Bären	oso
der Bauer, des Bauern	campesino
der Bote, des Boten	mensajero
der Bulle, des Bullen	toro
der Bursche, des Burschen	jovencito
der Erbe, des Erbe	heredero
der Experte, des Experten	experto
der Fürst, des Fürsten	príncipe
der Gefährte, des Gefährten	compañero
der Genosse, des Genossen	compañero
der Graf, des Grafen	conde
der Hase, des Hasen	liebre
der Heide, des Heiden	pagano
der Held, des Helden	héroe
der Herr, des Herrn (plural: die Herren)	señor
der Hirte, des Hirten	pastor
der Insasse, des Insassen	ocupante
der Jude, des Juden	judío, hebreo
der Junge, des Jungen	muchacho
der Kamerad, des Kameraden	compañero, camarada
der Knabe, des Knaben	niño (culto)
der Kollege, des Kollegen	colega
der Komplize, des Komplizen	cómplice
der Kunde, des Kunden	cliente
der Laie, des Laien	laico
der Lotse, des Lotsen	piloto (de barco)
der Löwe, des Löwen	león
der Mensch, des Menschen	hombre
der Nachbar, des Nachbarn	vecino
der Nachkomme, des Nachkommen	descendiente
der Narr, des Narren	loco, bufón
der Neffe, des Neffen	sobrino
der Ochse, des Ochsen	buey
der Pate, des Paten	padrino
der Prinz, des Prinzen	príncipe
der Rabe, des Raben	cuervo
der Rebell, des Rebellen	rebelde
der Riese, des Riesen	gigante
der Satellit, des Satelliten	satélite
der Sklave, des Sklaven	esclavo
der Soldat, des Soldaten	soldado
der Zeuge, des Zeugen	testigo

Los sustantivos masculinos acabados en *-and*, *-ant*, *-ent*:

der Doktorand, des Doktoranden	doctorando
der Asylant, des Asylanten	prófugo
der Demonstrant, des Demonstranten	manifestante
der Elefant, des Elefanten	elefante

der Lieferant, des Lieferanten	proveedor
der Musikant, des Musikanten	músico
der Agent, des Agenten	agente, espía
der Dirigent, des Dirigenten	director de orquesta
der Konkurrent, des Konkurrenten	competidor
der Patient, des Patienten	paciente
der Präsident, des Präsidenten	presidente
der Produzent, des Produzenten	productor
der Student, des Studenten	estudiante

Los sustantivos masculinos acabados en -*ist*:

der Christ, des Christen	cristiano
der Journalist, des Journalisten	periodista
der Idealist, des Idealisten	idealista
der Kapitalist, des Kapitalisten	capitalista
der Kommunist, des Kommunisten	comunista
der Polizist, des Polizisten	policía
der Realist, des Realisten	realista
der Sozialist, des Sozialisten	socialista
der Terrorist, des Terroristen	terrorista
der Utopist, des Utopisten	utópico

Los sustantivos masculinos de origen extranjero (y, en especial, los helenismos) en -*oge*, -*at* y otros:

der Anthropologe, des Anthropologen	antropólogo
der Astrologe, des Astrologen	astrólogo
der Biologe, des Biologen	biólogo
der Dermatologe, des Dermatologen	dermatólogo
der Geologe, des Geologen	geólogo
der Pädagoge, des Pädagogen	pedagogo
der Psychologe, des Psychologen	psicólogo
der Automat, des Automaten	distribuidor automático, autómata
der Bürokrat, des Bürokraten	burócrata
der Demokrat, des Demokraten	demócrata
der Diplomat, des Diplomaten	diplomático
der Fotograf, des Fotografen	fotógrafo
der Seismograph, des Seismographen	sismógrafo
der Architekt, des Architekten	arquitecto
der Antroposoph, des Antroposophen	antropósofo
der Philosoph, des Philosophen	filósofo
der Katholik, des Katholiken	católico
der Monarch, des Monarchen	monarca
der Chirurg, des Chirurgen	cirujano

Algunos sustantivos acabados en -e forman el genitivo singular añadiendo la letra -s:

der Buchstabe, des Buchstabens	letra
der Gedanke, des Gedankens	pensamiento
der Name, des Namens	nombre

Así como los siguientes:

der Professor, des Professors, dem Professor, den Professor (plural: die Professoren)	profesor
der Motor, des Motors, dem Motor, den Motor (plural: die Motoren)	motor
der Staat, des Staats, dem Staat, den Staat (plural: die Staaten)	estado
der See, des Sees, dem See, den See (plural: die Seen)	lago

Los adverbios pronominales

Los adverbios pronominales se forman con la unión de las partículas *wo-* y *da-* con determinadas preposiciones (lo cual nos permite repasar los verbos que rigen preposición).

Se usa *wo-* más la preposición en la pregunta y *da-* más la preposición en la respuesta o en una frase afirmativa:

PREPOSICIÓN CON EL ACUSATIVO

wodurch?	dadurch	wofür?	dafür
wogegen?	dagegen		

PREPOSICIONES CON EL DATIVO

woraus?	daraus	wobei?	dabei
womit?	damit	wonach?	danach
wovon?	davon	wozu?	dazu

PREPOSICIONES CON EL DATIVO Y EL ACUSATIVO

woran?	daran	worauf?	darauf
worin?	darin	worüber?	darüber
worunter?	darunter	wovor?	davor

Si la preposición empieza con una vocal, se intercala la letra -r entre la partícula y la preposición.

EJEMPLOS

— Womit beschäftigst du dich in der Freizeit?	¿A qué dedicas el tiempo libre?
— Mit dem Computer.	Al ordenador.
— Woran denkst du?	¿En qué estás pensando?
— An die morgige Prüfung.	En el examen de mañana.
— Worum hat er sich während deines Urlaubs nicht gekümmert?	¿De qué no se ha ocupado durante tus vacaciones?
— Um die Pflanzen.	De las plantas.
— Worüber wollte er mit uns sprechen?	¿De qué quería hablar con nosotros?
— Über die Messevorbereitung.	De la preparación de la feria.

Nótese que los adverbios pronominales sólo se usan cuando se refieren a objetos.
Si, por el contrario, se trata de personas, se usa la preposición más el pronombre personal:

EJEMPLOS

— Mit wem fährst du nach Deutschland?	¿Con quién vas a Alemania?
— Mit meinem Kollegen.	Con mi colega.
— Für wen kauft er ein Geschenk?	¿A quién le compra un regalo?
— Für seinen Sohn.	A su hijo.
— An wen denkst du?	¿En quién estás pensando?
— An meine Eltern.	En mis padres.
— Um wen kümmert sie sich?	¿A quién cuida?
— Um unsere kranke Nachbarin.	A nuestra vecina enferma.

Los adverbios pronominales se refieren a un objeto o a un concepto y evitan la repetición en la frase siguiente, en la respuesta o en una oración subordinada.

EJEMPLOS

Sie hat uns einen Brief geschrieben, den ich nicht verstehe. Ich möchte mit ihr **darüber** sprechen.	Nos ha escrito una carta que no entiendo. Querría hablar con ella de esto.

Ich erinnere mich nicht an die Farbe des Mantels, den wir Maria letztes Jahr zum Geburtstag geschenkt haben. Erinnerst du dich vielleicht **daran**?	No recuerdo el color del abrigo que el año pasado regalamos a María por su cumpleaños. ¿Lo recuerdas quizá tú?
Sie haben uns viele Geschenke gemacht, aber wir können uns nicht **darüber** freuen.	Nos han hecho muchos regalos, pero no logramos estar contentos.
Diese Woche habe ich wenig Zeit zum Einkaufen. Könntest du dich bitte **darum** kümmern?	Esta semana tengo poco tiempo para ir a comprar. ¿Podrías ocuparte tú, por favor?

Algunos adverbios pueden introducir una oración subordinada:

Sie hatte **davon** gesprochen, am Abend ins Kino gehen zu wollen.	Había dicho que quería ir al cine por la noche.
Er konnte den Kunden leicht **dazu** bewegen, das Produkt zu bestellen.	Lograba fácilmente inducir al cliente a encargar el producto.

Los sustantivos y los adjetivos con preposición

Asimismo, los sustantivos, los adjetivos y los adverbios pueden regir determinadas preposiciones.

1. Sustantivo más preposición:

Durst (haben) **auf**. Hast du Durst auf ein Bier?	Tener sed de algo en concreto. ¿Te apetece una cerveza?
Gefallen (finden) **an**. Er findet am Studium keinen Gefallen.	(Sentir) placer con algo. No le gusta estudiar.
Hunger (haben) **auf**. Ich habe Hunger auf eine Pizza.	(Tener) hambre de algo en concreto. Me apetece una pizza.
Freude **über**. Seine Freude über die Beförderung war groß.	Alegría por algo. Su alegría por el ascenso fue grande.

2. Lista de los adjetivos y adverbios con preposición más importantes:

*Arm **an*** (+ dat.).	Carente de algo.
Sie ist arm an Phantasie.	Carece de fantasía.
*Gut angesehen **bei*** (+ dat.).	Apreciado por algo.
Er ist bei seinem Chef gut angesehen.	Es apreciado por su jefe.
*Schlecht angesehen **bei*** (+ dat.).	Mal visto por algo.
Er ist bei seinen Kollegen schlecht angesehen.	Está mal visto por sus colegas.
*Ärgerlich **über*** (+ ac.).	Enfadado por algo.
Sie ist ärgerlich über die Verspätung.	Está enfadada por su retraso.
*Begeistert **von*** (+ dat.).	Entusiasmado con algo.
Er ist von dem neuen Job begeistert.	Está feliz con su nuevo trabajo.
*Bekannt (machen) **mit*** (+ dat.).	Presentar algo.
Ich habe ihn mit meinen Eltern bekannt gemacht.	Le he presentado a mis padres.
*Bekannt **bei*** (+ dat.).	Ser conocido por algo.
Die Firma Klick ist bei der Konkurrenz bekannt.	La empresa Klick es conocida por la competencia.
*Bekannt **für*** (+ ac.).	Ser conocido por algo.
Er ist für seine Unpünktlichkeit bekannt.	Es conocido por su falta de puntualidad.
*Bekümmert **über*** (+ ac.).	Apenado por algo.
Ich bin über euer Verhalten bekümmert.	Estoy apenado por vuestro comportamiento.
*Beleidigt **über*** (+ ac.).	Ofendido por algo.
Sie ist über den Vorwurf beleidigt.	Se ha ofendido por el reproche.
*Beliebt **bei*** (+ dat.).	Popular entre/querido por alguien.
Er ist bei seinen Freunden und Kollegen sehr beliebt.	Es muy popular entre sus amigos y colegas.
*Besessen **von*** (+ dat.).	Obsesionado por algo.
Sie sind von dieser Idee besessen.	Está obsesionada por esa idea.
*Betroffen sein **von*** (+ dat.).	Afectado por algo.
Auch wir sind von der neuen Regelung betroffen.	El nuevo reglamento también nos afecta a nosotros.
*Betroffen **über*** (+ ac.).	Afectado por algo (figurado).
Ich war betroffen über den plötzlichen Tod des Chefs.	Me siento afectada por la muerte repentina del jefe.
*Beunruhigt **über*** (+ ac.).	Alarmado por algo.
Ich bin über die Klimaveränderung sehr beunruhigt.	Estoy alarmado por el cambio del clima.
*Blass **vor*** (+ dat.).	Empalidecer por algo.
*Blass (werden) **vor*** (+ dat.). *Als er hörte, dass sein Kollege befördert wurde, wurde er blass vor Neid.*	Cuando oyó que su colega había sido ascendido, empalideció de envidia.

Böse auf (+ ac.).
Bist du böse auf mich?
Enfadado con alguien.
¿Estás enfadado conmigo?

Eifersüchtig auf (+ ac.).
Sie war immer eifersüchtig auf ihre Freundin.
Celoso de alguien.
Siempre ha estado celosa de su amiga.

Entsetzt über (+ ac.).
Ich bin über dein Verhalten entsetzt.
Asustado de/por algo.
Estoy asustado de tu actitud.

Erfreut über (+ ac.).
Sie war über die Gehaltserhöhung sehr erfreut.
Contento de/con/por algo.
Estaba muy contenta con el aumento de sueldo.

Erkrankt an (+ dat.).
Er ist an Aids erkrankt.
Enfermo de algo.
Está enfermo de sida.

Fähig zu (+ dat.).
Er ist zu allem fähig.
Capaz de algo.
Es capaz de todo.

Fertig mit (+ dat.).
Herr Martín ist mit dem Bericht fertig.
(Haber) acabado algo.
El señor Martín ha acabado el informe.

Fertig zu (+ dat.).
Bist zu fertig zur Abfahrt?
Listo para algo.
¿Estás listo para salir?

Frei von (+ dat.).
Niemand ist frei von Vorurteilen.
Carente de/libre de algo.
Nadie está libre de prejuicios.

Freundlich zu (+ dat.).
Sie war zu den Kunden immer freundlich.
Amable con algo.
Siempre ha sido amable con los clientes.

Froh über (+ ac.).
Ich bin froh über deinen Erfolg.
Contento de algo.
Estoy contento de tu éxito.

Glücklich über (+ ac.).
Sie war glücklich über die neue Stelle.
Feliz con/de algo.
Estaba feliz con su nuevo trabajo.

Interessiert an (+ dat.).
Bist du an einem Halbtagsjob interessiert?
Interesado en algo.
¿Estás interesada en un trabajo a tiempo parcial?

Nachlässig in (+ ac.).
Leider ist er in seiner Kleidung nachlässig.
Negligente, que descuida algo.
Por desgracia, descuida su vestuario.

Neidisch auf (+ ac.).
Sie ist neidisch auf den Erfolg ihrer Schwester.
Envidioso de algo.
Está envidiosa del éxito de su hermana.

Nützlich für (+ ac.).
Wofür soll das nützlich sein?
Útil para algo.
¿Para qué es útil?

Reich an (+ dat.).
Er ist reich an guten Einfällen.
Rico, lleno de algo.
Está lleno de buenas ideas.

Rot (werden) vor (+ dat.).
Er wurde rot vor Wut.
Ruborizarse por/enrojecer de algo.
Enrojeció de rabia.

*Schädlich **für** (+ ac.).*
Zucker ist schädlich für die Zähne.

*Schockiert sein **über** (+ ac.).*
Er war über ihren Wutausbruch schockiert.

*Stolz **auf** (+ ac.).*
Wir sind stolz auf unsere Kinder.

*Überzeugt **von** (+ dat.).*
Der Kunde war von dem neuen Produkt nicht überzeugt.

*Verbittert **über** (+ ac.).*
Sie war über den Ausgang des Gesprächs verbittert.

*Verliebt **in** (+ ac.).*
Hast du dich in meinen Bruder verliebt?

*Verrückt **nach** (+ dat.).*
Er ist verrückt nach ihr.

*Verschieden **von** (+ dat.).*
Er ist von seinen Brüdern sehr verschieden.

*Verständnisvoll **gegenüber** (+ dat.).*
Sie versucht, der neuen Kollegin gegenüber verständnisvoll zu sein.

*Verwandt **mit** (+ dat.).*
Bist du mit Maria verwandt?

*Verwundert **über** (+ ac.).*
Über deine Reaktion war ich sehr verwundert.

*Voll **von** (+ dat.).*
Der Tisch war voll von Weihnachtsgeschenken.

*Voreingenommen **gegenüber** (+ dat.).*
Man soll den Ausländern gegenüber nicht voreingenommen sein.

*Zufrieden **mit** (+ dat.).*
Er ist mit dem Resultat nicht zufrieden.

*Zurückhaltend **gegenüber** (+ dat.).*
Kinder sollten gegenüber Fremden zurückhaltender sein.

Nocivo, perjudicial para algo.
El azúcar es perjudicial para los dientes.

Escandalizado por algo.
Estaba escandalizado por su estallido de cólera.

Orgulloso de algo.
Estamos orgullosos de nuestros hijos.

Convencido de algo.
El cliente no estaba convencido del nuevo producto.

Entristecido por/ decepcionado por algo.
Está decepcionada por el resultado de la entrevista.

Enamorado de algo.
¿Te has enamorado de mi hermano?

Loco por algo.
Está loco por ella.

Distinto de/a algo.
Es muy distinto a sus hermanos.

Comprensivo hacia/con algo.
Trata de ser comprensiva con la nueva colega.

Pariente de alguien.
¿Eres una pariente de María?

Sorprendido por alguien.
Me ha sorprendido mucho tu reacción.

Lleno de algo.
La mesa estaba llena de regalos de Navidad.

Recelar de algo.
No debes recelar de los extranjeros.

Satisfecho con/de algo.
No está satisfecho con el resultado.

Reservado hacia algo.
Los niños deberían ser más reservados hacia las personas desconocidas.

Vocabulario

erscheinen	(er' ainen)	aparecer
bleich	(blaich)	pálido
verschlafen	(fer' la:fen)	somnoliento
verlangen	(fer'laŋgen)	requerir, pretender
stark	(tark)	fuerte
wach werden	(vach ve:rden)	despertarse
niemand	(ni:mant)	nadie, ninguno
einen Kater haben	(ainen ka:ter ha:ben)	tener resaca
mancher	(mancher)	alguien, alguno
Angestellte (-n, -n) m.+f.	(ange' telte)	empleado
weiter	(vaiter)	ulterior
Nachwirkung (-, -en) f.	(na:chvirkuŋ)	repercusión
letzt	(lets)	último, reciente
kämpfen	(kempfen)	combatir, luchar
sich versammeln	(zich fer'zameln)	reunirse
Eindruck (-es, -e) m.	(aindruk)	impresión
einen Eindruck gewinnen	(aindruk ge'vinen)	tener la impresión
folgen	(folgen)	seguir
einer Einladung folgen	(ainer ainladuŋ folgen)	aceptar una invitación
Liste (-, -n) f.	(liste)	lista
eine Liste aufstellen	(aine liste auf' telen)	hacer una lista
einer Einladung entsprechen	(ainer ainladuŋ ent pre:chen)	responder a una invitación
ansprechen	(an pre:chen)	dirigir la palabra a
Grund (-es, -e) m.	(grunt)	razón, causa
erfahren	(er'fa:ren)	conocer, llegar a saber
das Mittagessen einnehmen	(das 'mita:k'esen ainne:men)	almorzar
ganz	(gants)	todo; entero
der ganze Nachmittag	(de:r gantse 'nachmi'ta:k)	toda la tarde
Verfügung (-, -en) f.	(fer'fy:gu)	disposición
zur Verfügung haben	(tsu:r fer'fy:gu ha:ben)	tener a disposición
Vortag (-es, -e) m.	(fo:rta:k)	día anterior
anfertigen	(anfertigen)	hacer, producir
auswerten)	(ausve:rten)	analizar, elaborar
fertig sein	(fertich zain)	haber acabado; estar listo
nun(mehr)	(nu:nme:r)	ahora, en este momento
Heimreise (-, -n) f.	(haimraize)	viaje de vuelta
eine Reise antreten	(aine raize antre:ten)	empezar un viaje
schon lange	(o:n lae)	desde hace mucho tiempo

besitzen	(be'zitsen)	poseer
Zentrum (-s, Zentren) n.	(tsentrum)	centro
Innenstadt (-, -"e) f.	(inen tat)	centro urbano

Ejercicios

I. *Responder brevemente e insertar en las frases siguientes la partícula* da *y la preposición:*
1. Woran arbeitest du gerade? (ein neues Computerprogramm)
   Aber .... hast du doch schon gestern gearbeitet!
2. Wofür ist das nützlich? (der Haushalt)
   Aber .... kann ich das doch nicht gebrauchen!
3. Womit bist du beschäftigt? (das Schreiben von Weihnachtskarten)
   Aber .... kannst du doch noch warten!
4. Worüber diskutieren sie? (das neue Gesetz)
   Aber .... diskutieren sie doch schon seit einer Woche!
5. Wovor hat er Angst? (die Prüfung)
   Aber .... braucht er doch keine Angst zu haben!

II. *Formar el genitivo:*
Der Name; der Kollege; der Neffe; der Mann; das Büro; der Astrologe; der Asylant; der Junge; der Automat; der Astronaut; der Professor; der See; der Herr; der Angestellte; der Neue.

III. *Traducir:*
1. Hemos acabado los preparativos de la feria.
2. Estoy realmente sorprendida por/con tu reacción.
3. El señor Martín incluso pidió un expreso doble.
4. Los informes debían escribirse en alemán.
5. Todos tenían resaca.
6. Mientras los demás eran conducidos al aeropuerto, yo tomé un taxi para ir a reunirme con mis amigos.
7. Estamos contentos de tu éxito.
8. ¿Estás lista para salir *(das Ausgehen)*?
9. No recuerdo dónde he escrito su número de teléfono *(die Telefonnummer aufschreiben).*
10. Está loca por él.

UNIDAD CATORCE
VIERZEHNTE LEKTION

BALANCE DEL CURSO DE IDIOMAS (I)
REISEBERICHT IM SPRACHKURS (I)

Lectura *(Lesetext)*

—*Guten Abend, meine Damen und Herren!*
[gu:ten a:bent, maine da:men unt heren!]
(«¡Buenas tardes, señoras y señores!»)

»*Wie ich sehe, sind wir heute wieder vollzählig! Herr Martín ist von seiner Reise nach Deutschland zurückgekehrt, und wenn ich mich recht erinnere, hatte er uns vor seiner Abreise einen Reisebericht versprochen.*
[vi: ich ze:he, zint vi:r hoite vi:der fol'tse:lich!/ her mar'tin ist fon zainer raize na:ch doit lant tsu:'rykge'ke:rt, unt ven ich mich recht er'inere, hate e:r uns fo:r zainer apraize ainen raizebe'richt fer' prochen]
(«¡Veo que hoy estamos de nuevo al completo! El señor Martín ha vuelto de su viaje a Alemania y, si recuerdo bien, antes de su marcha nos había prometido un balance.»)

—*Nun, Herr Martín, sind Sie bereit? Wir sind alle schon sehr gespannt auf das, was Sie uns zu erzählen haben!*
[nu:n, her mar'tin, zint zi: be'rait?/ vi:r zint ale o:n ze:r ge' pant auf das, vas zi: uns tsu: er'tse:len ha:ben!]
(«Así pues, señor Martín, ¿está listo? ¡Todos esperamos con ansiedad lo que tiene que contarnos!»)

—*Nun, mein Aufenthalt in Deutschland hat nur drei Tage gedauert, aber ich habe so viel erlebt, dass ich fast ein Buch darüber schreiben könnte. Aber fangen wir von vorne an.*
[nu:n, main aufenthalt in doit lant hat nu:r drai ta:ge ge'dauert, a:ber ich ha:be zo: fi:l er'le:pt, das ich fast ain bu:ch dary:ber raiben kœnte/ a:ber fagen vi:r fon fo:rne an]

Unidad catorce 201

(«Bien, mi estancia en Alemania sólo ha durado tres días, aunque me han pasado tantas cosas que casi podría escribir un libro. Pero empecemos por el principio.»)

»Wie Sie alle wissen, bin ich mit dem Flugzeug gereist, denn für einen drei tägigen Aufenthalt wäre die Fahrt mit dem Zug oder Wagen zu anstrengend gewesen. Nach Düsseldorf sind es immerhin fast tausensiebenhundert Kilometer!
[vi: zi: ale visen, bin ich mit de:m flu:ktsoik ge'raist, den fyr ainen drai te:gigen aufenthalt ve:re di: fa:rt mit de:m tsu:k o:der va:gen tsu: an tregent ge've:sen/ na:ch dyseldorf zint es imer'hin fast tauzenziebenhundert kilo'me:ter!
(«Como todos saben, fui en avión porque para una estancia de tres días el viaje en tren o en coche habría sido demasiado agotador. ¡Hasta Düsseldorf no deja de haber casi mil setecientos kilómetros!»)

»Der Hinflug verlief ohne Probleme, wir sind sogar pünktlich in Düsseldorf gelandet.
[de:r hinflu:k fer'li:f o:ne pro'ble:me, vi:r zint zo:gar pyktlich in dyseldorf ge'landet]
(«El vuelo de ida se desarrolló sin problemas; de hecho, aterrizamos puntualmente en Düsseldorf.»)

»Am Flughafen hat mich dann Herr Müller, mein deutscher Kollege, erwartet.
[am flu:kha:fen hat mich dan her myler, main doit er ko'le:ge erva:rtet]
(«En el aeropuerto me esperaba el señor Müller, mi colega alemán.»)

»Er ist der Leiter der Marketing Abteilung und hat sich während der drei Tage um uns ausländische Mitarbeiter gekümmert.
[e:r ist de:r laiter de:r marke'ti aptailu unt hat zich ve:rent de:r drai ta:ge um uns auslendi e mitarbaiter ge'kymert]
(«Es el jefe de la sección de mercadotecnia y durante los tres días se encargó de los colaboradores extranjeros.»)

»Alles war so perfekt organisiert, wie man es von den Deutschen allgemein erwartet.
[ales va:r zo: per'fekt orga:ni'zi:rt, vi: man es fon de:n doit en alge'main er'va:rtet]
(«Todo estaba organizado con la perfección que suele esperarse de los alemanes.»)

»Die Firma hatte für uns Zimmer in einem Hotel in Zentrumsnähe reserviert, so dass wir uns am ersten Abend auch die Düsseldorfer Altstadt ansehen konnten.
[di: firma hate fy:r uns tsimer in ainem ho'tel in tsentrums'ne:he rezer'vi:rt, zo: das vi:r uns am e:rsten a:bent auch di: dyseldorfer alt tat anze:n konten]
(«La empresa había reservado habitaciones para nosotros en un hotel próximo al centro, de modo que la primera noche ya pudimos echar un vistazo al barrio antiguo de Düsseldorf.»)

»*Aber Düsseldorf hat ja nicht nur eine schöne Altstadt, sondern ist auch Altstadt, denn dort wird das bekannte Altbier gebraut, wovon wir natürlich auch viel getrunken haben.*
[a:ber dyseldorf hat ja: nicht nu:r aine œ:ne alt tat, zondern ist auch alt tat, den dort virt das be'kante altbi:r ge'braut, vo:fon vi:r na'ty:rlich auch fi:l ge'truken ha:ben]
(«Sin embargo, Düsseldorf no sólo tiene un bonito barrio antiguo, sino que también es la ciudad de la Alt, dado que allí se produce la conocida cerveza Alt, que por supuesto consumimos en gran cantidad.»)

Eine Mitschülerin unterbricht Herrn Martín Erzählung und fragt ihn, ob seine Reise nicht eine Geschäftsreise gewesen sei.
[aine mit y:lerin unter'bricht hern mar'tins er'tse:lu unt fra:kt i:n, op zaine raize nicht aine ge' eftsraize ge've:zen zai]
(«Una compañera de clase interrumpe el relato del señor Martín y le pregunta si el viaje no era acaso un viaje de negocios.»)

—*Ja, sicher, aber an die vergnüglichen Stunden denkt man natürlich als erstes zurück.*
[ja:, zicher, a:ber an di: fer'gny:klichen tunden dekt man na'ty:rlich als e:rstes tzu:ryk]
(«Sí, claro, pero lo primero que uno recuerda es sin duda las horas divertidas.»)

»*Was die Arbeit betrifft, so waren die drei Tage ausgefüllt mit Besprechungen in der Firma und Gesprächen mit Kunden auf der Messe.*
[vas di: arbait be'trift, zo: va:ren di: drai ta:ge ausgefylt mit be prechugen in de:r firma unt ge pre:chen mit kunden auf de:r mese]
(«Por lo que respecta al trabajo, los tres días fueron intensos, con entrevistas en la empresa y reuniones con los clientes en la feria.»)

Der Nachbar von Herrn Martín möchte wissen, wo die Messe stattgefunden habe.
[de:r nachba:r fon hern mar'tin mœchte visen, vo: di: mese tatgefunden ha:be]
(«El vecino del señor Martín quería saber dónde tuvo lugar la feria.»)

—*Meine Firma hat ihren Sitz in Düsseldorf, aber die Messe hat in Köln stattgefunden.*
[maine firma hat i:ren zits in dyseldorf, a:ber di: mese hat in kœln tatgefunden]
(«Mi empresa tiene sede en Düsseldorf, aunque la feria se celebró en Colonia.»)

»*Das Messegelände liegt verkehrstechnisch sehr günstig, nämlich am Bahnhof Köln-Deutz am Rhein.*»
[das mesege'lende li:kt ferke:rs'techni ze:r gynstich, ne:mlich am ba:nho:f kœln-doits am rain]

(«Respecto a su accesibilidad, la feria se halla en una ubicación muy favorable, muy cerca de la estación de Colonia-Deutz, junto al Rhin.»)

»*Von dort aus kann man über die Rheinbrücke ins Zentrum und in die Altstadt gelangen.*
[fon dort aus kan man y:ber di: rainbry:ke ins tsentrum unt in di: alt tat ge'lagen]
(«Desde allí, y cruzando el puente sobre el Rhin, se llega al centro y el barrio antiguo.»)

Frau Valenti fragt amüsiert, ob auch in Köln Altbier getrunken werde.
[frau va'lenti fra:kt amy'zi:rt, op auch in kœln altbi:r getruken ve:rde]
(«Con aire divertido, la señora Valenti pregunta si en Colonia también se bebe la cerveza Alt.»)

—*Gott bewahre, nein! Die Kölner trinken Kölsch, ein helles obergäriges Bier. Und sie trinken nicht nur Kölsch, sondern sprechen auch Kölsch.*
[got be'va:re, nain!/ di: kœlner triken kœl , ein heles o:berge:riges bi:r/ unt zi: triken nicht nu:r kœl zondern prechen auch kœl]
(«¡No, por Dios! La gente de Colonia bebe Kölsch, una cerveza rubia de alta graduación. Y no sólo beben Kölsch, sino que también hablan *kölsch*.»)

»*Man könnte fast sagen, dass sie singen, wenn sie in ihrer Mundart sprechen.*
[man kœnte fast za:gen das zi: zigen, ven zi: in i:rer muntart prechen]
(«Podría decirse que casi cantan, cuando hablan en su dialecto.»)

»*Der rheinische Dialekt ist zwar sehr melodisch, aber für uns Ausländer nicht einfach zu verstehen.*
[de:r raini e dia'lekt ist tsvar ze:r melo'di , a:ber fy:r uns auslender nicht ainfach tsu: fer' te:n]
(«El dialecto renano es muy melodioso, aunque para los extranjeros no es fácil de entender.»)

»*Außerdem sprechen die Rheinländer nicht gerade langsam und nach ein paar Gläsern Kölsch löst sich die Zunge erst richtig.*
[auserde:m prechen di: rainlender nicht ge:'rade lagza:m unt na:ch ain pa:r gle:zern kœl lœ:st zich di: tsuge e:rst richtich]
(«Además, los renanos no hablan en absoluto lentamente y, tras un par de vasos de Kölsch, la lengua se les suelta aún más.»)

—*Was haben wir gelacht, als wir versucht haben, die Namen der Spezialitäten auf der Speisekarte richtig auszusprechen und sie dann zu verstehen!*
[vas ha:ben vi:r ge'lacht, als vi:r fer'zu:cht haben, di: na:men der pe:tsiali'te:ten auf de:r paizekarte richtich austsu:' prechen unt zi: dan tsu: fer' te:n!]
(«¡Lo que nos reímos, cuando tratábamos de pronunciar de manera correcta los nombres de las especialidades de la carta y, luego, entenderlos!»)

Herrn Martíns Mitschüler sehen sich erstaunt an und wollen wissen, wo er Gelegenheit gehabt habe, eine Kölner Speisekarte zu sehen.
[hern mar'tins mit y:ler ze:n zich er' taunt an unt volen visen, vo: e:r ge'le:genhait ge'ha:pt ha:be, aine kœlner paizekarte tsu: ze:n]
(«Los compañeros del señor Martín se miran sorprendidos y quieren saber dónde tuvo oportunidad de ver una carta de Colonia.»)

—*Oh, das ist eine andere Geschichte, die ich beim nächsten Mal erzählen werde.*
[o:, das ist aine andere ge' ichte, di: ich beim ne:chsten ma:l er'tse:len ve:rde]
(«Ah, esa es otra historia que os explicaré en otra ocasión.»)

»Jetzt ist meine Kehle so trocken vom vielen Reden, dass ich unbedingt etwas trinken muss.»
[jetst ist maine ke:le zo: trocken fom fi:len re:den, das ich unbedikt etvas triken mus]
(«Ahora, tengo la garganta tan seca después de toda esta charla que debo beber algo cuanto antes.»)

»Und hier ist die Überraschung: Kölsch für alle! Ich habe ein paar Flaschen mitgebracht, damit man meine Begeisterung für das deutsche Bier auch verstehen kann! Prost!
[unt hi:r ist di: y:bera u:/ kœl fy:r ale!/ ich ha:be ain pa:r fla en mitge'bracht, da'mit man maine be'gaisteru fy:r das doit e bi:r auch fer' te:n kan!/ pro:st!]
(«Y he aquí la sorpresa: ¡Kölsch para todos! He traído un par de botellas, de modo que se pueda comprender mi entusiasmo por la cerveza alemana. ¡Salud!»)

▶ Cuestiones gramaticales

El subjuntivo

En alemán hay dos formas de subjuntivo: el presente de subjuntivo *(Konjunktiv I)* y el pretérito imperfecto de subjuntivo *(Konjunktiv II)*.
El uso de este modo del verbo es más limitado que en español: sirve para expresar un deseo, una orden o algo irreal o probable.
Se usa además para expresar el discurso indirecto, es decir, cuando se quieren reproducir opiniones o afirmaciones ajenas. Por consiguiente, se utilizan sobre todo las formas de la tercera persona.
En el discurso indirecto, en alemán, el verbo de la frase subordinada requiere siempre el subjuntivo, manteniendo el tiempo usado en discurso directo (presente, futuro simple, imperfecto, pretérito perfecto, pluscuamperfecto, futuro anterior), si las formas verbales del subjuntivo y el indicativo son distintas. En caso de que ambas formas sean iguales, y si el verbo es débil, se debe recurrir a otro tiempo o a una perífrasis (como, por ejemplo, el pretérito imperfecto de subjuntivo o una construcción con *würden)* para que quede claro que se trata de un subjuntivo.

El presente de subjuntivo

El presente de subjuntivo se forma con el tema del infinitivo añadiendo las desinencias -e, -est, -e, -en, -et, -en.

Nótese que la tecera persona del singular del presente de subjuntivo acaba siempre en -e (en lugar de en -t, como en el indicativo).

gehen	Presente de subjuntivo		Presente de indicativo
ich	gehe	vaya	gehe
du	gehest	vayas	gehst
er, sie, es	gehe	vaya	geht
wir	gehen	vayamos	gehen
ihr	gehet	vayáis	geht
sie	gehen	vayan	gehen

nehmen	Presente de subjuntivo		Presente de indicativo
ich	nehme	tome	nehme
du	nehmest	tomes	nimmst
er, sie, es	nehme	tome	nimmt
wir	nehmen	tomemos	nehmen
ihr	nehmet	toméis	nehmt
sie	nehmen	tomen	nehmen

haben	Presente de subjuntivo		Presente de indicativo
ich	habe	haya	habe
du	habest	hayas	hast
er, sie, es	habe	haya	hat
wir	haben	hayamos	haben
ihr	habet	hayáis	habt
sie	haben	hayan	haben

sein	Presente de subjuntivo		Presente de indicativo
ich	sei	sea	bin
du	seiest	seas	bist
er, sie, es	sei	sea	ist
wir	seien	seamos	sind
ihr	seiet	seáis	seid
sie	seien	sean	sind

En la lengua hablada, para expresar un discurso indirecto a menudo se recurre indistintamente al presente de subjuntivo y al pretérito imperfecto de subjuntivo; es más, se prefiere este último porque posee formas verbales más claras:

Sie sagte, sie habe keine Zeit. Sie sagte, sie hätte keine Zeit.	Dijo que no tenía tiempo.
Der Kunde meinte, das Produkt sei zu teuer. Der Kunde meinte, das Produkt wäre zu teuer.	El cliente creía que el producto era demasiado caro.

Si, por el contrario, la forma del presente de subjuntivo es igual que la forma del indicativo (en la primera persona del singular y el plural, y en la segunda y tercera persona del plural) se debe usar el pretérito imperfecto de subjuntivo:

Er glaubte, ich habe viel Geld. Er glaubte, ich hätte viel Geld.	Creía que yo tenía mucho dinero.
Sie meinte, wir haben genug Zeit zur Verfügung. Sie meinte, wir hätten genug Zeit zur Verfügung.	Pensaba que teníamos suficiente tiempo a nuestra disposición.

Con las formas del presente de subjuntivo se obtienen, además, las del pretérito perfecto de subjuntivo y las del futuro simple de subjuntivo *(ich werde, du werdest, er werde, wir werden, ihr werdet, sie werden)*:

Sie sagte, sie habe gut geschlafen.	Dijo que había dormido bien.
Er glaubte, dass er uns im Restaurant gesehen habe.	Pensaba que nos había visto en el restaurante.
Sie erzählte, dass sie noch nie in Deutschland gewesen sei.	Explicaba que nunca había estado en Alemania.
Er sagt, er werde mich besuchen kommen.	Dijo que vendría a visitarme.
Sie sagte, sie hoffe, mich bald zu treffen.	Decía que esperaba encontrarme pronto.

Para transformar un imperativo en un discurso indirecto, hay que emplear el presente de subjuntivo de los verbos modales *sollen, müssen* y *mögen (er solle, er müsse, er möge)* más el infinitivo del verbo principal:

Sie sagte dem Kind, es solle sofort herkommen.	Le decía al niño que vendría enseguida.
Er sagte, ich möge ihn im Büro anrufen.	Decía que le llamaría a la oficina.

Vocabulario

vollzählig	(foltse:lich)	al completo
zurückkehren von (+ dat.)	(tsu:rykke:ren)	volver, regresar
sich erinnern	(zich er'inern)	recordar, acordarse
recht	(recht)	correcto; bien
Reisebericht (-es, -e) m.	(raizebe'richt)	balance del viaje
versprechen	(fer prechen)	prometer
bereit sein	(be'rait zain)	estar listo
gespannt sein auf (+ ac.)	(ge' pant zain auf)	esperar con ansiedad
erzählen	(er'tse:len)	explicar, relatar
nun	(nu:n)	bueno (interj.)
Aufenthalt (-es, -e) m.	(aufenthalt)	estancia
erleben	(er'le:ben)	vivir
von vorn(e)	(fon forn)	desde/por el principio
dreitägig	(draite:gich)	de tres días
Fahrt (-, -en) f.	(fa:rt)	viaje (en coche, en tren)
immerhin	(imerhin)	para siempre
verlaufen	(ver'laufen)	desarrollarse
erwarten	(er'varten)	esperar
allgemein	(alge'main)	en general
ansehen	(anze:n)	mirar, echar un vistazo
bekannt	(be'kant)	conocido
Mitschüler (-s, -) m.	(mit y:ler)	compañero de clase
unterbrechen	(unter'brechen)	interrumpir
Erzählung (-, -en) f.	(er'tse:lu)	relato
Geschäftsreise(-,-n) f.	(ge' eftsraize)	viaje de negocios
vergnüglich	(fer'gny:klich)	divertido
als erstes	(als erstes)	ante todo
zurückdenken	(tsu:'rykdeken)	recordar
was... betrifft	(vas be'trift)	por lo que respecta
ausfüllen	(ausfylen)	rellenar, cumplimentar
ausgefüllt sein mit (+ dat.)	(ausge'fylt zain mit)	estar lleno de
Sitz (-es, -e) m.	(sits)	puesto, sede
verkehrstechnisch	(fer'ke:rstechni)	respecto al tráfico (accesibilidad)
günstig	(gynstich)	conveniente
nämlich	(ne:mlich)	es decir
direkt	(di'rekt)	directo
von dort aus	(fon dort aus)	desde allí
Brücke (-, -n) f.	(bryke)	puente
Rhein m.	(rain)	Rin
amüsiert	(amy'zi:rt)	divertido
Gott bewahre, nein!	(got be'va:re nain)	¡no, por Dios!
obergärig	(o:berge:rich)	de alta fermentación
singen	(zigen)	cantar
Mundart (-, -en) f.	(muntart)	dialecto
rheinisch	(raini)	renano
Dialekt (-es, -e) m.	(dia'lekt)	dialecto

melodisch	(me'lo:di)	melodioso
außerdem	(auserde:m)	además
lösen sich	(lœ:zen zich)	soltarse
Zunge (-, -n) f.	(tsuge)	lengua
lachen	(lachen)	reír
richtig	(richtich)	de modo correcto
Spezialität (-, -en) f.	(pe:tsjali'te:t)	especialidad
erstaunt	(er' taunt)	sorprendido
Gelegenheit (-, -en) f.	(ge'le:gen'hait)	ocasión, vez
Geschichte (-, -n) f.	(ge' ichte)	historia
beim nächsten Mal	(baim ne:chsten ma:l)	la próxima vez
Kehle (-, -n) f.	(ke:le)	garganta
trocken	(troken)	seco
das Reden	(das re:den)	el hablar
Unbedingt	(unbe'diŋkt)	por fuerza
Überraschung (-, -en) f.	(y:bera u)	sorpresa
Flasche (-, -n) f.	(fla e)	botella
mitbringen	(mitbrigen)	llevar (con uno)
Begeisterung(-; sólo sing.) f.	(be'gaisteruŋ)	entusiasmo

Ejercicios

I. *Formar el presente de subjuntivo:*
Er ist, er hat, er glaubt, er nimmt, er gibt, er denkt, er dankt, er vergisst, er versteht, er schläft, er sagt, er kommt, er lacht, er bietet an, er holt ab, er begrüßt, er trifft.

II. *Formar el pretérito perfecto de subjuntivo (tercera persona del singular):*
Sein, laufen, verlassen, bleiben, sich verständigen, essen, trinken, fahren, fliegen, reisen, bestellen, wünschen, empfehlen, geben, überzeugen, fungieren, kennenlernen.

III. *Traducir:*
1. Dijo que no tenía tiempo para nosotros.
2. Cree que han ido al restaurante.
3. Piensa que hallará pronto un nuevo puesto de trabajo.
4. Me dice que nunca ha sido tan feliz.
5. No creía que (yo) hubiese ido al cine.
6. Dijo que debía permanecer sentado.
7. Pensaba que la conocía bien.
8. Dice que nunca había visto una mujer tan bella.
9. Eloy decía que había encontrado una cervecería muy acogedora.
10. Me decía que no pensara más en ello.

IV. *Formar el imperativo de las frases del ejercicio anterior (cuando sea posible).*

UNIDAD QUINCE
FÜNFZEHNTE LEKTION

BALANCE DEL CURSO DE IDIOMAS (II)
REISEBERICHT IM SPRACHKURS (II)

Lectura *(Lesetext)*

—*Also, wo waren wir stehengeblieben? Ach ja, der Abend in Köln.*
[alzo:, vo: va:ren vi:r te:nge'bli:ben?/ ach ja:, de:r a:bent in kœln]
(«Así, pues, ¿dónde nos habíamos quedado? Ah, sí, la velada en Colonia.»)

»*Für den Abend nach der Messe hatte unsere Firma ein Essen mit einem Bummel durch die Kölner Altstadt geplant.*
[fy:r de:n a:bent na:ch de:r mese hate unzere firma ain esen mit ainem bumel durch di: kœlner alt tat ge'pla:nt]
(«Por la noche, tras la feria, la empresa había programado una cena con un paseo por el barrio antiguo de Colonia.»)

»*Herr Müller hatte für uns einen Tisch in dem bekannten Brauhaus "Früh" am Domplatz reservieren lassen.*
[her myler hate fy:r uns ainen ti in de:m be'kanten brauhaus fry: am do:mplats rezer'vi:ren lasen]
(«El señor Müller había reservado para nosotros una mesa en la conocida cervecería Früh, en la plaza de la catedral.»)

»*Dort kann man gemütlich sitzen, sein Kölsch trinken und auch gut essen.*
[dort kan man ge'my:tlich zitsen, zain kœl triken, unt auch gu:t esen]
(«Allí uno puede estar sentado cómodamente, beber Kölsch y comer bien.»)

»*Das war ein Gedränge! Zum Glück war ein Tisch für uns reserviert, sonst hätten wir an der Theke stehend unser Bier trinken müssen.*
[das va:r ain ge'drege!/ tsum glyk va:r ain ti fy:r uns rezer'vi:rt, zonst heten vi:r an de:r te:ke te:hent unzer bi:r triken mysen]

(«¡Había un bullicio! Por suerte, había una mesa reservada para nosotros; de no ser así habríamos tenido que beber nuestra cerveza de pie en la barra.»)

Die Gruppe lacht und will wissen, ob Herr Martín nach dem reichlichen Biergenuss am folgenden Tag einen klaren Kopf gehabt habe.
[di: grype lacht unt vil visen, op her mar'tin na:ch de:m raichlichen 'bi:rge'nus am folgenden ta:k ainen kla:ren kopf ge'hapt ha:be]
(«El grupo ríe y quiere saber si al día siguiente, tras haber bebido mucha cerveza, el señor Martín tenía la mente lúcida.»)

—*Nun, ich gebe zu, es ist an jenem Abend sehr spät geworden und ganz nüchtern waren wir alle nicht mehr. Ich erinnere mich noch nicht einmal, wie wir zurück ins Hotel gekommen sind, aber die anderen haben mir gesagt, dass wir ein Taxi nach Düsseldorf genommen haben.*
[nu:n, ich ge:be tsu:, es ist an je:nem a:bent ze:r pe:t ge'vorden unt gants nychtern va:ren vi:r ale nicht me:r/ ich er'inere mich noch nicht ainma:l, vi: vi:r tsu:'ryk ins ho'tel ge'komen zint, a:ber di: anderen ha:ben mir geza:kt, das vi:r ain taksi na:ch dyseldorf ge'nommen ha:ben]
(«Bueno, lo admito, habíamos transnochado mucho y todos nosotros no estábamos muy sobrios. Ni siquiera recuerdo cómo volvimos al hotel, si bien los demás me dijeron que habíamos tomado un taxi hacia Düsseldorf.»)

»Ich glaube, ich war wirklich ein bisschen beschwipst! Jedenfalls richtig angeheitert, aber noch nicht betrunken...!
[ich glaube ich va:r virklich ain bischen be' vipst!/ je:denfals richtich agehaitert, a:ber noch nicht be'truken!]
(«¡Creo que realmente estaba un poco achispado! En todo caso, alegre, pero no borracho...»)

»Aber die Kopfschmerzen am nächsten Tag! Es wäre besser gewesen, nur Bier zu trinken, aber zu fortgeschrittener Stunde kamen immer mehr Schnäpse dazu.
[a:ber di: kopf mertsen am ne:chsten ta:k!/ es ve:re beser ge've:zen, nu:r bi:r tsu: triken a:ber tsu: fortge ritener tunde ka:men imer me:r nepse datsu:]
(«Pero, ¡vaya dolor de cabeza al día siguiente! Habría sido mejor beber únicamente cerveza, pero cuantas más horas pasaban más aguardiente añadíamos.»)

»Die Kombination Bier und Korn hat mich umgehauen.
[di: kombinatsjo:n bi:r unt korn hat mich umgehauen]
(«La combinación de cerveza y aguardiente me dejó fuera de combate.»)

Die Klasse applaudiert und dankt Herrn Martín für die unterhaltsame Schilderung seines Aufenthalts in Deutschland.
[di: klase aplau'di:rt unt dankt hern mar'tin fyr di: unter'haltza:me ilderu zaines aufenthalts in doit lant]

(«La clase aplaude y le agradece al señor Martín la divertida descripción de su estancia en Alemania.»)

Zum Schluss wollen sie aber noch eins wissen, nämlich, welche Biersorte Herrn Martín besser geschmeckt hat: Alt oder Kölsch.
[tsum lus volen zi: a:ber noch ains visen, ne:mlich, velche bi:rzorte hern mar'tin beser ge mekt hat: alt o:der kœl]
(«Sin embargo, para acabar aún quieren saber algo, y es qué clase de cerveza prefiere el señor Martín: la Alt o la Kölsch.»)

Dieser zögert nicht einmal eine Sekunde: «Kölsch natürlich!» und lacht.
[di:zer tsœ:gert nicht ainma:l aine ze'kunde/ kœl na'ty:rlich! unt lacht]
(«Este último no duda ni un segundo: "¡la Kölsch, naturalmente!", y se ríe.»)

Auch der Lehrer ist begeistert: «Jetzt glaube ich wirklich, dass Kölsch die Zunge löst!»
[auch de:r le:rer ist be'gaistert/ jetst glaube ich virklich, das kœl di: tsuge lœst!]
(«También el profesor está entusiasmado: "¡Ahora, creo realmente que la Kölsch suelta la lengua!"»)

—*So viel haben Sie noch nie an einem Stück erzählt, Herr Martín. Ich bin wirklich überrascht und beeindruckt. Ich hatte einmal eine Kollegin aus Köln, die ihren Schülern empfahl, vor dem Unterricht ein Glas Bier zu trinken.*
[zo: fi:l ha:ben zi: noch ni: an ainem tyk er'tse:lt, her mar'tin/ ich bin virklich y:bera t unt be'aindrukt/ ich hate ain'ma:l aine ko'le:gin aus kœln, di: i:ren y:lern em'pfa:l fo:r de:m unterricht ain glas bi:r tsu: triken]
(«Nunca había hablado tanto de un tirón, señor Martín. Realmente estoy sorprendido e impresionado. Yo tenía una colega de Colonia que aconsejaba a sus alumnos que bebiesen un vaso de cerveza antes de la lección.»)

»Ich habe sie deswegen immer belächelt. Aber nach Ihrer Erzählung, Herr Martín, glaube ich, dass sie damit vielleicht gar nicht so Unrecht hatte!
[ich ha:be zi: desve:gen imer be'lechelt/ a:ber na:ch i:rer ertse:lu, her mar'tin, glaube ich das zi: da:mit fi:laicht ga:r nicht zo: unrecht hate]
(«Por este motivo, siempre me reí de ella. Sin embargo, tras su relato, señor Martín, ¡creo que quizá no le faltaba razón!»)

▶ Cuestiones gramaticales

El pretérito imperfecto de subjuntivo

El pretérito imperfecto de subjuntivo *(Konjunktiv II)* de los verbos débiles es igual que el imperfecto del indicativo:

sagen	Pret. imperf. subjuntivo		Pret. imperf. de indicativo
ich	sagte	dijera/dijese	sagte
du	sagtest	dijeras/dijeses	sagtest
er, sie, es	sagte	dijera/dijese	sagte
wir	sagten	dijéramos/dijésemos	sagten
ihr	sagtet	dijerais/dijeseis	sagtet
sie	sagten	dijeran/dijesen	sagten

Además, debe tenerse en cuenta que el alemán no establece distinción alguna entre el imperfecto de subjuntivo y el condicional.

Si las formas del subjuntivo y el imperfecto de indicativo coinciden, se usa la construcción *würden* más infinitivo para indicar que se trata del subjuntivo.

Der Kunde würde das neue Produkt kaufen, wenn es nicht so teuer wäre.	El cliente compraría el nuevo producto si no fuera tan caro.
Ich hätte dich nicht um deine Hilfe gebeten, wenn ich sie nicht brauchen würde.	No te habría pedido ayuda si no lo hubiese necesitado.

El imperfecto de subjuntivo de los verbos fuertes se forma con el tema del imperfecto *(Präteritum)* de indicativo, añadiéndole las desinencias del presente de subjuntivo y suavizando la vocal temática si fuese posible:

geben	Pret. imperf. de subjuntivo		Pret. imperf. de indicativo
ich	gäbe	diera/diese	gab
du	gäbest	dieras/dieses	gabst
er, sie, es	gäbe	diera/diese	gab
wir	gäben	diéramos/diésemos	gaben
ihr	gäbet	dierais/dieseis	gabt
sie	gäben	dieran/diesen	gaben

haben	Pret. imperf. de subjuntivo		Pret. imperf. de indicativo
ich	hätte	avessi/avrei	hatte
du	hättest	avessi/avresti	hattest
er, sie, es	hätte	avesse/avrebbe	hatte
wir	hätten	avessimo/avremmo	hatten
ihr	hättet	aveste/avreste	hattet
sie	hätten	avessero/avrebbero	hatten

sein	Pret. imperf. de subjuntivo		Pret. imperf. de indicativo
ich	wäre	fuera/fuese	war
du	wärest	fueras/fueses	warst
er, sie, es	wäre	fuera/fuese	war
wir	wären	fuéramos/fuésemos	waren
ihr	wäret	fuerais/fueseis	wart
sie	wären	fueran/fuesen	waren

El imperfecto de subjuntivo también se utiliza en las oraciones hipotéticas irreales después de la conjunción condicional *wenn*, así como tras *als ob* en las oraciones comparativas irreales:

EJEMPLOS

Wenn er mehr Zeit hätte, nähme er Deutschunterricht.	Si tuviera más tiempo, tomaría lecciones de alemán.
Wenn ich dich früher kennengelernt hätte, hätte ich Albert nicht geheiratet.	Si te hubiera conocido antes, no me habría casado con Alberto.
Wenn ich mutiger gewesen wäre, hätte ich nicht um deine Hilfe gebeten.	Si hubiera sido más valiente, no te habría pedido ayuda.
Er fährt, als ob er Michael Schumacher wäre.	Conduce como si fuese Michael Schumacher.

En la lengua hablada se evita el imperfecto de subjuntivo del verbo *tun* («hacer»). De este modo, en lugar de *Tätest du das?* se construirá la siguiente oración:

Würdest du das für mich tun?	¿Lo harías por mí?

El discurso indirecto se puede construir de dos formas: con o sin la conjunción introductoria *dass*:

Herr Müller sagt, dass wir genug Zeit hätten.
Herr Müller sagt, wir hätten genug Zeit.

1. La frase introducida por *dass* sigue la construcción de la oración subordinada, es decir, con el verbo perfectivo en el último lugar.

2. Si elegimos la construcción sin *dass*, se aplica la estructura de la frase principal, es decir, sujeto, verbo y complementos.

Por otro lado, cuando el sujeto de las frases principales es idéntico al del que la sigue, se puede usar una construcción con el infinitivo más *zu*:

Er glaubte, mich zu kennen. *Er glaubte, dass er mich kennte.* *Er glaubte, er kenne mich.*	Creía que me conocía.
Er glaubte, sie im Zentrum gesehen zu haben.	Creía haberla visto en el centro.
Sie meinten, mich nicht verstanden zu haben.	Creía que no me había entendido.

Con las formas del presente y el imperfecto de subjuntivo se obtienen las del futuro, el pretérito perfecto y el pluscuamperfecto:

Er sagte, er werde sie bald besuchen kommen.	Había dicho que iría pronto a visitarla.
Er glaubte, er habe sie im Zentrum gesehen.	Creía que la había visto en el centro.
Sie meinten, sie hätten mich nicht verstanden.	Creía que no me había entendido.

Adverbios con función de conjunción copulativa

Algunos adverbios pueden asumir la función de conjunciones copulativas; a diferencia de las demás conjunciones, van seguidas inmediatamente por el verbo y pueden hallarse también dentro de la frase:

Die Messe interessiert uns nicht, ***außerdem*** *haben wir keine Zeit.* *Die Messe interessiert uns nicht; wir haben* ***außerdem*** *keine Zeit.*	La feria no nos interesa, además, no tenemos tiempo.

Los adverbios que pueden desempeñar esta función son los siguientes:

Also («por tanto», «así pues»)

Wir möchten mit dem Flugzeug verreisen, also müssen wir ein Reisebüro anrufen.	Queremos viajar en avión, así pues, tendremos que llamar a una agencia de viajes.

Außerdem («además»)

Es ist schon spät und wir sind alle müde; außerdem haben wir zu viel getrunken.	Es tarde y todos estamos cansados; además, hemos bebido demasiado.

Dadurch («por ello»)

Herr Martín kannte viele Messebesucher persönlich; dadurch war es einfacher für ihn, sie von den neuen Produkten der Firma Klick zu überzeugen.	El señor Martín conocía a muchos visitantes personalmente, por ello le resultaba más fácil convencerles de los nuevos productos de la empresa Klick.

Daher («por lo que»)

Er lernt erst seit kurzem Deutsch, daher kennt er noch nicht so viele Wörter.	Estudia alemán desde hace poco, por lo que aún no conoce muchas palabras.

Deshalb/deswegen («por lo que»)

Sie fährt nächsten Montag nach Deutschland, deshalb (deswegen) hat sie keine Zeit für euch.	El próximo lunes va a Alemania, por lo que no tiene tiempo para vosotros.

Inzwischen («entretanto», «mientras»)

Ich schreibe jetzt einen Brief, inzwischen kannst du duschen.	Ahora escribo una carta; entretanto puedes darte una ducha.

Nämlich («es decir», «de hecho»)

Man hatte ihm den Führerschein entzogen, er war nämlich zu schnell gefahren.	Le habían retirado el carné; de hecho, conducía demasiado rápido.

Nótese que *nämlich* aparece siempre dentro de la frase.

Sonst («de no ser así»)

Zum Glück war für uns ein Tisch reserviert, sonst hätten wir unser Bier an der Theke trinken müssen.	Por suerte, había mesa reservada para nosotros; de no ser así, habríamos tenido que bebernos la cerveza en la barra.

Trotzdem («sin embargo», «a pesar de que»)

Sie haben sogar einen Anwalt beauftragt, trotzdem haben sie noch keinen Erfolg gehabt.	Incluso han consultado a un abogado; sin embargo, aún no han tenido éxito alguno.

▶ Vocabulario

stehenbleiben		(te:nblaiben)	detenerse, permanecer
ach ja		(ach ja:)	ah, sí
Bummel (-s, -)	m.	(bumel)	paseo (por la ciudad)
planen		(pla:nen)	programar
Domplatz (-es, -e)	m.	(do:mplats)	plaza de la catedral
gemütlich		(ge'my:tlich)	cómodo
Gedränge (-s)	n.	(ge'drege)	bullicio, gentío
zum Glück		(tsum glyk)	por suerte
stehend		(te:hent)	de pie
Biergenuss (-es, -e)	m.	('bi:rge'nus)	consumo de cerveza
einen klaren Kopf haben		(einen kla:ren kopf ha:ben)	tener la cabeza despejada
Kopf (-es, -e)	m.	(kopf)	cabeza
zugeben		(tsu:ge:ben)	admitir
jener		(je:ner)	aquello
es ist spät geworden		(es ist pe:t ge'vorden)	hacerse tarde, dar las tantas
nüchtern		(nychtern)	sobrio
ganz		(gants)	completamente
nicht einmal		(nicht einma:l)	ni siquiera
beschwipst		(be' vipst)	achispado
angeheitert		('ange'haitert)	alegre (por el alcohol)
betrunken		(be'truken)	borracho
Kopfschmerz (-es, -en)	m.	(kopf merts)	dolor de cabeza
zu fortgeschrittener Stunde		(tsu: fortge ri tener tunde)	cuantas más horas pasaban
Schnaps (-es, -e)	m.	(naps)	aguardiente
umhauen		(umhauen)	dejar fuera de combate
applaudieren		(aplau'di:ren)	aplaudir
unterhaltsam		(unter'haltza:m)	divertido
Schilderung (-, -en)	f.	(ilderu)	descripción, relato
zum Schluss		(tsum lus)	al final
Biersorte (-, -n)	f.	(bi:rzorte)	tipo de cerveza
zögern		(tsœ:gern)	dudar
begeistert		(be'gaistert)	entusiasmado

an einem Stück erzählen	(an ainem tyk er'tse:len)	de una tacada
überrascht	(y:bera t)	sorprendido
beindrucken	(be'aindruken)	impresionar
beeindruckt	(be'aindrukt)	impresionado
deswegen	(desve:gen)	por ello
belächeln	(be'lecheln)	sonreír
Unrecht haben	(unrecht ha:ben)	no andar desencaminado

Ejercicios

I. *Formar el imperfecto de subjuntivo:*
Er nimmt, er hat, er ist, er fragt, er überzeugt, er liest, er versteht, er bietet an, er isst, er trinkt, er glaubt, er meint, er denkt, er singt, er braucht, er antwortet.

II. *Insertar la forma del imperfecto de subjuntivo:*
1. Wenn ich mehr Geld .... (haben), ... (machen) ich eine Weltreise.
2. Er spricht, als ob er betrunken .... (sein).
3. Wenn der Tag auf der Messe nur nicht so anstrengend gewesen .... (sein)!
4. Wenn ich nur auf dich gehört ....!
5. Es wird gefragt, warum das Steuersystem so unklar .... (sein).

III. *Traducir:*
1. Sin ti no voy al restaurante; además, no me encuentro muy bien.
2. Ven aquí enseguida; de no ser así, el autocar se irá sin nosotros.
3. Eloy telefoneaba a su amigo mientras su mujer veía el televisor *(fernsehen)*.
4. Debo acabar estos informes, por lo que no tengo tiempo para vosotros.
5. Ya he trabajado en la feria de Colonia, por lo que sé cómo funciona.
6. María habla bien alemán; de hecho, lo ha estudiado durante muchos años.
7. Nos sabe mal que hayas perdido el tren *(den Zug verpassen)*; sin embargo, no podemos esperarte.
8. Estoy buscando un nuevo trabajo, así pues, debo leer los anuncios *(die Anzeige, -n)* del periódico.
9. Siempre ha trabajado mucho, por lo que fue ascendido *(befördert werden)* el mes pasado.
10. Estudiaron en Inglaterra, por lo que hablan bien inglés.
11. ¡Si te hubiera hecho caso (escuchado)!
12. Si hubiese tenido más tiempo, habría hecho la compra.
13. Yo en tu lugar, le ayudaría enseguida.
14. Si me creyeras, todo sería más fácil entre nosotros.
15. Si el subjuntivo *(der Konjunktiv)* no fuese tan difícil, lo usaría más a menudo.

SOLUCIONES DE LOS EJERCICIOS

▸ Unidad uno

I. 1. Guten Tag. 2. Ich heiße Eloy und komme aus Santander. 3. Woher kommst du? 4. Was macht er? Er lernt Deutsch. 5. Ihr arbeitet in Madrid und abends lernt hier Deutsch.

Traducción: 1. Buenos días. 2. Me llamo Eloy y soy de Santander. 3. ¿De dónde eres? 4. ¿Qué hace? Aprende alemán. 5. Trabajáis en Madrid y por la noche estudiáis alemán.

▸ Unidad dos

I. 1. Er kann fliegen oder mit dem Auto oder Zug fahren. 2. Er muss eine Messe besuchen. 3. Er benötigt Auskünfte über die Abflugzeiten von Madrid.

II. 1. Ich muss nicht nach Deutschland reisen. 2. Willst du kein Buch kaufen? 3. Er soll keine Messe besuchen.

III. 1. Wir können die Messe nicht besuchen. 2. Eloy will nach Deutschland fahren. 3. Wer soll (muss) nach Deutschland fahren?

IV. 1. Es gibt eine Möglichkeit. 2. Wir besuchen eine Messe. 3. Sie nimmt den Firmenwagen. 4. Ich habe keine Zeit. 5. Ich brauche eine Information. 6. Er arbeitet für eine deutsche Firma. 7. Ihr benötigt die Auskünfte. 8. Ich möchte die Messe besuchen. 9. Du nimmst das Flugzeug. 10. Brauchst du heute den Wagen?

▸ Unidad tres

I. 1. Wann wollt ihr nach Deutschland fliegen? 2. Ist ihm die Abflugzeit recht? 3. Wer arbeitet für eine deutsche Firma? 4. Bezahlen sie mit Scheckkarte? 5. Was macht er?

II. 1. Ich muss morgens früh abfahren. 2. Um wieviel Uhr gibt es einen Flug von Madrid nach Düsseldorf? 3. Ist alles in Ordnung? 4. Eloy unterschreibt die Quittung.

III. Null, sechs, sieben, dreizehn, sechzehn, siebzehn, zwanzig, neunundzwanzig, einunddreißig, sechsundvierzig, siebenundfünfzig, sechzig, siebenundsiebzig, zweiundachtzig, dreiundneunzig, einhunderteins, einhundertsechs, eintausendvier, eintausendzwölf, eintausendsiebenhundertvierunddreißig.

IV. Sechs Uhr zehn/zehn nach sechs – sieben Uhr fünfzehn/Viertel nach sieben – acht Uhr fünfundzwanzig/fünf vor halb neun – neun Uhr dreißig/halb zehn – zehn Uhr vierunddreißig/vier nach halb elf – elf Uhr vierzig/zwanzig vor zwölf/zehn nach halb zwölf – zwölf Uhr fünfundvierzig/Viertel vor eins – dreizehn Uhr fünfzig/zehn vor zwei – vierzehn Uhr neunundfünfzig/eine Minute vor drei – fünfzehn Uhr/drei Uhr – vierundzwanzig Uhr/Mitternacht.

Unidad cuatro

I. 1. Wir laden die neue Kollegin nicht ein. 2. Sie kauft viel ein. 3. Begrüßt du meinen Kollegen nicht? 4. Er steht auf. 5. Er raucht nicht.

II. 1. Die neue Kollegin wartet dort. 2. Mein Kollege heißt Müller. 3. Ich habe einen schnellen Wagen. 4. Das Flugzeug landet pünktlich. 5. Es gibt hier auch eine italienische Bar.

III. 1. Meine neue Kollegin und ich warten am Ausgang. 2. Meine Kollegen müssen die Messe vorbereiten. 3. Eloy Martín lädt seinen Kollegen ein. 4. Morgen muss ich um sechs Uhr aufstehen. 5. Frohes Schaffen! 6. War Rainer hier? 7. Der neue Wagen von Eloy war nicht teuer. 8. Um wie viel Uhr muss ich am Flughafen sein? 9. Was schlägt Herr Müller vor? 10. Ich fahre oft ins Ausland.

Unidad cinco

I. 1. Wir helfen ihr. 2. Ich rufe ihn an. 3. Sie nehmen es. 4. Es landet pünktlich. 5. Er begrüßt sie.

II. 1. Sein 2. Ihr 3. Ihre 4. Mein 5. Dein.

III. 1. Sich. 2. Uns. 3. Euch. 4. Sich. 5. Dich. 6. Mir. 7. Sich. 8. Dir. 9. Uns.

IV. 1. Er, sie, es. 2. Wir, sie. 3. Ich. 4. Du. 5. Ihr.

V. 1. Er stellt den Wagen auf den Parkplatz. 2. Das Bild hängt an der Wand. 3. Wir sitzen in dem (=im) Auto. 4. Der Kollege steht an dem (=am) Ausgang. 5. Rainer steckt den Schlüssel in das (=ins) Schloss.

VI. 1. Mach!, machen Sie! 2. Sei!, seien Sie! 3. Sing!, singen Sie! 4. Komm!, kommen Sie! 5. Sproch!, sprichen Sie!

VII. 1. «Wie geht es dir?» «Gut, danke (Danke, gut).» 2. Herr Müller schreibt ein Fax an seinen spanischen Kollegen. 3. Mein Auto (mein Wagen) war nicht teuer. 4. Wir freuen uns über euren Besuch. 5. Die Kollegen sprechen über die Messe. 6. Nehmt den Bus! 7. Ich sehe deine Kollegin nicht. 8. Wir warten am Ausgang auf dich (wir erwarten dich am Ausgang). 9. Ruf mich an! 10. Habt Geduld!

Unidad seis

I. 1. Er hat die wichtigsten Fragen mit seinen Kollegen geklärt. 2. Sie hat ihr die Hand gegeben. 3. Der Rundgang hat eine Stunde gedauert. 4. Herr Martín hat sich bei Herrn Müller bedankt. 5. Wir haben uns von euch verabschieden müssen. 6. Oft ist die Ware beschädigt angekommen. 7. Die Mitarbeiter haben ihre Probleme vorgetragen. 8. Er hat nicht viel Deutsch gesprochen. 9. Wir haben über die Lösungsmöglichkeiten diskutiert. 10. Die Lieferungen sind oft mit Verspätung erfolgt.

II. 1. Die. 2. Dem. 3. Die. 4. Das. 5. Denen. 6. Die. 7. Dem. 8. Den. 9. Das. 10. Die.

III. Besser – schneller – mehr – höher – öfter - später – wichtiger – toller – interessanter – flacher.

IV. 1. Am schnellsten. 2. Am besten. 3. Am wichtigsten. 4. Am interessantesten. 5. Am größten.

V. 1. Wir müssen die größten Probleme klären. 2. Marias Wagen ist schneller als Eloys (Wagen). 3. Er benötigt (braucht) ein paar Informationen. 4. Die Ware, deren Lieferung mit Verspätung erfolgt ist, war beschädigt.

Unidad siete

I. 1. Das erste Gespräch mit den Kunden wird von Herrn Müller geführt. 2. Die Unterlagen werden von Eloy auf den Tisch gelegt. 3. Das Hotelzimmer wird von der Firma bezahlt. 4. Die wichtigen Probleme werden von den Kollegen geklärt. 5. Die Kunden werden von uns von den neuen Produkten überzeugt. 6. Die Fragen der Kunden werden von allen freundlich beantwortet. 7. Auf der Messe werden von der Firma viele wichtige Kunden erwartet. (Es werden von der Firma viele wichtige Kunden auf der Messe erwartet.) 8. Die wichtigsten Faktoren werden noch einmal erklärt. 9. Die Zuverlässigkeit der Firma wird von den Mitarbeitern bekräftigt. 10. Über die neuen Produkte wird gesprochen. (Es wird über die neuen Produkte gesprochen.)

II. 1. Ich bleibe zu Hause, weil ich Rainer zum Abendessen eingeladen habe. 2. Er fährt zum Flughafen, weil er seinen spanischen Kollegen abholen muss.

3. Wir nehmen das Flugzeug, weil wir nur kurz in Berlin bleiben. 4. Sie gibt ihm die Unterlagen, weil er sie für die Besprechung benötigt. 5. Sie warten auf Maria, weil sie neu in der Firma ist. 6. Er spricht mit allen Kollegen, weil er die Probleme lösen will. 7. Eloy will die Messe besuchen, weil sie interessant sein soll. 8. Wir rufen das Reisebüro an, weil wir ein paar Auskünfte brauchen. 9. Die Herren bleiben bis 18.00 Uhr im Büro, weil noch der nächste Tag auf der Messe besprochen werden muss. (..., weil der nächste Tag auf der Messe noch besprochen werden muss.) 10. Eloy muss oft nach Deutschland reisen, weil er für eine deutsche Firma arbeitet.

III. Zum Mittagessen sind die Herren in die Kantine gegangen. Nach der Mittagspause haben sie sich wieder im Konferenzzimmer getroffen, um über die Messe zu sprechen. Herr Müller hat ihnen viele Ratschläge gegeben und Kundengespräche mit ihnen simuliert. Zum Abschluss haben alle Mitarbeiter den neuen Messeanzug erhalten. Gegen 18.00 Uhr war die Besprechung endlich zu Ende und die Herren sind mit einem Taxi ins Hotel gefahren, wo ich Zimmer für sie reserviert hatte.

IV. 1. Ich gehe in ein Reisebüro, um ein Flugticket zu kaufen. 2. Er spricht mit Maria, um ein Problem zu klären. 3. Er ruft das Hotel an, um ein Zimmer zu reservieren. 4. Wir treffen uns nach der Besprechung, um einen Kaffee zu trinken. 5. Sie bereiten sich gut auf die Kundengespräche vor, um die Kunden von den neuen Produkten zu überzeugen.

V. Er sagte, wir begrüßten, sie arbeiteten, ihr öffnetet, ich war, du wartetest, es regnete, ihr wart, er wurde, du warst, es schneite, wir kauften, sie holten ab, er telefonierte, sie diskutierten, ich erwartete, er überzeugte, wir beantworteten.

VI. 1. Ich mache einen Deutschkurs, weil ich bei einer deutschen Firma arbeite. 2. Alles, was du sagst, ist nicht neu für mich. 3. Ich lerne Deutsch, um mit meinen deutschen Kollegen sprechen zu können. 4. Die Zuverlässigkeit der Firma muss bekräftigt werden. 5. Wir müssen unsere Kunden von den neuen Produkten überzeugen.

Unidad ocho

I. Nach der Ankunft in der Firma hatten wir um elf Uhr eine Besprechung, an der alle ausländischen Mitarbeiter teilgenommen haben. Jeder hat seine Probleme vorgetragen und dann haben wir zusammen über Lösungsmöglichkeiten gesprochen. Mittags haben wir in der Kantine gegessen. Die Speiseauswahl war groß, aber ich kannte viele Gerichte nicht. Nachmittags wurde dann über die Messe gesprochen. Wir waren bis 18.00 Uhr in der Firma und sind dann mit einem Taxi ins Hotel gefahren. Heute Abend werden wir hier im Hotelrestaurant essen.

II. 1. Er konnte nicht kommen, weil er keine Zeit hatte. 2. Wir brauchten die Unterlagen für die Messe. 3. Alle sollten um 11.00 Uhr im Konferenzzimmer sein. 4. Sie brauchte ihn nicht anzurufen. 5. Wollte er dir den Katalog nicht geben? 6. Sie mussten nach Köln fliegen. 7. War er schon hier? 8. Wolltest du nicht oder konntest du nicht mit uns zu Abend essen? 9. Er konnte es ihr nicht sagen. 10. Die Kunden mussten von den neuen Produkten überzeugt werden.

III. 1. Wenn ich du wäre, würde ich einen neuen Wagen (ein neues Auto) kaufen. 2. Es wäre sehr nett von Ihnen, wenn Sie einen Tisch für uns alle reservieren (lassen) könnten. 3. Könntest du mir den Katalog geben? 4. Wenn er mit uns käme, würde er früher zu Hause ankommen. 5. Er fährt, als ob er Michael Schumacher wäre. 6. Hast du Maria (an)kommen hören? 7. Hast du dir die Haare schneiden lassen? 8. Warum brauchst du nicht zu arbeiten? 9. Wo ist euer Gepäck? 10. Kann ich Sie anrufen lassen? 11. Um wie viel Uhr möchten die Herren frühstücken? 12. Für Sie würde ich alles tun. 13. Die Firma hat fünf Zimmer reserviert (reservieren lassen). 14. Habt ihr (Haben Sie) das Hotel finden können (Konntet ihr/Konnten Sie das Hotel finden)? 15. Wenn ihr auch hier wärt, wäre unser Aufenthalt in Köln amüsanter (lustiger).

▶ Unidad nueve

II. 1. Bestellte. 2. Gelungener. 3. Schweigend. 4. Wartend. 5. Gefundenen.

III. Gearbeitet, gekommen, verstanden, gestellt, gelegen, gewesen, gesetzt, gemacht, bestellt, telefoniert, gesprochen, diskutiert, angerufen, eingestiegen.

V. 1. Estamos de acuerdo con vuestra propuesta. 2. La cena era realmente sabrosa. 3. ¿Le(s) ha gustado? 4. Querría reservar una mesa para las 20.00. 5. Como entrante sólo tomaré una ensalada pequeña. 6. «Querríamos pagar.» «¿Cuentas separadas o cuenta única?» 7. ¿Qué puedo traerle(s)? 8. ¿Le(s) apetecería un expreso? 9. ¿Puedo invitarles a una cerveza? 10. Estoy contento.

VI. 1. Darf (Kann) ich Ihnen etwas empfehlen? 2. Lassen Sie das Abendessen auf die Zimmerrechnung setzen! 3. Im Hotelrestaurant isst man sehr gut, nicht wahr? 4. Haben die Herren (Herrschaften) schon gewählt? 5. Herr Martín und seine Kollegen aßen schweigend die Suppe. 6. Alles in Ordnung? 7. Guten Appetit! 8. Bitte bringen Sie uns noch fünf Bier! 9. Alle nicken. 10. Sie löffeln die Suppe.

▶ Unidad diez

I. 1. Er wird nächste Woche nach Spanien zurückfahren. 2. Sie wird dich verstehen. 3. Wir werden am Ausgang warten. 4. Sie werden dieses Land verlassen. 5. Er wird immer Zeit für dich haben. 6. Werdet ihr heute Abend zu Hause sein? 7. Er wird morgen auch auf der Messe sein. 8. Wir werden nach Holland fliegen, weil wir nur wenig Zeit haben. 9. Sie wird um 08.00 Uhr kommen, um dich abzuholen. 10. Wirst du auf mich warten?

II. 1. Heute braucht sie nicht einkaufen zu gehen. 2. Kann ich dir helfen? 3. Das Restaurant soll gut sein. 4. Er scheint nicht am Ausgang auf uns zu warten. 5. Ich schlage vor, heute Abend in die Altstadt zu gehen. 6. Hast du Maria kommen sehen? 7. Es ist notwendig, die Messe gut vorzubereiten. 8. Sie versuchten mehrmals, ihn zu überzeugen. 9. Er blieb zu Hause, anstatt ins Büro zu gehen. 10. Ist es möglich, schnell eine Lösung zu finden?

III. 1. Her. 2. Her. 3. Herein. 4. Hinaus. 5. Her.

IV. Du gingst - er kam - sie half - wir arbeiteten - ihr holtet ab - ihr fragtet - sie antworteten - ich war - Sie waren - er hatte.

V. 1. Ich hatte ihn gesehen. 2. Wir hatten vorgeschlagen. 3. Sie hatte keine Antwort gegeben. 4. Er war zu seinem Kollegen gegangen. 5. Ihr hattet die Frage nicht verstanden. 6. Er hatte nichts gesagt. 7. Er war gerade angekommen. 8. Wir waren in die Türkei gefahren. 9. Er hatte den ganzen Tag gearbeitet. 10. Wir hatten bestellt.

VI. 1. Was werden sie jetzt tun (machen)? 2. Übermorgen bin ich auch auf der Messe (werde ich auch auf der Messe sein). 3. Ich hatte vergessen, dass er mich heute treffen wollte. 4. Sie bereiten (gerade) die Unterlagen für die Messe vor. 5. Er diskutiert (gerade) mit Herrn Müller, seinem deutschen Kollegen. 6. Bitte bleiben Sie sitzen! 7. Wann holst du deinen Kollegen am Flughafen ab? 8. Sollen wir auf euch warten? 9. Um wie viel Uhr willst du nach Hause gehen? 10. Anscheinend haben sie keine Zeit, um mit uns zu feiern. 11. Gestern auf der Messe haben alle versucht, mich von ihren neuen Produkten zu überzeugen. 12. Als ich meinen spanischen Kollegen gesehen habe, habe ich ihn nicht sofort wiedererkannt. 13. Es ist sehr schwierig, mit dir zu sprechen (reden). 14. Wenn du nach Hause kommst, müssen wir zuerst einkaufen gehen (fahren). 15. Fahren Sie mit dem Wagen hinter mir her, Herr Martín! 16. Um wie viel Uhr ist sie mit dem Hund hinausgegangen (rausgegangen)? 17. Hattest du Maria nicht kennengelernt? 18. Musst du in Kürze wieder nach Deutschland fahren? 19. Entweder kaufst du eine deutsche Grammatik oder du wirst weiterhin schlecht Deutsch sprechen. 20. Er spricht sowohl Deutsch als auch Russisch perfekt.

▶ Unidad once

I. Die Endung, die Buchung, die Vorbereitung, die Reservierung, die Änderung, die Werbung, die Erhöhung, die Streichung, die Annullierung, die Einschreibung, die Bremsung.
Die Nachdenklichkeit, die Sauberkeit, die Fähigkeit, die Menschlichkeit, die Anständigkeit, die Herrlichkeit.
Die Reinheit, die Echtheit, die Klarheit, die Kindheit, die Schönheit, die Schlankheit.
Die Größe, die Härte, die Kürze, die Weite, die Länge, die Breite, die Höhe.
Die Nachbarschaft, die Mannschaft, die Wissenschaft, die Freundschaft, die Elternschaft, die Herrschaft, die Kundschaft.
Das Fräulein, das Büchlein, das Tichlein;

Das Kindchen, das Hütchen, das Tischchen, das Püppchen, das Hündchen; Die Produktion, die Organisation, die Diskussion, die Konstruktion.

II. Herrlich, täglich, stündlich, jährlich, mündlich, schriftlich, hauptsächlich, glücklich, beruflich, künstlich, ursprünglich.
Vorsichtig, mutig, zukünftig, ruhig, zeitig, hungrig, nachteilig.
Automatisch, bürokratisch, demokratisch, kritisch, statistisch, ökonomisch.
Machbar, erkennbar, essbar, trinkbar, lesbar, passierbar, durchführbar, aussprechbar, bewohnbar, brauchbar, verschließbar, hörbar, kontrollierbar, vorstellbar, schätzbar.
Regelmäßig, vorschriftsmäßig, routinemäßig, zweckmäßig, gesetzmäßig, planmäßig.
Dauerhaft, namhaft, mangelhaft, vorteilhaft, zauberhaft, sagenhaft, märchenhaft.

III. Probeweise, leihweise, glücklicherweise, verständlicherweise, merkwürdigerweise, möglicherweise, versuchsweise, beispielsweise, ersatzweise, ratenweise, wahlweise.

IV. 1. Hoy no trabaja porque está enfermo. 2. Este es el hombre que esta mañana he visto en el aparcamiento. 3. Hago todo lo que quieres. 4. Este año la empresa Klick ha elegido una caseta en la esquina. 5. Se compró un coche para ir de vacaciones más cómodamente. 6. Va a Alemania en avión porque sólo va a estar tres días. 7. ¿Podría decirnos dónde está el aparcamiento? 8. Numerosos visitantes vienen a la caseta para informarse sobre los nuevos productos. 9. Tras las entrevistas con los clientes, siempre tomamos unas breves notas del contenido. 10. Bajó del coche sin decir una palabra. 11. Dado que se trata de una feria internacional, se esperan muchos visitantes extranjeros. 12. El señor Martín tiene la misión de hacer de interlocutor de los clientes españoles. 13. Damos una vuelta por la feria para echar un vistazo a los productos de la competencia. 14. Se pronunciaron elogios sobre la presentación de las muestras. 15. ¿Dónde se celebró la feria el año pasado?

Unidad doce

I. 1. Wann/für wie viel Uhr/ob. 2. Warum. 3. Wann/um wie viel Uhr. 4. Wo. 5. Wie.

II. 1. Kölsch. 2. In einer Kneipe. 3. Über die Rheinbrücke. 4. Köbes. 5. Mit seinen Kollegen und einigen Kunden. 6. Sie essen im Brauhaus «Früh» zu Abend und dann machen sie einen Bummel. 7. Nein, man trinkt Kölsch. 8. Kölsch. 9. Die angestrahlten mittelalterlichen Kirchen. 10. In Köln.

III. 1. Ich bin nicht nervös, sondern sehr müde. 2. Wir müssen dich sprechen, aber wir haben verstanden, dass du noch arbeiten musst. 3. Nachdem sie in der Firma angekommen waren, versammelten sich die Herren im Konferenzzimmer. 4. Bevor ich zur Messe fahre, muss ich frühstücken. 5. Während er aß, sah er fern. 6. Ihr sprecht besser Italienisch, als wir dachten. 7. Es schneite so stark, dass ich den Bus nehmen musste. 8. Obwohl sie müde waren, haben sie den ganzen Abend über die Messe geredet (gesprochen). 9. Indem man jeden Tag die Zeitung liest, weiß man immer, was in der Welt passiert. 10. Je schneller du Deutsch lernst, umso eher kannst du dich mit deinen Kollegen in ihrer Sprache verständigen.

Unidad trece

I. 1. An einem neuen Computerprogramm. – daran. 2. Für den Haushalt – dafür. 3. Mit dem Schreiben von Weihnachtskarten. – damit. 4. Über das neue Gesetz – darüber. 5. Vor der Prüfung. – davor.

II. Des Namens, des Kollegen, des Neffen, des Mannes, des Büros, des Astrologen, des Asylanten, des Jungen, des Automaten, des Astronauten, des Professors, des Sees, des Herrn, des Angestellten, des Neuen.

III. 1. Wir sind mit den Vorbereitungen für die Messe fertig. 2. Ich bin über deine Reaktion wirklich überrascht. 3. Herr Martín bestellte sogar einen doppelten Espresso. 4. Die Berichte waren auf Deutsch zu schreiben. 5. Alle hatten einen Kater. 6. Während die anderen zum Flughafen gebracht wurden, nahm ich ein Taxi, um meine Freunde zu besuchen. 7. Wir freuen uns über deinen Erfolg. 8. Bist du fertig zum Ausgehen? 9. Ich erinnere mich nicht daran, wo ich seine Telefonnummer aufgeschrieben habe. 10. Sie ist verrückt nach ihm.

Unidad catorce

I. Er sei, er habe, er glaube, er nehme, er gebe, er denke, er danke, er vergesse, er verstehe, er schlafe, er sage, er komme, er lache, er biete an, er hole ab, er begrüße, er treffe.

II. Er sei gewesen, er sei gelaufen, er habe verlassen, er sei geblieben, er habe sich verständigt, er habe gegessen, er habe getrunken, er sei gefahren, er sei gefolgen, er sei gereist, er habe bestellt, er habe gewünscht, er habe empfohlen, er habe gegeben, er habe überzeugt, er habe fungiert, er habe kennengelernt.

III. 1. Er sagte, er habe keine Zeit für uns (..., dass er keine Zeit für uns habe). 2. Er glaubt, wir seien ins Restaurant gegangen (..., dass wir ins Restaurant gegangen seien). 3. Er meint, er werde bald eine neue Stelle finden (..., dass er bald eine neue Stelle finden werde). 4. Sie sagt mir, sie sei noch nie so glücklich gewesen (..., dass sie noch nie so glücklich gewesen sei). 5. Er glaubte nicht, dass ich ins Kino gegangen sei. 6. Er sagte, dass ich sitzenbleiben solle. 7. Er meinte, er kenne sie gut (..., dass er sie gut kenne). 8. Er sagt, er habe noch nie eine so schöne Frau gesehen (..., dass er noch nie eine so schöne Frau gesehen habe). 9. Eloy sagte, er habe eine sehr gemütliche Kneipe gefunden (..., dass er eine sehr gemütliche Kneipe gefunden habe). 10. Sie sagten mir, ich solle nicht mehr daran denken (..., dass ich nicht mehr daran denken solle).

IV. 6. Bleiben Sie sitzen! Bleib sitzen! 10. Denk nicht mehr daran!

Unidad quince

I. Er nähme, er hätte, er wäre, er fragte, er überzeugte, er läse, er verstände, er böte an, er äße, er tränke, er glaubte, er meinte, er dächte, er sänge, er brauchte, er antwortete, er dankte.

II. 1. Hätte, machte (würde ich eine Weltreise machen). 2. Wäre. 3. Wäre. 4. Hätte. 5. Wäre.

III. 1. Ohne dich gehe ich nicht ins Restaurant, außerdem fühle ich mich nicht so gut. 2. Komm sofort her, sonst fährt der Bus ohne uns ab. 3. Eloy rief seinen Freund an; inzwischen sah seine Frau fern. 4. Ich muss diese Berichte fertig machen, deshalb habe ich keine Zeit für euch. 5. Ich habe bereits (schon) auf der Kölner Messe gearbeitet, daher weiss ich, wie sie funktioniert. 6. Maria spricht gut Deutsch, sie hat es nämlich viele Jahre gelernt. 7. Es tut uns sehr leid, dass du den Zug verpasst hast; trotzdem können wir nicht auf dich warten. 8. Ich suche eine neue Stelle; also muss ich die Anzeigen in der Zeitung lesen. 9. Er hat immer viel gearbeitet, deshalb ist er letzten Monat befördert worden. 10. Sie haben in England studiert, deswegen sprechen sie gut Englisch. 11. Wenn ich nur auf dich gehört hätte! 12. Wenn ich mehr Zeit gehabt hätte, hätte ich eingekauft. 13. Wenn ich du wäre, hälfe ich ihm sofort (würde ich ihm sofort helfen). 14. Wenn du mir glaubtest (glauben würdest), wäre es zwischen uns einfacher. 15. Wenn der Konjunktiv nicht so schwierig wäre, gebrauchte ich ihn öfter (würde ich ihn öfter gebrauchen)!

Segunda parte

TABLAS, DICCIONARIOS E ÍNDICES

TABLAS

Términos gramaticales con ejemplos

Vokal	vocal	a, e, i, o, u, ä, ö, ü
Konsonant	consonante	b, c, d, f, g, h, j, k, l, m, n, p, q, r, s, t, v, w, x, y, z

Substantiv	sustantivo	*Messe*	feria
Singular	singular	*Messe*	feria
Plural	plural	*Messen*	ferias

DEKLINATION	DECLINACIÓN		
Nominativ *Wer? Was?*	nominativo ¿Quién? ¿Qué?	**der** *Junge*	el muchacho
Genitiv *Wessen?*	genitivo ¿De quién?	**des** *Jungen*	del muchacho
Dativ *Wem?*	dativo ¿A quién?	*Ich gebe* **dem** *Jungen den Stift.*	Doy el bolígrafo al muchacho.
Akkusativ *Wen? Was?*	acusativo ¿Quién? ¿Qué?	*Ich sehe* **den** *Jungen.*	Veo al muchacho.

ARTIKEL	ARTÍCULO	
bestimmter Artikel	artículo determinado	der, die, das die el, la, los, las
unbestimmter Artikel	artículo indeterminatdo	ein, eine, ein un(o), una

ADJEKTIV	ADJETIVO
die schöne Frau	la mujer bonita

ADVERB	ADVERBIO
Die Frau singt **gut**. Wir singen **oft**.	La mujer canta bien. Cantamos a menudo.

PRONOMEN	PRONOMBRE	
Personalpronomen	pronombre personal	ich, du, er, sie, es, wir, ihr, sie, Sie yo, tú...
Possessivpronomen	pronombre posesivo	mein(e), dein (e), sein(e), ihr(e), sein(e) unser(e), euer (eure), ihr(e) mío/mía, tuyo/tuya...
Interrogativpronomen	pronombre interrogativo	Wer? Was? Wie? Wo? Woher? etc. ¿Quién? ¿Qué? ¿Cómo? ¿Dónde?, etc.
Demonstrativpronomen	pronombre demostrativo	dieser, diese, dieses diese este, esta, estos, estas
Relativpronomen	pronombre relativo	Der Mann, **der (welcher)** jetzt spricht. El hombre que está hablando ahora.
Reflexivpronomen	pronombre reflexivo	Er stellt **sich** vor. Se presenta.

PRÄPOSITION	PREPOSICIÓN
in, an, auf, etc.	en, a, sobre, etc.

KONJUNKTION		CONJUNCIÓN
und, oder, weil, obwohl...		y, o bien, porque, aunque

VERB	VERBO	
Hilfsverb	verbo auxiliares	haben, sein haber, ser
Modalverb	verbo modal	können, müssen, etc. poder, deber, etc.
Konjugation	conjugación	ich gehe, du gehst, er geht, etc. voy, vas, va, etc.
Indikativ	modo indicativo	Die Tür ist geschlossen. La puerta está cerrada.
Tempus	tiempo	
Präsens	presente	ich sage (yo) digo
Präteritum	indefinido	du sagtest (tú) decías/dijiste
Perfekt	pretérito perfecto	wir haben gesagt (nosotros) hemos dicho
Plusquamperfekt	pluscuamperfecto	ihr hattet gesagt (vosotros) habíais dicho
Futur I	futur simple	er wird sagen (él) dirá
Futur II	futuro anterior	sie werden gesagt haben (ellos) habrán dicho
Konjunktiv	modo subjuntivo	Er sagt, die Tür sei geschlossen. Dice que la puerta está cerrada.
Partizip Präsens	participio presente	sagend, wartend diciendo, esperando
Partizip Perfekt	participio pasado	gesagt, gewartet dicho, esperado
Infinitiv	infinitivo	sagen, fahren, arbeiten decir, ir, trabajar
Imperativ	imperativo	geh! gehen wir! geht! gehen Sie! ¡Ve! ¡vamos! ¡vete! ¡vaya!
Aktiv	forma activa	Er öffnet die Tür. Él abre la puerta.
Passiv	forma pasiva	Die Tür wurde geöffnet. La puerta ha sido abierta.

SATZ	FRASE	
Hauptsatz	oración principal	Wir lernen Deutsch. Aprendemos el alemán.
Nebensatz	oración subordinada	Wir lernen Deutsch, **weil wir für eine deutsche Firma arbeiten.** Aprendemos alemán porque trabajamos para una empresa alemana.
Subjekt	sujeto	**Wir** hören den Lärm. Nosotros oímos el ruido.
Prädikat	predicado	Wir **hören** den Lärm.
Objekt	complemento directo	Wir hören **den Lärm**.

Tablas de las conjugaciones

Verbos auxiliares

Infinitivo presente	haben	sein	werden
Presente de indicativo	ich habe du hast er hat wir haben ihr habt sie haben	bin bist ist sind seid sind	werde wirst wird werden werdet werden
Pret. imperf. de indicativo	ich hatte du hattest er hatte wir hatten ihr hattet sie hatten	war warst war waren wart waren	wurde wurdest wurde wurden wurdet wurden
Pretérito perfecto de indicativo	ich habe gehabt	bin gewesen	bin (ge)worden
Pretérito pluscuamperfecto de indicativo	ich hatte gehabt	war gewesen	war (ge)worden
Futuro de indicativo	ich werde haben	werde sein	werde werden

Futuro perfecto de indicativo	ich werde gehabt haben	werde gewesen sein	werde (ge)worden sein
Presente de subjuntivo	ich habe	seie	werde
Pret. imperf. de subjuntivo	ich hätte	wäre	würde
Imperativo presente	habe! hab! habt! haben Sie!	sei! seid! seien Sie!	werde! werdet! werden Sie!
Participio pasado	gehabt	gewesen	geworden

Verbos modales

Infinitivo presente	Indicativo presente	Indicativo imperfecto	Subjuntivo imperfecto	Participio pasado
können	ich kann du kannst er kann wir können ihr könnt sie können	konnte konntest konnte konnten konntet konnten	könnte könntest könnte könnten könntet könnten	gekonnt
dürfen	ich darf du darfst er darf wir dürfen ihr dürft sie dürfen	durfte durftest durfte durften durftet durften	dürfte dürftest dürfte dürften dürftet dürften	gedurft
mögen	ich mag du magst er mag wir mögen ihr mögt sie mögen	mochte mochtest mochte mochten mochtet mochten	möchte möchtest möchte möchten möchtet möchten	gemocht
müssen	ich muss du musst er muss wir müssen ihr müsst sie müssen	musste musstest musste mussten musstet mussten	müsste müsstest müsste müssten müsstet müssten	gemusst

wollen	ich will	wollte	wollte	
	du willst	wolltest	wolltest	
	er will	wollte	wollte	gewollt
	wir wollen	wollten	wollten	
	ihr wollt	wolltet	wolltet	
	sie wollen	wollten	wollten	
sollen	ich soll	sollte	sollte	
	du sollst	solltest	solltest	
	er soll	sollte	sollte	gesollt
	wir sollen	sollten	sollten	
	ihr sollt	solltet	solltet	
	sie sollen	sollten	sollten	

Verbos débiles

			Verbo separable
Infinitivo presente	fragen	arbeiten	abholen
Presente de indicativo	ich frage	arbeite	hole ab
	du fragst	arbeitest	holst ab
	er fragt	arbeitet	holt ab
	wir fragen	arbeiten	holen ab
	ihr fragt	arbeitet	holt ab
	sie fragen	arbeiten	holen ab
Pretérito imperfecto de indicativo	ich fragte	arbeitete	holte ab
	du fragtest	arbeitetest	holtest ab
	er fragte	arbeitete	holte ab
	wir fragten	arbeiteten	holten ab
	ihr fragtet	arbeitetet	holtet ab
	sie fragten	arbeiteten	holten a
Pretérito perfecto de indicativo	ich habe gefragt	habe gearbeitet	habe abgeholt
Pretérito pluscuamperfecto de indicativo	ich hatte gefragt	hatte gearbeitet	hatte abgeholt
Futuro de indicativo	ich werde fragen	werde arbeiten	werde abholen
Futuro perfecto de indicativo	ich werde gefragt haben	werde gearbeitet haben	werde abgeholt haben

			Verbo separable
Presente de subjuntivo	ich frage	arbeite	hole ab
Pret. imperf. de subjuntivo	ich würde fragen	würde arbeiten	würde abholen
Imperativo presente	frage! frag! fragt! fragen Sie!	arbeite! arbeitet! arbeiten Sie!	hole ab! hol ab! holt ab! holen Sie ab!
Participio presente	fragend	arbeitend	abholend
Participio pasado	gefragt	gearbeitet	abgeholt

Verbos fuertes

			Verbo separable
Infinitivo presente	geben	fahren	anrufen
Presente de indicativo	ich gebe du gibst er gibt wir geben ihr gebt sie geben	fahre fährst fährt fahren fahrt fahren	rufe an rufst an ruft an rufen an ruft an rufen an
Pretérito imperfecto de indicativo	ich gab du gabst er gab wir gaben ihr gabt sie gaben	fuhr fuhrst fuhr fuhren fuhrt fuhren	rief an riefst an rief an riefen an rieft an riefen an
Pret. perf. de indicativo	ich habe gegeben	bin gefahren	habe angerufen
Pret. pluscuam. de indicativo	ich hatte gegeben	war gefahren	hatte angerufen
Futuro de indicativo	ich werde geben	werde fahren	werde anrufen

			Verbo separable
Futuro perfecto de indicativo	ich werde gegeben haben	werde gefahren sein	werde angerufen haben
Presente de subjuntivo	ich gebe	fahre	rufe an
Pret. imperf. de subjuntivo	ich gäbe/ würde geben	führe/ würde fahren	riefe an/ würde anrufen
Imperativo presente	gib! gebt! geben Sie!	fahre! fahr! fahrt! fahren Sie!	rufe an! ruf an! ruft an! rufen Sie an!
Participio presente	gebend	fahrend	anrufend
Participio pasado	gegeben	gefahren	angerufen

Tablas de las declinaciones

Sustantivos

masculino	singular	plural
nominativo	der Kollege	die Kollegen
genitivo	des Kollegen	der Kollegen
dativo	dem Kollegen	den Kollegen
acusativo	den Kollegen	die Kollegen

masculino	singular	plural
nominativo	der Mann	die Männer
genitivo	des Mannes	der Männer
dativo	dem Mann	den Männern
acusativo	den Mann	die Männer

masculino	singular	plural
nominativo	der Lehrer	die Lehrer
genitivo	des Lehrers	der Lehrer
dativo	dem Lehrer	den Lehrern
acusativo	den Lehrer	die Lehrer

masculino	singular	plural
nominativo	der Vater	die Väter
genitivo	des Vaters	der Väter
dativo	dem Vater	den Vätern
acusativo	den Vater	die Väter

masculino	singular	plural
nominativo	der Wagen	die Wagen
genitivo	des Wagens	der Wagen
dativo	dem Wagen	den Wagen
acusativo	den Wagen	die Wagen

masculino	singular	plural
nominativo	der Student	die Studenten
genitivo	des Studenten	der Studenten
dativo	dem Studenten	den Studenten
acusativo	den Studenten	die Studenten

masculino	singular	plural
nominativo	der Chef	die Chefs
genitivo	des Chefs	der Chefs
dativo	dem Chef	den Chefs
acusativo	den Chef	die Chefs

femenino	singular	plural
nominativo	die Kollegin	die Kolleginnen
genitivo	der Kollegin	der Kolleginnen
dativo	der Kollegin	den Kolleginnen
acusativo	die Kollegin	die Kolleginnen

femenino	singular	plural
nominativo	die Frau	die Frauen
genitivo	der Frau	der Frauen
dativo	der Frau	den Frauen
acusativo	die Frau	die Frauen

femenino	singular	plural
nominativo	die Lehrerin	die Lehrerinnen
genitivo	der Lehrerin	der Lehrerinnen
dativo	der Lehrerin	den Lehrerinnen
acusativo	die Lehrerin	die Lehrerinnen

femenino	singular	plural
nominativo	die Mutter	die Mütter
genitivo	der Mutter	der Mütter
dativo	der Mutter	den Müttern
acusativo	die Mutter	die Mütter

femenino	singular	plural
nominativo	die Zeitung	die Zeitungen
genitivo	der Zeitung	der Zeitungen
dativo	der Zeitung	den Zeitungen
acusativo	die Zeitung	die Zeitungen

femenino	singular	plural
nominativo	die Universität	die Universitäten
genitivo	der Universität	der Universitäten
dativo	der Universität	den Universitäten
acusativo	die Universität	die Universitäten

femenino	singular	plural
nominativo	die Nation	die Nationen
genitivo	der Nation	der Nationen
dativo	der Nation	den Nationen
acusativo	die Nation	die Nationen

femenino	singular	plural
nominativo	die Kleinigkeit	die Kleinigkeiten
genitivo	der Kleinigkeit	der Kleinigkeiten
dativo	der Kleinigkeit	den Kleinigkeiten
acusativo	die Kleinigkeit	die Kleinigkeiten

neutro	singular	plural
nominativo	das Kind	die Kinder
genitivo	des Kindes	der Kinder
dativo	dem Kind	den Kindern
acusativo	das Kind	die Kinder

neutro	singular	plural
nominativo	das Mädchen	die Mädchen
genitivo	des Mädchens	der Mädchen
dativo	dem Mädchen	den Mädchen
acusativo	das Mädchen	die Mädchen

neutro	singular	plural
nominativo	das Haus	die Häuser
genitivo	des Hauses	der Häuser
dativo	dem Haus	den Häusern
acusativo	das Haus	die Häuser

neutro	singular	plural
nominativo	das Argument	die Argumente
genitivo	des Arguments	der Argumente
dativo	dem Argument	den Argumenten
acusativo	das Argument	die Argumente

neutro	singular	plural
nominativo	das Auto	die Autos
genitivo	des Autos	der Autos
dativo	dem Auto	den Autos
acusativo	das Auto	die Autos

neutro	singular	plural
nominativo	das Einkaufszentrum	die Einkaufszentren
genitivo	des Einkaufszentrums	der Einkaufzentren
dativo	dem Einkaufszentrum	den Einkaufszentren
acusativo	das Einkaufszentrum	die Einkaufszentren

neutro	singular	plural
nominativo	das Ergebnis	die Ergebnisse
genitivo	des Ergebnisses	der Ergebnisse
dativo	dem Ergebnis	den Ergebnissen
acusativo	das Ergebnis	die Ergebnisse

neutro	singular	plural
nominativo	das Geschenk	die Geschenke
genitivo	des Geschenks	der Geschenke
dativo	dem Geschenk	den Geschenken
acusativo	das Geschenk	die Geschenke

Adjetivo con artículo determinado

masculino	singular	plural
nominativo	der schnelle Wagen	die schnellen Wagen
genitivo	des schnellen Wagens	der schnellen Wagen
dativo	dem schnellen Wagen	den schnellen Wagen
acusativo	den schnellen Wagen	die schnellen Wagen

femenino	singular	plural
nominativo	die schöne Frau	die schönen Frauen
genitivo	der schönen Frau	der schönen Frauen
dativo	der schönen Frau	den schönen Frauen
acusativo	die schöne Frau	die schönen Frauen

neutro	singular	plural
nominativo	das gute Argument	die guten Argumente
genitivo	des guten Arguments	der guten Argumente
dativo	dem guten Argument	den guten Argumenten
acusativo	das gute Argument	die guten Argumente

Adjetivo con artículo indeterminado

masculino	singular (con negación)	plural	plural (con negación)
nominativo	(k)ein netter Kollege	nette Kollegen	keine netten Kollegen
genitivo	(k)eines netten Kollegen	netter Kollegen	keiner netten Kollegen
dativo	(k)einem netten Kollegen	netten Kollegen	keinen netten Kollegen
acusativo	(k)einen netten Kollegen	nette Kollegen	keine netten Kollegen

femenino	singular (con negación)	plural	plural (con negación)
nominativo	(k)eine gute Idee	gute Ideen	keine guten Ideen
genitivo	(k)einer guten Idee	guter Ideen	keiner guten Ideen
dativo	(k)einer guten Idee	guten Ideen	keinen guten Ideen
acusativo	(k)eine gute Idee	gute Ideen	keine guten Ideen

neutro	singular (con negación)	plural	plural (con negación)
nominativo	(k)ein teures Hotel	teure Hotels	keine teuren Hotels
genitivo	(k)eines teuren Hotels	teurer Hotels	keiner teuren Hotels
dativo	(k)einem teuren Hotel	teuren Hotels	keinen teuren Hotels
acusativo	(k)ein teures Hotel	teure Hotels	keine teuren Hotels

Pronombres

Pronombres posesivos

NOMINATIVO

	masculino	femenino	neutro	plural
ich	mein Freund	meine Uhr	mein Auto	meine Freunde, Uhren, Autos
du	dein Freund	deine Uhr	dein Auto, Autos	deine Freunde, Uhren,

	masculino	femenino	neutro	plural
er	sein Freund	seine Uhr	sein Auto	seine Freunde, Uhren, Autos
sie	ihr Freund	ihre Uhr	ihr Auto	ihre Freunde, Uhren, Autos
es	sein Freund	seine Uhr	sein Auto	seine Freunde, Uhren, Autos
wir	unser Freund	unsere Uhr	unser Auto	unsere Freunde, Uhren, Autos
ihr	euer Freund	**eure** Uhr	euer Auto	**eure** Freunde, Uhren, Autos
sie	ihr Freund	ihre Uhr	ihr Auto	ihre Freunde, Uhren, Autos
Sie	Ihr Freund	Ihre Uhr	Ihr Auto	Ihre Freunde, Uhren, Autos

GENITIVO

	masculino	femenino	neutro	plural
ich	meines Freundes	meiner Uhr	meines Autos	meiner Freunde, Uhren, Autos
du	deines Freundes	deiner Uhr	deines Autos	deiner Freunde, Uhren, Autos
er	seines Freundes	seiner Uhr	seines Autos	seiner Freunde, Uhren, Autos
sie	ihres Freundes	ihrer Uhr	ihres Autos	ihrer Freunde, Uhren, Autos
es	seines Freundes	ihrer Uhr	seines Autos	seiner Freunde, Uhren, Autos
wir	unseres Freundes	unserer Uhr	unseres Autos	unserer Freunde, Uhren, Autos
ihr	**eures** Freundes	**eurer** Uhr	**eures** Autos	**eurer** Freunde, Uhren, Autos
sie	ihres Freundes	ihrer Uhr	ihres Autos	ihrer Freunde, Uhren, Autos
Sie	Ihres Freundes	Ihrer Uhr	Ihres Autos	Ihrer Freunde, Uhren, Autos

DATIVO

	masculino	femenino	neutro	plural
ich	meinem Freund	meiner Uhr	meinem Auto	meinen Freunden, Uhren, Autos
du	deinem Freund	deiner Uhr	deinem Auto	deinen Freunden, Uhren, Autos
er	seinem Freund	seiner Uhr	seinem Auto	seinen Freunden, Uhren, Autos
sie	ihrem Freund	ihrer Uhr	ihrem Auto	ihren Freunden, Uhren, Autos
es	seinem Freund	seiner Uhr	seinem Auto	seinen Freunden, Uhren, Autos
wir	unserem Freund	unserer Uhr	unserem Auto	unseren Freunden, Uhren, Autos
ihr	**eurem** Freund	**eurer** Uhr	**eurem** Auto	**euren** Freunden, Uhren, Autos
sie	ihrem Freund	ihrer Uhr	ihrem Auto	ihren Freunden, Uhren, Autos
Sie	Ihrem Freund	Ihrer Uhr	Ihrem Auto	Ihren Freunden, Uhren, Autos

ACUSATIVO

	masculino	femenino	neutro	plural
ich	meinen Freund	meine Uhr	mein Auto	meine Freunde, Uhren, Autos
du	deinen Freund	deine Uhr	dein Auto	deine Freunde, Uhren, Autos
er	seinen Freund	seine Uhr	sein Auto	seine Freunde, Uhren, Autos
sie	ihren Freund	ihre Uhr	ihr Auto	ihre Freunde, Uhren, Autos
es	seinen Freund	seine Uhr	sein Auto	seine Freunde, Uhren, Autos
wir	unseren Freund	unsere Uhr	unser Auto	unsere Freunde, Uhren, Autos
ihr	**euren** Freund	**eure** Uhr	euer Auto	**eure** Freunde, Uhren, Autos
sie	ihren Freund	ihre Uhr	ihr Auto	ihre Freunde, Uhren, Autos
Sie	Ihren Freund	Ihre Uhr	Ihr Auto	Ihre Freunde, Uhren, Autos

Pronombres personales

nominativo	dativo	acusativo
ich	mir	mich
du	dir	dich
er	ihm	ihn
sie	ihr	sie
es	ihm	es
wir	uns	uns
ihr	euch	euch
sie, Sie	ihnen, Ihnen	sie, Sie

Pronombres reflexivos

dativo	acusativo	dativo	acusativo
mir	mich	sich	sich
dir	dich	uns	uns
sich	sich	euch	euch
sich	sich	sich	sich

Lista de los principales verbos fuertes

Esta lista incluye las formas del infinitivo, presente de indicativo, imperfecto y pretérito perfecto de los verbos fuertes e irregulares más importantes.
Se indican:

— las formas de la tercera persona del singular, en caso de cambio vocálico;
— el auxiliar, cuando es *sein* o cuando pueden ser tanto *sein* como *haben*;
— las formas del pretérito imperfecto de subjuntivo.

Los verbos marcados con asterisco (*) son verbos modales.
La mayor parte de estos verbos pueden estar precedidos por prefijos, e incluso algunos pueden llevar dos. Debe tenerse en cuenta que si el prefijo es separable, el acento cae en el prefijo; de no ser así, cae en el verbo.

Los prefijos separables son los siguientes:

ab-, an-, auf-, aus-, bei-, beisammen-, da-, dabei-, dafür-, dagegen-, daher-, dahin-, daneben-, dar-, d(a)ran-, d(a)rein-, da(r)nieder-, darum-, davon-, dawider-, dazu-, dazwischen-, drauf-, drauflos-, drin-, ein-, einher-, empor-, entgegen-, entlang-, entzwei-, fest-, fort-, gegen-, gegenüber-, her-, herab-, heran-, herauf-, heraus-, herbei-, herein-, hernieder-, herüber-, herum-, herunter-, hervor-, herzu-, hin-, hinab-, hinan-, hinauf-, hinaus-, hindurch-, hinein-, hintan-, hintenüber-, hinterher-, hinüber-, hinunter-, hinweg-, hinzu, inne-, los-, mit-, nach-, nieder-, über-, überein-, um-, umher-, umhin-, unter-, vor-, voran, - voran-, vorauf-, voraus-, vorbei-, vorher-, vorüber-, vorweg-, weg-, weiter-, wieder-, zu-, zurecht-, zurück-, zusammen-, zuvor-, zuwider-, zwischen.

Los prefijos inseparables son:

be-, emp-, ent-, er-, ge-, miss-, ver-, wider-, zer-.

Hay además partículas que pueden ser tanto separables como inseparables:

durch-, über-, um-, unter-, wieder-.

Infinitivo presente (Presente de indicativo, 3.ª persona del singular)	Imperfecto de indicativo (Imperfecto de subjuntivo)	Participio pasado	Auxiliar	
befehlen (befiehlt)	befahl (befähle)	befohlen		ordenar, encargar
beginnen	begann (begänne)	begonnen		iniciar
bewegen	bewog (bewöge)	bewogen		inducir, persuadir
biegen	bog (böge)	gebogen		doblar
bieten	bot (böte)	geboten		ofrecer
binden	band (bände)	gebunden		atar
bitten	bat (bäte)	gebeten		pedir
blasen (bläst)	blies	geblasen		soplar
bleiben	blieb	geblieben	sein	permanecer
braten (brät)	briet	gebraten		asar, cocer, freír
brechen (bricht)	brach (bräche)	gebrochen		romper
brennen	brannte (brennte)	gebrannt		arder, quemar
bringen	brachte (brächte)	gebracht		llevar
denken	dachte (dächte)	gedacht		pensar
dringen	drang (dränge)	gedrungen	sein, haben	penetrar, insistir

Infinitivo presente (Presente de indicativo, 3.ª persona del singular)	Imperfecto de indicativo (Imperfecto de subjuntivo)	Participio pasado	Auxiliar	
dürfen* (darf)	durfte (dürfte)	gedurft		poder
empfehlen (empfiehlt)	empfahl (empfähle)	empfohlen		recomendar
erschrecken (erschrickt)	erschrak (erschräke)	erschrocken	sein	asustar
essen (isst)	aß	gegessen		comer
fahren (fährt)	fuhr (führe)	gefahren	sein, haben	ir, conducir
fallen (fällt)	fiel	gefallen	sein	caer
fangen (fängt)	fing	gefangen		agarrar, coger
finden	fand (fände)	gefunden		hallar, encontrar
fliegen	flog	geflogen	sein, haben	volar, ir en avión, pilotar un avión
fliehen	floh (flöhe)	geflohen	sein	huir
fließen	floss (flösse)	geflossen	sein	fluir
fressen (frisst)	fraß (fräße)	gefressen		devorar
frieren	fror (fröre)	gefroren	sein, haben	tener frío, helar
geben (gibt)	gab (gäbe)	gegeben		dar
gefallen (gefällt)	gefiel	gefallen		gustar
gehen	ging	gegangen	sein	caminar, ir
gelingen	gelang (gelänge)	gelungen	sein	conseguir
gelten (gilt)	galt (gälte)	gegolten		valer, estar vigente
genießen	genoss (genösse)	genossen		disfrutar
geschehen (geschieht)	geschah (geschähe)	geschehen	sein	ocurrir, suceder
gewinnen	gewann (gewänne)	gewonnen		vencer
gießen	goss (gösse)	gegossen		verter
gleichen	glich	geglichen		parecerse
graben (gräbt)	grub (grübe)	gegraben		cavar
greifen	griff	gegriffen		atrapar, coger
haben (du hast, er hat)	hatte	gehabt		haber, tener
halten (hält)	hielt	gehalten		tener, mantener, conservar

Infinitivo presente (Presente de indicativo, 3.ª persona del singular)	Imperfecto de indicativo (Imperfecto de subjuntivo)	Participio pasado	Auxiliar	
hängen	hing	gehangen		estar colgado, colgar
heben	hob	gehoben		levantar
heißen	hieß	geheißen		llamarse
helfen (hilft)	half (hälfe)	geholfen		ayudar
kennen	kannte (kennte)	gekannt		conocer
klingen	klang (klänge)	geklungen		sonar
kommen	kam (käme)	gekommen	sein	venir
können* (kann)	konnte (könnte)	gekonnt		poder
laden (lädt)	lud (lüde)	geladen		cargar
lassen (lässt)	ließ	gelassen		dejar
laufen (läuft)	lief	gelaufen	sein, haben	correr
leiden	litt	gelitten		sufrir
leihen	lieh	geliehen		prestar
lesen (liest)	las (läse)	gelesen		leer
liegen	lag (läge)	gelegen		yacer
lügen	log (löge)	gelogen		mentir
meiden	mied	gemieden		evitar
messen (misst)	maß (mäße)	gemessen		medir
mögen* (mag)	mochte (möchte)	gemocht		desear
müssen* (muss)	musste (müsste)	gemusst		deber
nehmen (nimmt)	nahm (nähme)	genommen		tomar
nennen	nannte (nennte)	genannt		llamar, nombrar
raten (rät)	riet	geraten		aconsejar
reiben	rieb	gerieben		frotar
reißen	riss	gerissen	sein, haben	arrancar
reiten	ritt	geritten	sein, haben	ir a caballo
rennen	rannte (rennte)	gerannt	sein	correr
riechen	roch (röche)	gerochen		oler; percibir olor
ringen	rang (ränge)	gerungen		luchar
rinnen	rann (ränne)	geronnen	sein	transcurrir
rufen	rief	gerufen		llamar

Infinitivo presente (Presente de indicativo, 3.ª persona del singular)	Imperfecto de indicativo (Imperfecto de subjuntivo)	Participio pasado	Auxiliar	
salzen	salzte	gesalzen		salar
schaffen	schuf (schüfe)	geschaffen		crear
scheiden	schied	geschieden	sein, haben	separar
scheinen	schien	geschienen		parecer
schieben	schob (schöbe)	geschoben		empujar
schießen	schoss (schösse)	geschossen		disparar
schlafen (schläft)	schlief	geschlafen		dormir
schlagen (schlägt)	schlug (schlüge)	geschlagen		batir
schließen	schloss (schlösse)	geschlossen		cerrar
schlingen	schlang (schlänge)	geschlungen		agarrar
schmeißen	schmiss	geschmissen		lanzar
schneiden	schnitt	geschnitten		cortar
schreiben	schrieb	geschrieben		escribir
schreien	schrie	geschrieen		gritar
schreiten	schritt	geschritten		caminar
schweigen	schwieg	geschwiegen		callar
schwimmen	schwamm (schwämme)	geschwommen	sein, haben	nadar
schwinden	schwand (schwände)	geschwunden	sein	desvanecerse, desaparecer
schwingen	schwang (schwänge)	geschwungen	sein, haben	agitar
schwören	schwor (schwüre)	geschworen		jurar
sehen (sieht)	sah (sähe)	gesehen		ver
sein (ich bin, du bist, er ist, wir sind, ihr seid, sie sind)	war (wäre)	gewesen	sein	ser, estar
senden	sandte (sendete)	gesandt (gesendet)		enviar
singen	sang (sänge)	gesungen		cantar
sinken	sank (sänke)	gesunken		bajar, hundir
sinnen	sann (sänne)	gesonnen		meditar

Infinitivo presente (Presente de indicativo, 3.ª persona del singular)	Imperfecto de indicativo (Imperfecto de subjuntivo)	Participio pasado	Auxiliar	
sitzen	saß (säße)	gesessen		estar sentado
sollen* (soll)	sollte	gesollt		deber
spalten	spaltete	gespalten (gespaltet)		partir, hendir
sprechen (spricht)	sprach (spräche)	gesprochen		hablar
springen	sprang (spränge)	gesprungen		saltar
stechen (sticht)	stach (stäche)	gestochen		picar
stehen	stand (stände/stünde)	gestanden		estar de pie
stehlen (stiehlt)	stahl (stähle)	gestohlen		robar
steigen	stieg	gestiegen	sein	aumentar, subir
sterben (stirbt)	starb (stürbe)	gestorben	sein	morir
stoßen (stößt)	stieß	gestoßen		golpear, chocar
streichen	strich	gestrichen	sein, haben	cancelar, borrar, suprimir
streiten	stritt	gestritten		disputar
tragen (trägt)	trug (trüge)	getragen		llevar (puesto)
treffen (trifft)	traf (träfe)	getroffen		encontrar
(ein)treten (tritt)	trat (träte)	getreten	sein, haben	entrar
trinken	trank (tränke)	getrunken		beber
trügen	trog (tröge)	getrogen		engañar
tun (tut)	tat (täte)	getan		hacer
verderben (verdirbt)	verdarb (verdürbe)	verdorben		estropearse
vergessen (vergisst)	vergaß (vergäße)	vergessen		olvidar
verlieren	verlor (verlöre)	verloren		perder
wachsen (wächst)	wuchs (wüchse)	gewachsen	sein	crecer
waschen (wäscht)	wusch (wüsche)	gewaschen		lavar
weisen	wies	gewiesen		indicar
wenden	wandte (wendete)	gewandt (gewendet)		dirigir

Infinitivo presente (Presente de indicativo, 3.º persona del singular)	Imperfecto de indicativo (Imperfecto de subjuntivo)	Participio pasado	Auxiliar	
werben (wirbt)	warb (würbe)	geworben		hacer propaganda
werden (wird)	wurde (würde)	geworden	sein	convertirse
werfen (wirft)	warf (würfe)	geworfen		lanzar
wiegen	wog (wöge)	gewogen		pesar
wissen (weiß)	wusste (wüsste)	gewusst		saber
wollen* (will)	wollte	gewollt		querer
(ver)zeihen	(ver)zieh	(ver)ziehen		perdonar
ziehen	zog (zöge)	gezogen	sein, haben	tirar
zwingen	zwang (zwänge)	gezwungen		obligar

Verbos separables y verbos inseparables

durch

INSEPARABLES

durchfahren	atravesar
durchschauen	intuir
durchsuchen	registrar (las maletas en la aduana, etc.)

SEPARABLES

durchblättern	deshojar
durchfallen	suspender (un examen, etc.)
durchkommen	aprobar (un examen), tener éxito
durchmachen	soportar, sufrir
durchschauen	mirar afuera a través (de una fisura, etc.)

über

INSEPARABLES

überfahren	atropellar
überfallen	agredir
übergehen	pasar por alto
überholen	sobrepasar, adelantar

INSEPARABLES

überleben	sobrevivir
überlegen	reflexionar sobre
übernachten	pernoctar, pasar la noche
überqueren	atravesar
überraschen	sorprender
übersetzen	traducir
übertreffen	superar (toda expectativa, etc.)
übertreiben	exagerar
übertreten	violar (la ley, etc.)
überwinden	vencer (las pasiones, etc.)
überzeugen	convencer

SEPARABLES

übergehen	pasar a (de un tema a otro)
überlaufen	pasar a (disertar), desaguar (la bañera)
übersetzen	pasar a la otra orilla
übertreten	convertirse

um

INSEPARABLES

umarmen	abrazar
umfassen	abarcar, contener
umgeben	circundar
umgehen	eludir

SEPARABLES

umbringen	matar
umdrehen	dar vuelta a
umsteigen	cambiar (autobús, tren, avión), hacer trasbordo
umziehen	trasladarse; cambiarse de ropa

unter

INSEPARABLES

unterbrechen	interrumpir
unterhalten	entretener
unternehmen	emprender
unterrichten	enseñar
unterscheiden	distinguir
unterschreiben	firmar, subrayar
unterwerfen	someter

wieder

INSEPARABLES

wiederholen	repetir

SEPARABLES

wiedergeben	devolver
wiederkommen	volver, regresar
wiedersehen	volver a ver

▶ Verbos con preposición

abhängen **von**+D	(apheŋgen fon)	depender de algo o alguien
achten **auf**+A	(achten auf)	cuidar de algo
sich amüsieren **über**+A	(zich amy'zi:ren y:ber)	divertirse con algo
anfangen **mit**+D	(anfaŋgen mit)	iniciar algo
ankommen **auf**+A	(ankomen auf)	depender de algo (sólo en impersonales)
arbeiten **an**+A	(arbaiten an fy:r)	trabajar en algo
arbeiten **für**+A		trabajar con / para
arbeiten **bei**+D		trabajar cerca
sich ärgern **über**+A	(zich ergern y:ber)	enfadarse por algo
auffordern **zu**+D	(aufordern tsu:)	invitar a alguien
aufmerksam machen **auf**+A	(aufmerkza:m machen auf)	hacer notar algo
sich äußern **über**+A	(zich oisern y:ber)	pronunciarse sobre algo
sich auswirken **auf**+A	(zich ausvirken auf)	influir, repercutir sobre
begrenzen **auf**+A	(be:'grentsen auf)	limitar a algo
begründen **mit**+D	(be'grynden mit)	motivar con algo
beitragen **zu**+D	(baitra:gen tsu:)	contribuir a algo
berichten **über**+A	(be'richten y:ber)	referirse a algo o alguien
sich beschäftigen **mit**+D	(zich be' eftigen mit)	ocuparse de algo o alguien
bestehen **aus**+D	(be' te:n aus)	consistir en algo
sich beteiligen **an**+D	(zich be'tailigen an)	participar en algo
betrachten **als**+A	(betrachten als)	considerar algo
sich bewerben **um**+A	(zich be'verben um)	solicitar algo
bezeichnen **als**+A	(be'tsaichnen als)	definir algo
sich beziehen **auf**+A	(zich be'tsi:en auf)	referirse a algo o alguien
bitten+A **um**+A	(biten um)	pedir algo a alguien
danken+D **für**+A	(daken fy:r)	agradecer algo a alguien
denken **an**+A	(deken an)	pensar en algo o alguien
sich eignen **für**+A	(sich aiknen fy:r)	ser idóneo para algo o alguien
einladen+A **zu**+D	(ainla:den tsu:)	invitar a alguien a algo

Alemán	Pronunciación	Español
sich entscheiden für+A	(zich ent' aiden fy:r)	decidirse por algo
sich ergeben aus+D	(zich er'ge:ben aus)	ponerse de manifiesto
sich erinnern an+A	(zich er'inern an)	acordarse de algo
sich freuen auf+A	(zich froien auf)	esperar con ilusión
sich freuen über+A	(zich froien y:ber)	estar contento por algo
gehören zu+D	(ge'hœ:ren tsu:)	pertenecer a alguien
sich gewöhnen an+A	(zich ge'vœ:nen an)	acostumbrarse a algo
gratulieren+D zu+D	(gra:tu:'li:ren tsu:)	felicitar a alguien por algo
sich handeln um+A	(zich handeln um)	tratarse de algo
hinweisen+A auf+A	(hinvaizen auf)	llamar la atención de alguien sobre algo
sich informieren über+A	(zich infor'mi:ren y:ber)	informarse sobre algo
sich interessieren für+A	(zich intere'si:ren fy:r)	interesarse por algo
kämpfen für+A	(kempfen fy:r)	luchar por algo
sich kümmern um+A	(sich kymern um)	hacerse cargo de algo o alguien
nachdenken über+A	(na:chdeŋeken yber)	reflexionar sobre algo
neigen zu+D	(naigen tsu:)	ser propenso a algo
passen zu+D	(pasen tsu:)	caer bien a alguien
profitieren von+D	(profi'ti:ren fon)	sacar partido de algo
rechnen mit+D	(rechnen mit)	contar con algo
schreiben an+A	(raiben an)	escribir a alguien
sprechen mit+D von+D	(prechen mit fon)	hablar con alguien de
sprechen mit+D über+A		hablar con alguien de
streben nach+D	(tre:ben na:ch)	aspirar a algo
sich stützen auf+A	(zich stytsen auf)	basarse en algo
teilnehmen an+D	(tailne:men an)	participar en algo
telefonieren mit+D	(te:le:fo:'ni:ren mit)	estar al teléfono con alguien
sich unterhalten mit+D über+A	(zich unter'halten mit y:ber)	conversar con alguien sobre algo
verbinden mit+D	(fer'binden mit)	poner en comunicación con alguien
verfügen über+A	(fer'fy:gen y:ber)	disponer de
vergleichen mit+D	(fer'glaichen mit)	comparar a
verweisen auf+A	(fer'vaizen auf)	referirse a, remitir a
sich verabreden mit+D	(zich fer'apre:den mit)	fijar una cita con alguien
sich verabschieden von+D	(zich fer'ap i:den fon)	despedirse de
sich verstehen mit+D	(zich fer' te:n mit)	entenderse con alguien
warten auf+A	(varten auf)	esperar a alguien
sich wenden an+A	(zich venden an)	dirigirse a alguien
wissen über+A	(visen y:ber)	saber sobre algo
sich wundern über+A	(zich vundern y:ber)	maravillarse de algo
zählen zu+D	(tse:len tsu:)	incluir entre, contar con alguien

DICCIONARIO ESPAÑOL-ALEMÁN

Para cada palabra española se indica su correspondiente alemana, acompañada de su transcripción fonética y una sucinta información gramatical, si fuese necesario, para evitar ambigüedades.

A

a, en, in [in], an [an], auf [auf], bei [bai], bis [bis], nach [na:ch], um [um], zu [tsu:].
abajo, unten [unten], hinunter [hinunter].
abandonar, verlassen [ferlasen], aufgeben [aufge:ben].
abarrotado, brechend voll [brechent fol].
abatir, niederreißen [ni:deraisen].
abierto, geöffnet [ge'œfnet], offen [ofen].
abogado, *m.* Rechtsanwalt ['rechtsan'valt].
abrigo, *m.* Mantel [mantel].
abril, *m.* April [a'pril].
abrir, öffnen [œfnen], aufmachen [aufmachen].
absolutamente, unbedingt [unbediŋkt], unumschränk [unum' reŋkt].
absoluto, absolut [apzo'lu:t], unbedingt [unbe'diŋkt].
abuela, *f.* Großmutter [gro:smuter].
abuelo, *m.* Großvater [gro:sfa:ter].
abundante, reichlich [raichlich].
acabar, beendigen [be'endigen], aufhören [aufhœ:ren]; *estar acabado,* vorüber sein [fo:ry:ber zain]; *haber acabado,* fertig sein [fertich zain].
acento, *m.* Akzent [aktse:nt].
accidente, *m.* Unfall [unfal], Vorfall [fo:rfal].
acción, *f.* Handlung [hantluŋ], Tat [ta:t]; ~ *legal* Klage [kla:ge].
aceite, n. Öl [œ:l].
aceptar, annehmen [ane:men], aufnehmen [aufne:men], akzeptieren [aktsep'ti:ren], zustimmen [tsu: timen]; ~ *una invitación,* einer Einladung folgen [ainer ainla:duŋ folgen].
acera, *m.* Bügersteig [byrger taik].
achispado, angeheitert ['aŋge'haitert].
aclarar, klären [kle:ren], erklären [er'kle:ren].

acogedor, gemütlich [ge'my:tlich].
acoger, aufnehmen [aufne:men], empfangen [empfaŋgen].
acometer, angreifen [aŋgraifen], in Angriff nehmen [in aŋgrif ne:men].
acomodarse, Platz nehmen [plats ne:men].
acompañar, begleiten [be'glaiten], mitgehen [mitge:en].
aconsejar, raten [ra:ten], einen Rat geben [ainen ra:t ge:ben].
acontecimiento, *n.* Ereignis [er'aiknis], *m.* Vorfall [fo:rfal].
acordar, bewilligen [be'viligen], stimmen [timen].
acostumbrarse a, sich gewöhnen an [zich ge'vœ:nen an] *(+ ac.).*
acta, *n.* Protokoll [proto'kol], *f.* Urkunde [u:rkunde].
acto, *f.* Tat [ta:t].
actuar, handeln [handeln]; tun [tu:n]; wirken, [virken]; ~ *de,* fungieren [fu'ŋgi:ren].
acuerdo, *f.* Vereinbarung [fer'ainbaruŋ]; *n.* Einverständnis [ainfer tentnis]; *estar de ~,* zustimmen [tsu: timen] *(+ dat.),* einverstanden [ainfer' tanden].
adelantar, vorrücken [fo:ryken]; *por adelantado,* im Voraus [im fo:raus].
adelante, delante, vor [fo:r], vorher [fo:rhe:r].
además, außerdem [auserde:m]; *por lo demás,* übrigens [y:brigens].
adiós, auf Wiedersehen [auf vi:derse:en].
administración, Verwaltung [fer'valtuŋ], *f.* Leitung [laituŋ].
admiración, *f.* Bewunderung [be'vunderuŋ].
admirar, bewundern [be'vundern].
admitido, angenommen [aŋgenomen].
admitir, aufnehmen [aufne:men], *reconocer,* zugeben [tsu:ge:ben], *aceptar,*

annehmen [an'ne:men]; ~ *a examen*, zur Prüfung zulassen [tsur pry:fuŋ tsu:lasen].
adoptar, adoptieren [adop'ti:ren], treffen [tre:fen]; ~ *teorías*, annehmen [an'ne:men].
adormecerse, einschlafen [ain la:fen].
adquirir, kaufen [kaufen], erwerben [er'verben].
aduana, Zoll [tsol]; *declarar en la* ~, angeben [aŋge:ben].
advertir, benachrichtigen [be'na:chrichtigen], warnen [varnen].
afectado, betroffen [be'trofen].
afectar, betreffen [be'trefen].
afirmación, *f.* Behauptung [be'hauptuŋ].
afirmar, behaupten [be'haupten].
afortunado, glücklich [glyklich], Glück haben [glyk ha:ben].
agente, *m.* Agent [agent], *m.* Vertreter [fer'tre:ter].
agitar, aufregen [aufre:gen].
agosto, *m.* August [august].
agradable, süffig [zyfich], angenehm [aŋge'ne:m].
agradecer, sich bedanken bei [zich be:'daŋken bai] *(+ dat.).*
agricultor, *m.* Bauer [ba:uer], Landwirt [lantvirt].
agricultura, *f.* Landwirtschaft [lan-tvirt aft].
agua, *n.* Wasser [vaser].
aguardiente, *m.* Schnaps [naps].
agudo, akut [a'ku:t], scharf [arf], spitz [pits], hoch [ho:ch].
ahora, nun [nu:n], jetzt [jetst].
ahumar, rauchen [rauchen], dampfen [dampfen].
aire, *f.* Luft [luft].
ala, m. Flügel [fly:gel].
alarmar, alarmieren [alar'mi:ren]; *estar alarmado*, beunruhigt sein über [be'unru:icht zain y:ber] *(+ ac.).*
alcanzar, gelangen [ge'laŋgen], zugehen [tsu:ge:en], erreichen [e'raichen], besitzen [be'zitsen], einholen [ainho:len].
aldea, *f.* Ortschaft [ort aft], *n.* Dorf [dorf].
alegar, beifügen [baify:gen], beilegen [baile:gen].
alegrarse, sich freuen auf [zich froien auf] *(+ ac.).*
alegre, lustig [lustich], heiter [haiter]; *por el alcohol*, beschwipst [be' vipst].
alegría, *f.* Freude [froide].
alejar, entfernen [ent'fernen].

alemán, *s.* Deutsche [doit er]; *idioma* ~, *m.* Deutsch [doit e]; *a.* deutsch [doit].
Alemania, Deutschland [doit lant].
alguien, jemand [je:mant].
algún, -o, irgendein [irgent'ain], mancher [mancher].
alguno, einige [ainige], jemand [jemant]; *algo*, etwas [etvas].
aliento, *m.* Atem [a:tem], Hauch [hauch].
alimentos, *pl.* Lebensmittel [le:bensmitel].
allí, da [da:], dort [dort].
alma, *f.* Seele [ze:le].
almorzar, zu Mittag essen [tsu: mita:k esen].
almuerzo, *n.* Mittagessen [mita:kesen].
alquilar, vermieten [fer'mi:ten], mieten [mi:ten].
alrededor, um [um]; *alrededores*, *f.* Umgebung [um'ge:buŋ]; ~ *de*, ungefähr [uŋgefe:r].
alternativamente, wechselweise [vekselvaize].
alto, hoch [ho:ch], groß [gro:s], laut [laut].
altura, *f.* Höhe [hœ:e].
alumno, *m.* Schüler [schy:ler].
amabilidad, *f.* Freundlichkeit [frointlich'-kait].
amable, freundlich [froitlich]; *ser* ~ *con*, freundlich sein zu [frointlich zain tsu:] *(+ dat.); vino* ~ lieblich [li:plich].
amar, lieben [li:ben].
amargo, bitter [biter], herb [herp]; *estar amargado*, verbittert sein über [fer'bitert zain y:ber] *(+ ac.).*
amargura, *f.* Bitterkeit [biterkait].
amarillo, gelb [gelp].
ambiente, *f.* Atmosphäre [atmos'fe:re].
amenazar, drohen [dro:en], bedrohen, [bedro:en].
amigo, *m.* Freund [froint].
amistad, *f.* Freundschaft [froint aft].
amor, *f.* Liebe [li:be].
análisis, *f.* Analyse [ana'ly:ze].
analizar, analysieren [analy'zi:ren].
ancho, breit [brait], weit [vait].
anchura, *f.* Weite [vaite].
animal, *n.* Tier [ti:r], *pl.* Vieh [fi:].
anotar, notieren [no'ti:ren].
antes, vor [fo:r], vorher [fo:rhe:r], früher [fry:er], eher [e:er]; ~ *de (que)*, bevor [be'fo:r], ehe [e:e].
anticipo, m. Vorschuss [fo:r us].
anual, jährlich [je:rlich].

anunciar, ankündigen [aŋkyndigen], melden [melden].
añada, m. Jahrgang [ja:rgaŋ].
año, n. Jahr [ja:r].
apagar, ausschalten [aus alten], ausmachen [ausmachen].
aparato, m. Apparat [apa'ra:t], n. Gerät [ge're:t].
aparcamiento, m. Parkplatz [parkplats], ~ *por pisos,* n. Parkhaus [parkhaus].
aparcar, parken [pa:rken].
apariencia, n. Aussehen ['aus'ze:en], m. Schein [ain].
apartamento, f. Wohnung [vo:nuŋ].
apelación, m. Aufruf [aufru:f].
apenas, eben [e:ben], soeben [zo:'e:ben], gerade [ge'ra:de], kaum [kaum], beinahe [bai'na:e], fast [fast], erst [e:rst], sobald [zo:balt].
apetecer, Appetit haben auf [ape'tit ha:ben auf] *(+ ac.).*
apetito, m. Appetit [ape'tit].
aplaudir, applaudieren [aplau'di:ren].
aplicar, anwenden [anvenden].
apoyar, stützen [tytsen], lehnen [le:nen].
aprender, lernen [lernen].
apresurarse, sich beeilen [zich be'ailen].
apretar, drücken [dryken], schließen [li:sen].
aprobar, bestehen [be' te:en].
aprovechar, profitieren von [profi.ti:ren], nutzen [nutsen], ausnutzen [ausnutsen].
aproximar, nähern [ne:ern]; *aproximadamente,* ungefähr [uŋ'gefe:r].
aquel, -llo, jener [je:ner].
aquí, hier [hi:r], da [da:], dort [dort].
árbol, m. Baum [baum]
arena, m. Sand [zant].
arma, f. Waffe [vafe].
armario, m. Schrank [raŋk].
arquitecto, m. Architekt [archi'tekt].
arriesgar, riskieren [ris'ki:ren].
arroz, m. Reis [rais].
arte, f. Kunst [kunst].
artesano, m. Handwerker [hantverker].
artículo, m. Artikel [ar'tikel].
artificial, künstlich [kynstlich].
ascensor, m. Fahrstuhl [fa:r tu:l].
asegurar, versichern [fer'zichern], bestätigen [be' te:tigen].
asentir, nicken [niken].
así, so [zo:], auf diese Weise [auf di:ze vaize], auf diese Art [auf di:ze art]; ~ *que,* so dass [zo: das].

asistir, beiwohnen [baivo:nen] *(+ dat.).*
asociación, f. Vereinigung [fer'ainiguŋ], m. Verband [fer'bant].
aspecto, n. Aussehen ['aus'se:en], m. Anblick [anblik].
astuto, schlau [lau], listig [listich].
asunto, f. Geschäft [ge' eft], n. Angelegenheit [aŋgele:genhait].
asustar, erschrecken [er' reken]; *asustarse,* sich erschrecken [zich er' reken]; *estar asustado,* entsetzt sein über [entzetst zain y:ber] *(+ ac.).*
atacar, angreifen [aŋgraifen], in Angriff nehmen [in aŋgrif ne:men].
atañer, betroffen sein von [be'trofen zain fon] *(+ dat.).*
ataque, Angriff [aŋgrif], m. Anfall [anfal].
atar, binden an [binden an].
atención, cuidado, f. Aufmerksamkeit [aufmerk-za:mkait], f. Vorsicht [fo:rzicht], f. [achtuŋ].
aterrizar, landen [landen].
atraer, anziehen [antsi:en].
atrás, zurück [tsu:'ryk], rückwärts [rykverts].
atravesar, überqueren [y:ber'kve:ren].
aumentar, erhöhen [er'hœ:en], zunehmen [tsu:ne:men].
aún, noch (immer) [noch imer].
Austria, n. Österreich [œ:steraich].
austriaco, österreichisch [œsteraichi].
autobús, m. Autobus [autobus].
autor, m. Verfasser [fer'faser]; *escritor,* m. Schriftsteller [rift teler].
autoridad, f. Behörde [be'hœrde], f. Autorität [autori'te:t].
auxiliar, hilfsweise [hilfsvaize].
avaro, geizig [gaitsich].
aventura, n. Abenteuer [a:bentoier], n. Erlebnis [er'le:pnis].
avión, n. Flugzeug [flu:ktsoik]; *billete de ~,* n. Flugticket [flu:ktiket]; *ir en ~,* fliegen [fli:gen].
avisar, Bescheid sagen [be' ait za:gen] *(+ dat.),* ankündigen [aŋky:digen], benachrichtigen [be'na:chrichtigen].
aviso, f. Benachrichtigung [be'na:chrichtiguŋ].
ayer, gestern [gestern]; *antes de ~,* vorgestern [fo:rgestern].
ayuda, f. Hilfe [hilfe].
ayudar, helfen [helfen], beistehen [bai te:en] *(+ dat.).*

ayuntamiento, *n.* Rathaus [ra:thaus].
azar, *n.* Zufall [zufal].
azúcar, m. Zucker [tsu:ker].
azul, blau [blau]; ~ *celeste,* blau [blau].

B
bailar, tanzen [tantsen].
baile, *m.* Tanz [tants].
bajar, niedriger stellen [ni:driger telen], herunterlassen [he'runterlasen], aussteigen [aus' taigen], heruntergehen [herunterge:en].
bajo, niedrig [ni:drich], tief [ti:f], leise [laize].
banco, *f.* Bank [baŋk].
bandeja, *n.* Tablett [ta'blet].
bandera, *f.* Fahne [fa:ne], *f.* Flagge [flage].
banqueta, *f.* Bank [baŋk].
baño, *n.* Bad [ba:t], Badezimmer [bade-tsimer].
bar, *f.* Bar [ba:r].
barba, *m.* Bart [ba:rt].
barbero, *m.* Friseur [fri'zœr].
barco, *n.* Schiff [if]; *navío, m.* Dampfer [dampfer].
barriga, *m.* Bauch [bauch].
barrio, *n.* Quartier [kvar'ti:r], *f.* Unterkunft [unterkunft]; ~ *antiguo,* Altstadt *f.* [alt tat].
base, *f.* Basis [ba:zis]
bastante, genug [genu:k], ausreichend [ausraichent], ziemlich [tsi:mlich].
bastantes, *pl.* mehrere [me:rere].
bastar, genügen [ge'ny:gen], ausreichen [ausraichen].
bastón, *m.* Stock [tok], Stecken [teken].
batalla, *f.* Schlacht [lacht], *m.* Kampf [kampf].
beber, trinken [triŋken].
bebida, *n.* Getränk [ge'treŋke].
belleza, *f.* Schönheit [œ:nhait].
bello, schön [œ:n].
besar, küssen [kysen].
beso, *m.* Kuss [kus].
bicicleta, *n.* Fahrrad [fa:ra:t].
bien, gut [gu:t]; *está* ~, in Ordnung [in ortnuŋ]; *ir* ~, recht sein [recht zain]; *todo irá* ~, das wird schon klappen [das virt o:n klapen]; *más* ~, eher [e:er], lieber [li:ber]; vielmehr [fi:lme:r]; *muy* ~, sehr gut [ze:r gu:t].
bienvenido, willkommen [vil'komen].
blanco, weiss [vais].
blusa, *f.* Bluse [blu:ze].

boca, *m.* Mund [munt].
bochornoso, schwül [vy:l].
bolsa, *f.* Tasche [ta e], *f.* Börse [bœrze], *m.* Sack [zak].
bolsillo, *f.* Tasche [ta e].
borde, *m.* Rand [rant]; *orilla, ribera, f.* Küste [kyste].
borracho, betrunken [be'truŋken].
borrar, streichen [traichen].
bosque, *m.* Wald [valt], Forst [forst].
botella, *f.* Flasche [fla e].
botón, *m.* Knopf [knopf].
brazo, *m.* Arm [arm].
breve, kurz [kurts].
brevedad, f. Kürze [kyrtse].
brindar, anstoßen [an to:sen].
broma, *m.* Scherz [erts], *m.* Witz [vits].
bueno, *n.* Gute [gu:te], gut [gu:t].
burgués, bürgerlich [byrgerlich], *m.* Bürger [byrger].
burocracia, *f.* Bürokratie [by'ro:kra'ti:].
burócrata, *m.* Bürokrat [byro:'kra:t].
burocrático, bürokratisch [byro:'kra:ti].
buscar, suchen [zu:chen].
búsqueda, Nachforschung [na:chfor uŋ], *f.* Untersuchung [unter'zu:chuŋ].

C
caballo, *n.* Pferd [pfert].
cabello, *n.* Haar [ha:r].
cabeza, *m.* Kopf [kopf], *n.* Haupt [haupt].
cada, jeder [je:der].
caer, herunterfallen [he'runterf'alen].
café, m. Kaffee [kafe:], Espresso [es'preso]; *tomar un* ~, einen Kaffee trinken [ainen kafe: triŋken].
caída, *m.* Fall [fal], *m.* Sturz [turts].
caja, *f.* Kasse [kase].
calefacción, *f.* Heizung [haitsuŋ].
calentarse, sich aufwärmen [zich aufvermen].
calidad, *f.* Qualität [kvali'te:t].
caliente, warm [varm].
callar, schweigen [vaigen].
calma, *f.* Ruhe [ru:e].
calmado, ruhig [ru:ich], still [til], gelassen [ge'lasen].
calmar, beruhigen [be'ru:igen], besänftigen [be'zeftigen].
calor, *f.* Wärme [verme], *f.* Hitze [hitse].
cama, *n.* Bett [bet].
camarero, *m.* Kellner [kelner], *m.* Ober [o:ber].

cambiar, ändern [endern], sich verändern [zich fer'endern]; ~ *dinero,* wechseln [vekseln].
cambio, *m.* Wechsel [veksel], Tausch [tau], *f.* (Ver)änderung [fer'enderuŋ]; *en* ~, Dagegen [da:'ge:gen], anstatt zu [an' tat tsu:].
caminar, zu Fuß gehen [tsu: fus ge:en]; *no andar desencaminado,* nicht ganz unrecht haben [nicht gants unrecht haben].
camisa, *n.* Hemd [hemt].
campesino, *m.* Bauer [bauer].
campo, *n.* Land [lant], *n.* Feld [felt], *m.* Acker [aker]; *materia de estudio, n.* Gebiet [ge'bi:t].
cancelar, löschen [lœ en].
canción, *n.* Lied [li:t].
cansado, müde [my:de].
cansancio, *f.* Müdigkeit [my:dichkait].
cantar, singen [ziŋgen].
cantina, *f.* Kantine [kan'ti:ne].
capaz, fähig [fe:ich]; *ser ~ de,* fähig sein zu [fe:ich zain tsu:] *(+ dat.).*
capital, *(geográfica) f.* Hauptstadt [haupt tat]; *~ económico, n.* Kapital [kapi'ta:l].
cara, Gesicht [gezicht], *n.* Aussehen [au'sehen].
carácter, *m.* Charakter [ka'rakter].
carbón, *f.* Kohle [ko:le].
carecer, fehlen [fe:len].
carencia, *m.* Mangel [maŋgel].
carné de conducir, *m.* Führerschein [fy:rer ain]; *~ de identidad, m.* Personalausweis [perzo'na:lausvais].
caro, teuer [toier].
carpintero, Tischler [ti ler], *m.* Schreiner [rainer].
carretera, *f.* Straße [tra:se].
carta, Brief [bri:f].
cartero, m. Briefträger [bri:f'tre:ger].
casa, *m.* Haus [haus]; *en ~,* zu Hause [tsu: hauze]; *ama de ~, f.* Hausfrau [hausfrau].
casarse, heiraten [haira:ten].
casero, *m.* Hausmann [hausman].
casi, fast [fast], beinahe [beinahe], quasi [kva:zi].
caso, *m.* Kasus [kazus], *m.* Zufall [tsu:fal].
castigar, bestrafen [be' tra:fen].
castigo, *f.* Strafe [tra:fe].
castillo, *n.* Schloss [los].
casualidad, *m.* Fall [fal], Zufall [tsu:fal].
catálogo, *m.* Katalog [kata'lo:k].
catedral, *m.* Dom [do:m].

católico, *m.* Katholik [kato'lik].
causa, *f.* Ursache [u:rzache], *m.* Grund [grunt], Anlass [anlas]; *~ judicial, m.* Gerichts-verfahren [ge'richtsfer'fa:ren]; *a ~ de,* wegen [ve:gen] *(+ gen.).*
causar, verursachen [fer'u:rzachen].
cautela, *f.* Rücksicht [rykzicht].
caza, *f.* Jagd [ja:kt].
cazar, jagen [ja:gen].
ceder, weichen [vaichen]; *~ el puesto,* den Platz überlassen [plats y:berlasen].
celoso, eifersüchtig [aifer'zychtich].
cementerio, *m.* Friedhof [fri:tho:f].
cena, *n.* Abendessen ['a:bent'esen].
cenar, zu Abend essen [tsu: Abend essen].
central, *f.* Zentrale [tsen'tra:le]; zentral, Zentral- [tsen'tra:l].
centro, *f.* Innenstadt [inen tat], *n.* Zentrum [tsentrum]; *~ económico, n.* Wirtschaftszentrum [virt afts'tsentrum].
cepillo, Bürste [byrste]; *~ de dientes, f.* Zahnbürste [tsa:nbyrste].
cerca, bei [bai], nahe [na:e]; *al lado de,* neben [ne:ben].
cerdo, *n.* Schwein [vain].
cereales, *n.* Getreide [ge'traide].
cero, Null [nul], Nichts [nichts].
cerrado, geschlossen [ge' losen], verschlossen zu [ver' losen tsu:].
cerradura, *n.* Schloss [los].
cerrar, abschließen [ap li:sen].
cervecería, *n.* Brauhaus [brauhaus], *f.* Kneipe [knaipe].
cerveza, *n.* Bier [bi:r].
cesar, aufgeben [aufge:ben], einstellen [ain telen].
chaqueta, *f.* Jacke [jake].
checo, tschechisch [t echi].
chocar, stoßen gegen [to:sen gegen], anfahren [anfa:ren].
chocolate, *f.* Schokolade [oko'la:de].
ciego, blind [blint].
cielo, Himmel [himel].
cien, hundert [hundert]; *~ gramos, n.* hundert Gramm [hundert gram].
ciencia, *f.* Wissenschaft [visen aft].
cierto, sicher [sicher], bestimmt [be' timt].
cifra, *f.* Ziffer [tsifer], *f.* Summe [zume].
cigarrillo, *f.* Zigarette [tsiga'rete].
cima, *m.* Gipfel [gipfel].
cinco, fünf [fynf].
cincuenta, fünfzig [fynftsich].
cine, *n.* Kino [ki:no].

cinta, n. Band [bant].
círculo, m. Kreis[krais], m. Verein [fer'ain], m. Club [klup], m. Zirkel [tsirkel], m. Reifen [raifen].
circunstancia, m. Umstand [um tant], f. Lage [la:ge].
cirujano, m. Chirurg [chi'rurk].
ciudad, f. Stadt [tat].
ciudadano, m. Bürger [byrger].
civil, zivil, Zivil- [tsi'vi:l].
claridad, f. Klarheit [kla:rhait].
claro, klar [kla:r], deutlich [doitlich].
clase, f. Klasse [klase], m. Unterricht [unterricht].
cliente, m. Kunde [kunde].
clientela, f. Kundschaft [kunt aft].
cocer, kochen [kochen], backen [baken].
coche, n. Auto [auto], m. Wagen [va:gen]; ~ *de empresa,* m. Firmenwagen [firmenva:gen]; *ir en* ~, (mit dem Auto) fahren [mit de:m auto fa:ren].
cocina, f. Küche [kyche].
cocinar, kochen [kochen].
cocinero, m. Koch [koch].
cola, Klebstoff [kle:p tof], m. Leim [laim].
colaborador, m. Mitarbeiter [mitarbaiter].
colección, f. Ernte [ernte], f. Sammlung [zamluŋ].
colega, m. Kollege [ko:'le:ge].
cólera, m. Zorn [tsorn].
colgar, hängen [heŋgen].
colina, m. Hügel [hy:gel].
coloquio, entrevista, f. Besprechung [be:'prechuŋ].
color, f. Farbe [farbe].
coloreado, bunt [bunt].
combatir, kämpfen [kempfen].
combustible, m. Brennstoff [bren tof], n. Heizöl [haitsœ:l].
comer, essen [esen], speisen [paizen].
comerciante, m. Kaufmann [kaufman].
comercio, m. Handel [handel].
comestible, essbar [esba:r].
cometer, begehen [be'ge:en].
comida, f. Speise [paize]; *(ágape)* Mahlzeit [ma:ltsait], f. Speise [paize].
como, wie [vi:], als [als]; *así* ~, so wie [zo: vi:]; ~ *si,* als ob [als op].
comodidad, n. Wohlbehagen [vo:lbe'ha:gen].
cómodo, bequem [be'kve:m].
compañero, Gefährte [ge'fe:rte], Genosse [ge'nose]; ~ *de clase,* Mit-schüler [mit y:ler].

compañía, f. Gesellschaft [ge'zel aft], f. Begleitung [be'glaituŋ].
comparación, m. Vergleich [fer'glaich]; *a modo de* ~, vergleichsweise [fer'glaichsvaize].
comparar, vergleichen [fer'glaichen].
competencia, f. Sachkompetenz [zachkompetents], f. Konkurrenz [koŋku'rents].
competidor, m. Konkurrent [koŋku'rent].
compilar, ausfüllen [ausfylen].
completamente, ganz [gants], gänzlich [gentslich], völlig [fœlich].
completo, vollständig [fol tendich], vollzählig [vo:ltse:lich].
cómplice, m. Komplize [kom'pli:tse].
componer, zusammensetzen [tsu:'zamenzetsen].
comportarse, sich benehmen [zich be'ne:men], sich verhalten [fer'halten].
comprar, einkaufen [aiŋkaufen].
comprender, begreifen [be'graifen], verstehen [fer' te:en], umfassen [um'fasen]; *ser comprensivo,* verständnisvoll sein [fer' tentnis'fol].
comprendido, eingeschlossen [aiŋge losen], enthalten [ent'halten].
comprensible, verständlich [fer tentlich].
compuesto, bestehend [be' te:ent].
común, gewöhnlich [ge'vœ:nlich], gemeinsam [ge'mainzam]; *en* ~, gemeinsam [ge'mainza:m].
comunicación, Mitteilung [mitailuŋ], f. Kommunikation [komunikats'jo:n].
comunicar, mitteilen [mitailen], sich verständigen [zich fer' tendigen].
con, mit [mit], bei [bai], durch [durch].
concluir, schließen nach [li:sen na:ch] *(+ dat.).*
conde, m. Graf [gra:f].
condena, f. Verurteilung [fer'urtailuŋ], f. Strafe [tra:fe].
condenar, verurteilen (zu) [fer'urtailen tsu:].
condición, f. Bedingung [be'diguŋ], m. Zustand [tsu: tant].
conducir, führen [fy:ren], lenken [leŋken]; ~ *un coche,* fahren [fa:ren].
conducta, f. Führung [fy:ruŋ].
confiar, anvertrauen [anfertrauen], vertrauen auf [fertrauen auf].
confirmar, bekräftigen [be'kreftigen], bestätigen [be tetigen].
confundir, verwechseln mit [fer'vekseln], verwirren [fer'viren].

conocer, kennen(lernen) [kenenlernen].
conocido, s. Bekannte [be'kante]; a. bekannt [be'kant], namhaft [na:mhaft]; ser ~, bekannt sein bei [be'kant] (+ dat.), für (+ ac.).
conocimiento, f. Kenntnis [kentnis], f. Bekanntschaft [be'kant aft], n. Wissen [visen].
conciencia, Bewusstsein [be'vustzain], n. Gewissen [ge'visen].
conquistar, erobern [er'o:bern], erwerben [er'verben].
consecuencia, f. Nachwirkung [na:chvirkuŋ], f. Konsequenz [konzekvents]; en ~, hintereinander [hinterain'ander].
consejero, m. Geschäftsführer [ge' efts'fy:rer].
consejo, m. Rat(schlag) [ra:t la:k], Tip [tip].
consenso, n. Einverständnis [ainfer' tentnis].
conservar, aufbewahren [aufbeva:ren], erhalten [er'halten].
considerable, beträchtlich [be'trechtlich], beachtlich [be'achtlich].
consideración, f. Betrachtung [be'trachtuŋ].
considerar, halten für [halten fy:r], betrachten [be'trachten], ansehen (als) [anze:en].
consolar, trösten [trœ:sten].
constante, standhaft [tanthaft].
constituir, darstellen [dar' telen], bilden [bilden].
construcción, f. Konstruktion [konstrukts'-jo:n].
construir, konstruieren [konstru'i:ren], erbauen [erbauen].
consumir, verbrauchen [fer'brauchen]; konsumieren [konzu'mi:ren].
contactar, sich in Verbindung setzen [zich in fer'binduŋ zetsen].
contacto, m. Kontakt [kon'takt].
contar, zählen [tse:len], rechnen [rechnen]; al contado, bar [ba:r].
contener, enthalten [ent'halten], umfassen [umfasen].
contenido, m. Inhalt [inhalt].
contentar, zufriedenstellen [tsu:'fri:den telen], befriedigen [befri:digen].
contento, zufrieden mit [tsu:'fri:den mit] (+ dat.); estar ~, erfreut sein über [er'froit zain y:ber] (+ ac.); froh sein über [fro: zain y:ber] (+ ac.); sich freuen über [zich froien y:ber] (+ ac.).
continuación, Fortsetzung [fortzetsuŋ], f. Folge [folge]; a ~, anschließend [an li:sent], dann [dan], darauf [da:rauf].

continuar, fortsetzen [fortzetsen], weitermachen [vaitermachen].
continuo, ständig [tendich].
contra, gegen [ge:gen], wider [vider].
contrario, n. Gegenteil [ge:gentail], m. Gegensatz [ge:genzats]; a. entgegen [entgegen], gegensätzlich [ge:genzetslich]; en caso ~, sonst [zonst], andernfalls [andernfals].
control, f. Überprüfung [y:ber'pry:fuŋ].
controlar, kontrollieren [kontroli:ren].
convencer, überzeugen [y:ber'tsoigen]; estar convencido, überzeugt sein von [y:ber'tsoikt zain fon] (+ dat.).
convenir, zusammenkommen [tsu:zameŋ-komen], passen [pasen]; no me conviene, das passt mir nicht [das past mi:r nicht].
conversación, n. Gespräch [ge' pre:ch].
convertirse en, werden [ve:rden].
convicción, Überzeugung [y:ber'tsoiguŋ].
cooperativa, f. Kooperative [ko:opera'ti:ve], f. Genossenschaft [ge'nosen aft].
copioso, reichlich [raichlich].
corazón, n. Herz [herts].
cordialmente, mit freundlichen Grüßen [mit frointlichen gry:sen].
correo, f. Post [post]; oficina de Correos, n. Postamt [postamt].
correr, laufen [laufen], rennen [renen], eilen [ailen].
corriente, m. Strom [tro:m], f. Strömung [trœ:muŋ].
cortar, schneiden [naiden].
corte, m. Hof [ho:f]; ~ de justicia, Gerichtshof [ge'richtsho:f].
cortés, höflich [hœf:lich], freundlich [frointlich], gefällig [ge'felich].
cortesía, f. Höflichkeit [hœ:flichkait].
corto, kurz [kurts].
cosa, Sache [zache], f. Angelegenheit [aŋge'le:genhait]; pl. Sachen [zachen].
coser, nähen [ne:en].
costar, kosten [kosten].
costes, pl. Kosten [kosten].
costumbre, f. Sitte [zite].
cotidiano, täglich [te:klich].
crear, schaffen [afen], erschaffen [er' afen], machen [machen].
crecer, wachsen [vaksen].
creer, glauben [glauben], meinen [mainen], annehmen [an'ne:men].
creíble, glaubhaft [glauphaft].
criar, aufziehen [aufzi:en]; ~ animales, züchten [tsychten].

cristiano, *m.* Christ [krist].
crítica, *f.* Kritik [kri'tik].
crítico, kritisch [kriti].
crónico, chronisch [kro:ni].
cruz, *n.* Kreuz [kroits].
cuadrado, viereckig [fi:rekich], quadratisch [kvadra:'ti].
cuadro, *n.* Bild [bilt].
cuál, welcher [velcher], was für ein [vas fy:r ain], der [de:r], die [di:], das [da:s].
cualquier, **-a**, beliebig [be'li:big]; *en ~ caso*, jedoch [je:'doch], trotzdem [trotsde:m].
cuando, als [als], wenn [ven]; *cuándo*, wann [van].
cuanto, **cuánto**, wieviel [vi: fi:l], wie sehr [vi: ze:r], wie lange [vi: laŋge]; *en ~*, als [als], jedesmal wenn [je:desma:l ven]; *~ más... más*, je... desto [je:/ dest].
cuarenta, vierzig [firtsich].
cuarto, Viertel [virtel], der vierte Teil [de:r fi:rte tail].
cuatro, vier [fi:r].
cubrir, bedecken [be'deken].
cuchara, *m.* Löffel [lœfel].
cuchillo, *n.* Messer [meser].
cuello, Hals [halz], *m.* Kragen [kra:gen].
cuenta, *f.* Rechnung [rechnuŋ]; *~ de hotel*, Zimmerrechnung [tsimer'rechnuŋ]; *darse ~*, bemerken [be'merken].
cuento, *n.* Märchen [me:rchen].
cuero, *n.* Leder [le:der].
cuerpo, *m.* Körper [kœrper].
cuidado, Sorge [zo:rge], Pflege [pfle:ge], Behandlung [be'hantluŋ].
cuidar, sorgen [zorgen], pflegen [pfle:gen], achten auf [achten auf].
culpa, *m.* Schlag [la:k], *f.* Schuld [ult].
culpable, schuldig (an) [uldich an].
cultivar, bebauen [be'bauen], pflegen [pfle:gen].
cultura, *f.* Kultur [kul'tu:r].
cumpleaños, *m.* Geburtstag [ge'burtsta:k].
curación, *f.* Besserung [beseruŋ].
cura, Sorge [zo:rge], Pflege [pfle:ge], Behandlung [be'hantluŋ].
curar, heilen [hailen], gesund werden [ge'sunt ve:rden].
curiosidad, *f.* Neugier [noigi:r].
curioso, neugierig [noigi:rich].
curso, *m.* Kurs [kurs]; *~ de idiomas*, *m.* Sprachkurs [pra:chkurs].
cuyo, dessen [desen], deren [de:ren].

D
dado que, da [da:], weil [vail], nachdem [na:ch'de:m].
daño, *m.* Schaden [a:den].
dar, geben [ge:ben].
de, von [fon], aus [aus], bei [bai], zu [tsu:], als [als].
debajo, **bajo**, unter [unter], unten [unten].
deber, *s. f.* Pflicht [pflicht]; *v.* müssen [mysen], sollen [zolen], schulden [ulden].
débil, schwach [vach].
debilidad, *f.* Schwäche [veche].
decena, zehn Stück (etwa) [tse:n tyk etva].
decente, anständig [an tendich].
decidir, entscheiden [ent' aiden], beschließen [be li:sen].
decir, sagen [za:gen]; *es ~*, nämlich [ne:mlich].
dedo, *m.* Finger [fiŋger].
defecto, *m.* Fehler [fe:ler]; *m.* Mangel [maŋgel].
defectuoso, mangelhaft [maŋgelhaft], fehlerhaft [fe:lerhaft].
defender, verteidigen [fer'taidigen].
defensa, *f.* Verteidigung [fer'taidiguŋ].
degustar, schmecken [meken].
dejar, lassen [lasen], verlassen [ferlasen].
delante, **ante**, vorn(e) [forn], vor [fo:r].
delgado, dünn [dyn], fein [fain].
delicado, empfindlich [em'pfintlich], zart [tsart].
delicioso, köstlich [kœstlich].
delito, Delikt [de'likt], *n.* Verbrechen [fer'brechen].
demasiado, zu viel [tsu: fi:l], zu sehr [tsu: ze:r].
democracia, *f.* Demokratie [demokra'ti:].
democrático, demokratisch [demo'kra:ti].
demostrar, beweisen [be'vaizen], demonstrieren [demontri:ren].
dentro, innen [inen], drinnen [drinen]; *~ de poco*, in Kürze [in kyrtse], innerhalb [inerhalp] *(+ gen.)*.
dependencia, f. Abhängigkeit [apheŋgichkait].
dependiente, abhängig [apheŋgich].
depositar, hinterlegen [hinter'le:gen].
derecho, *(diestro)* recht [recht]; *(recto)* gerade [ge'ra:de], recht [recht]; *(legal) n.* Recht [recht].
derrumbarse, nachgeben [na:chge:ben].
desarrollarse, verlaufen [ver'laufen].
desarrollo, *m.* Verlauf [fer'lauf].
desayunar, frühstücken [fry: tyken].

desayuno, *n.* Frühstück [fry: tyk].
descansar, ruhen [ru:en], liegen [li:gen].
descanso, Ruhe [ru:e], *f.* Erholung [er'ho:luŋ].
descendiente, *m.* Nachkomme [na:chkome].
desconocido, unbekannt [un'beka:nt].
descontento, unzufrieden [untsu:fri:den].
describir, beschreiben [be' raiben].
descripción, *f.* Beschreibung [be' raibuŋ], *f.* Schilderung [ilderuŋ].
descuidar, vernachlässigen [fer'na:chlesigen].
descuido, *n.* Versehen[fer'ze:en].
desde, von [fon], aus [aus], bei [bai], zu [tsu:], als [als]; ~ *cuándo*, seit(dem) [zaitde:m]; ~ *hace tiempo*, längst [leŋgst]; ~ *el principio*, von vorn(e) [fon forn]; ~ *hace poco tiempo*, seit kurzem [zait kurtsem]; ~ *hace mucho tiempo*, schon lange [o:n laŋge].
desear, wünschen [vyn en].
deseo, Wunsch [vun], *m.* Glückwunsch [glykvun].
desgracia, Unglück [uŋglyk], *n.* Pech [pech].
desgraciadamente, leider [laider], unglücklicherweise [uŋglyklicher'vaize].
desierto, *f.* Wüste [vy:ste], öde [œ:de], menschenleer [men en'le:r].
desnudo, nackt [nakt].
desorden, *f.* Unordnung [unortnuŋ].
despachar, erledigen [er'le:digen]; abfertigen [apfertigen].
despacho, *m.* Büro [by'ro:].
despedirse, sich verabschieden von [zich fer'ap i:den fon] *(+ dat.).*
despejar, abräumen [aproimen].
despertar, wecken [veken]; *despertarse*, aufwachen [aufvachen], wach werden [vach ve:rden]; *estar despierto*, geweckt werden [ge'vekt ve:rden].
después, nach [na:ch], nachher [na:chhe:r]; ~ *de que*, nachdem [na:ch'de:m].
destino, *n.* Schicksal [ikza:l].
destruir, zerstören [tser' tœ:ren], vernichten [fer'nichten].
desviación, Umleitung [umlaituŋ], *f.* Abweichung [apvaichuŋ].
desviar, abweichen [apvaichen].
detener, anhalten [anhalten], verhaften [fer'haften].
detenerse, stehenbleiben [te:nblaiben], anhalten [an'halten].
determinar, bestimmen [be' timen].
detrás, hinter [hinter].

devolver, zurückgeben [tsu:'rykge:ben], zurückbringen [tsu:'rykbriŋgen].
día, *m.* Tag [ta:k]; ~ *anterior*, *m.* Vortag [fo:rta:k].
diablo, *m.* Teufel [toifel].
dialecto, *m.* Dialekt [dia'lekt], *f.* Mundart [muntart].
diario, täglich, Tages- [te:klich], *f.* Tageszeitung [ta:gest-saituŋ].
dibujar, zeichnen [tsaichnen], entwerfen [entverfen].
dibujo, *f.* Zeichnung [tsaichnuŋ], *m.* Entwurf [entvurf].
diciembre, *m.* Dezember [de'tsember].
diente, *m.* Zahn [tsa:n].
diez, zehn [tse:n].
diferente, verschieden [fer' i:den], unterschiedlich [unter i:tlich].
difícil, schwierig [vi:rich].
difícilmente, kaum [kaum].
dificultad, *f.* Schwierigkeit [vi:rich'kait].
digno, wert [ve:rt].
dinero, *n.* Geld [gelt].
diplomático, *m.* Diplomat [diplo'ma:t].
dirección, Adresse [a'drese], Anschrift [an rift]; *f.* Richtung [richtuŋ].
directo, direkt [di'rekt].
director, Direktor [direktor], *m.* Leiter [laiter]; ~ *de mercadotecnia*, *m.* Marketingleiter [marketiŋlaiter]; ~ *de orquesta*, *m.* Dirigent [diri'gent].
dirigir, leiten [laiten], führen [fy:ren]; *dirigirse a*, sich wenden an [zich venden an] *(+ ac.)*, adressieren [adre'si:ren], richten an [richten an].
disculpa, *f.* Entschuldigung [ent' uldiguŋ].
disculpar, entschuldigen [ent' uldigen].
discurso, *f.* Gespräch [ge' pre:ch], *f.* Rede [re:de].
discusión, *f.* Diskussion [diskus'jo:n].
discutir, diskutieren [disku'ti:ren].
disgustar, missfallen [mis'falen], leid tun [lait tun]; *estar disgustado*, schockiert sein über [o'ki:rt zain y:ber] *(+ ac.).*
disgusto, *n.* Bedauern [be'dauern], *m.* Kummer [kumer].
disminuir, verringern [fer'riŋgern], vermindern [fer'mindern], senken [zeŋken].
disparo, *m.* Schuss [us].
disponer, verfügen über [fer'fy:gen], anordnen [anortnen].
disponibilidad, Verfügbarkeit [fer 'fy:kba:rkait].

disponible, verfügbar [fer'fy:kba:r].
disposición, Verfügung [fer'fy:guŋ]; *tener a* ~, zur Verfügung haben [tsu:r fer'fy:guŋ ha:ben].
dispuesto, angeordnet [aŋgeordnet]; bereit [be'rait], geneigt [ge'naicht].
disputar, discutir, streiten [traiten].
distancia, Entfernung [ent'fernuŋ], *f.* Distanz [distants].
distinguido, vornehm [fo:rne:m].
distinto, unterscheidbar [unter' aitba:r]; *ser* ~, verschieden sein von [fer' i:den zain von] *(+ dat.)*.
distribución, *f.* Verteilung [fer'tailuŋ].
distribuir, verteilen [fer'tailen].
diverso, verschieden [fer' i:den].
divertido, lustig [lustich], unterhaltsam [unter'haltza:m].
divertirse, sich amüsieren [zich amy'zi:ren].
dividir, verteilen [fer'tailen].
división, *f.* Teilung [tailuŋ], *f.* Aufteilung [auftailuŋ], *f.* Division [divis'jo:n].
doblar, biegen [bi:gen], beugen [boigen], falten [falten].
doble, doppelt [dopelt].
doce, zwölf [tsœlf].
docena, *n.* Dutzend [dutsent].
doctor, *m.* Doktor [dokto:r], *m.* Arzt [artst].
documentación, *pl.* Unterlagen [unterla:gen].
documento, *pl.* Papiere [pa'pi:re]; ~ *personal*, Ausweis [ausvais].
dolor, *m.* Schmerz [merts]; ~ *de cabeza*, *m. pl.* Kopfschmerzen [kopf mertsen].
dominar, beherrschen [be'her en].
domingo, *m.* Sonntag [zonta:k].
donde, wo(hin) [vo:(hin)]; *dónde*, wo(hin) [vo:(hin)]; *de* ~, woher [vo:'he:r].
dormir, schlafen [la:fen].
dos, zwei [tsvai].
duda, *m.* Zweifel [tsvaifel].
dudar, zweifeln [tsvaifeln], bezweifeln [be'tsaifeln].
dudoso, zweifelhaft [tsvaifelhaft].
dulce, *s. f.* Süßspeise [zy:s paize], *m.* Kuchen [ku:chen]; *a.* süß [zy:s], lieblich [li:plich].
duración, *f.* Dauer [dauer].
duradero, dauerhaft [dauerhaft].
durante, während [ve:rent] *(+ gen.)*.
durar, dauern [dauern].
dureza, *f.* Härte [herte].
duro, hart [hart].

E

economía, *f.* Wirtschaft [virt aft].
económico, ökonomisch [œko'no:mi], wirtschaftlich [virt aftlich].
edad, *n.* Alter [alter].
edificio, *n.* Gebäude [ge'boide].
educación, Erziehung [er'tsi:uŋ], *f.* (Aus) bildung [ausbilduŋ].
efecto, *f.* Wirkung [virkuŋ], *n.* Ergebnis [er'ge:pnis].
ejemplar, beispielhaft [bai pi:lhaft].
ejemplo, *n.* Beispiel [bai pi:l]; *por* ~, zum Beispiel [tsum bai pi:l].
ejercicio, *f.* Übung [y:buŋ], *f.* Ausübung [ausy:buŋ].
ejercitar, ejercer, üben [ausy:ben], ausüben [ausy:ben], betreiben [betraiben].
el, der [de:r], das [das].
él, ello, er [e:r]; *ac.* ihn [i:n]; *por ello*, deshalb [dezhalp], daher [da:her], darum [da:rum], deswegen [desve:gen]; ~ *mismo, sí mismo*, sich [zich].
elección, *f.* Auswahl [ausva:l].
electricidad, *f.* Elektrizität [elektritsi'te:t].
eléctrico, elektrisch [e'lektri].
elegir, wählen [ve:len].
elemento, *n.* Element [element], *m.* Bestandteil [be' tantail].
ella, *f.* sie [zi:].
ellos, sie [zi:]; *ac.* sie [zi:]; *dat.* ihnen [i:nen].
embarcación, *n.* Schiff [if].
emoción, Emotion [emotsijo:n], Rührung [ry:ruŋ], *f.* Aufregung [aufre:guŋ].
empezar, anfangen [anfaŋgen], beginnen [beginen]; ~ *un viaje*, eine Reise antreten [aine raize antre:ten].
emplazar, platzieren [pla' tsi:ren], aufstellen [auf' telen].
empleado, -a, Angestellte [aŋge telte], *m.* Beamte [be'amte].
emplear, beschäftigen [be' eftigen], verwenden [fervenden].
emprender, in Angriff nehmen [in aŋgrif ne:men].
empresa, *f.* Firma [firma], Gesellschaft [ge'zel aft].
empujar, stoßen [to:sen], drücken [dryken], schieben [i:ben], treiben [traiben].
en, in [in], auf [auf], zu [tsu:], nach [na:ch], an [an], mit [mit].
enamorado, verliebt [fer'li:pt]; *estar* ~, verliebt sein in [fer'li:pt zain in] *(+ ac.)*.
encantado, zauberhaft [tsauberhaft].

encargar, befehlen [be'fe:len], bestellen [be' telen], beauftragen mit [be'auftra:gen mit].
encargo, m. Auftrag [auftra:k], f. Bestellung [be' teluŋ].
encender, anzünden [antsynden]; *poner en funcionamiento*, einschalten [ain alten].
encima, auf sich [a:uf zich], bei sich [bai zich].
encontrar, begegnen [be'ge:gnen], treffen [trefen]; *encontrarse*, erwidern [er'vi:dern], sich befinden [zich befinden]; *encontrarse con*, sich treffen mit [zich trefen mit].
encuentro, f. Begegnung [begegnuŋ], f. Zusammenkunft [tsu:'zameŋkunft].
enemigo, m. Feind [faint], m. Gegner [ge:kner], feindlich [faintlich].
energía, f. Energie [ener'gi:].
enero, m. Januar [janua:r].
enfadado, ärgerlich [ergerlich]; *estar ~*, ärgerlich sein über [ergerlich zain y:ber] *(+ ac.)*.
enfadarse, wütend werden [vytent ve:rden], sich ärgern [zich e:rgern].
enfermedad, f. Krankheit [krŋkhait].
enfermera, Krankenschwester [kraŋkenve:ster].
enfermero, -a, Krankenpfleger, -in [kraŋkeŋpfle:ger].
enfermo, krank [kraŋk]; *estar ~*, erkrankt sein an [er'kraŋkt zain an] *(+ dat.)*.
enfrente, gegenüber [ge:gen'y:ber] *(+ dat.)*.
engañar, täuschen [toi en], betrügen [betry:gen].
enorme, enorm [e'norm], sehr groß [ze:r gro:s], riesig [ri:zich].
enrojecer, **ruborizarse**, erröten [er'rœten], rot werden [ro:t ve:rden].
ensalada, m. Salat [za'la:t].
enseguida, sofort [zo:'fort], gleich [glaich], bald [balt].
entender, verstehen [fer te:en].
entero, ganz [gants], vollständig [fol tendich], völlig [fœlich].
entonces, dann [dan], damals [da:mals], also [alzo], früher [fry:er].
entorno, um [um], ungefähr [uŋgefe:r].
entrada, m. Eingang [aiŋgaŋ], f. Einfahrt [ainfa:rt], m. Eintritt(spreis) [aintritspreis].
entrar, hereinkommen [he'raiŋ'komen].
entre, zwischen [tsvi en], unter [unter], in [in], binnen [binen], bei [bai].
entrega, f. Lieferung [li:feruŋ].

entregar, liefern [li:fern], übergeben [y:ber'ge:ben].
entretanto, inzwischen [intsvi en].
entusiasmo, f. Begeisterung [be'gaisteruŋ].
entusiasta, begeistert [be'gaistert]; *ser ~ de*, begeistert sein von [be'gaistert zain von] *(+ dat.)*
enviar, schicken [iken], senden [zenden].
envidia, m. Neid [nait], f. Missgunst [misgunst].
envidiar, beneiden [be'naiden].
época, f. Epoche [e'poche], m. Zeitabschnitt [tsaitap nit].
equipo, f. Mannschaft [man aft].
equivocación, m. Fehler [fe:ler], f. Irrtum [irtu:m].
equivocarse, Fehler machen [fe:ler machen], irren [iren].
erróneo, fehlerhaft [fe:lerhaft], falsch [fal].
error, m. Fehler [fe:ler], Irrtum [irtu:m].
esbelto, schlank [laŋk], dünn [dyn], zart [tsart], schmächtig [mechtich].
escala, f. Skala [ska:la].
escalera, f. Treppe [trepe], m. Leiter [laiter].
escapar, weglaufen [veklaufen], entgleiten [ent'glaiten].
escena, f. Szene [tse:ne].
escenario, f. Bühne [by:ne].
esclavo, m. Sklave [skla:ve].
escolar, m. Schüler [y:ler].
escolta, n. Gefolge [gefolge].
esconder, verstecken [fer' teken], verbergen [fer'bergen].
escribir, schreiben [raiben].
escrito, schriftlich [riftlich].
escritura, f. Schrift [rift].
escuchar, zuhören [tsu:hœren].
escuela, f. Schule [u:le].
esfuerzo, Anstrengung [an treguŋ], f. Bemühung [be'my:uŋ].
espacio, m. Raum [raum], m. Platz [plats].
España, Spanien [espanjen].
español, a. y s. Spanisch [espani]; s. Spanier [espanier]; *en ~*, auf Spanisch [auf espani].
especial, besonder, Sonder- [be'zonder].
especialidad, f. Spezialität [pe:tsjali'te:t].
especie, f. Gattung [gatuŋ], f. Art [art].
espectáculo, f. Vorstellung [fo:r teluŋ], n. Schauspiel [au pi:l].
espejo, m. Spiegel [pi:gel].
espera, f. Erwartung [er'va:rtuŋ].
esperanza, f. Hoffnung [hofnuŋ].

esperar, abwarten [apvarten], warten auf [varten auf] *(+ ac.)*, erwarten [er'varten], hoffen [hofen].
espíritu, *m.* Spiritus [piri'tus], Geist [gaist].
espontáneo, spontan [pon'ta:n].
esquiar, *n.* Skifahren [ifa:ren].
esquina, *f.* Ecke [eke].
establecer, festsetzen [festzetsen], festlegen [festle:gen].
establecimiento, *n.* Geschäft [ge' eft], *m.* Laden [la:den].
estación, *~ del año,* Jahreszeit [ja:restsait]; *~ de tren,* *m.* Bahnhof [ba:nho:f].
estadística, *f.* Statistik [ta:'tistik].
estadístico, statistisch [ta'tisti].
estado, *m.* Staat [a:t], *m.* Stand [tant], *m.* Zustand [tsu: tant].
estancia, *m.* Aufenthalt [aufenthalt].
estar, stehen [te:en], sein [zain]; *(permanecer)* bleiben [blaiben]; *(vivir)* wohnen [vo:nen].
Este, *m.* Osten [osten].
estima, Schätzung [etsuŋ], Wertschätzung [verts etsuŋ].
estimar, schätzen [etsen]; *ser estimado,* gut angesehen sein bei [gu:t aŋge'ze:en zain bai] *(+ dat.).*
esto, das [das], dies [di:s], dieser [di:ser].
estrecho, estricto, eng [eŋ], schmal [ma:l], knapp [knap].
estrella, *m.* Stern [tern].
estrés, *m.* Stress [tres].
estropeado, beschädigt [be' e:dicht].
estudiante, *m.* Student [tu'dent].
estudiar, lernen [lernen]; studieren [tu'di:ren].
estudio, *m.* Studium [tu:djum], *m.* Studio [tu:djo].
estufa, *m.* Ofen [o:fen].
estupendo, großartig [gro:sartich].
estupidez, *f.* Torheit [to:rhait].
eterno, ewig [e:vich].
Europa del Sur, Südeuropa ['zy:toi'ro:pa].
eventualmente, ab und zu [ap unt tsu:].
evidente, deutlich [doitlich], offenbar [ofenbar], ersichtlich [er'zichtlich], klar [kla:].
evitar, vermeiden [fer'maiden], ausweichen [ausvaichen].
evocar, zurückrufen [tsu:'rykru:fen].
exacto, richtig [richtich], exakt [eksakt], genau [genau].
examen, *n.* Examen [eksamen], *f.* Prüfung [pry:fuŋ].
examinar, prüfen [pry:fen], untersuchen [unterzuchen], erwägen [ervegen].

excelente, exzellent [ek-tselent], ausgezeichnet [ausge'tsaichnet].
excepción, *f.* Ausnahme [ausna:me].
excitar, aufregen [auf're:gen], erregen [er're:gen].
exclamar, ausrufen [ausru:fen].
excusa, *f.* Entschuldigung [ent' uldiguŋ].
exhausto, erschöpft [er' œpft].
éxito, *m.* Erfolg [erfolk]; *¡mucho ~!,* viel Erfolg [fi:l er'folk].
expedir, schicken [iken], senden [zenden].
experiencia, *f.* Erfahrung [er'fa:ruŋ].
experimento, *m.* Versuch [ferzu:ch]; *en fase experimental,* versuchsweise [ferzu:chsvaize].
experto, *m.* Experte [eks'perte].
explicación, *f.* Erklärung [er'kle:ruŋ].
explicar, erklären [er'kle:ren].
explotar, explodieren [eksplo'di:ren], knallen [knalen].
exponer, darlegen [darle:gen], ausstellen [aus telen].
exposición, *f.* Auslage [aus'la:ge].
expresamente, absichtlich [apzichtlich].
expresar, ausdrücken [ausdryken].
expresión, *m.* Ausdruck [ausdruk], *f.* Redensart [re:densart].
externo, exterior, äußerer [oisern], Außen-[ausen].
extranjero, *n.* Ausland [auslant], *m.* Ausländer [auslender]; *a.* fremd [fremt], ausländisch [auslendi]; *ir al ~* ins Ausland fahren [ins auslant fa:ren].
extraño, merkwürdig [merkvyrdich], seltsam [zeltza:m].
extraordinario, außergewöhnlich [ausergə'vœ:nlich], außerordentlich [auserordentlich].
extraviar, verlegen [fer 'le:gen], sich verirren [ver'iren].
extremidad, *f.* Extremität [ekstremi'te:t], *f.* äußerstes Ende [oiserste ende].
extremo, äußerst [oiserst].

F
fábrica, *f.* Fabrik [fa'brik], *n.* Werk [verk].
fábula, *f.* Sage [za:ge].
fabuloso, Märchenhaft [me:rchenhaft], sagenhaft [za:genhaft].
fácil, einfach [ainfach].
factor, *m.* Faktor [faktor].
factura, *f.* Rechnung [rechnuŋ].
falda, *m.* Rock [rok].

falso, falsch [fal], unwahr [unva:r].
familia, *f.* Familie [fa'mi:lje].
famoso, berühmt [be'ry:mt].
farmacéutico, -a, *m.* Apotheker [apo'te:ker], *f.* Apothekerin [apo'te:kerin].
farmacia, *f.* Apoteke [apo'te:ke].
fatiga, cansancio, *f.* Mühe [my:e], *f.* Anstrengung [an treŋguŋ].
fatigoso, cansado, anstrengend [an treŋgent], mühsam [my:zam].
favor, *m.* Gefallen [ge'falen], *f.* Gefälligkeit [gefelichkait]; *por ~*, bitte [bite], bitte schön [bite œ:n].
favorable, günstig [gynstich], vorteilhaft [fortailhaft].
fe, *m.* Glaube [glaube].
febrero, *m.* Februar [fe:bru'a:r].
felicidad, *f.* Glückseligkeit [glyk'ze:lichkait].
feliz, glücklich [glyklich]; *ser ~*, glücklich sein über [glyklich zain y:ber] *(+ ac.)*; *felicidades*, Herzlichen Glückwunsch [hertslichen glykvun]
feo, hässlich [heslich], schlecht [lecht].
feria, *f.* Messe [mese].
ferrocarril, *f.* Eisenbahn [aizenba:n].
festejar, feiern [faiern].
fiabilidad, *f.* Zuverlässigkeit ['tsu:ferlesich'kait].
fiebre, *n.* Fieber [fi:ber].
fiel, treu [troi].
fiesta, *n.* Fest [fest], *m.* Festtag [festa:k], *m.* Feiertag [faierta:k]; *ir de ~*, ausgehen [ausge:n].
fijar, befestigen [be'festigen].
fijo, fest [fest].
fila, Reihe [raie]; *hilera,* *f.* Schlange [laŋge].
filete, *n.* Filet [fi'le:].
fin, Abschluss [ap lus], Ende [ende]; *propósito*, Zweck [tsvek], Ziel [tsi:l]; *al ~*, am Ende [am ende], zum Schluss [tsum lus].
finalmente, endlich [endlich].
fino, fein [fain], dünn [dyn].
firmar, unterschreiben [unter' raiben].
firme, standhaft [tanthaft].
flor, *f.* Blume [blu:me], *f.* Blüte [bly:te].
fondo, *m.* Boden [bo:den].
forma, *f.* Form [form], *f.* Gestalt [ge talt].
formar, bilden [bilden], ausbilden [ausbilden].
fortaleza, Burg [burk], *f.* Festung [festuŋ].
fortuna, Glück [glyk]; *(capital)* Vermögen [fer'mœgen].

fósforo, cerilla, Streichholz [traichholts].
fotografía, Fotografie [fotogra'fi:].
fotografiar, fotografieren [fotogra'fi:ren].
fotógrafo, Fotograf [foto'gra:f].
frase, *m.* Satz [zats], *f.* Phrase [fra:ze].
frente, *~ militar*, *f.* Front [front]; *f.* Stirn [tirn]; *fachada de un edificio*, *f.* Vorderseite [forderzaite].
fresco, frisch [frisch], kühl [ky:l], ausgeruht [ausgeru:t].
frigorífico, *m.* Kühlschrank [ky:l raŋk].
frío, *s.* Kälte [kelte]; *a.* kalt [kalt], kühl [ky:l].
frontera, *f.* Grenze [grentse].
fruta, *n.* Obst [o:pst]; *fruto, f.* Frucht [frucht].
fuego, *n.* Feuer [foier].
fuente, *f.* Quelle [kvele].
fuera, außerhalb [auserhalp] *(+ gen.)*, aus [aus] *(+ dat.)*.
fuerte, stark [tark], kräftig [kreftich].
fuerza, *f.* Kraft [kraft]; *por fuerza*, unbedingt ['unbe'diŋkt].
funcionar, funktionieren [fuŋktsjo:'ni:ren], klappen [klapen].
funcionario, *m.* Beamte [be'amte].
fundar, gründen [grynden].
fundir, schmelzen [meltsen], verschmelzen [fer' meltsen].
furioso, wütend [vy:tent], aufgebracht [aufge'bracht].
futuro, *f.* Zukunft [tsu:kunft]; *en el ~*, in Zukunft [in tsu:kunft], künftig [ky:nftich]; *para el ~*, weiterhin [vaiterhin].

G
gafas, *f.* Brille [brile].
ganancia, *m.* Gewinn [ge'vin].
ganar, verdienen [fer'di:nen], gewinnen [ge'vinen].
garganta, *f.* Kehle [ke:le].
gas, *n.* Gas [ga:s].
gasolina, *n.* Benzin [ben'tsi:n].
gasto, *f.* Ausgabe [ausga:be], *pl.* Kosten [kosten].
gente, *pl.* Leute [loite].
gentío, *n.* Gedränge [ge'dreŋge].
genuino, echt [echt].
germánico, germanisch [ger'ma:ni].
gesto, *f.* Geste [ge:ste], *f.* Gebärde [ge'be:rde].
gigante, *m.* Riese [ri:ze].
gloria, *m.* Ruhm [ru:m].
gobierno, *f.* Regierung [re'gi:ruŋ].

goce, disfrute, *m.* Genuss [ge'nus].
golpear, schlagen [la:gen]; *(derrotar)* besiegen [be'zi:gen]; *(llamar a la puerta)* klopfen [klopfen].
gordo, fett(ig) [fetich].
gota, *m.* Tropfen [tropfen].
gracia, Gnade [gna:de], Gunst [gunst].
gracias, danke [daŋke]; *muchas ~* , vielen Dank [fi:len daŋk].
grácil, dünn [dyn], zart [tsart], schmächtig [mechtich].
gran, grande, dick [dik], stark [tark], groß [gro:s].
grandeza, *f.* Größe [grœ:se].
grano, *m.* Weizen [vaitsen], *n.* Korn [korn].
grave, schwer [ve:r], ernst [ernst], schlimm [lim].
gris, grau [grau].
gritar, schreien [raien], rufen [ru:fen].
grito, Schrei [rai], *m.* Ruf [ru:f].
grosero, grob [gro:p].
grupo, *f.* Gruppe [grupe].
guardia, *f.* Bewachung [be'vachuŋ], *m.* Wächter [vechter].
guerra, *m.* Krieg [kri:k].
guiar, führen [fy:ren].
gusto, *m.* Geschmack [ge' mak]; *con mucho ~,* gern [gern]; *no me gusta,* das passt [das past], gefällt mir nicht [ge'felt mi:r nicht].

H
hábil, geschickt [ge ikt], gewandt [gevant], fähig zu [fe:hich tsu:].
habitación, Zimmer *n.* [tsimer]; *~ doble, n.* Doppelzimmer [dopel-tsimer]; *~ individual, n.* Einzelzimmer [ain-tsel'tsimer].
habitante, Einwohner [ainvo:ner], Bewohner [be'vo:ner].
habitar, bewohnen [be'vo:nen], wohnen [wo:nen].
hábito, costumbre, *f.* Gewohnheit [ge'vo:nhait].
habitual, gewöhnlich [ge'vœ:nlich], üblich [y:plich].
habitualmente, meistens [maistens].
hablar, sprechen [prechen].
hacer, machen [machen], tun [tu:n], (veran)lassen [fer'anlasen].
hacia, in Richtung [richtuŋ], nach [na:ch], gegen [ge:gen].
hallar, finden [finden].
hambre, *m.* Hunger [huŋger].

hambriento, hungrig [huŋgrich].
hasta, bis [bis]; *~ ahora,* bisher [bis'he:r]; *~ después,* bis später [bis pe:ter];*~ que,* bis [bis], solange [zo:laŋge].
hay, es gibt [es gi:pt] *(+ ac.).*
he aquí, hier ist [hi:r ist], hier sind [hi:r zint], da kommt [da: komt], da kommen [da: komen].
hebreo, judío, Jude *m.* [ju:de].
hecho, *f.* Sache [zache], *f.* Tat(sache) [ta:tzache]; *de ~,* tatsächlich [ta:t'zechlich].
helada, *m.* Frost [frost].
helado, *n.* Eis [ais].
helar, gefrieren [ge'fri:ren].
heredar, erben [erben].
heredero, *m.* Erbe [erbe].
hereditario, erblich [erplich].
herir, verletzen [fer'letsen].
hermana, *f.* Schwester [vester].
hermano, *m.* Bruder [bru:der].
héroe, *m.* Held [helt].
hervir, kochen [kochen], sieden [zi:den].
hielo, *n.* Eis [ais].
hierba, *n.* Gras [gra:s], *n.* Kraut [kraut].
hierro, *n.* Eisen [aizen].
hijo, -a, *m.* Sohn [zo:n], *f.* Tochter [tochter].
hilo, Faden [fa:den], *m.* Draht [dra:t].
historia, *f.* Geschichte [ge' ichte].
hoja, *n.* Blatt [blat]; *~ de papel,* *m.* Bogen [bo:gen].
Holanda, *n.* Holland [holant].
holandés, holländisch [holendi].
hombre, *m.* Mensch [men], *m.* Mann [man].
hombro, *f.* Schulter [ulter], *f.* Achsel [aksel].
honestidad, *f.* Ehrlichkeit [e:rlichkait].
honesto, ehrlich [e:rlich].
honor, *f.* Ehre [e:re]; *hacer ~ a,* kräftig zusprechen [kreftich tsu: prechen].
hora, *f.* Stunde [tunde]; Uhr [u:r] *(en las expresiones temporales); a qué ~,* um wieviel Uhr [um vi:fi:l u:r]; *horas extraordinarias, pl.* Überstunden [y:ber tunden].
horario, *m.* Fahrplan [fa:rpla:n].
horror, *f.* Schrecken [reken], *n.* Entsetzen [ent'zetsen].
hotel, *n.* Hotel [ho'tel].
hotelero, *m.* Gastwirt [gastvirt].
hoy, heute [hoite]; *al día de ~,* heutzutage [hoitsu:'ta:ge].
hueco, vergeblich [fer'ge:plich], unnütz [u'nyts].
huésped, *m.* Gast [gast].

huevo, *n.* Ei [ai].
humanidad, *f.* Menschheit [men hait], *f.* Menschlichkeit [men lichkait].
humano, menschlich [men lich].
humeante, dampfend [dampfent].
húmedo, feucht [foicht].
humo, Rauch [rauch], Qualm [kvalm].
humor, *f.* Stimmung [timuŋ], *f.* Laune [laune].
húngaro, ungarisch [ugari].

I
idea, *f.* Idee [i:'de:].
idéntico, identisch [i:'denti].
identidad, *f.* Identität [identi'te:t].
iglesia, *f.* Kirche [kirche].
iluminar, anstrahlen [an tra:len].
imagen, Bild [bilt], Abbild [apbilt].
imaginable, erdenklich [erdeŋklich].
imaginarse, sich vorstellen [zich fo:r telen].
imitar, nachahmen [na:cha:men], nachmachen [na:chma:chen].
impedir, verhindern [fer'hindern], abhalten von [ab'halten fon].
impermeable, *m.* Regenmantel [re:genmantel].
imponer, auferlegen [auferle:gen].
importante, wichtig [vichtich].
imposible, unmöglich [un'mœ:klich].
imprenta, *m.* Druck [druk].
impresión, *m.* Eindruck [aindruk]; *tener la* ~, einen Eindruck gewinnen [ainen aindruk ge'vinen].
impresionado, beeindruckt [be'aindrukt].
impresionar, beeindrucken [be'aindruken].
impreso, formulario, *n.* Formular [formula:r], *m.* Vordruck [fo:rdruk].
impreso, *pl.* Unterlagen [unterla:gen].
impuesto, *f.* Steuer [toier], *f.* Rate [ra:te].
incapaz, unfähig [unfe:ich], außerstande (zu) [auser tande tsu:].
incitar, reizen [raitsen].
incluso, sogar [zo:'gar].
incompleto, unvollständig [unfol tendich].
indicar, anzeigen [antsaigen], angeben [aŋge:ben], hinweisen [hinvaisen].
índice, *n.* Inhaltsverzeichnis [inhaltsfer't-saichnis], *m.* Zeigefinger [tsaigefiŋger].
individual, einzeln [aintseln].
individuo, *n.* Individuum [individu:m]
inducir, bewegen zu [be've:gen tsu:] *(+ dat.).*
inferior, niedriger [ni:driger], geringer [geriŋger].

infinitivo, *m.* Infinitiv [infini'ti:f], *n.* Unendliche [unentliche].
infinito, unendlich [unentlich], endlos [entlo:s].
información, *f.* Auskunft [auskunft].
informal, inoffiziell [inofits'jel].
informe, *f.* Beziehung [be'tsi:uŋ], *n.* Verhältnis [fer'heltnis]; ~ *escrito,* *m.* Bericht [be'richt].
ingenio, Witz [vits].
inicio, *m.* Anfang [anfaŋ].
inmediato, unmittelbar [unmitelba:r].
inmenso, unermesslich [uner'messlich], riesig [ri:zich].
inmóvil, unbeweglich [unbeve:klich], ruhig [ru:ich].
inquieto, unruhig [unru:ich], beunruhigt [beunruigt].
inquietud, Unruhe [unru:e], *f.* Besorgnis [be'zo:rknis].
inseguro, unsicher [unzicher].
insistir, bestehen auf [be' te:en auf], beharren auf [beharen auf].
instante, *m.* Moment [mo'ment], *m.* Augenblick [augenblik].
instrucción, *f.* Anweisung [anvaisuŋ].
instruir, schulen [u:len].
inteligencia, *m.* Verstand [ver' tant], *f.* Intelligenz [inteli'genz].
inteligente, intelligent [inteli'gent], klug [kluk].
intención, *m.* Absicht [apzicht].
intentar, versuchen [fer'zu:chen].
interés, *n.* Interesse [interese]; *intereses bancarios, pl.* Zinsen [tsinzen].
interesante, interessant [intere'sant].
interesar, interessieren [interesi:ren], angehen [aŋ' ge:en]; *estar interesado,* interessiert sein an [intere'si:rt zain an] *(+ dat.).*
interesarse, sich interessieren für [zich inter'si:ren fy:r].
interlocutor, *m.* Ansprechpartner [an prechpartner].
internacional, international [internatsjo'na:l].
interrogar, befragen [be'fra:gen], verhören [fer'hœren].
interrumpir, unterbrechen [unter'brechen], stören [tœren].
íntimo, intim [in'ti:m], vertraut [fer'traut], privat [pri'va:t].
introducir, einführen [ainfy:ren], Stecken [teken].
inútil, nutzlos [nutslo:s], unbrauchbar [unbrauchbar].

invierno, *m.* Winter [vinter].
invitación, *f.* Einladung [ainla:duŋ].
invitar, einladen [ainla:den] (zu + dat.).
ir, gehen [ge:en], fahren [fa:ren]; *irse,* weggehen [vekge:en].
izquierdo, -a, link [liŋk]; *mano ~,* linke Hand [liŋk e hant]; *(opción política)* Linke [liŋke].

J
jabón, *f.* Seife [zaife].
jardín, *m.* Garten [garten].
jefe, *m.* Leiter [laiter]; *~ de sección, m.* Gebietsleiter [ge'bi:tslaiter].
jornada, *m.* Tag [ta:k], Tagesverlauf [ta:gesfer'lauf].
joven, jung [juŋ].
jovencito, *m.* Bursche [bur e].
juego, *n.* Spiel [pil]; *estar en ~,* auf dem Spiel stehen [auf de:m pi:l te:en].
jueves, *m.* Donnerstag [donersta:k].
jugar, spielen [pilen].
julio, *m.* Juli [ju:li].
junio, *m.* Juni [ju:ni].
junto, zusammen [tsu:'zamen], gemeinsam [gemainzam]; *~ a,* (da)neben [da:'ne:ben].
jurar, schwören [vœ:ren], versichern [fer'zichern].
justicia, Gerechtigkeit [ge'rechtichkait], *f.* Justiz [ju'sti:ts].
justo, richtig [richtich], gerecht [gerecht], treffend [trefent].
juventud, Jugend [ju:gent], junge Leute [juŋge loite].
juzgado, Gericht [ge'richt].

K
kilo, *n.* Kilo(gramm) [ki:logram].
kilómetro, *m.* Kilometer [ki:lo'me:ter].

L
la, die [di:].
ladrón, *m.* Dieb [di:p].
lago, *m.* See [ze:].
lágrima, *f.* Träne [tre:ne].
laico, *m.* Laie [laie].
lamentar, beklagen [be'kla:gen], beweinen [bevainen].
lámpara, *f.* Lampe [lampe].
lana, *f.* Wolle [vole].
lanzar, werfen [verfen], schleudern [loidern].
lápiz, *m.* Bleistift [blai tift].
largo, lang [laŋ]; *a lo ~ de,* entlang [entlaŋg].

lavabo, *f.* Toilette [toa'lete], *n.* WC [ve:tse:].
lavar, waschen [va en], spülen [py:len], reinigen, [rainigen].
lección, Lektion [lekts'jo:n], Unterrichtstunde [untericht tunde].
leche, *f.* Milch [milch].
leer, lesen [le:zen].
legal, legal [le'ga:l], gesetzmäßig [gezetsmesich].
legible, lesbar [lesba:r].
legítimo, legitim [le:gi'ti:m], gesetzlich [gezetslich].
lejos, entfernt [entfernt].
lencería, *f.* Wäsche [ve e].
lengua, Zunge [tsuge]; *lenguaje,* Sprache [pra:che].
lentitud, Langsamkeit [laŋgza:mkait].
lento, leise [laize], langsam [laŋgza:m].
letra, *m.* Buchstabe [buch ta:be].
levantar, aufheben [aufhe:ben], erheben [erheben]; *levantarse,* aufstehen [auf te:en].
ley, Gesetz [ge'zets], *n.* Recht [recht].
leyenda, *f.* Sage [za:ge].
limpiar, reinigen [rainigen], putzen [putsen].
libertad, *f.* Freiheit [fraihait].
libre, frei [frai], nicht besetzt [nicht bezets]; *estar ~ de,* frei sein von [frai zain fon] *(+ dat.).*
librería, *f.* Buchhandlung [bu:chhantluŋ].
libro, *m.* Buch [bu:ch].
liebre, *m.* Hase [ha:ze].
ligero, leicht [laicht].
limpio, sauber [zauber], rein [rain].
línea, Linie [li:nje], Zeile [tsaile].
liso, flach [flach], platt [plat].
lista, *f.* Liste [liste]; *hacer la ~,* eine Liste aufstellen [aine liste auf' telen].
listo, bereit [be'rait], fertig [fertich]; *estar ~,* fertig sein zu [fertich zain tsu:] *(+ dat.),* bereit sein [be'rait zain].
litro, *m.* Liter [liter].
llamar, nennen [nenen], zurückrufen [tsu:'rykru:fen]; *~ a la puerta,* klopfen [klopfen], anklopfen [aŋklopfen]; *llamarse,* heißen [haisen].
llano, flach [flach], eben [e:ben].
llave, *m.* Schlüssel [lysel].
llegada, *f.* Ankunft [aŋkunft].
llegar, ankommen [aŋkomen]; *~ a saber,* erfahren [er'fa:ren].
lleno, voll [fol], gefüllt mit [ge'fy:lt mit].

llevar, bringen [briŋgen]; ~ *con uno*, mitbringen [mitbriŋgen]; ~ *encima*, hinaufbringen [hi'naufbriŋgen].
llorar, weinen [vainen].
llover, regnen [re:gnen].
lluvia, *m.* Regen [re:gen].
local, *n.* Lokal [lo'ka:l].
loco, wahnsinnig [va:nzinich], verrückt [fe'rykt]; *estar* ~, verrückt sein nach [fe'rykt zain nach] *(+ dat.).*
locura, *m.* Wahnsinn [va:nzin].
lograr, gelingen [ge'liŋgen].
loncha, *f.* Scheibe [aibe].
longitud, *f.* Länge [leŋge].
lucha, *m.* Kampf [kampf].
luego, dann [dan], darauf [da:rauf], danach [da:na:ch], nachher [na:chher].
lugar, Stelle [tele], Ort [o:rt], Platz [plats]; *en otro* ~, anderswo(hin) [andersvo:(hin)]; *en primer* ~, zuerst [tsu:' erst], an erster Stelle [an erster tele]; *tener* ~, stattfinden [tatfinden].
luna, *m.* Mond [mo:nt].
lunes, *m.* Montag [monta:k].
luz, *n.* Licht [licht].

M

macedonia, *m.* Obstsalat [o:pstza'la:t].
madera, *n.* Holz [holts].
madre, *f.* Mutter [muter].
magia, *m.* Zauber [tsauber].
mágico, zauberhaft [tsauberhaft].
mal, schlecht [lecht], schlimm [lim].
maleta, equipaje, *n.* Gepäck [ge'pek], *m.* Koffer [kofer].
maligno, boshaft [boshaft]; *(medicina)* bösartig [bosartich].
malo, schlecht [lecht], böse [bœ:ze].
mandar, befehlen [be'fe:len].
manera, *f.* Art (und Weise) [art unt vaize].
manifestación, *f.* Veranstaltung [fer' an taltuŋ].
manifestante, *m.* Demonstrant [demon'strant].
mano, *f.* Hand [hant].
mantener, erhalten [erhalten], aufrechterhalten [aufrechter'halten].
mantequilla, *f.* Butter [buter].
manzana, *m.* Apfel [apfel].
mañana, *m.* Morgen [morgen], *m.* Vormittag [for'mitak]; *esta* ~, heute Morgen [hoite mo:rgen]; *pasado* ~, übermorgen [y:bermorgen].
máquina, *f.* Maschine [ma' i:ne]; *maquinilla de afeitar*, *m.* Rasierapparat [ra:'zi:rapapa'ra:t].
mar, *n.* Meer [me:r].
maravilla, *n.* Wunder [vunder], *f.* Verwunderung [fer'vunderuŋ].
maravilloso, wunderbar [vunderba:r], fabelhaft [favelhaft].
marca, *n.* Merkmal [merkma:l].
marcar, kennzeichnen [kentsaichnen].
marcha, *m.* Marsch [mar]; *(automóvil)* *m.* Gang [gaŋ].
marchar, marschieren [mar' i:ren], gehen [ge:en], laufen [laufen].
marido, *m.* Ehemann [e:eman], *m.* Gatte [gate].
mercadotecnia, *n.* Marketing [marketiŋ].
martes, *m.* Dienstag [di:nsta:k].
martillo, *m.* Hammer [hamer].
marzo, *m.* März [merts].
más, mehr (als) [me:r]; *es* ~, vielmehr [fi:lme:r]; ~ *largo*, länger [leŋger]; ~ *tarde*, später [pe:ter].
masa, *f.* Masse [mase], *f.* Menge [meŋge]; *en* ~, massenhaft [masenhaft].
materia, *f.* Materie [ma'te:rje], *m.* Stoff [tof].
material, *n.* Material [mater'ja:l]; *a.* materiell [mater'jel], körperlich [kœrperlich].
matrimonio, *f.* Ehe [e:e], *f.* Heirat [hairat], *f.* Trauung [trauŋ].
mayo, *m.* Mai [mai].
me, *ac.* mich [mich]; *para mí*, *dat.* mir [mi:r].
mecánico, *m.* Mechaniker [me'cha:niker]; *a.* mechanisch [me'cha:ni].
media, *m.* Strumpf [trumpf].
medianoche, *f.* Mitternacht [miternacht].
médico, *m.* Arzt [artst], *m.* Doktor [dokto:r].
medida, *m.* Maß [ma:s], *m.* Maßstab [ma:stap].
medieval, mittelalterlich [mitel'alterlich].
medio, *n.* Mittel [mitel], *f.* Mitte [mite], *f.* Hälfte [helfte]; *a.* halb [halp]; *en ~ de*, *a través de*, quer [kve:r], durch [durch], über [y:ber].
mediodía, *m.* Mittag [mita:k].
medir, messen [mesen], abwägen [ap've-gen].
mejor, besser [beser].
melocotón, *m.* Pfirsich [pfirzich].
melodioso, melodisch [me'lo:di].
menos, weniger [ve:niger]; *al* ~, wenigstens [ve:nichstens], mindestens [mindestens].
mensajero, *m.* Bote [bo:te].

mentir, lügen [ly:gen], schwindeln [vindel].
mercado, *m.* Markt [markt], Absatzmarkt [apzatsmarkt].
mercancía, *f.* Ware [va:re].
merecer, verdienen [fer'di:nen], wert sein [vert zain].
mes, *m.* Monat [mo:nat].
mesa, Brett [bret], *(de comedor)* Tisch [ti].
meta, *m.* Ziel [tsi:l], *f.* Zweck [tsvek].
metal, *n.* Metall [me'tal].
metro, *m.* Meter [me:ter].
mezclar, vermischen [fer'mi en], mischen [mi en].
mi, mío, mein [main].
miedo, Angst [aŋgst], Furcht [furcht].
miembro, Glied [gli:t], Mitglied [mitgli:t].
mientras, während [ve:rent].
miércoles, *m.* Mittwoch [mitvoch].
mil, tausend [tauzent].
milagro, *n.* Wunder [vunder].
militar, *m.* Soldat [zol'da:t], militärisch [mili'te:ri].
millar, *n.* Tausend [tauzent].
millón, *f.* Million [mil'jo:n]; *mil millones.*
ministro, *m.* Minister [mi'nister].
mirada, *m.* Blick [blik].
mirar, ansehen [anze:en].
miseria, *n.* Elend [e:lent], *f.* Not [no:t].
mísero, elend [e:lent], erbärmlich [erbermlich].
mismo, gleich [glaich], selbst [zelpst].
misterio, *m.* Rätsel [re:tsel], *n.* Geheimnis [gehaimnis].
misterioso, geheimnisvoll [gehaimisfol], rätselhaft [re:tselhaft].
mitad, *f.* Hälfte [helfte].
moda, *f.* Mode [mo:de].
mojado, nass [nas], durchnässt [durch'nest].
mojar, nass machen [nas machen].
molestar, stören [tœ:ren].
momento, *m.* Moment [mo'ment], *m.* Augenblick [augenblik]; *en cualquier* ~, jederzeit [je:der'tsait].
monarca, *m.* Monarch [mo'narch].
moneda, Münze [myntse], Hartgeld [hartgelt].
montaña, *n.* Gebirge [ge'birge], *m.* Berg [berk].
montón, *f.* Menge [meŋge], *m.* Haufen [haufen].
moral, *s.* Moral [mora:l], Sittenlehre [sitenle:re]; *a.* moralisch [mo'ra:li].
mosca, *f.* Fliege [fli:ge].

mostrar, zeigen [tsaigen], beweisen [bevaizen].
motivo, Grund [grunt], Motiv [motif].
motor, Motor [mo:tor].
moverse, sich begeben [zich be'ge:ben] *(+ dat.).*
móvil, beweglich [be've:klich], unbeständig [unbe tendich].
muchacha, Mädchen [me:tchen].
muchacho, Junge [juŋge].
mudo, stumm [tum].
mueble, *n.* Möbel [mœ:bel].
muerte, *m.* Tod [to:t].
muerto, tot [to:t], gestorben [ge' torben].
muestra, *n.* Exponat [ekspo'na:t], *n.* Muster [muster].
mujer, *f.* Frau [frau].
multa, *n.* Bußgeld [bu:sgelt], *f.* Strafe [tra:fe].
mundo, *f.* Welt [velt].
muñeca, *f.* Puppe [pupe].
muro, Mauer [mau:er].
museo, *n.* Museum [mu'ze:um].
música, *f.* Musik [mu'zi:k].
muy, mucho, viel [fi:l], sehr [ze:r].

N
nacer, geboren werden [ge'bo:ren verden].
nacido, geboren [ge'bo:ren].
nación, *f.* Nation [nat'jo:n], *n.* Volk [folk].
nacional, national [natsjo'na:l].
nada, nichts [nichts]; ~ *en absoluto,* überhaupt nicht [y:berhaupt nicht].
nadie, ninguno, niemand [ni:mant], keiner [kainer].
nariz, *f.* Nase [na:ze].
natural, selbstverständlich [zelpstfer tentlich], natürlich [na'ty:rlich].
naturaleza, *f.* Natur [na'tu:r].
naturalmente, natürlich [na'ty:rlich].
Navidad, *n.* Weihnachten [vainachten].
necesario, nötig [nœ:tich], notwendig [no:tvendich].
necesidad, *m.* Bedarf [be'darf], *f.* Notwendigkeit [no:tvendichkait]; *tener* ~ *de,* benötigen [be'nœtigen].
necesitar, nötig sein [nœtich zain], erfordern [er'fordern], brauchen [brauchen].
negar, verneinen [fernainen], verweigern [fer'vaigern], leugnen [loiknen].
negro, schwarz [varts].
nervioso, nervös [ner'vœs].
nevar, schneien [naien].

ni, nicht [nicht]; *ni... ni,* weder... noch [ve:der noch]; ~ *siquiera,* nicht einmal [nicht einma:l].
niebla, *m.* Nebel [ne:bel].
nieto, *m.* Enkel [eŋkel].
nieve, *m.* Schnee [ne:].
niño, *n.* Kind [kint].
no, nein [nain], nicht [nicht]; *no... más,* nicht mehr [nicht me:r]; *no... nada,* nichts [nichts]; *no... nunca,* nie(mals) [ni:mals]; *no obstante,* trotz [trots] *(+ gen.); en absoluto,* durchaus [durchaus], ganz und gar nicht [gants unt ga:r nicht].
noble, adlig [atlich], edel [edel], vornehm [fo:rne:m].
noche, *f.* Nacht [nacht], *m.* Abend [a:bent]; *esta* ~, heute Abend [hoite a:bent].
nocivo, schädlich [e:tlich]; *ser* ~, schädlich sein für [e:tlich zain fy:r] *(+ ac.).*
nombrar, nennen [nenen], ernennen [ernenen], benennen [benenen].
nombre, *m.* Name [na:me].
Norte, *m.* Norden [no:rden].
nos, uns [unz].
nosotros, wir [vi:r]; *ac.* uns [unts].
notar, bemerken [be'merken].
noticia, Nachricht [na:chricht], Neuigkeit [noichkait].
novedad, Neuigkeit [noichkait], Neuheit [noihait].
noventa, neunzig [nointsich].
noviembre, *m.* November [no'vember].
nublado, trübe [try:be].
nuestro, unser [unzer].
nuevamente, erneut [er'noit].
nueve, neun [noin].
nuevo, neu [noi].
nulo, nichtig [nichtich], ungültig [uŋgyltich].
número, *f.* Zahl [tsa:l], *f.* Anzahl [antsa:l], *f.* Menge [meŋge], *f.* Nummer [nu'mer].
numeroso, zahlreich [tsa:lraich].
nunca, nie(mals)[ni:ma:ls], je [je].
nutrir, nähren [ne:ren], ernähren [erne:ren].

O

o, oder [o:der]; *o... o,* entweder... oder [entve:der... o:der]; *o bien,* oder [o:der].
obedecer, gehorchen [ge'ho:rchen], folgen [folgen].
objetivo, *n.* Ziel [tsi:l], *m.* Zweck [tsvek].
obligar, zwingen [tsviŋgen], verpflichten [fer'pflichten].
obra, *n.* Werk [verk].

observar, beobachten [beobachten].
obsesionado, besessen [be'zesen].
obtener, erreichen [eraichen], erhalten [er'halten].
obviamente, offenbar [ofenba:r].
ocasión, *f.* Gelegenheit [ge'le:genhait]; *con* ~ *de,* anlässlich [anleslich] *(+ gen.).*
ocasionalmente, gelegentlich [ge'le:gentlich], manchmal [manchma:l], mitunter [mit'unter].
ochenta, achtzig [achtsik].
ocho, acht [acht].
octubre, *m.* Oktober [ok'to:ber].
ocupar, beschäftigen [be' eftigen], einnehmen [ain'ne:men].
ocuparse, sich kümmern [zich kymern].
Oeste, *m.* Westen [vesten].
ofender, beleidigen [be'laidigen], verletzten [fer'letsen]; *ofenderse,* beleidigt sein [be'laidicht zain].
ofendido, beleidigt [belaidicht].
ofensa, *f.* Beleidigung [be'laidiguŋ].
oficial, Offizier [ofi'tsi:r], offiziell [ofits'jel], amtlich [amtlich].
oficio, Beruf [be'ru:f], Gewerbe [geverbe].
ofrecer, (an)bieten [an'bi:ten].
oír, hören [hœ:ren].
ojo, *n.* Auge [auge].
ola, *f.* Welle [vele].
olla, *m.* Kochtopf [kochtopf].
olor, *m.* Geruch [ge'ruch].
olvidar, vergessen [ver'gesen].
once, elf [elf].
operación, Operation [operats'jo:n].
opinión, Meinung [mainuŋ].
oponer, entgegensetzen [ent'ge:genzetsen], entgegenstellen [ent'ge:gen telen].
orden, *f.* Ordnung [ortnuŋ], *m.* Befehl [be'fe:l]; *todo en* ~, alles Gute [ales gu:te], alles in Ordnung [ales in ortnuŋ].
ordenar, befehlen [be'fe:len].
ordinario, gewöhnlich [ge'vœ:nlich], ordentlich [ordentlich].
organización, *f.* Organisation [organizats'jo:n].
organizar, organisieren [organi'zi:ren].
organizativo, organisatorisch [orga:ni:zato:ri].
orgullo, *m.* Stolz [tolts].
orgulloso, stolz [tolts].
origen, *m.* Ursprung [u:r pruŋ].
original, ursprünglich [u:r pryŋglich].
originarse, entstehen [ent' te:en].

oro, *n.* Gold [golt].
oscuridad, Dunkel [duŋkel], Dunkelheit [duŋkelhait].
oscuro, dunkel [duŋkel], finster [finster].
otoño, Herbst [herpst].
otro, andere [andere], weiter [vaiter]; ~ *tanto,* gleich [glaich], ebenfalls [e:benfals].

P

paciencia, *f.* Geduld [ge'dult].
paciente, *m.* Patient [pa'tsient].
padre, *m.* Vater [fa:ter].
padres, *f.* Eltern(schaft) [eltern aft].
paga, *m.* Lohn [lo:n].
pagar, bezahlen [be'tsa:len].
página, *f.* Seite [zaite]; *pasar* ~, umblättern [umbletern].
país, *n.* Land [lant].
paja, *n.* Stroh [tro:].
pájaro, *m.* Vogel [fo:gel].
palabra, *n.* Wort [vort]; ~ *técnica, m.* Fachbegriff ['fachbe'grif], *m.* Fachausdruck ['fachaus'druk].
palidecer de, blass werden vor [blas verden fo:r] *(+ dat.).*
pálido, bleich [blaich].
palo, *m.* Stock [tok].
pan, *n.* Brot [bro:t].
pañuelo, *n.* Taschentuch [ta entuch].
papel, Papier *n.* [pa'pi:r]; ~ *dramático, f.* Rolle [role]; *representar un* ~, eine Rolle spielen [aine role pi:len].
paquete, *n.* Päckchen [pekchen], *n.* Paket [pa'ke:t].
para, an [an], auf [auf], aus [aus], bei [bai], durch [durch], für [fy:r], in [in], infolge von [in'folge fon], nach [na:ch], um ... zu [um/ tsu:], wegen [ve:gen] *(+ gen.),* zu [tsu:]; *a fin de que,* damit [da:'mit].
parada, *f.* Haltestelle [halte tele].
paraguas, *m.* Schirm [irm].
parecer, *v.* scheinen [ainen]; *f.* Ansicht [anzicht], *f.* Meinung [mainuŋ]; *al* ~, anscheinend [an ainent].
pared, *f.* Wand [vant].
parentela, *f.* Verwandtschaft [fer'vant aft].
pariente, Verwandte [fer'vante]; *ser* ~, verwandt sein mit [fer'vant zain mit] *(+ dat.).*
parte, Teil *m.* [tail]; *de su* ~, von Ihnen [fon i:nen]; *por todas* ~, *por doquier,* überall [y:ber'al].
participación, *f.* Beteiligung [be'tailiguŋ].

participar, teilnehmen an [tailne:men an] *(+ dat.),* sich beteiligen [zich be'tailigen].
particular, besonder [be'zonder], eigen [aigen].
partida, *f.* Abreise [apraize].
partido, *f.* Partei [par'tai].
partir, abfahren [apfa:ren]; *(salir de viaje)* abreisen [apraizen].
pasado, *f.* Vergangenheit [fer'gaŋgenhait]; *a.* vergangen [fer'gaŋgen], letzt [letst], vorig [fo:rig].
pasaje, Durchgang [durchgaŋ], Durchfahrt [durchfa:rt].
pasaporte, *m.* Pass [pas].
pasar, vorbeigehen [fo:r'baige:en], vergehen [fer'ge:en]; ~ *página,* umblättern [umbletern].
Pascua, *n.* Ostern [o:stern].
pasear, spazierengehen [pa'tsi:reŋge:en], drehen [dre:en], herumwandern [herumvandern].
paseo, *f.* Fahrt [fa:rt], *m.* Rundgang [runtgaŋ], *m.* Bummel [bumel], *f.* Promenade [prome'na:de], *m.* Spaziergang [pa'tsi:rgaŋ].
pasión, *f.* Leidenschaft [laiden aft], *m.* Eifer [aifer].
paso, *m.* Schritt [rit]; ~ *a* ~, schrittweise [ritvaize].
pasta, *n.* Teig [taig], *f.* Teigware [taigva:re], *pl.* Nudeln [nu:deln].
pastor, *m.* Hirte [hirte].
patada, Fußtritt [fustrit], Kalk [kalk].
patata, *f.* Kartoffel [kar'tofel].
patio, *m.* Hof [ho:f].
patrón, *m.* Besitzer [be'zitser], *m.* Herr [her].
pausa, *f.* Pause [pauze]; ~ *para almorzar, f.* Mittagspause [mita:ks-pauze].
paz, *m.* Friede(n) [fri:den], *f.* Ruhe [ru:e], *f.* Stille [tile].
pecho, *f.* Brust [brust], *m.* Busen [bu:zen].
pedir, bestellen [be' telen]; *a petición,* auf Wunsch [auf vun].
pegar, (an)kleben [akle:ben].
peinar, kämmen [kemen].
peine, Kamm [kam].
película, *m.* Film [film].
peligro, *f.* Gefahr [ge'fa:r].
peligrosidad, f. Gefährlichkeit [ge'fe:rlichkait].
peligroso, gefährlich [ge'fe:rlich].
pelo, *n.* Haar [ha:r].

pena, *m.* Kummer [kumer].
penetrar, eindringen [ain'driŋgen].
pensamiento, *m.* Gedanke [ge'daŋke].
pensar, denken [deŋken], meinen [mainen].
pensativo, nachdenklich [na:chdeŋklich].
pensión, *f.* Pension [panz'jo:n], *f.* Rente [rente].
pequeño, klein [klain].
pera, *f.* Birne[birne].
percatarse, bemerken [be'merken].
perder, verlieren [fer'li:ren], verpassen [fer'pasen].
pérdida, *m.* Verlust [fer'lust].
perdón, *f.* Verzeihung [fer 'tsai:uŋ], Vergebung [fer'gebuŋ], *f.* Entschuldigung [ent' uldiguŋ].
perdonar, vergeben [fer'ge:ben], verzeihen [fer'tsai:en].
perfecto, perfekt [per'fekt].
periódico, *f.* Zeitung [tsaituŋ]
periodista, *m.* Journalist [djurna'list].
periodo, *m.* Zeitabschnitt [tsait'ap nit].
permanecer, bleiben [blaiben].
permutar, verwechseln [fer'vekseln].
pernoctación, *f.* Übernachtung [y:ber'nachtuŋ].
pero, aber [a:ber].
perro, *m.* Hund [hunt].
persona, *f.* Person [per'zo:n].
personaje, *f.* Persönlichkeit [per'zœ:nlichkait].
personal, persönlich [per'zœ:nlich]; privat [pri'va:t].
personalidad, *f.* Persönlichkeit [per'zœ:nlichkait].
pertenecer, gehören [ge'hœ:ren] *(+ dat.).*
pesado, schwer [ve:r].
pesar, wiegen [vi:gen]; *a ~ de,* trotz [trots].
pesca, *m.* Fischfang [fi faŋ].
pescado, *m.* Fisch [fi].
pescador, *m.* Fischer [fi er].
pescar, fischen [fi en], angeln [aŋgeln].
peso, *n.* Gewicht [ge'vicht].
petróleo, Erdöl [e:rtœ:l], Petroleum [pe'tro:leum].
pez, *m.* Fisch [fi].
pie, *m.* Fuß [fu:s]; *de ~,* stehend [te:ent]; *no tener pies ni cabeza,* weder Hand noch Fuß haben [ve:der hant noch fu:s ha:ben].
piedad, *n.* Erbarmen [er'ba:rmen].
piedra, *m.* Stein [tain].
piel, *f.* Haut [haut], *n.* Leder [le:der].
pieza, *n.* Stück [tyk].

pintar, malen [ma:len].
pintura, *f.* Malerei [ma:le'rai].
piso, Stockwerk [tokverk].
pizza, *f.* Pizza [pitsa].
planta, *f.* Pflanze [pflantse]; *~ de edificio, m.* Grundriss [gruntris].
plantar, pflanzen [pflantsen], bebauen [be'bauen].
plata, *n.* Silber [zilber].
plato, Teller [teler]; *segundo ~,* Hauptgerichte [hauptgeri te].
playa, *m.* Strand [trant].
plaza, *m.* Platz [plats].
pluma, *m.* Stift [tift].
población, *f.* Bevölkerung [be'fœlkeruŋ].
pobre, arm [arm], mittelos [mitelos].
poco, wenig [ve:nich].
poder, können [kœnen], dürfen [dy:rfen], vermögen [fer'mœ:gen].
policía, *f.* Polizei [poli'tsai]; *agente de ~, m.* Polizist [poli'tsist].
política, *f.* Politik [poli'tik].
político, politisch [po'liti].
polvo, *m.* Staub [taup].
poner, setzen [zetsen], stellen [telen], legen [le:gen]; *ponerse de manifiesto,* sich herausstellen [zich he'raus' telen].
popular, beliebt [be'li:pt]; *ser popular,* beliebt sein bei [be'li:pt zain bai] *(+ dat.).*
por, an [an], auf [auf], aus [aus], bei [bai], durch [durch], für [fy:r], in [in], infolge von [in'folge fon], nach [na:ch], um ... zu [um/ tsu:], wegen [ve:gen] *(+ gen.),* zu [tsu:]; *~ qué,* weshalb [vezhalp].
porque, weil [vail], damit [da:mit], warum [va'rum].
portavoz, *m.* Wortführer [vortfy:rer].
poseer, besitzen [be'zitsen].
posesión, *m.* Besitz [be'zits].
posibilidad, *f.* Möglichkeit [mœ:klichkait].
posible, möglich [mœ:klich].
posiblemente, möglicherweise [mœ:klichervaise].
posición, *f.* Lage [la:ge], *f.* Stellung [teluŋ], *f.* Position [pozits'jo:n].
positivo, positiv [pozi'ti:f].
postre, *n.* Dessert [de'se:r].
potencia, *f.* Macht [macht], *f.* Gewalt [ge'valt], *f.* Stärke [te:rke].
potente, mächtig [mechtich], stark [tark].
prado, *m.* Rasen [ra:zen], *f.* Wiese [vi:ze].
precedente, vorhergehend [forher'ge:ent].
precio, *m.* Preis [prais].

precioso, kostbar [kostba:r], wertvoll [ve:rtfol].
precipitar, herabstürzen [he'rap tyrtsen], herbeieilen [herbaiailen].
preciso, präzise [pre:tsi:s], genau [ge'nau], klar [kla:r].
preferencia, *m.* Vorzug [fo:rtsu:k]; *de* ~, vorzugsweise [fo:rtsu:ksvaize].
preferir, vorziehen [fo:rtsi:en], lieber wollen [li:ber volen].
pregunta, *f.* Frage [fra:ge]; *hacer* ~, Fragen stellen [fra:gen telen].
preguntar, fragen [fra:gen].
premio, *m.* Preis [prais].
prensa, *f.* Presse [prese].
preocupación, *f.* Sorge [zorge].
preocuparse, sich Sorgen machen [zich zorgen machen].
preparación, *f.* Vorbereitung [fo:rberaituŋ].
preparar, vorbereiten [fo:rbe'raiten]; ~ *la comida,* zubereiten [tsu:beraiten].
presentación, *f.* Präsentation [pre:zentats'-jo:n].
presentar, vorstellen [fo:r telen], vorführen [for'fy:ren].
presente, gegenwärtig [ge:genvertich], anwesend [anve:zent].
presidenta, *m.* Vorsitzende [for'sitsende].
presidente, *m.* Präsident [pre:zi'dent], Vorsitzender [for'sitsender].
prestar, leihen [laien], borgen [borgen], leisten [laisten].
presumible, vermutlich [fer'mu:tlich].
presumir, vermuten [fer'mu:ten].
presupuesto, *m.* Bedarf [be'darf].
pretender, verlangen [fer'laŋgen], beanspruchen [bean pruchen].
prevenir, verhüten [fer'hy:ten], zuvorkommen [tsu:forkomen]; *estar prevenido,* voreingenommen sein ['fo:raiŋge'-nomen].
prever, vorhersehen [fo:r'herze:en], voraussehen [foraus'ze:en].
primavera, *n.* Frühjahr [fry:ja:r], *m.* Frühling[fry:liŋg].
primo,-a, Cousin [ku:zin], Cousine [ku:zine], Vetter [feter].
principal, hauptsächlich [hauptzechlich], *f.* Hauptsache [hauptzache].
príncipe, *m.* Prinz [prints], *m.* Fürst [fyrst].
principio, *m.* Prinzip [prin'tsi:p], *m.* Grundsatz [gruntzats]; *al* ~, am Anfang [am anfaŋ], anfangs [anfaŋ].
prisa, *f.* Eile [aile].

privado, privat, Privat- [pri'va:t], vertraut [fer'traut]; *estar* ~ *de,* arm sein an [arm zain an] *(+ dat.).*
probar, erproben [er'pro:ben], versuchen [fer'zu:chen].
problema, *n.* Problem [pro'ble:m].
producción, *f.* Produktion [produkts'jo:n], *f.* Herstellung [her teluŋ].
producir, erzeugen [er'tsoigen], herstellen [he:t telen].
producto, *n.* Produkt [pro'dukt], *m.* Artikel [ar'tikel].
productor, *m.* Produzent [produ'tsent].
profesión, *m.* Beruf [be'ru:f].
profesional, beruflich [be'ru:flich].
profesor, *m.* Professor [pro'fesor], Lehrer, -in [le:rer].
prófugo, *m.* Asylant [azy':lant].
profundidad, *f.* Tiefe [ti:fe].
profundo, tief [ti:f], gründlich [gryntlich].
programa, *n.* Programm [pro'gram]; *estar en* ~, Anstehen [an te:en], auf dem Programm stehen, [pro'gram te:en].
programar, planen [pla:nen].
progreso, *m.* Fotschritt [fort rit].
prohibir, verbieten [fer'bi:ten], untersagen [unter'za:gen].
prometer, versprechen [fer prechen].
promoción, *f.* Beförderung [be'fœrderuŋ].
pronto, schnell [nel], rasch [ra], früh [fry:], bald [balt].
pronunciar, aussprechen [aus prechen]; ~ *una sentencia,* verkünden [fer'ky:nden]; *pronunciarse sobre,* sich äußern über[zich oisern y:ber] *(+ ac.).*
propiedad, *n.* Eigentum [aigentu:m], *m.* Besitz [be'zits].
propio, eigen [aigen], eigentlich [aigentlich].
proponer, vorschlagen [fo:r la:gen].
proporcionar, liefern [li:fern]; ~ *informaciones,* erteilen [er'tailen].
propósito, *n.* Vorsatz [fo:rsats], *f.* Absicht [apzicht].
propuesta, *m.* Vorschlag [fo:r la:k].
proteger, schützen vor [ytsen], verteidigen [fer'taidigen].
proveedor, *m.* Lieferant [li:fe'rant].
próximo, benachbart [be'nachba:rt], nah [na:], nächst [ne:chst], kommend [koment].
proyectar, beabsichtigen [be'apzichtigen].
proyecto, *n.* Projekt [pro'jekt], *m.* Plan [pla:n], *m.* Entwurf [ent'vurf].

prueba, *f.* Probe [pro:be], *m.* Versuch [fer'-zu:ch].
público, *n.* Publikum [publikum], *f.* Öffentlichkeit [œfentlichkait]; *a.* öffentlich [œfentlich], allgemein [alge'main].
pueblo, *n.* Volk [folk].
puente, *f.* Brücke [bryke].
puerta, *f.* Tür [ty:r]; *portón, n.* Tor [to:r].
puerto, *m.* Hafen [ha:fen].
puesto, *m.* Platz [plats], *f.* Stelle [tele].
punta, *f.* Spitze [pitse].
puntual, pünktlich [pyŋktlich].
puro, rein [rain].

Q
que, der [de:r], welcher [velcher], das [das], was [vas], die [di:], welche [velche], dass [das].
quemar, brennen [brenen], verbrennen [fer'brenen].
querer, wollen [volen], mögen [mœ:gen].
querido, lieb [li:p].
queso, *m.* Käse [ke:ze].
quien, wer [ve:r], der [de:r], derjenige [de:rje:nige], welcher [velche]; *quién,* wer [ve:r]; ~ *sabe,* wer weiß [ve:r vais].
quieto, fest [fest], ruhig [ru:ich].
quintal, *m.* Doppelzentner [dopeltsentner].
quitar, abräumen [aproimen].
quizá, vielleicht [fi:'laicht].

R
radio, *n.* Radio [ra:djo], *m.* Rundfunk [runtfuŋk]; ~ *geométrico,* Radius [ra:djus].
rápido, schnell [nel].
raro, selten [zelten], rar [ra:r].
rayo, *m.* Strahl [tra:l].
raza, *f.* Rasse [rase], *f.* Art [a:rt].
razón, *m.* Grund [grunt], *f.* Vernunft [fer'-nunft].
real, real [re'a:l], wirklich [virklich], tatsächlich [tat'zechlich]; *regio,* königlich [kœ:nichlich].
realidad, *f.* Wirklichkeit [[virklichkait], *f.* Tatsache [ta:tzache].
realista, *m.* Realist [realist].
realizar, durchführen [durchfy:ren].
rebelde, *m.* Rebell [re'bel].
recepción, *f.* Rezeption [retsepts'jo:n].
rechazar, zurückweisen [tsu:'rykvaizen], ablehnen [aple:nen], verweigern [fer'vaigern].
recibir, empfangen [em'pfaŋgen], erhalten [er'halten].
recibo, *f.* Quittung [kvituŋ].

recoger, ernten [ernten], sammeln [zameln], aufheben [aufhe:ben], abholen [apho:len].
recolección, *f.* Ernte [ernte], *f.* Sammlung [zamluŋ].
recomendar, empfehlen [emp'fe:len], raten [ra:ten].
reconocer, erkennen [er'kenen].
reconocible, erkennbar [er'kenba:r].
recordar, erinnern [er'inern].
recorrer, durchreisen [durchraizen], durchfahren [durchfa:ren].
recorrido, *f.* Fahrt [fa:rt].
red, *n.* Netz [nets].
redactar, anfertigen [anfertigen].
redondo, rund [runt].
reducir, verringern [fe'riŋgern].
referir, vortragen [fo:rtra:gen].
reflexión, *f.* Überlegung [y:ber'le:guŋ].
región, *f.* Gegend [ge:gent], *n.* Gebiet [ge'bi:t].
regla, *f.* Regel [re:gel], *f.* Vorschrift [fo:r rift].
reglamentario, vorschriftsmäßig [fo:r rifts'me:sich].
reglamento, f. Vorschrift [fo:r rift].
regresar, zurückkehren [tsu:'ryk'ke:ren].
regreso, Rückkehr [ryk'ke:r], Rückfahrt [rykfa:rt].
regular, Ordnungsmäßig [ortnuŋks'me:sich], regelmäßig [regelmesich].
reír, lachen [lachen].
relación, *f.* Beziehung [be'tsi:uŋ], *n.* Verhältnis [fer'heltnis]; ~ *escrito, m.* Bericht [be'richt].
relámpago, *m.* Blitz [blits], *m.* Augenblick [augenblik].
relatar, erzählen [er 'tse:len], berichten [be'richten].
relato, *f.* Erzählung [er'tse:luŋ].
religión, *f.* Religion [relig'jo:n].
rellenar, füllen [fylen].
reloj, *f.* Uhr [u:r].
renano, rheinisch [raini].
reparar, reparieren [repa:'ri:ren].
repentino, plötzlich [plœtslich].
repetir, wiederholen [vi:derho:len].
reposar, ruhen [ru:en], liegen [li:gen].
reposo, *f.* Ruhe [ru:e], *f.* Erholung [er'ho:-luŋ]
representar, vertreten [fer'tre:ten].
requerir, verlangen [fer'laŋgen].
reservar, buchen [bu:chen], reservieren [rezer'vi:ren]; *estar reservado,* zurückhaltend sein [tsu:'ryk'haltent zain].

resistir, widerstehen [vi:der te:en], vertragen [fer'tra:gen], Widerstand leisten [vi:der tant laisten].
respectivo, betreffend [betrefent].
respecto a, gegenüber [ge:geny:ber] *(+ dat.)*, in Bezug auf [in be'tsu:k auf]; *por lo que respecta,* was... betrifft [vas/ be'trift].
respetar, respektieren [respek'ti:ren], beachten [be'achten], befolgen [befolgen].
respeto, *m.* Respekt [res'pekt].
respiración, *m.* Atem [a:tem].
respirar, atmen [atmen], aufatmen [aufatmen].
responder, beantworten [be'antvorten] *(+ ac.)*, antworten [antvorten].
responsable, *s.* Leiter [laiter], Verantwortliche [fer'antvortliche], *a.* zuständig [tsu: tendik].
respuesta, *f.* Antwort [antvort].
restaurante, *n.* Restaurant [resto'rant], *f.* Gastwirtschaft [gastvirt aft].
resto, *m.* Rest [rest].
resumir, zusammenfassen [tsu:'zamenfasen].
retirar, zurücknehmen [tsu:'rykne:men].
retraso, *f.* Verspätung [fer' pe:tuŋ].
reunión, *f.* Sitzung [zitsuŋ], *n.* Treffen [trefen].
reunir, versammeln [fer'zameln].
revolución, *f.* Revolution [revoluts'jo:n].
rey, *m.* König [kœ:nich].
Rhin, *m.* Rhein [rain].
rico, reich [raich]; *ser* ~, reich sein an [raich zain an] *(+ dat.)*.
ridículo, lächerlich [lecherlich].
riesgo, *n.* Risiko [rizi'ko:], *n.* Wagnis [va:knis].
río, *m.* Fluss [flus].
riqueza, *m.* Reichtum [raichtu:m].
risa, *n.* Lachen [lachen].
robar, stehlen [te:len].
rodear, umgeben [umge:ben], umstellen [um telen].
rogar, beten [be:ten], bitten [biten].
rojo, rot [ro:t].
romano, römisch [rœ:mi].
romper, zerbrechen [tserbrechen].
rosa, *f.* Rose [ro:ze]; *a.* rosa [ro:za].
rovellón, *m.* Steinpilz [tainpilts].
rubio, hell [hel], blond [blont].
rueda, *n.* Rad [ra:t].
ruego, *n.* Gebet [ge'be:t], *f.* Bitte [bite].
ruido, *m.* Lärm [lerm].

S

sábado, *m.* Samstag [zamsta:k], Sonnabend [zona:bent].
saber, wissen [visen], kennen [kenen], können [kœnen].
sabiduría, *f.* Weisheit [vaishait].
sabroso, schmackhaft [makhaft].
sacar, quitar, wegnehmen [vekne:men], entziehen [en'tsi:en].
saciado, satt [zat].
sacrificio, *n.* Opfer [opfer].
sacro, sagrado, heilig [hailich].
sal, *n.* Salz [zalts].
sala, *m.* Saal [za:l]; ~ *de conferencias,* *n.* Konferenzzimmer [konfe:'rents'tsimer].
salado, gesalzen [ge'zalsen], salzig [zaltsich].
salchichón, Salami [za'la:mi].
salida, *m.* Ausgang [ausgaŋ], *f.* Ausfahrt [ausfa:rt].
salir, hinausgehen [hi'naus'ge:n].
saltar, springen [priŋgen], überspringen [y:ber priŋgen].
salud, *f.* Gesundheit [ge'zunthait].
saludar, begrüßen [be'gry:sen].
saludo, *m.* Gruß [gru:s], *f.* Begrüßung [be'gry:suŋ].
salvar, retten [reten].
sangre, *n.* Blut [blu:t].
sano, gesund [ge'zunt], heil [hail].
santo, heilig [hailich].
sastre, *m.* Schneider [naider].
satélite, *m.* Satellit [zate'lit].
satisfecho, befriedigt [be'fri:dicht]; *estar* ~, zufrieden sein mit [tsu:'fri:den zain mit] *(+ dat.)*.
se, sich [zich], man [man].
secar, (ab)trocknen [aptroknen].
sección, *f.* Abteilung [ap'tailuŋ].
seco, trocken [troken]; *magro,* mager [mager]; *vino* ~, herb [herp].
secreto, *n.* Geheimnis [ge'haimnis]; *a.* geheim [ge'haim].
sed, *m.* Durst [durst].
seda, *f.* Seide [zaide].
sede, *m.* Sitz [zits].
sediento, durstig [durstich].
seguir, folgen [folgen].
según, gemäß [ge'me:s], entsprechend [ent' prechent] *(+ dat.)*.
seguridad, *f.* Sicherheit [zicherhait].
seguro, -a, sicher [zicher].
seis, sechs [zeks].

sello, *f.* Briefmarke [bri:fmarke].
semana, *f.* Woche [voche].
semejante, solch [zolch].
seminario, *n.* Seminar [zemi'na:r].
señal, *n.* Merkmal [merkma:l].
señor, *m.* Herr [her]; *señores, pl.* Herrschaften [her aften].
señora, *f.* Frau [frau], *f.* Dame [dame].
señorita, *n.* Fräulein [froilain].
sentarse, hinsetzen [hinzetsen]; *estar sentado,* sitzen [zitsen].
sentido, *m.* Sinn [zin], *f.* Bedeutung [be'doituŋ].
sentimiento, *n.* Gefühl [ge'fy:l], *f.* Meinung [mainuŋ].
sentir, fühlen [fy:len], empfinden [em'pfinden]; *sentirse a gusto, a sus anchas,* sich wohl fühlen [zich vo:lfy:len]; *sentirse humillado,* bekümmert sein über [be'kymert zain y:ber] *(+ ac.).*
separar, trennen [trenen].
septiembre, *m.* September [zep'tember].
séquito, *n.* Gefolge [gefolge].
ser, sein [zain], existieren [eksisti:ren]; ~ *de, proceder de,* kommen aus [komen aus].
serie, *f.* Serie [ze:rje], *f.* Reihe [rai:e], *f.* Folge [folge].
seriedad, *m.* Ernst [ernst].
serio, ernsthaft [ernsthaft].
servicio, *m.* Service [servis], *f.* Bedienung [be'di:nuŋ].
servir, bedienen [be'di:nen], servieren [zer'vi:ren].
setenta, siebzig [zi:ptsik]
si, wenn [ven], ob [op], falls [fals]; ~ *bien,* obwohl [op'vo:l].
sí, ja [ja:].
siempre, immer [imer], stets [te:ts]; *aun ~,* immerhin [imerhin].
siete, sieben [zi:ben].
siglo, *n.* Jahrhundert [ja:rhundert].
significado, *f.* Bedeutung [be'doituŋ], *f.* Wichtigkeit [vichtichkait].
significar, bedeuten [be'doiten].
siguiente, folgend [folgent], nachstehend [na:ch te:ent].
silencio, *m.* Schweigen [vaigen], *f.* Ruhe [ru:e], *f.* Stille [tile].
silencioso, still [til], ruhig [ru:ich], schweigsam [vaikza:m], leise [laize].
silla, *m.* Stuhl [tu:l].
similar, ähnlich [e:nlich], gleich [glaich] *(+ dat.).*

simple, einfach [ainfach], schlicht [licht].
simular, simulieren [zimu'li:ren].
sin, ohne [o:ne], ohne zu [o:ne tsu:] *(+ inf.).*
sino, sondern [zondern].
sistema, *n.* System [sys'te:m].
situación, Situation [zituats'jo:n], *f.* Lage [la:ge].
sobrar, übrig sein [y:brich zain].
sobre, *s.* Umschlag [um la:k], Briefumschlag [bri:fum la:k]; *prep.* auf [auf], über [y:ber], oben [o:ben], an [an], hinauf [hi'nauf], herauf [he:'rauf].
sobriedad, *f.* Genügsamkeit [ge'ny:kza:mkait].
sobrino, *m.* Neffe [nefe]
sobrio, genügsam [ge'ny:k za:m], nüchtern [nychtern].
social, sozial, Sozial- [zo:tsja:l].
sociedad, Gesellschaft [ge'zel aft], *f.* Firma [firma:].
sofocar, ersticken [er' tiken], unterdrücken [unter'dryken].
sol, *f.* Sonne [zone]; *ponerse el ~,* untergehen [unte rge:en].
soldado, *m.* Soldat [zol'da:t].
soleado, sonnig [zonich].
solo, allein [a'lain], nur [nu:r].
soltarse, sich lösen [zich lœ:zen].
solución, *f.* Lösung [lœzuŋ].
sombrero, *m.* Hut [hu:t].
somnoliento, verschlafen [fer' la:fen].
sonar, klingen [kliŋgen].
soñar, träumen [troimen].
sonido, *m.* Klang [klaŋ], *m.* Ton [to:n], *m.* Laut [laut].
sonreír, lächeln über [lecheln y:ber], belächeln [belecheln].
sopa, *f.* Suppe [zupe].
soplo, Atemzug [a:temtsu:k], Hauch [hauch].
sordo, taub [taup].
sorprender, überraschen [y:be'ra en]; *estar sorprendido,* verwundert sein über [fer'vundert zain y:ber] *(+ ac.).*
sorpresa, *f.* Überraschung [y:bera uŋ].
sostén, *f.* Unterlage [unterla:ge].
sostener, unterstützen [unter' tytsen].
su, suyo, Sein [zain] *(de él),* ihr [i:r] *(de ella); sus,* sie [zi:]; ac. sie [zi:]; dat. ihnen [i:nen].
subir, einsteigen [ain taigen], aufsteigen [auf' taigen].
subrayar, unterzeichnen [unter'tsaichnen], unterschreiben [unter raiben].

suceder, geschehen [ge e:n], erfolgen [er'folgen], vorkommen [fo:rkomen], geschehen [ge' e:n], passieren [pasi:ren].
sucio, schmutzig [mutsich], dreckig [drekich].
suelo, *m.* Boden [bo:den], Fußboden [fu:sbo:den], *m.* Erdboden [e:rtbo:den].
sueño, *m.* Schlaf [la:f], *m.* Traum [traum].
suerte, Glück [glyk], Los [lo:s], *n.* Schicksal [ikza:l]; *buena* ~, viel Glück [fi:l glyk].
sufrir, leiden [laiden], erleiden [er'laiden], erdulden [erdulden].
suma, *f.* Summe [zume], *m.* Betrag [be'tra:k].
superar, sich vorbeidrängen [zich fo:r'bai'- dreŋgen], überwinden [y:ber'vinden], übertreffen [y:bertrefen], überholen [y:berholen].
superior, *m.* Vorgesetzte[fo:rge'zetster], oberer [o:berer], höher [hœ:er], überlegen [y:ber'le:gen].
suponer, annehmen [an'ne:men], vermuten [fer'mu:ten], voraussetzen [fo'rauszet- sen].
Sur, *m.* Süden [zy:den].
sustitución, *m.* Ersatz [er'zats].
sustituir, ersetzen [er'zetsen], vertreten [fer'tre:ten].

T

tabaco, *m.* Tabak [tabak].
taciturno, schweigend [vaigent].
tal, solch [zolch], so ein [zo: ain], derartig [de:rartich].
también, auch [auch].
tampoco, auch nicht [auch nicht].
tanto, so sehr [zo: ze:r], so viel [zo: fi:l], so lange [zo: laŋge]; *por* ~, *así pues, also* [alzo:], daher [da:her], folglich [folklich], doch [doch]; ~ *como,* so viel wie [so fi:l vi:].
tarde, *m.* Nachmittag [nachmita:k]; *adv.* spät [pe:t].
tarea, *f.* Aufgabe [auf'ga:be]; *tener la* ~, die Aufgabe haben [di: auf'ga:be ha:ben].
tarjeta, *f.* Karte [karte]; *de crédito, f.* Kredit- karte [kre:'ditkarte].
taxi, *n.* Taxi [taksi].
te, *ac.* dich [dich].
te, *dat.* dir [di:r]; *ac.* dich [dich].
techo, *n.* Dach [dach].
tejido, *m.* Stoff [tof]; *n.* Gewebe [ge've:be].
telefonear, anrufen [anru:fen], telefonieren [telefo'ni:ren].

telegrama, *n.* Telegramm [tele'gram].
televisión, n. Fernsehen[fernze:en].
televisor, *m.* Fernseher [fernze:er].
tema, Subjekt [zupjekt], *n.* Thema [te:ma].
temblar, zittern vor [tsitern fo:r].
tender, spannen [panen], streben [tre:ben], reichen [raichen].
tenedor, *f.* Gabel [ga:bel].
tener, halten [halten], haben [ha:ben].
terminar, zu Ende sein [tsu: ende zain].
término, *f.* Ende [ende], *f.* Ziel [tsi:l].
terrible, schrecklich [reklich], furchtbar [furchtba:r].
testigo, *m.* Zeuge [tsoige].
tiempo, *f.* Zeit [veter]; *al cabo de poco* ~, nach kurzer Zeit [na:ch kurtser tsait]; ~ *atmosférico,* Wetter [tsait]; *tomarse* ~, sich die Zeit nehmen [zich di: tsait ne:men].
tierra, *f.* Erde [e:rde], *m.* Boden [bo:den], *n.* Land [lant].
tijeras, *f.* Schere [e:re].
típico, typisch [typi].
tirar, ziehen [tsi:en].
titubear, zögern [tsœ:gern].
título, *m.* Titel [titel], *m.* Rechtstitel [rechts- titel], *f.* Anrede [anre:de], *n.* Wertpapier [ve:rtpa'pi:r].
tocar, berühren [be'ry:ren], anfassen [anfa- sen].
todo, ganz [gants], all [ale]; ~ *y cada uno,* jeder [je:der]; *ante* ~, vor allem [fo:r alem], zu allererst [tsu:alere:rst], als erstes [als erstes].
tolerar, ertragen [er'tra:gen].
tomar, nehmen [ne:men]; *tomársela con,* böse sein auf [bœ:ze zain auf] *(+ ac.).*
tono, *m.* Ton [to:n], *m.* Farbton [farpto:n].
tontería, *f.* Torheit [to:rhait].
torcido, *n.* Unrecht [unrecht].
tormenta, *n.* Gewitter [ge'viter].
tortura, *f.* Qual [kva:l].
trabajador, *m.* Arbeiter [arbaiter].
trabajar, arbeiten [arbaiten].
trabajo, *f.* Arbeit [arbait].
tradición, *f.* Tradition [tradits'jo:n], *f.* Über- lieferung [y:ber'li:feruŋ].
tráfico, *m.* Verkehr [fer'ke:r].
traje, *n.* Kostüm [ko'sty:m].
tramitar, weiterleiten [vaiterlaiten].
tranquilidad, *f.* Ruhe [ru:e], *m.* Friede (n) [fri:den], *f.* Stille [tile].
tranquilo, ruhig [ru:ich], friedlich [fri:tlich], still [til], unbesorgt [unbezorkt].

Diccionario español-alemán 279

transportar, transportieren [transpor'ti:-ren].
transporte, *m.* Transport [trans'port].
trasto, *n.* Zeug [tsoik], *m.* Kram [kra:m].
tratado, *m.* Vertrag [fer'tra:k], *n.* Abkommen [apkomen].
tratar, verhandeln [fer'handeln], behandeln [behandeln]; *tratarse de,* sich handeln um [zich handeln um] *(+ ac.).*
trece, dreizehn [draitse:n].
trecho, *f.* Strecke [treke].
treinta, dreißig [draisich].
tren, *m.* Zug [tsu:k].
tres, drei [drai].
tribunal, *n.* Gericht [ge'richt].
triste, traurig [traurich].
tristeza, *f.* Traurigkeit [traurichkait].
trueno, *m.* Donner [doner].
tu, tuyo, dein [dain].
tú, du [du:].
turbio, trübe [try:be], unklar [uŋkla:r], unrein [unrain].
turista, *m.* Tourist [tu'rist].

U

último, letzt [letst], äußerst [oiserst]; *por ~,* zuletzt [tsu:'letst], endlich [entlich], schließlich [li:slich].
únicamente, nur [nu:r], erst [erst].
único, einzig [aintsik], allein [a'lain].
unidad, *f.* Einheit [ainhait].
uniforme, gleichmäßig [glaichme:sich]; *de modo ~,* gleichmäßig [glaichme:-sich].
universidad, *f.* Universität [univerzi'te:t].
uno, ein [ain], eins [aints].
urbano, städtisch [teti].
usar, anwenden [anvenden], (ge)brauchen [ge'brauchen].
uso, *m.* Gebrauch [ge'brauch], *f.* Benutzung [be'nutsuŋ].
usted, Sie [zi:].
útil, nützlich [nytslich], brauchbar [brauchba:r]; *ser ~,* nützlich sein für [nytslich zain fy:r] *(+ ac.).*
utilizar, benutzen [be'nutsen].
uva, *f.* Weintraube [vaintraube].

V

vacaciones, *pl.* Ferien [ferjen], *m.* Urlaub [u:rlaup]; *~ de Navidad, pl.* Weihnachtsferien [vainachtsfe:rjen].
vacío, leer [le:r].

vagón, *m.* Waggon [va'gon].
valentía, *m.* Mut [mu:t].
valer, wert sein [ve:rt zain], gelten [gelten]
valiente, mutig [mu:tich], brav [bra:f], tüchtig [tychtich], artig [artich].
valle, *n.* Tal [ta:l].
valor, *m.* Wert [ve:rt].
vano, vergeblich [fer'ge:plich], unnütz [u'nyts]; *en ~,* umsonst [um'zonst], vergeblich [fergeplich].
vapor, Dampf [dampf], Dunst [dunst].
varilla, Stecken [teken].
vaso, *n.* Glas [gla:s].
vecino, Nachbar [nachba:r].
veinte, zwanzig [tsvantsich].
velocidad, *f.* Schnelligkeit [nelichkait].
vencimiento, Frist [frist].
vender, verkaufen [fer'kaufen].
venir, kommen [komen].
ventaja, *m.* Vorteil [fo:rtail]; Vorsprung [fo:r pruŋ].
ventana, *n.* Fenster [fenster].
ver, sehen [ze:n].
verano, *m.* Sommer [zomer].
verdad, *f.* Wahrheit [va:rhait].
verdaderamente, wirklich [virklich], wahrhaft [va:rhaft].
verdadero, wahr [va:r].
verde, grün [gry:n].
verter, eingießen [aiŋgi:sen].
vestido, *n.* Kleid [klait], *m.* Anzug [antsu:k]; *n.* Köstum [ko'sty:m].
vez, *n.* Mal [ma:l]; *a la ~,* einstimmig [ain timich]; *de ~ en cuando,* mitunter [mit'unter], hin und wieder [hin unt vi:der], von Zeit zu Zeit [fon tsait tsu: tsait]; *una ~ más,* noch einmal [noch ainma:l].
vía, calle, camino, *m.* Weg [vek], *f.* Straße [tra:se].
viajante, viajero, Reisende [raizende], Fahrgast [fa:rgast].
viajar, reisen [raizen].
viaje, Reisen [raizen]; *agencia de ~, n.* Reisebüro [raizeby'ro:]; *salir de ~,* abreisen [apraizen].
víctima, *n.* Opfer [opfer].
victoria, *m.* Sieg [zi:k].
vida, *n.* Leben [le:ben].
vidrio, *n.* Glas [gla:s].
viejo, alt [alt].
viento, *m.* Wind [vint].
viernes, *m.* Freitag [fraita:k].
viña, *m.* Weinberg [vainberk].

vino, *m.* Wein [vain].
violencia, *f.* Gewalt [ge'valt].
violento, gewalttätig [ge'val'te:tich], heftig [heftich].
virtud, *f.* Tugend [tu:gent].
visión, *f.* Vision [viz'jo:n], *m.* Überblick [y:berblik].
visita, *m.* Besuch [be:'zuch], *f.* Besichtigung [be'zichtiguŋ].
visitante, *m.* Besucher [be'zu:cher].
visitar, besuchen [be'zu:chen].
vista, *f.* Aussicht [au'sicht]; *en ~ de,* im Hinblick auf [im hinblik auf]; *seguir con la ~,* nachschauen, [na:ch auen].
vivaz, lebhaft [le:phaft], munter [munter].
vivienda, *f.* Wohnung [vo:nuŋ].
vivir, leben [le:ben], erleben [erle:ben].
vivo, lebendig [le:'bendich].
volar, fliegen [fli:gen].
voluntad, *m.* Wille [vile].
voluntario, freiwillig [fraivilich].

volver, wenden [venden].
vosotros, ihr [i:r].
voz, *f.* Stimme [time].
vuelo, *m.* Flug [flu:k]; *~ de ida, m.* Hinflug [hinflu:k]; *~ de salida, m.* Abflug [apflu:k]; *~ de vuelta, m.* Rückflug [rykflu:k].
vuestro, euer [oier].

Y

y, und [unt]; *~ bien,* nun [nu:n]; *y... y,* sowohl... als auch [zo:vo:l/als auch].
ya, schon [o:n], bereits [be'raits].
yacer, liegen [li:gen].
yo, ich [ich].

Z

zapatero, *m.* Schuster [uster].
zapato, *m.* Schuh [u:].
zurdo, link [liŋk].
zona, Zone [tso:ne], Region [reg'jo:n].

DICCIONARIO ALEMÁN-ESPAÑOL

Cada palabra alemana va seguida de la transcripción fonética y su equivalente en español.

A

ab und zu [ap unt tsu:], eventualmente, de vez en en cuando.
Abbild (-es, -er), *n.* [apbilt], imagen, cuadro; representación.
Abend (-s, -e), *m.* [a:bent], tarde; *heute* ~ [hoite a:bent], esta tarde; *zu* ~ *essen* [tsu: Abend essen], cenar.
Abendessen (-s, -), *n.*['a:bent'esen], cena.
Abenteuer (-s, -), *n.* [a:bentoier], aventura.
aber [a:ber], pero, sin embargo, sino.
abfahren [apfa:ren], partir, marcharse.
Abflug (-es, -¨e), *m.* [apflu:k], despegue, vuelo de ida.
abhängig [apheŋgich], dependiente.
Abhängigkeit (-), *f.* [apheŋgichkait], dependencia.
abholen [apho:len], ir a buscar.
Abkommen (-s, -), *n.* [apkomen], acuerdo.
ablehnen [aple:nen], rechazar.
abräumen [aproimen], recoger la mesa, desescombrar.
Abreise (-, -n),*f.* [apraize], partida.
abreisen [apraizen], partir.
abschließen [ap li:sen], cerrar con llave.
Absicht (-, -en),*f.* [apzicht], intención.
absichtlich [apzichtlich], a propósito, intencionadamente.
absolut [apzo'lu:t], absoluto.
Abteilung (-, -en), *f.* [ap'tailuŋ], sección.
abtrocknen [aptroknen], secar.
abwarten [apvarten], esperar.
abweichen [apvaichen], desviar.
ach ja [ach ja:], ah sí.
acht [acht], ocho.
Achtung (-),*f.* [achtuŋ], atención, cuidado.
achtzig [achtsich], ochenta.
adlig [a:tlich], noble.
adoptieren [adop'ti:ren], adoptar.
Adresse (-, -n),*f.* [a'drese], dirección.
adressieren [adre'si:ren], dirigir, encaminar.
Agent (-en, -en), *m.* [agent], agente.
ähnlich [e:nlich], similar.
akut [a'ku:t], agudo.
Akzent (-es, -e), *m.* [ak'tsent], acento.
akzeptieren [aktsep'ti:ren], aceptar.
alarmieren [alar'mi:ren], alarmar.
allein [a'lain], solo.
all [all], cada, todo; *alles Gute* [ales gu:te], que vaya bien; *alles in Ordnung* [ales in ortnuŋ], todo en orden.
allgemein [alge'main], en general.
als [als], como, en calidad de, en cuanto; al punto que, cuando; ~ *erstes* [als erstes], ante todo, en primer lugar; ~ *ob* [als op], como si.
also [alzo:], entonces, por tanto, así pues.
alt [alt], viejo.
Alter (-s, n), *n.* [alter], edad.
Altstadt (-, -¨e),*f.* [alt tat], barrio antiguo.
amüsieren [amy'zi:ren], divertirse.
an [an], a, en.
Analyse (-, -n),*f.* [ana'ly:ze], análisis.
analysieren [analy'zi:ren], analizar.
anbieten [an'bi:ten], ofrecer.
Anblick (-es, -e), *m.* [anblik], aspecto.
andere [andere], otro.
ändern [endern], cambiar.
andernfalls [andernfals], de no ser así, en caso contrario.
anderswo(hin) [andersvo:(hin)], en otro lugar.
Anfall (-s, -¨e), *m.* [anfal], ataque (medicina).
Anfang (-s, -¨e), *m.* [anfaŋ], inicio; *am* ~ [am anfaŋ], al principio.
anfangen [anfaŋgen], empezar.
anfangs [anfaŋks], inicialmente.
anfassen [anfasen], tocar.
anfertigen [anfertigen], hacer, producir, confeccionar.

angeheitert ['aŋge'haitert], achispado, alegre.
Angelegenheit (-, -en), *f.* [aŋgele:genhait], asunto, negocio.
angeln [aŋgeln], pescar.
angenehm [aŋge'ne:m], agradable.
angenommen dass [aŋgenomen das], admitiendo que.
angeordnet [aŋgeortnet], dispuesto.
angesehen [aŋge'ze:en], apreciado.
Angestellte (-n, -n), *m. f.* [aŋge' telte], dependiente, empleado, -a.
angreifen [aŋgraifen], atacar.
Angriff (-es, -e), *m.* [aŋgrif], ataque; *in ~ nehmen* [in aŋgrif ne:men], atacar.
Angst (-, ⸚e), *f.* [aŋst], miedo.
anhalten [anhalten], detener, parar.
ankleben [aŋkle:ben], pegar, encolar.
ankommen [aŋkomen], llegar.
ankündigen [aŋkyndigen], avisar, anunciar.
Ankunft (-, ⸚e), *f.* [aŋkunft], llegada.
Anlage (-, -n), *f.* [anla:ge], establecimiento; instalación.
Anlass (-es, -e), *m.* [anlas], ocasión; causa; *anlässlich* [anleslich] *(+ gen.)*, con ocasión de.
annehmen ['an'ne:men], suponer, asumir; aceptar.
anordnen [anordnen], disponer, ordenar.
Anrede (-, -n), *f.* [anre:de], encabezamiento (de una carta).
anrufen [anru:fen], llamar, telefonear.
anscheinend [an ainent], evidentemente, por lo que parece.
anschließend [an li:sent], a continuación.
Anschrift (-, -en), *f.* [an rift], dirección.
ansehen [anze:en], mirar; *~ als* [anze:en als], considerar como.
Ansicht (-, -en), *f.* [anzicht], visión; opinión, parecer.
Ansprechpartner (-s,-), *m.* [an prechpartner], interlocutor.
anständig [an tendich], decente, decoroso.
anstatt zu [an' tat] *(+ gen.)*, en lugar de.
anstehen [an te:en], convenir; estar establecido, previsto.
anstoßen [an to:sen], golpear, chocar, topar; brindar.
anstrahlen [an tra:len], iluminar.
anstrengend [an treŋgent], fatigoso, cansino, cansado.
Anstrengung (-, -en), *f.* [an treŋguŋ], esfuerzo, trabajo.
Antwort (-, -en), *f.* [antvort], respuesta.

antworten [antvorten], responder.
anvertrauen [anfertrauen], encargar; confiar.
anwenden [anvenden], aplicar, usar, utilizar.
anwesend [anve:zent], presente.
Anzahl (-, sólo sing.), *f.* [antsa:l], cantidad, número.
anzeigen [antsaigen], indicar; denunciar.
anziehen [antsi:en], vestir; atraer.
Anzug (-es, -e), *m.* [antsu:k], traje, vestido.
anzünden [antsynden], encender, dar fuego.
Apfel (-s, -), *m.* [apfel], manzana.
Apotheke (-, -n), *f.* [apo'te:ke], farmacia.
Apotheker (-s, -), *m.* [apo'te:ker], farmacéutico, -a.
Apparat (-es, -e), *m.* [apa'ra:t], aparato.
Appetit (-es, -e), *m.* [ape'tit], apetito; *~ haben auf* [ape'tit ha:ben]*(+ ac.)*, apetecer, tener ganas de; *Guten ~!* [gu:ten ape'tit], ¡que aproveche!
applaudieren [aplau'di:ren], aplaudir.
April (-s), *m.* [a'pril], abril.
Arbeit (-, -en), *f.* [arbait], obra, trabajo.
arbeiten [arbaiten], trabajar.
Arbeiter (-s, -), *m.* [arbaiter], trabajador.
Architekt (-en, -en), *m.* [archi'tekt], arquitecto.
ärgerlich [ergerlich], enfadado.
arm [arm], pobre; *~ (sein) an* [arm] *(+ dat.)*, carecer de.
Arm (-es, -e), *m.* [arm], brazo.
Art (-, -en), *f.* [art], modo, manera; *auf diese ~ und Weise* [art unt vaize], de este modo.
artig [a:rtich], obediente, dócil; cortés.
Artikel (-s, -), *m.* [ar'tikel], artículo.
Arzt (-es, ⸚e), *m.* [artst], médico, doctor.
Asylant (-en, -en), *m.* [azy'lant], prófugo.
Atem (-s), *m.* [a:tem], respiración; aliento.
Atemzug (-s, ⸚e), *m.* [a:temtsu:k], respiración, -a.
atmen [a:tmen], respirar.
Atmosphäre (-, sólo sing.), *f.* [atmos'fe:re], ambiente.
auch [auch], también, asimismo; *~ nicht* [auch nicht], ni siquiera.
auf [auf], sobre.
aufatmen [aufa:tmen], respirar aliviado.
aufbewahren [aufbeva:ren], custodiar; conservar.
Aufenthalt (-es, -e), *m.* [aufenthalt], estancia.
auferlegen [auferle:gen], imponer.
Aufgabe (-, -n), *f.* [auf'ga:be], tarea, misión; *die ~ haben* [auf'ga:be ha:ben], tener la misión.

aufgeben [aufge:ben], expedir, renunciar, cesar, abandonar.
aufgebracht [aufge'bracht], airado, irritado.
aufheben [aufhe:ben], recoger, levantar.
aufhören [aufhœ:ren], dejar de, acabar.
auflisten [auflisten], hacer la lista.
Aufmerksamkeit (-, -en), *f.* [aufmerkza:mkait], atención.
aufnehmen [aufne:men], acoger, aceptar.
aufrechterhalten [aufrechter'halten], mantener, salvaguardar.
aufregen [aufre:gen], agitar, excitar.
Aufruf, -e [aufru:f], llamada.
aufstehen [auf te:en], levantarse.
aufsteigen [auf taigen], subir, aparecer, surgir, brotar.
Aufteilung (-, -en), *f.* [auftailuŋ], división.
Auftrag (-s, ⸚e), *m.* [auftra:k], encargo, orden.
aufwachen [aufvachen], despertarse.
aufwärmen [aufvermen], calentar.
aufziehen [aufzi:en], criar, adiestrar.
Auge (-s, -n), *n.* [auge], ojo.
Augenblick (-es, -e), *m.* [augenblik], momento, instante.
August (-es), *m.* [au'gust], agosto.
aus [aus] *(+ dat.),* de, por, fuera de.
ausbilden [ausbilden], formar, educar.
Ausbildung (-, -en), *f.* [ausbilduŋ], adiestramiento, formación.
Ausdruck (-es, -e), *m.* [ausdruk], expresión, ademán.
ausdrücken [ausdryken], expresar.
Ausfahrt (-, -en), *f.* [ausfa:rt], salida.
ausfüllen [ausfylen], rellenar.
Ausgabe (-, -n), *f.* [ausga:be], gasto.
Ausgang (-s, ⸚e), *m.* [ausgaŋ], salida.
ausgefüllt sein mit [ausge'fylt] *(+ dat.),* estar lleno de.
ausgehen [ausge:n], salir de juerga.
ausgezeichnet [ausge'tsaichnet], excelente.
Auskunft (-, ⸚e), *f.* [auskuft], información.
Auslage (-, -n), *f.* [aus'la:ge], exposición.
Ausland (-es), *n.* [auslant], extranjero; *ins ~ fahren* [ins auslant fa:ren], ir al extranjero.
Ausländer (-s, -), *m.* [auslender], extranjero.
ausländisch [auslendi], extraño, extranjero.
Ausnahme (-, -n), *f.* [ausna:me], excepción.
ausreichen [ausraichen], ser o haber suficiente, bastar.
ausrufen [ausru:fen], proclamar; exclamar.
ausschalten [aus alten], apagar, cerrar.
aussehen [aus'se:en], sembrar, aparecer.

Aussehen (-s, sólo sing.), *n.* [aus'se:en], parecer.
außerdem [auserde:m], además.
äußere [oisere], exterior, externo.
außergewöhnlich [auserge'vœ:nlich], extraordinario, inusual.
außerhalb [auserhalp] *(+ gen.),* fuera de.
sich äußern über [zich oisern y:ber] *(+ ac.),* pronunciarse sobre.
außerordentlich [auser'ordentlich], extraordinario.
äußerst [oiserst], extremo.
außerstande [auser' tande], incapaz.
Aussicht (-, -en), *f.* [aus'sicht], vista, panorama, paisaje.
aussprechen [aus prechen], pronunciar.
aussteigen [aus' taigen], bajar.
ausstellen [aus telen], exponer.
Ausübung (-, sólo sing.), *f.* [ausy:buŋ], ejercicio.
Auswahl (-, -en), *f.* [ausva:l], elección, selección.
ausweichen [ausvaichen], evitar, esquivar.
Ausweis (-es, -e), *m.* [ausvais], documento.
auswerten [ausve:rten], interpretar, evaluar.
Auto (-s, -s), *n.* [auto], automóvil.
Autobus (-ses, -se), *m.* [autobus], autobús.
Autor (-s, -en), *m.* [au'to:r], autor, escritor.
Autorität (-, -en), *f.* [autori'te:t], autoridad.

B
backen [baken], cocer.
Bad (-es, ⸚er), *n.* [ba:t], baño.
Badezimmer (-s, -), *n.* [ba:detsimer], cuarto de baño.
Bahnhof (-s, ⸚e), *m.* [ba:nho:f], estación.
bald [balt], pronto.
Band (-s, ⸚er), *n.* [bant], cinta, faja.
Bank (-, ⸚e), *f.* [baŋk], banqueta.
Bank (-, -en), *f.* [baŋk], banco.
bar [ba:r], al contado.
Bar (-, -s), *f.* [ba:r], bar.
Bart (-s, ⸚e), *m.* [ba:rt], barba.
Basis (-, Basen), *f.* [ba:zis], base.
Bauch (-es, -e), *m.* [bauch], vientre, barriga.
Bauer (-n, -n), *m.* [bauer], campesino.
Baum (-s, ⸚e), *m.* [baum], árbol.
beabsichtigen [be'apzichtigen], proponerse, tener el propósito de.
beachtlich [be'achtlich], notable, apreciable, considerable.
Beamte (-n, -n), *m.* [be'amte], empleado, funcionario.

beanspruchen [be'an pruchen], pretender, exigir.
beantworten [be'antvorten], responder a.
beauftragen [be'auftra:gen], encargar.
bebauen [be'bauen], fabricar; cultivar.
bedanken [be:'daŋken], agradecer.
Bedarf (-es, sólo sing.), *m.* [be'darf], necesidad.
Bedauern (-es, sólo sing.), *n.* [be'dauern], compasión; pesar.
bedecken [be'deken], cubrir.
bedeuten [be'doiten], significar.
Bedeutung (-en), *f.* [be'doituŋ], significado, importancia.
bedienen [be'di:nen], servir.
Bedingung (-, -en), *f.* [be'diŋguŋ], condición, circunstancia.
bedrohen [be'dro:en], amenazar.
beeilen [be'ailen], apresurarse.
beeindruckt [be'aindrukt], impresionado.
beendigen [be'endigen], acabar.
Befehl (-es, -e), *m.* [be'fe:l], orden, encargo.
befehlen [be'fe:len], ordenar, encargar.
befestigen [be'festigen], fijar.
Beförderung (-, -en), *f.* [be'fœrderuŋ], ascenso (laboral).
befragen [be'fra:gen], interrogar.
befriedigt [be'fri:dicht], satisfecho.
begeben [be'ge:ben], dirigir; *sich ~ zu* [zich be'ge:ben tsu] *(+ dat.),* dirigirse.
begegnen [be'ge:knen], encontrar, recoger a.
begehen [be'ge:en], cometer (un crimen).
begeistert [be'gaistert], entusiasta; *~ (sein) von* [be'gaistert zain fon] *(+ dat.),* ser entusiasta de.
Begeisterung (-, -en), *f.* [be'gaisteruŋ], entusiasmo.
beginnen [be'ginen], iniciar, comenzar.
begleiten [be'glaiten], acompañar.
Begleitung (-, -en), *f.* [be'glaituŋ], compañía.
begreifen [be'graifen], comprender.
begrüßen [be'gry:sen], saludar, despedirse.
Begrüßung (-, -en), *f.* [be'gry:suŋ], bienvenido, saludo.
behandeln [be'handeln], tratar, cuidar.
Behandlung (-, -en), *f.* [be'hantluŋ], tratamiento, cuidado.
beharren [be'haren], perseverar.
behaupten [be'haupten], afirmar, sostener.
Behauptung (-, -en), *f.* [be'hauptuŋ], afirmación.

beherrschen [be'her en], dominar.
Behörde (-, -n), *f.* [be'hœrde], autoridad.
bei [bai] *(+ dat.),* cerca de; *~ sich* [bai zich], encima, consigo.
beifügen [baify:gen], agregar, incluir.
Beilage (-, -n), *f.* [baila:ge], anexo; guarnición.
beilegen [baile:gen], añadir.
beindrucken [be'aindruken], impresionar a.
Beispiel (-es, -e), *n.* [bai pi:l], ejemplo; *zum ~* [tsum bai pi:l], por ejemplo.
beispielhaft [bai pi:lhaft], ejemplar.
beistehen [bai te:en], asistir, socorrer.
beiwohnen [baivo:nen], participar.
bekannt sein [be'kant zain], ser conocido.
Bekannte (-n, -n), *m. f.* [be'kante], conocido.
beklagen [be'kla:gen], lamentar.
bekräftigen [be'kreftigen], afirmar, confirmar.
bekümmert sein [be'kymert zain], sentirse compungido.
beleidigen [be'laidigen], ofender.
beleidigt [belaidicht], ofendido; *~ sein über* [be'laidicht zain y:ber] *(+ ac.),* ser ofendido por.
Beleidigung (-, -en), *f.* [be'laidiguŋ], ofensa.
beliebig [be'li:bich], cualquier.
beliebt [be'li:pt], popular; *~ sein bei* [be'li:pt] *(+ dat.),* ser popular entre.
bemerken [be'merken], percatarse, darse cuenta de.
Bemühung (-, -en), *f.* [be'my:uŋ], fatiga, esfuerzo.
benachbart [be'nachba:rt], vecino, colindante.
benachrichtigen [be'na:chrichtigen], informar, avisar, advertir.
Benachrichtigung (-, -en), *f.* [be'na:chrichtiguŋ], aviso, comunicación.
benehmen [be'ne:men], comportarse.
beneiden [be'naiden], envidiar.
benutzen [be'nutsen], utilizar.
Benzin (-s, sólo sing.), *n.* [ben'tsi:n], gasolina.
beobachten [beo:p'achten], observar.
bequem [be'kve:m], cómodo.
bereit [be'rait], dispuesto, listo.
bereits [be'raits], ya.
Bericht (-es, -e), *m.* [be'richt], informe escrito.
Beruf (-es, -e), *m.* [be'ru:f], profesión, oficio.
beruflich [be'ru:flich], profesional.
beruhigen [be'ru:igen], calmar.

berühmt [be'ry:mt], famoso.
berühren [be'ry:ren], tocar, mencionar.
besänftigen [be'zenftigen], calmar.
beschädigt [be' e:dicht], estropeado.
beschäftigen [be' eftigen], emplear, ocupar.
Bescheid sagen [be' ait za:gen], avisar.
beschreiben [be' raiben], describir.
Beschreibung (-, -en), *f.* [be' raibuŋ], descripción.
beschwipst [be' vipst], achispado.
besessen sein [be'zesen zain von], obsesionarse.
besichtigen [be'zichtigen], visitar.
Besichtigung (-, -en), *f.* [be'zichtiguŋ], visita.
Besitz (-es, sólo sing.), *m.* [be'zits], posesión, propiedad.
besitzen [be'zitsen], poseer, tener.
Besitzer (-s, -) [be'zitser], propietario.
besonders [be'zonders], especial, particular.
Besprechung (-, -en), *f.* [be:' prechuŋ], coloquio, entrevista.
besser [beser], mejor.
Besserung (-, sólo sing.), *f.* [beseruŋ], curación; *gute* ~ [gu:te beseruŋ], ¡que se mejore!
Bestandteil (-es, -e), *m.* [be' tantail], elemento.
bestätigen [be' te:tigen], confirmar.
bestehen auf [be' te:en auf], insistir en; ~ *aus* [be' te:ent aus] *(+ dat.)*, estar compuesto de.
bestellen [be' telen], encargar, pedir, solicitar, demandar.
Bestellung (-, -en), *f.* [be' teluŋ], encargo, pedido, solicitud, demanda.
bestimmen [be' timen], determinar.
bestimmt [be' timt], fijado, determinado, cierto.
bestrafen [be' tra:fen], castigar.
Besuch (-es, -e), *m.* [be:'zuch], visita.
besuchen [be'zu:chen], visitar.
Besucher (-s, -), *m.* [be'zu:cher], visitante.
beteiligen [be'tailigen], participar.
Beteiligung (-, -en), *f.* [be'tailiguŋ], participación.
beten [be:ten], rogar, rezar.
betrachten [be'trachten], observar, apreciar, considerar.
beträchtlich [be'trechtlich], considerable.
Betrachtung (-, -en), *f.* [be'trachtuŋ], contemplación; consideración.
betreffen [be'trefen], concernir, atañer;

betroffen sein über [be'trofen zain y:ber], estar afectado por; *was... betrifft* [vas be'trift], por lo que respecta.
betrunken [be'truŋken], borracho.
Bett (-es, -en), *n.* [bet], cama.
beugen [boigen], doblar.
beunruhigt sein [be'unru:icht], preocuparse, inquietarse.
Bevölkerung (-), *f.* [be'fœlkeruŋ], población.
bevor [be'fo:r], antes de.
Bewachung (-, sólo sing.) [be'vachuŋ], vigilancia, custodia.
bewegen [be've:gen], inducir.
beweglich [be've:klich], móvil.
beweinen [be'vainen], lamentar.
beweisen [be'vaizen], demostrar.
bewilligen [be'viligen], conceder, acordar, consentir.
bewohnen [be'vo:nen], vivir en, habitar.
Bewohner (-s, -), *m.* [be'vo:ner], habitante.
bewundern [be'vundern], admirar.
Bewunderung (-, sólo sing.) [be'vunderuŋ], admiración.
Bewusstsein (-, sólo sing.), *n.* [be'vustzain], conciencia.
bezahlen [be'tsa:len], pagar.
Beziehung (-, -en), *f.* [be'tsi:uŋ], relación, informe.
biegen [bi:gen], doblar.
Bier (-s, -e), *n.* [bi:r], cerveza.
Bild (-es, -er), *n.* [bilt], imagen, cuadro.
bilden [bilden], formar, construir.
binden [binden], ligar a, atar.
binnen [binen], dentro de (temporal).
Birne (-, -n), *f.* [birne], pera.
bis [bis], hasta, hasta que; ~ *später* [bis pe:ter], hasta luego.
bisher [bis'he:r], hasta ahora.
bitte [bite], por favor; ~ *schön* [bite œ:n], por favor (se lo ruego).
Bitte (-, -n), *f.* [bite], ruego, petición, rezo.
bitten [biten], rezar, pedir.
bitter [biter], amargo.
Bitterkeit (-, sólo sing.), *f.* [biterkait], amargura.
blass [blas], pálido.
Blatt (-es, -er), *n.* [blat], hoja.
blau [blau], azul.
bleiben [blaiben], permanecer, quedarse.
bleich [blaich], pálido.
Bleistift (-es, -e), *m.* [blai tift], lápiz.
Blick (-s, -e), *m.* [blik], mirada.

blind [blint], ciego.
Blitz (-es, -e), *m.* [blits], relámpago.
blond [blont], rubio.
Blume (-, -n), *f.* [blu:me], flor.
Bluse (-, -n), *f.* [blu:ze], blusa.
Blut (-es, sólo sing.), *n.* [blu:t], sangre.
Blüte (-, -n), *f.* [bly:te], flor, floración.
Börse (-, -n), *f.* [bœrze], bolsa.
bösartig [bœ:s'artich], malo; maligno (medicina).
böse [bœ:ze], malo; ~ *sein auf* [bœze zain auf] *(+ ac.)*, tomársela con.
boshaft [boshaft], malicioso.
Bote (-n, -n), *m.* [bo:te], mensajero.
brauchen [brauchen], necesitar, requerir.
Brauhaus (-es, -er), *n.* [brauhaus], cervecería.
brav [bra:f], bueno, formal.
brechend voll [brechent fol], abarrotado.
breit [brait], ancho.
brennen [brenen], quemar, arder.
Brennstoff (-es, -e), *m.* [bren tof], combustible.
Brief (-es, -e), *m.* [bri:f], carta.
Briefmarke (-, -n), *f.* [bri:fmarke], sello.
Briefträger (-s, -), *m.* [bri:ftre:ger], cartero.
Briefumschlag (-es, -e), *m.* [bri:fum la:k], sobre.
Brille (-, -n), *f.* [brile], gafas.
bringen [briŋgen], llevar.
Brot (-es, -e), *n.* [bro:t], pan.
Brücke (-, -n), *f.* [bryke], puente.
Bruder (-s, -), *m.* [bru:der], hermano.
Brust (-, -e), *f.* [brust], pecho.
Buch (-es, -er), *n.* [bu:ch], libro.
buchen [bu:chen], reservar.
Buchhandlung (-, -en), *f.* [bu:chhantluŋ], librería.
Buchstabe (-, -n), *m.* [buch ta:be], letra.
Bügersteig (-es, -e), *m.* [byrger taik], acera.
Bummel (-s, -), *m.* [bumel], paseo.
bunt [bunt], coloreado.
Burg (-, -en), *f.* [burk], castillo, fortaleza.
Bürger (-s, -), *m.* [byrger], ciudadano.
bürgerlich [byrgerlich], burgués.
Büro (-s, -s), *n.* [by'ro:], oficina, despacho.
Bürokrat (-en, -en), *m.* [byro:'kra:t], burócrata.
Bürokratie (-, sólo sing.), *f.* [by'ro:kra'ti:], burocracia.
bürokratisch [byro:'kra:ti], burocrático.
Bursche (-n, -n), *m.* [bur e], jovencito.
Bürste (-, -n), *f.* [byrste], cepillo.

Bus (-ses, -se), *m.* [bus], autobús.
Busen (-s, -), *f.* [bu:zen], pecho, seno.
Bußgeld (-es, -er), *n.* [bu:sgelt], multa.
Butter (-, sólo sing.), *f.* [buter], mantequilla.

C

Charakter (-s, -e), *m.* [ka'rakter], carácter.
Chef (-s, -s), *m.* [ef], jefe.
Chirurg (-en, -en), *m.* [chi'rurk], cirujano.
Christ (-en, -en), *m.* [krist], cristiano.
chronisch [kro:ni], crónico.
circa [tsirka], cerca, más o menos, casi.
Cousin/e (-s, -s/-, -n), *m. f.* [ku'zen, ku:zine], primo, -a.

D

da [da:], aquí; dado que, a la vista de que.
Dach (-s, -»er), *n.* [dach], techo.
dagegen [da:'ge:gen], por el contrario, en cambio.
daher [da:he:r], por tanto, así pues; por ello.
damals [da:mal:s], entonces.
damit [da:'mit], a fin de que.
Dampf (-es, -»e), *m.* [dampf], vapor.
dampfend [dampfent], humeante.
Dampfer (-s, -), *m.* [dampfer], paquebote, barco a vapor.
danach [da:na:ch], después.
danke [daŋke], gracias; *vielen Dank* [fi:len daŋke], muchas gracias.
dann [dan], entonces, luego.
darauf(hin) [da:rauf], luego, a continuación.
darlegen [da:rle:gen], exponer.
darstellen [da:r telen], ilustrar, representar.
darüber [da:'ry:ber], sobre, encima.
darum [da:rum], por ello, por esto.
das [das], el/lo/la; esto, aquello; que, el cual.
dass [das], que.
Dauer (-, sólo sing.), *f.* [dauer], duración.
dauerhaft [dauerhaft], duradero.
dauern [dauern], durar.
davon [da:fon], de esto; por esto.
dein [dain], tuyo.
Decke (-, -en), *f.* [deke], manta, mantel, tapete; cubierta.
Delikt (-es, -e), *n.* [de'likt], delito.
Demokratie (-, -n), *f.* [demokra'ti:], democracia.
demokratisch [demo'kra'ti], democrático.
Demonstrant (-en, -en), *m.* [demon'strant], manifestante.
demonstrieren [demons'tri:ren], manifestar, demostrar.

denken [deŋken], pensar.
der [de:r], el, esto, aquello; el cual, que.
deshalb [deshalp], por ello, por esto.
Dessert (-s, -s), m. [de'se:r], postre.
deswegen [desve:gen], por esto.
deutlich [doitlich], claro, comprensible, evidente.
Deutsch (-en) [doit], alemán (idioma); *wie heißt das auf ~?* [vi: haist das auf doit], ¿cómo se dice en alemán?
deutsch [doit], alemán.
Deutsche (-n, -n), f. + pl. [doit er], alemán.
Deutscher (-Deutschen), m. [doit er], alemán
Deutschland (-s), n. [doit lant], Alemania.
Dezember (-s), m. [de'tsember], diciembre.
Dialekt (-es, -e), m. [dia'lekt], dialecto.
dich [dich], te, ti.
dicht [dicht], denso.
dick [dik], grueso, espeso.
die [di:], la, esta, aquella; que, la cual.
Dieb (-es, -e), m. [di:p], ladrón.
dienen [di:nen], servir, prestar servicio.
Dienst (-es, -e), m. [di:nst], servicio; carga.
Dienstag (-es, -e), m. [di:nsta:k], martes.
dies [di:s], esto.
Diplomat (-en, -en), m. [diplo'ma:t], diplomático, emisario.
dir [di:r], a ti, te.
direkt [di'rekt], directo.
Direktor (-s, -en), m. [di:'rekto:r], director.
Dirigent (-en, -en), m. [diri'gent], director de orquesta.
Diskussion (-, -en), f. [diskus'jo:n], discusión.
diskutieren [disku'ti:ren], discutir.
doch [doch], realmente; sin embargo, en cualquier caso; y bien; ¡anda ya!.
Doktor (-s, -en), m. [doktor], médico, doctor.
Dom (-es, -e), m. [do:m], catedral.
Donner (-s, sólo sing.), m. [doner], trueno.
Donnerstag (-s, -e), m. [donersta:k], jueves.
doppelt [dopelt], doble.
Doppelzentner (-s, -), m. [dopeltsentner], quintal.
Doppelzimmer (-s, -), n. [dopeltsimer], habitación doble.
dort [dort], allí, allá.
drehen [dre:en], girar, dar vueltas.
drei [drai], tres.
dreißig [draisich], treinta.
dreizehn [draitse:n], trece.
drohen [dro:en], amenazar.
Druck (-s, -»e), m. [druk], imprenta.

Druck (-s, sólo sing.), m. [druck], presión.
drücken [dryken], presionar, empujar, apretar, comprimir.
du [du:], tú.
dunkel [duŋkel], oscuro.
Dunkel (-s, sólo sing.), n. [duŋkel], oscuridad.
dünn [dyn], sutil, grácil, delgado.
Dunst (-es, -»e), m. [dunst], niebla; vapor, humo.
durch [durch], a través; durante; por medio de, mediante.
durchaus [durchaus], absolutamente, completamente; en absoluto.
Durchfahrt (-, -en), f. [durchfa:rt], pasaje, paso.
durchführen [durchfy:ren], conducir, guiar, realizar.
Durchgang (-s, -»e), m. [durchgaŋ], pasaje.
durchreisen [durchraizen], recorrer.
dürfen [dyrfen], poder.
Durst (-es, sólo sing.), m. [durst], sed.
durstig [durstich], sediento.
Dutzend (-s, -e), n. [dutsent], docena.

E
eben [e:ben], plano; ahora, precisamente, en cuanto.
echt [echt], puro, natural, genuino.
Ecke (-, -n), f. [eke], esquina.
edel [e:del], noble.
ehe [e:e], antes de, antes de que.
Ehe (-, -n), f. [e:e], matrimonio.
Ehemann (-es, -er), m. [e:eman], marido.
eher [e:er], antes, más pronto; más bien.
Ehre (-, -n), f. [e:re], honor.
ehrlich [e:rlich], honesto.
Ehrlichkeit (-, sólo sing.), f. [e:rlichkait], honestidad, honradez.
Ei (-es, -er), n. [ai], huevo.
eifersüchtig [aifer'zychtich], celoso.
eigen [aigen], propio, personal, peculiar.
Eigentum (-s, -»er), n. [aigentu:m], propiedad.
Eile (-, sólo sing.), f. [aile], prisa.
ein [ain], un.
eindringen [aindriŋgen], penetrar, irrumpir, invadir.
Eindruck (-es, -e), m. [aindruk], impresión; *einen ~ gewinnen* [ainen aindruk ge'vinen], tener la impresión.
einfach [ainfach], fácil, simple, sencillo.
Einfahrt (-, -en), f. [ainfa:rt], entrada.
einführen [ainfy:ren], introducir.

Eingang (-s, -»e), *m*. [aiŋgaŋ], entrada.
eingeschlossen [aiŋge losen], encerrado; comprendido.
eingießen [aiŋgi:sen], verter.
Einheit (-, -en), *f*. [ainhait], unidad.
einholen [ainho:len], alcanzar.
einkaufen [aiŋkaufen], hacer la compra.
einladen [ainla:den], invitar.
Einladung, (-, -en), *f*. [ainla:duŋ], invitación; *einer ~ folgen* [ainer ainla:duŋ folgen], aceptar una invitación.
einnehmen [ai'ne:men], recibir, ganar; conquistar; ocupar.
einschalten [ain alten], encender, conectar.
einschlafen [ain la:fen], adormecerse.
einsteigen [ain taigen], subir.
einstellen [ain telen], reponer; depositar; poner a punto, regular; asumir, adoptar.
einstimmig [ain timich], al unísono.
Eintrittspreis (-es, -e), *m*. [aintritsprais], precio de entrada.
einverstanden [ainfer' tanden], de acuerdo.
Einverständnis (-ses, sólo sing.), *n*. [ainfer tentnis], consenso, acuerdo.
Einwohner (-s, -), *m*. [ainvo:ner], habitante.
einzeln [aintseln], individual, singular.
Einzelzimmer (-s, -), *n*. [aintsel'tsimer], habitación individual.
einzig(artig) [aintsich], único.
Eis (-es, sólo sing.), *n*. [ais], hielo, helado.
Eisen (-s, -n), *n*. [aizen], hierro.
Eisenbahn (-, -en) [aizenba:n], ferrocarril.
elektrisch [e'lektri], eléctrico.
Elektrizität (-, sólo sing.), *f*. [elektritsi'te:t], electricidad.
Element (-es, -e), *n*. [ele'ment], elemento.
elend [e:lent], miserable.
Elend (-s, sólo sing.), *n*. [e:lent], miseria.
elf [elf], once.
Eltern(schaft) (-, sólo pl.) [eltern aft], padres.
Emotion (-, -en), *f*. [e:mots'jo:n], emoción.
empfangen [em'pfaŋgen], acoger, recibir.
empfehlen [em'pfe:len], recomendar.
empfindlich [em'pfintlich], delicado, -a.
Ende (-s, -n), *n*. [ende], fin, término; *am ~* [am ende], al final; *zu ~ sein* [tsu: ende zain], terminar.
endlich [entlich], finalmente.
Energie (-, -n), *f*. [ener'gi:], energía.
eng [eŋg], estrecho, estricto.
Enkel (-s, -), *m*. [eŋkel], nieto.
enorm [e'norm], enorme.
entfernen [ent'fernen], alejar.

entfernt [entfernt], lejos.
Entfernung (-, -en), *f*. [ent'fernuŋ], distancia.
entgegensetzen [ent'ge:genzetsen], oponer.
entgleiten [ent'glaiten], escapar.
enthalten [ent'halten], contener.
entlang [entlaŋ], a lo largo de.
entscheiden [ent' aiden], decidir.
entschuldigen [ent' uldigen], disculpar.
Entschuldigung (-, -en), *f*. [ent' uldiguŋ], disculpa.
Entsetzen (-s, sólo sing.), *n*. [ent'zetsen], terror, espanto; *entsetzt sein über* [entzetst zain y:ber] *(+ ac.)*, estar asustado por.
entsprechen [ent pre:chen], estar de acuerdo.
entstehen [ent' te:en], nacer, formarse, resultar.
entweder... oder [entve:der... o:der], o... o.
Entwurf (-s, -e), *m*. [ent'vurf], esbozo, dibujo, plano.
entziehen [ent'tsi:en], quitar.
Epoche (-, -n), *f*. [e'poche], época.
er [e:r], él.
Erbarmen (-s, sólo sing.), *n*. [er'ba:rmen], piedad.
Erbe (-n, -n), *m*. [erbe], heredero.
Erbe (-s, sólo sing.), *n*. [erbe], herencia.
erben [erben], heredar.
erblich [erplich], hereditario.
Erdboden (-s, sólo sing.), *m*. [e:rtbo:den], suelo.
Erde (-, sólo sing.), *f*. [e:rde], tierra.
erdenklich [erdeŋklich], imaginable.
Erdöl (-es, -e), *n*. [e:rtœ:l], petróleo.
erdulden [er'dulden], soportar.
Ereignis (-ses, -se), *n*. [er'aiknis], acontecimiento.
erfahren [er'fa:ren], llegar a saber.
Erfahrung (-, -en), *f*. [er'fa:ruŋ], experiencia.
Erfolg (-es, -e), *m*. [erfolk], éxito.
viel Erfolg [fi:l er'folk], ¡que tengas éxito!
erfolgen [er'folgen], suceder.
erfreut [er'froit], contento.
Ergebnis (-ses, -se), *n*. [er'ge:pnis], resultado.
ergreifen [er'graifen], tomar; adoptar.
erhalten [er'halten], recibir, conseguir, obtener; mantener.
erheben [er'he:ben], levantar; alzar.
erhöhen [er'hœ:en], aumentar.
Erholung (-, sólo sing.), *f*. [er'ho:luŋ], restablecimiento, reposo.
erinnern [er'inern], recordar.

erkennbar [er'kenba:r], reconocible.
erkennen [er'kenen], reconocer.
erklären [er'kle:ren], explicar, declarar.
Erklärung (-, -en), *f.* [er'kle:ruŋ], explicación, declaración.
erkrankt [er'kraŋkt], enfermo; *erkrankt sein an* [er'kraŋkt zain an] *(+ dat.)*, estar enfermo de.
erledigen [er'le:digen], despachar, tramitar.
erleiden [er'laiden], sufrir.
ernennen [er'nenen], nombrar.
erneut [er'noit], renovado, nuevo; nuevamente.
ernst [ernst], serio, solemne.
Ernst (-es, sólo sing.), *m.* [ernst], seriedad.
ernsthaft [ernsthaft], serio.
Ernte (-, -n), *f.* [ernte], recolección, cosecha.
erobern [er'o:bern], conquistar.
erproben [er'pro:ben], poner a prueba.
erregen [er're:gen], excitar.
erreichen [e'raichen], alcanzar, conseguir.
erröten [er'rœten], enrojecer, ruborizarse.
Ersatz (-es, sólo sing.), *m.* [er'zats], sustitución.
erschaffen [er' afen], crear.
erschöpft [er' œpft], exhausto.
erschrecken [er' reken], asustar; *sich* ~ [zich er' reken], asustarse.
ersetzen [er'zetsen], sustituir.
ersichtlich [er'zichtlich], evidente.
ersticken [er' tiken], sofocar.
erwarten [erva:rten], esperar, aguardar, suponer.
Erwartung (-, -en), *f.* [er'va:rtuŋ], espera.
erwerben [er'verben], adquirir.
erwidern [er'vi:dern], restituir, devolver; replicar, rebatir.
erzählen [er'tse:len], explicar, relatar.
Erzählung (-, -en), *f.* [er'tse:luŋ], relato.
erzeugen [er'tsoigen], producir.
Erziehung (-, sólo sing.), *f.* [er'tsi:uŋ], educación.
Espresso (-, -), *m.* [es'preso], café expreso.
essbar [esba:r], comestible.
essen [esen], comer.
etwas [etvas], algo.
euch [oich], a vosotros.
euer [oier], vuestro.
ewig [e:vich], eterno.
Examen (-s, -), *n.* [eksamen], examen; *ein* ~ *bestehen* [ain eksa:men be' te:n], aprobar un examen.
Experte (-n, -n), *m.* [eks'perte], experto.

explodieren [eksplo'di:ren], explotar.
Exponat (-es, -e), *n.* [ekspo'na:t], muestra, pieza de exposición.
Extremität (-, -en), *f.* [ekstremi'te:t], extremidad, límite.
exzellent [ekstse'lent], excelente.

F
Fabrik (-, -en), *f.* [fa'brik], fábrica.
Fachausdruck (-s, -»e), *m.* [fachausdruk], término técnico.
Faden (-s, -»), *m.* [fa:den], hilo.
fähig zu [fe:ich tsu:], capaz de.
Fahne (-, -n), *f.* [fa:ne], bandera.
fahren [fa:ren], ir.
Fahrplan (-s, -»e), *m.* [fa:rpla:n], horario.
Fahrrad (-s, -»er), *n.* [fa:ra:t], bicicleta.
Fahrstuhl (-s, -»e), *m.* [fa:r tu:l], ascensor.
Fahrt (-, -en), *f.* [fa:rt], recorrido, vuelta.
Faktor (-s, -en), *m.* [faktor], factor.
Fall (-s, -»e), *m.* [fa:l], caída; caso, asunto.
falls [fals], si, en caso de que.
falsch [fal], falso.
falten [falten], doblar.
Familie (-, -n), *f.* [fa'mi:lje], familia.
Farbe (-, -n), *f.* [farbe], color.
fast [fast], casi.
Februar (-s), *m.* [fe:bru'a:r], febrero.
fehlen [fe:len], carecer.
Fehler (-s, -), *m.* [fe:ler], error, equivocación.
Fehler machen [fe:ler machen], errar.
fehlerhaft [fe:lerhaft], erróneo, defectuoso.
feiern [faiern], celebrar, festejar.
Feiertag (-es, -e), *m.* [fai:erta:k], fiesta, festividad.
fein [fain], fino, sutil.
Feind (-es, -e), *m.* [faint], enemigo.
feindlich [faintlich], hostil, enemigo.
Feld (-es, -er), *n.* [felt], campo.
Fenster (-s, -), *n.* [fenster], ventana.
Ferien [fe:rjen], vacaciones.
Fernsehen (-s, -), *n.* [fernze:en], televisión.
Fernseher (-s, sólo sing.), *n.* [fernze:er], televisor.
fertig [fertich], listo, dispuesto; ~ *sein* [fertich zain], haber acabado.
fest [fest], fijo, permanente.
Fest (-es, -e), *n.* [fest], fiesta.
festsetzen [festzetsen], establecer.
Festung (-, -en), *f.* [festuŋ], fortaleza.
fett(ig) [fetich], gordo.
feucht [foicht], húmedo.
Feuer (-s, -), *n.* [foier], fuego.
Fieber (-s, sólo sing.), *n.* [fi:ber], fiebre.

Filet (-s, -s), *n.* [fi'le:], filete.
Film (-es, -e), *m.* [film], película.
finden [finden], encontrar.
Finger (-s, -), *m.* [fiŋger], dedo.
finster [finster], oscuro.
Firma (-, -en), *f.* [firma], empresa.
Firmenwagen (-s, -), *m.* [firmenva:gen], coche de empresa.
Fisch (-es, -e), *m.* [fi], pez, pescado.
Fischer (-s, -), *m.* [fi er], pescador.
Fischfang (-es, sólo sing.), *m.* [fi faŋ], pesca.
flach [flach], plano, liso.
Flasche (-, -n), *f.* [fla e], botella.
Fliege (-, -n), *f.* [fli:ge], mosca.
fliegen [fli:gen], ir en avión, volar.
Flug (-es, -e), *m.* [flu:k], vuelo.
Flügel (-s, -), *m.* [fly:gel], ala.
Flugticket (-s, -s), *n.* [flu:ktiket], billete de avión.
Flugzeug (-s, -e), *n.* [flu:ktsoik], avión.
Fluss (-es, -»e), *m.* [flus], río.
Folge (-, -n), *f.* [folge], consecuencia.
folgen [folgen], seguir.
folgend [folgent], siguiente.
folglich [folklich], por consiguiente, por ello, así pues.
Form (-, -en), *f.* [form], forma.
Formular (-es, -e), *n.* [formu'la:r], impreso, formulario.
Fortschritt (-es, -e), *m.* [fort rit], progreso, desarrollo.
fortsetzen [fortzetsen], continuar.
Fortsetzung (-, -en), *f.* [fortzetsuŋ], continuación.
Fotograf (-en, -en), *m.* [foto'gra:f], fotógrafo.
Fotografie (-, -n), *f.* [fotogra'fi:], fotografía.
fotografieren [fotogra'fi:ren], fotografiar.
Frage (-, -n), *f.* [fra:ge], pregunta; *Fragen stellen* [fra:gen telen], formular preguntas.
fragen [fra:gen], pedir, preguntar.
Frau (-, -en), *f.* [frau], mujer, señora.
Fräulein (-s, -), *f.* [froilain], señorita.
frei [frai], libre.
Freiheit (-, -en), *f.* [fraihait], libertad.
Freitag (- (e) s, -e), *m.* [fraita:k], viernes.
freiwillig [fraivilich], voluntario.
Freude (-, -n), *f.* [froide], alegría.
freuen [zich froien auf], alegrarse; *sich ~ über* [zich froien y:ber] *(+ ac.)*, estar contento.
Freund (-es, -e), *m.* [froint], amigo.
freundlich [frointlich], amable.
Freundlichkeit (-, -en), *f.* [frointlich'kait], amabilidad.

Freundschaft (-, -en), *f.* [froint aft], amistad.
Frieden (n) (-ns/-s, sólo sing.), *m.* [fri:den], paz.
Friedhof (-es, -e), *m.* [fri:tho:f], cementerio.
frisch [fri], fresco.
Friseur (-s, -e), *m.* [fri'zœr], peluquero.
froh [fro:], contento; ~ *sein über* [fro: zain y:ber] *(+ ac.)*, estar contento de.
Front (-, -en), *f.* [front], frente, cara, fachada.
Frost (-es, -e), *m.* [frost], helada.
Frucht (-, -e), *f.* [frucht], fruto.
früh [fry:], pronto.
früher [fry:er], entonces, primero.
Frühjahr (-s, -e), *n.* [fry:ja:r], primavera.
Frühling (-es, -e), *m.* [fry:liŋ], primavera.
Frühstück (-es, -e), *n.* [fry: tyk], desayuno.
frühstücken [fry: tyken], desayunar.
fühlen [fy:len], sentir, percibir.
führen [fy:ren], conducir, guiar.
Führerschein (-s, -e), *m.* [fy:rer ain], carné de conducir.
Führung (-, -en), *f.* [fy:ruŋ], dirección; conducta, comportamiento.
füllen [fylen], rellenar, cumplimentar.
fünf [fynf], cinco.
fünfzig [fynftsich], cincuenta.
fungieren [fuŋ'gi:ren], actuar de.
funktionieren [fuŋktsjo:'ni:ren], funcionar.
für [fy:r], por, para.
Furcht (-, sólo sing.), *f.* [furcht], miedo.
Fuß (-es, -»e), *m.* [fu:s], pie; *zu ~ gehen* [tsu: fus ge:en], caminar.
Fußball (-s, sólo sing.), *m.* [fu:sbal], fútbol.
Fußball (-s, -»e), *m.* [fu:sbal], balón.
Fußboden (-s -), *m.* [fu:sbo:den], suelo.

G
Gabel (-, -n), *f.* [ga:bel], tenedor.
Gang (-s, -»e), *m.* [gaŋ], marcha (del automóvil).
ganz [gants], entero, completo.
Garten (-, -»), *m.* [garten], jardín.
Gas (-es, -e), *n.* [ga:s], gas.
Gast (-es, -»e), *m.* [gast], huésped.
Gastwirt (-s, -e) [gastvirt], hostelero.
Gastwirtschaft (-, -en), *f.* [gastvirt aft], restaurante, casa de comidas.
Gattung (-, -en), *f.* [gatuŋ], género, categoría.
Gebäude (-s, -), *n.* [ge'boide], edificio.
geben [ge:ben], dar.
Gebet (-es, -e), *n.* [ge'be:t], rezo, plegaria.
Gebietsleiter (-s, -), *m.* [ge'bi:tslaiter], jefe de área.

Gebirge (-s, -), *n.* [ge'birge], montaña.
geboren [ge'bo:ren], nacido.
Gebrauch (-s, -»e), *m.* [ge'brauch], uso.
gebrauchen [ge'brauchen], usar.
Geburtstag (-s, -e), *m.* [ge'burtsta:k], cumpleaños.
Gedanke (-ns, -n), *m.* [ge'daŋke], pensamiento; plano, proyecto.
Gedräe (-s, sólo sing.), *n.* [ge'dreŋge], gentío.
Geduld (-, sólo sing.), *f.* [ge'dult], paciencia.
Gefahr (-, -en), *f.* [ge'fa:r], peligro.
gefährlich [ge'fe:rlich], peligroso.
Gefährlichkeit (-, sólo sing.), *f.* [ge'fe:rlichkait], peligrosidad.
Gefährte (-n, -n), *m.* [ge'fe:rte], compañero.
gefallen [ge'falen], gustar.
Gefallen (-s, -), *m.* [ge'falen], favor; placer.
gefrieren [ge'fri:ren], helar, congelar.
Gefühl (-es, -e), *n.* [ge'fy:l], sentimiento.
gegen [ge:gen], contra.
Gegend (-, -en), *f.* [ge:gent], región.
gegensätzlich ['ge:gen'zetslich], contrario, opuesto.
Gegenteil (-es, -e), *n.* ['ge:gen'tail], contrario.
gegenüber ['ge:gen'y:ber], frente a; hacia, respecto a.
geheim(nisvoll) [ge'haim], secreto.
Geheimnis (-ses, -se), *n.* [ge'haimnis], secreto, misterio.
gehen [ge:en], ir.
gehorchen [ge'ho:rchen], obedecer.
gehören (zu) + dat. [ge'hœ:ren], pertenecer.
Geist (-es, -er), *m.* [gaist], espíritu.
geizig [gaitsich], avaro.
gelb [gelp], amarillo.
Geld (-es, -er), *n.* [gelt], dinero.
Gelegenheit (-, -en), *f.* [ge'le:genhait], ocasión.
gelegentlich [ge'le:gentlich], ocasionalmente.
gelingen [ge'liŋgen], lograr.
gelten [gelten], valer, ser válido.
gemäß [ge'me:s], según, de acuerdo con.
gemeinsam [ge'mainza:m], común, colectivo; en común.
gemütlich [ge'my:tlich], acogedor.
genau [ge'nau], exacto, preciso.
geneigt (zu) [ge'naicht], dispuesto a, propenso a.
Genossenschaft (-, -en), *f.* [ge'nosen aft], consorcio, cooperativa.
genug [genu:k], bastante.

Genügsamkeit (-), *f.* [ge'ny:kza:mkait], sobriedad.
Genuss (-es, -»e), *m.* [ge'nus], consumo, uso; placer, disfrute.
geöffnet [ge'œfnet], abierto.
Gepäck (-s, sólo sing.), *n.* [ge'pek], equipaje, maletas.
gerade [ge'ra:de], derecho; erguido; exacto; apenas, en este instante.
Gerät (-es, -e), *n.* [ge're:t], aparato.
Gerechtigkeit (-, sólo sing.), *f.* [ge'rechtichkait], justicia.
Gericht (-es, -e), *n.* [ge'richt], tribunal.
Gerichtshof (-s, -»e), *m.* [ge'richtsho:f], corte de justicia.
Gerichtsverfahren (-s, -), *n.* [ge'richtsfer'fa:ren], procedimiento judicial.
geringer [ge'riŋger], menor.
germanisch [ger'ma:ni], germánico.
gern [gern], con mucho gusto.
Geruch (-s, -»e), *m.* [ge'ruch], olor.
Geschäft (-es, -e), *n.* [ge' eft], asunto; negocio.
Geschäftsführer (-s, -), *m.* [ge' efts'fy:rer], administrador.
Geschäftsreise (-, -n), *f.* [ge' eftsraize], viaje de negocios.
geschehen [ge' e:n], ocurrir, suceder; *gern ~* [gern ge' e:en], ¡no hay de qué!
Geschichte (-, -n), *f.* [ge' ichte], historia.
geschickt [ge ikt], hábil, capaz.
geschlossen [ge' losen], cerrado.
Geschmack (-, -»er), *m.* [ge' mak], gusto, sabor.
Gesellschaft (-, -en), *f.* [ge'zel aft], sociedad, empresa.
Gesetz (-es, -e), *n.* [ge'zets], ley.
Gesicht (-es, -er), *n.* [gezicht], cara, rostro.
Gespräch (-es, -e), *n.* [ge' pre:ch], conversación, discurso.
Geste (-, -n), *f.* [ge:ste], gesto, movimiento.
gestern [gestern], ayer.
gestorben [ge' torben], muerto.
gesund [ge'zuntl], sano; *~ werden* [ge'sunt ve:rden], curar.
Gesundheit (-, sólo sing.), *f.* [ge'zunthait], salud.
Getränk (-es, -e), *n.* [ge'treŋk], bebida, algo de beber.
Gewalt (-, -en), *f.* [ge'valt], violencia, fuerza, poder.
gewalttätig [ge'val'te:tich], violento.
Gewebe (-s, -), *n.* [ge've:be], tejido, trenzado.

geweckt werden [ge'vekt ve:rden], estar despierto.
Gewerbe (-s, -), *n.* [ge've:rbe], oficio.
Gewicht (-es, -e), *n.* [ge'vicht], peso, carga.
gewinnen [ge'vinen], vencer, ganar, obtener.
Gewissen (-s, sólo sing.), *n.* [ge'visen], conciencia.
Gewitter (-s, -), *n.* [ge'viter], temporal, tormenta.
Gewohnheit (-, -en), *f.* [ge'vo:nhait], hábito, costumbre; *sich gewöhnen an* [zich ge'vœ:nen an] *(+ ac.)*, acostumbrarse a.
gewöhnlich [ge'vœ:nlich], habitual, usual, común.
Glas (-es, -ͫer), *n.* [gla:s], vidrio; vaso.
Glaube (-ns, sólo sing.), *m.* [glaube], fe.
Glauben (-s), *m.* [glauben], fe.
glauben [glauben], creer.
glaubhaft [glauphaft], creíble.
gleich [glaich], similar, igual.
gleichfalls [glaichfals], otro tanto.
gleichmäßig [glaichme:sich], de modo uniforme.
Glied (-es, -er), *n.* [gli:d], parte, elemento, componente.
Glück (-s, sólo sing.), *n.* [glyk], fortuna, suerte; ~ *haben* [glyk ha:ben], ser afortunado; *viel* ~ [fi:l glyk], ¡buena suerte!
glücklich [glyklich], feliz.
Glückseligkeit (-, sólo sing.), *f.* [glyk'ze:lichkait], felicidad.
Glückwunsch (-es, -e), *m.* [glykvun], buenos deseos.
Gnade (-, -n), *f.* [gna:de], gracia, perdón.
Gold (-es, sólo sing.), *n.* [golt], oro.
Gott (-es, -ͫer), *m.* [got], Dios; ~ *bewahre, nein!* [got be'va:re nain], ¡no, por Dios!
Graf (-en, -en), *m.* [gra:f], conde.
Gras (-es, -ͫer), *n.* [gra:s], hierba.
grau [grau], gris.
Grenze (-, -n), *f.* [grentse], frontera.
groß [gro:s], grande, alto.
großartig [gro:sartich], grandioso, imponente, magnífico.
Größe (-, -n), *f.* [grœ:se], grandeza, extensión, altura, medida.
Großmutter (-, -ͫ), *f.* [gro:smuter], abuela.
Großvater (-s, -ͫ), *m.* [gro:sfa:ter], abuelo.
grün [gry:n], verde.
Grund (-es, -ͫe), *m.* [grunt], razón, causa.
gründen [grynden], fundar.
Grundriss (-es, -e), *m.* [gruntris], plano horizontal; compendio.

Gruppe (-, -n), *f.* [grupe], grupo.
Gruß (-es, -ͫe), *m.* [gru:s], saludo.
mit freundlichen Grüßen [mit frointlichen gry:sen], cordialmente.
gültig [gyltich], válido.
günstig [gynstich], favorable.
gut [gu:t], bien, bueno.

H
Haar (-es, -e), *n.* [ha:r], cabello, pelo.
haben [ha:ben], haber, tener.
Hafen (-s, -ͫ), *m.* [ha:fen], puerto.
halb [halp], medio, mitad.
Hälfte (-, -n), *f.* [helfte], mitad.
Hals (-es, -ͫe), *m.* [halz], cuello, garganta.
halten [halten], tener; ~ *für* [halten fy:r], considerar, creer.
Haltestelle (-, -n), *f.* [halte tele], parada.
Hammer (-s, -ͫ), *m.* [hamer], martillo.
Hand (-, -ͫe), *f.* [hant], mano; *weder* ~ *noch Fuß haben* [ve:der hant noch fu:s], no tener ni pies ni cabeza.
Handel (-s, sólo sing.), *f.* [handel], comercio.
handeln [handeln], actuar; *sich* ~ *um* [zich handeln um] *(+ ac.)*, tratarse de.
Handlung (-, -en), *f.* [hantluŋ], acción.
Handwerker (-s, -), *m.* [hantverker], artesano.
hängen [heŋgen] *(+ ac.)*, colgar; *(+ dat.)* estar colgado.
hart [hart], duro.
Härte (-, -n), *f.* [herte], dureza.
Hase (-n, -n), *m.* [ha:ze], liebre.
hässlich [heslich], feo.
Hauch (-es, sólo sing.), *m.* [hauch], aliento, soplo.
häufig [hoifich], a menudo.
Hauptgang (-s, -ͫe), *m.* [hauptgaŋ], segundo plato.
Hauptsache (-, -n), *f.* [hauptzache], cosa principal.
hauptsächlich [hauptzechlich], principal, fundamental.
Hauptstadt (-, -ͫe), *f.* [haupt tat], capital.
Haus (-es, -ͫer), *n.* [haus], casa; *zu Hause* [tsu: hauze], en casa (estado de lugar).
Hausmann, Hausfrau [hausman, hausfrau], casero, ama de casa.
Haut (-, -e), *f.* [haut], piel.
heilig [hailich], sacro, sagrado, santo.
Heimreise (-, -n), *f.* [haimraize], viaje de vuelta, regreso.

Heirat (-, -en), *f.* [haira:t], matrimonio (ceremonia).
heiraten [haira:ten], casarse.
heißen [haisen], llamarse.
Heizöl (-es, -e), *n.* [haitsœ:l], combustible.
Heizung (-, -en), *f.* [haitsuŋ], calefacción.
Held (-en, -en), *m.* [helt], héroe.
helfen [helfen], ayudar.
Hemd (-es, -en), *n.* [hemt], camisa.
herab, herbeistürzen [he'rap tyrtsen], precipitar.
herabsetzen [he'rapzetsen], hacer bajar, disminuir.
herb [herp], áspero, acre.
Herbst (-es, -e), *m.* [herpst], otoño.
hereinkommen [he'raiŋ'komen], entrar en/dentro.
Herr, (-n, -en), *m.* [her], señor.
Herrschaften [her aften], señores.
herunterfallen [he'runterf'alen], caer.
heruntergehen [he'runterge:en], bajar.
Herz (-ens, -en), *n.* [herts], corazón.
Herzlichen Glückwunsch [hertslichen glykvun], felicidades.
heute [hoite], hoy.
heutzutage [hoitsu:'ta:ge], hoy en día.
hier(her) [hi:r], aquí.
Hilfe (-, -n), *f.* [hilfe], ayuda.
hilfsweise [hilfsvaize], auxiliar.
Himmel (-s, -), *m.* [himel], cielo.
hin und wieder [hin unt vi:der], de vez en cuando.
hinauf [hi'nauf], sobre, encima.
hinaufbringen [hi'naufbriŋgen], llevar encima.
hinausgehen [hi'naus'ge:n], salir.
im Hinblick (-es, -e) auf [hinblik], en vista de.
Hinflug (-s, -»e), *m.* [hinflu:k], vuelo de ida.
sich hinsetzen [zich hinzetsen], sentarse.
hinten [hinten], tras.
hinter [hinter], detrás de.
hintereinander [hinterain'ander], uno después de otro.
hinterher [hinterhe:r], a continuación, sucesivamente.
hinterlegen [hinter'le:gen], depositar.
hinweisen [hinvaizen], indicar algo.
Hirt (-en, -en), *m.* [hirte], pastor.
Hitze (-), *f.* [hitse], calor.
hoch [ho:ch], alto.
Hof (-s, -»e), *m.* [ho:f], patio.
hoffen [hofen], esperar.
hoffentlich [hofentlich], esperamos que.

Hoffnung (-, -en), *f.* [hofnuŋ], esperanza.
höflich [hœf:lich], cortés.
Höflichkeit (-, -en), *f.* [hœ:flichkait], cortesía, amabilidad.
Höhe (-, -n), *f.* [hœ:e], altura, altitud.
Holland (-s), *n.* [holant], Holanda.
holländisch [holendi], holandés.
Holz (-es, -»er), *n.* [holts], madera.
hören [hœ:ren], oír.
Hotel (-s, -s), *n.* [ho'tel], hotel.
Hügel (-s, -), *m.* [hy:gel], colina.
Hund (-es, -e), *m.* [hunt], perro.
hundert [hundert], cien; *~ Gramm* [hundert gram], cien gramos.
Hunger (-s, sólo sing.), *m.* [huŋger], hambre.
hungrig [huŋgrich], hambriento.
Hut (-es, -e), *m.* [hu:t], sombrero.

I

ich [ich], yo.
Idee (-, -n), *f.* [i:'de:], idea.
identisch [i:'denti], idéntico.
Identität (-en), *f.* [identi'te:t], identidad.
ihm [i:m], a él.
ihn [i:n] *(ac.)*, lo.
ihnen [i:nen] *(dat.)*, a ellos, a ellas.
ihr [i:r] *(dat.)*, vosotros; a usted.
immer [imer], siempre.
immerhin [imerhin], aun siempre.
imstande zu [im' tande tsu:], capaz de.
in [in], a, en.
Individuum (-s, -en), *n.* [indi'vi:du'um], individuo.
Infinitiv (-s, -e), *m.* [infini'ti:f], modo infinitivo.
Inhalt (-es, -e), *m.* [inhalt], contenido.
Inhaltsverzeichnis (-ses, -se), *n.* [inhaltsfer'tsaichnis], índice.
innen [inen], dentro.
Innenstadt (-, -»e), *f.* [inen tat], centro.
innerhalb [inerhalp], en, dentro de.
inoffiziell [inofits'jel], informal.
intelligent [inteli'gent], inteligente.
interessant [intere'sant], interesante.
Interesse (-s, -n), *n.* [inte'rese], interés; *sich interessieren für* [zich inter'si:ren fy:r] *(+ ac.)*, interesarse, preocuparse; *interessiert sein an* [intere'si:rt zain an] *(+ dat.)*, estar interesado en.
international [internatsjo'na:l], internacional.
intim [in'ti:m], íntimo, confidencial.
inzwischen [intsvi en], entretanto, mientras.
irgendein [irgent'ain], uno cualquiera.

Italien (-s), *n*. [italien], Italia.
Irrtum (-s, -»er), *m*. [irtu:m], error, equivocación.

J

ja [ja:], sí.
Jacke (-, -n), *f*. [jake], chaqueta.
Jagd (-, -en), *f*. [ja:kt], caza.
jagen [ja:gen], cazar.
Jahr (-es, -e), *n*. [ja:r], año.
Jahreszeit (-, -en), *f*. [ja:restsait], estación.
Jahrgang (-es, -e), *m*. [ja:rgaŋ], añada.
Jahrhundert (-, -en), *n*. [ja:rhundert], siglo.
jährlich [je:rlich], anual.
Januar (-s, -e), *m*. [janua:r], enero.
je [je:], nunca, cada; ~ ... *desto* [je:/ desto], cuanto más... tanto más; ~ *nachdem, ob* [je: na:chde:m op], en función de (si); ~ *nachdem, wann* [je: na:chde:m van], según si; ~ *nachdem, wie viel* [je: na:chde:m vi: fi:l], en función de que.
jeder [je:de], todos y cada uno.
jederzeit [je:der'tsait], a cualquier hora.
jedesmal [je:desma:l], cada vez, todas las veces.
jedoch [je:'doch], en cualquier caso.
jemand [je:mant], alguien, alguno.
jener [je:ner], aquel.
jetzt [jetst], ahora.
Journalist (-en, -en), *m*. [djurna'list], periodista, corresponsal.
Jude (-n, -n), *m*. [ju:de], judío.
Jugend (-), *f*. [ju:gent], juventud.
Juli (-s, -s), *m*. [ju:li], julio.
jung [juŋ], joven.
Junge (-n, -n), *m*. [juŋge], muchacho.
Juni (-s, -s), *m*. [ju:ni], junio.

K

Kaffee (-s, -s), *m*. [kafe:], café.
kalt [kalt], frío.
Kälte (-), *f*. [kelte], frío.
Kamm (-s, -»e), *m*. [kam], peine.
kämmen [kemen], peinar.
Kampf (-s, -»e), *m*. [kampf], lucha.
kämpfen [kempfen], combatir, luchar.
Kantine (-,-n), *f*. [kan'ti:ne], cantina.
Kapital (-s, -e), *n*. [kapi'ta:l], capital *(dinero)*.
Kartoffel (-, -n), *f*. [kar'tofel], patata.
Käse (-s, -), *m*. [ke:ze], queso.
Kasse (-, -n), *f*. [kase], caja.
Kasus (-, -), *m*. [kazus], caso.
Katalog (-es, -e), *m*. [kata'lo:k], catálogo.

Katholik (-en, -en), *m*. [kato'lik], católico.
kaufen [kaufen], comprar.
Kaufmann (-es, Kaufleute), *m*. [kaufman], comerciante.
kaum [kaum], difícilmente, apenas.
Kehle (-, -n), *f*. [ke:le], garganta.
kein [kain], no, nadie, ninguno.
Kellner (-s, -), *m*. [kelner], camarero.
kennen(lernen) [kenenlernen], conocer.
Kenntnis (-, -se), *f*. [kentnis], conocimiento.
kennzeichnen [kentsaichnen], señalar.
Kilo (-s, -s; -gramm, -e), *n*. [ki:logram], kilo.
Kilometer (-s, -), *m*. [ki:lo'me:ter], kilómetro.
Kind (-es, -er), *n*. [kint], niño.
Kino (-s, -s), *n*. [ki:no], cine.
Kirche (-, -n), *f*. [kirche], iglesia.
Klage (-, -n), *f*. [kla:ge], acción.
Klang (-s, -»e), *m*. [klaŋ], sonido, ruido.
klappen [klapen], batir, palmear, resonar; *das wird schon* ~ [das virt o:n klapen], todo irá bien.
klar [kla:r], claro, evidente.
klären [kle:ren], aclarar.
Klarheit (-, -en), *f*. [kla:rhait], claridad.
Klasse (-, -n), *f*. [klase], clase.
kleben [kle:ben], encolar.
Klebstoff (-es, -e), *m*. [kle:p tof], cola.
Kleid (-es, -er), *n*. [klait], traje, vestido.
klein [klain], pequeño.
klingen [kliŋgen], sonar.
klopfen [klopfen], llamar a la puerta.
Kneipe (-, -n), *f*. [knaipe], cervecería.
Knopf (-es, -»e), *m*. [knopf], botón.
Koch (-s, -»e), *m*. [koch], cocinero.
kochen [kochen], cocinar, hervir.
Kochtopf (-es, -»e), *m*. [kochtopf], olla.
Koffer (-s, -), *m*. [kofer], maleta.
Kohle (-, -n), *f*. [ko:le], carbón.
Kollege (-n, -n), *m*. [ko:'le:ge], colega.
kommen von/aus [komen], venir de, ser de.
Komplize (-n, -n), *m*. [kom'pli:tse], cómplice.
Konferenzzimmer (-s, -), *n*. [konfe:'rents 'tsimer], sala de conferencias.
König (-es, -e), *m*. [kœ:nich], rey.
königlich [kœ:nichlich], real, regio.
Konkurrent (-en, -en), *m*. [koŋku'rent], concurrente, competidor.
Konkurrenz (-, sólo sing.), *f*. [koŋku'rents], concurrencia, competencia.
können [kœnen], poder.
Konsequenz (-, -en), *f*. [konze'kvents], consecuencia.
konstruieren [konstru'i:ren], construir.

Konstruktion (-, -en), *f.* [konstrukts'jo:n], construcción.
konsumieren [konzu'mi:ren], consumir.
Kontakt (-es, -e), *m.* [kon'takt], contacto.
Kooperative (-, -n), *f.* [ko:opera'ti:ve], cooperativa.
Kopf (-es, -"e), *m.* [kopf], cabeza; *einen klaren ~ haben* [ainen kl:aren kopf ha:ben], tener la mente lúcida.
Kopfschmerz (-es, -en), *m.* [kopf mertsen], dolor de cabeza.
Korn (-s, -"er), *n.* [korn], grano.
Körper (-s, -), *m.* [kœrper], cuerpo.
kostbar [kostba:r], precioso, valioso.
Kosten [kosten], gastos, costes.
kosten [kosten], costar; probar, degustar.
köstlich [kœstlich], sabroso, delicioso.
Kraft (-, -"e), *f.* [kraft], fuerza.
kräftig zusprechen [kreftig tsu: prechen], hacer honor a.
Kragen (-s, -), *m.* [kra:gen], cuello de la chaqueta.
krank [kraŋk], enfermo, -a.
Krankenpfleger/in (-s, -), m. *f.* [kraŋkenpfle:ger], enfermero, -a.
Krankheit (-, -en), *f.* [kraŋkhait], enfermedad.
Kreditkarte (-, -n), *f.* [kre:'ditkarte], tarjeta de crédito.
Kreis (-es, -e), *m.* [krais], círculo.
Kreuz (-es, -e), *n.* [kroits], cruz.
Krieg (-es, -e), *m.* [kri:k], guerra.
Kritik (-, -en), *f.* [kri'tik], crítica.
kritisch [kriti], crítico.
Küche (-, -n), *f.* [kyche], cocina.
Kuchen (-s, -), *m.* [ku:chen], dulce, pastel.
Kühlschrank (-s, -"e), *m.* [ky:l raŋk], frigorífico, nevera.
Kultur (-, -en), *f.* [kul'tu:r], cultura.
Kummer (-. sólo sing.), *m.* [kumer], disgusto; *sich kümmern um* [zich kymern um] *(+ ac.)*, ocuparse, hacerse cargo de.
Kunde (-n, -n), *m.* [kunde], cliente.
Kundschaft (-, sólo sing.), *f.* [kunt aft], clientela.
Kunst (-, -"e), *f.* [kunst], arte.
künstlich [kynstlich], artificial.
Kurs (-es, -e), *m.* [kurs], curso.
kurz [kurts], breve, corto.
Kürze (-, sólo sing.), *f.* [kyrtse], brevedad; *in ~* [in kyrtse], en breve.
Kuss (-es, -"e), *m.* [kus], beso.
küssen [kysen], besar.

L

lächeln [lecheln], sonreír.
lachen [lachen], reír.
Lachen (-s, sólo sing.), *n.* [lachen], risa.
lächerlich [lecherlich], ridículo.
Lage (-, -n), *f.* [la:ge], posición; condición, situación.
Laie (-n, -n), *m.* [laie], laico.
Lampe (-, -n), *f.* [lampe], lámpara.
Land (-es, -"er), *n.* [lant], campo, tierra, país.
landen [landen], aterrizar.
Landwirt (-es, -e), *m.* [lantvirt], agricultor.
Landwirtschaft (-, sólo sing.), *f.* [lantvirt aft], agricultura; granja.
lang [laŋg], largo.
Länge (-, -n), *f.* [leŋge], longitud.
länger [leŋger], más largo.
langsam [laŋgza:m], lento; lentamente.
Langsamkeit (-, sólo sing.), *f.* [laŋgza:mkait], lentitud.
längst [lest], desde hace tiempo.
Lärm (-s, sólo sing.), *m.* [lerm], ruido.
lassen [lasen], dejar; hacer.
laufen [laufen], correr.
leben [le:ben], vivir.
Leben (-s, -), *n.* [le:ben], vida.
lebendig [le:'bendich], vivo.
Lebensmittel [le:bensmitel], comestibles, productos alimenticios.
lebhaft [le:phaft], vivaz.
Leder (-s, -), *n.* [le:der], cuero, piel.
leer [le:r], vacío.
legal [le'ga:l], legal.
legen [le:gen], poner (horizontal).
legitim [le:gi'ti:m], legítimo.
lehnen [le:nen], apoyar.
Lehrer (-s, -; -in), *m.* [le:rer], profesor.
Leib (-es, -er), *m.* [laip], cuerpo humano.
leicht [laicht], ligero.
leid tun [lait tu:n], disgustar.
Leid (-s, sólo sing.), *n.* [laid], pena, dolor, sufrimiento.
leiden [laiden], sufrir.
Leidenschaft (-, -en), *f.* [laiden aft], pasión.
leider [laider], desgraciadamente.
leihen [laien], prestar.
leihweise [laivaize], en préstamo.
leisten [laisten], hacer; producir.
leiten [laiten], dirigir, conducir, administrar.
Leiter (-s, -), *m.* [laiter], jefe, director.
Leiter (-, -n), *f.* [laiter], escalera de mano.
Lektion (-, -en), *f.* [lekts'jo:n], lección.

lernen [lernen], aprender.
lesbar [lesba:r], legible.
lesen [le:zen], leer.
letzt [letst], último; pasado, precedente.
leugnen [loiknen], negar.
Leute [loite], gente.
Licht (-es, -er), *n.* [licht], luz.
lieb [li:p], querido, amado.
Liebe (-, -n), *f.* [li:be], amor.
lieben [li:ben], amar.
lieber [li:ber], más bien, preferentemente.
lieblich [li:plich], gracioso; exquisito; amable (vino).
Lied (-es, -er), *n.* [li:t], canción.
Lieferant (-en, -en), *m.* [li:fe'rant], proveedor.
liefern [li:fern], proporcionar, proveer.
Lieferung (-, -en), *f.* [li:feruŋ], entrega, consigna.
liegen [li:gen], yacer; estar (horizontal).
Linie (-, -n), *f.* [li:nje], línea.
Linke (-n, -n), *f.* [liŋke], izquierda (política).
link [liŋk], zurdo.
links [liŋks], a la izquierda.
Liste (-, -n), *f.* [liste], lista.
Liter (-s, -), *m.* [liter], litro.
Löffel (-s, -), *m.* [lœfel], cuchara.
Lohn (-s, -»e), *m.* [lo:n], salario, sueldo.
Lokal (-s, -e), *n.* [lo'ka:l], bar.
sich lösen [zich lœ:zen], soltarse.
Lösung (-, -en), *f.* [lœzuŋ], solución.
Luft (-, -»e), *f.* [luft], aire.
lügen [ly:gen], mentir.
Lust (-, -»e), *f.* [lust], deseo, voluntad.
lustig [lustich], alegre.

M
machen [machen], hacer.
Macht (-, -»e), *f.* [macht], poder, potencia.
mächtig [mechtich], potente, poderoso.
Mädchen (-s, -), *n.* [me:tchen], muchacha.
Mahlzeit (-, -en), *f.* [ma:ltsait], comida; ¡que aproveche!.
Mai (-es), *m.* [mai], mayo.
Mal (-es, -e), *n.* [ma:l], vez, momento.
malen [ma:len], pintar.
Malerei (-, -en), *f.* [ma:le'rai], pintura.
man [man], se (impersonal).
manchmal [manchma:l], en ocasiones, a veces.
Mangel (-s, -»e), *m.* [maŋgel], defecto, falta, carencia.
Mann (-es, -»er), *m.* [man], hombre.
Mannschaft (-, -en), *f.* [man aft], equipo.

Mantel (-s, -»), *m.* [mantel], abrigo, manto.
Märchen (-s, -), *n.* [me:rchen], cuento.
märchenhaft [me:rchenhaft], fabuloso, formidable.
Marketing (-s, sólo sing.), *n.* [marketiŋ], marketing.
Marketingleiter (-s, -), *m.* [marketiŋlaiter], director del marketing.
Markt (-es, -»e), *m.* [markt], mercado.
marschieren [mar' i:ren], marchar.
März (-es), *m.* [merts], marzo.
Maschine (-, -n), *f.* [ma' i:ne], máquina; avión.
Maß (-es, -e), *n.* [ma:s], medida.
Masse (-, -n), *f.* [mase], masa.
massenhaft [masenhaft] en gran masa.
Material (-s, -ien), *n.* [mater'ja:l], material.
Materie (-, sólo sing.), *f.* [ma'te:rje], materia.
materiell [mater'jel], material.
Mauer (-, -n), *f.* [mau:er], muro.
Mechaniker (-s, -), *m.* [me'cha:niker], mecánico.
mechanisch [me'cha:ni], mecánico.
Meer (-es, -e), *n.* [me:r], mar.
mehr als [me:r], más que, más de.
mehrere [me:rere], bastantes.
mein [main], mi, mío.
Meinung (-, -en), *f.* [mainuŋ], parecer, opinión.
meistens [maistens], las más de las veces; por lo demás.
melden [melden], anunciar.
melodisch [me'lo:di], melodioso.
Menge (-, -n), *f.* [meŋe], montón.
Mensch (-en, -en), *m.* [men], hombre, persona.
menschenleer [men en'le:r], desierto, despoblado.
Menschheit (-, sólo sing.), *f.* [men hait], humanidad.
menschlich [men lich], humano.
Menschlichkeit (-), *f.* [men lichkait], humanidad.
Messe (-, -n), *f.* [mese], feria, exposición.
messen [mesen], medir.
Messer (-s, -), *n.* [meser], cuchillo.
Metall (-s, -e), *n.* [me'tal], metal.
Meter (-s, -), *m.* [me:ter], metro.
mich [mich], me, mi (ac.).
mieten [mi:ten], tomar en alquiler.
Milch (-, sólo sing.), *f.* [milch], leche.
militärisch [mili'te:ri], militar.
Milliarde (-, -n), *f.* [mil'jarde], mil millones.

Million (-, -en), *f.* [mil'jo:n], millón.
mindestens [mindestens], al menos.
Minister (-s, -), *m.* [mi'nister], ministro.
mir [mi:r], a mí.
mischen [mi en], mezclar.
mit [mit], con.
Mitarbeiter (-s, -), *m.* m [mitarbaiter], colaborador.
mitbringen [mitbriŋgen], llevar (consigo).
Mitglied (-s, -er), *n.* [mitgli:t], miembro.
Mitschüler (-s, -), *m.* [mit y:ler], compañero de clase.
Mittag (-s, -e), *m.* [mita:k], mediodía; *zu ~ essen* [tsu: mita:k esen], almorzar.
Mittagessen (-s,-), *n.* [mita:kesen], almuerzo.
Mittagspause (-, n), *f.* [mita:kspauze], pausa para comer.
Mitteilung (-, -en), *f.* [mitailuŋ], comunicación.
Mittel (-s, -), *n.* [mitel], medio.
mittelalterlich [mitel'alterlich], medieval.
mittellos [mitel'lo:s], carente de medios, pobre.
Mitternacht (-, -"e), *f.* [miternacht], medianoche.
Mittwoch (-es, -e), *m.* [mitvoch], miércoles.
mitunter [mit'unter], en ocasiones, a veces.
Möbel (-s, -), *n.* [mœ:bel], mueble.
Mode (-, -n), *f.* [mo:de], moda.
mögen [mœ:gen], querer, gustar.
möglich [mœ:klich], posible.
möglicherweise [mœ:klichervaise], posiblemente.
Möglichkeit (-, -en), *f.* [mœ:klichkait], posibilidad.
Moment (-s, -e), *m.* [mo'ment], instante, momento.
Monat (-s, -e), *m.* [mo:nat], mes.
Mond (-es, -e), *m.* [mo:nt], luna.
Montag (-s, -e), *m.* [monta:k], lunes.
Moral (-, sólo sing.), *f.* [mo'ra:l], moral.
moralisch [mo'ra:li], moral.
morgen [morgen], mañana.
Morgen (-s, -), *m.* [morgen], mañana; *heute ~* [hoite mo:rgen], esta mañana.
Motor (-s, -en), *m.* [mo:tor], motor.
müde [my:de], cansado.
Müdigkeit (-, sólo sing.), *f.* [my:dichkait], cansancio.
Mühe (-, -n), *f.* [my:e], fatiga.
Mund (-es, -ṃer), *m.* [munt], boca.
Mundart (-, -en), *f.* [muntart], dialecto.
Münze (-, -n), *f.* [myntse], moneda.

Museum (-s, -en), *n.* [mu'ze:um], museo.
Musik (-, sólo sing.), *f.* [mu'zi:k], música.
müssen [mysen], deber.
Mut (-s/-es, sólo sing.), *m.* [mu:t], valentía.
mutig [mu:tich], valiente.
Mutter (, -), *f.* [muter], madre.

N
nach [na:ch], después, hacia.
nachahmen [na:cha:men], imitar, copiar.
Nachbar (-n/s, -n), *m.* [nachba:r], vecino.
nachdem [na:ch'de:m], después de que.
nachdenklich [na:chdeŋklich], pensativo.
Nachforschung (-, -en), *f.* [na:chfor uŋ], indagación, búsqueda.
nachgeben [na:chge:ben], ceder.
nachher [na:chhe:r], después, luego.
Nachkomme (-n, -n), *m.* [na:chkome], descendiente.
Nachmittag (-es, -e), *m.* [nachmita:k], tarde.
Nachricht (-, -en), *f.* [na:chricht], noticia.
nachschauen [na:ch auen], seguir con la mirada, ir a ver.
nächst [ne:chst], próximo, más cercano, sucesivo.
Nacht (-, -ṃe), *f.* [nacht], noche.
nackt [nakt], desnudo.
nahe [na:e], cercano, próximo, inminente; junto.
nähen [ne:en], coser.
nähern [ne:ern], aproximar.
nähren [ne:ren], nutrir; amamantar.
Name (-ns, -n), *m.* [na:me], nombre.
nämlich [ne:mlich], es decir, o sea.
Nase (-, -n), *f.* [na:ze], nariz.
nass [nas], mojado; *~ machen* [nas machen], mojar.
Nation (-, -en), *f.* [nat'jo:n], nación.
national [natsjo'na:l], nacional.
Natur (-, sólo sing.), *f.* [na'tu:r], naturaleza.
natürlich [na'ty:rlich], naturalmente.
Nebel (-, sólo sing.), *m.* [ne:bel], niebla.
neben [ne:ben], cerca, junto.
Neffe (-n, -n), *m.* [nefe], sobrino.
nehmen [ne:men], tomar, coger; *sich die Zeit ~* [zich di: tsait ne:men], tomarse el tiempo.
Neid (-s, sólo sing.), *m.* [nait], envidia.
nein [nain], no.
nennen [nenen], llamar, denominar.
nervös [ner'vœs], nervioso.
Netz (-es, -e), *n.* [nets], red.
neu [noi], nuevo.
Neugier (-, sólo sing.), *f.* [noigi:r], curiosidad.

neugierig [noigi:rich], curioso.
Neuigkeit (-, -en), *f.* [noi:ichkait], novedad.
neun [noin], nueve.
neunzig [nointsich], noventa.
nicht [nicht], no; ~ *einmal* [nicht einma:l], ni siquiera; ~ *mehr* [nicht me:r], no... más.
nichtig [nichtich], nada, carente de valor.
nichts [nichts], nada.
nicken [niken], asentir.
nie(mals) [ni:mals], no... nunca.
niederreißen [ni:deraisen], abatir, derrumbar, demoler.
niedrig [ni:drich], bajo.
niemand [ni:mant], ninguno.
noch (immer) [noch imer], todavía, aún; ~ *einmal* [noch ainma:l], una vez más.
Norden (-s), *m.* [no:rden], Norte.
Not (-, -»e), *f.* [no:t], miseria.
notieren [no'ti:ren], tomar nota, anotar.
nötig [nœ:tich], necesario; ~ *sein* [nœtich zain], requerir.
Notwendigkeit (-, -en), *f.* [no:tvendichkait], necesidad.
November (-, sólo sing.), *m.* [no'vember], noviembre.
nüchtern [nychtern], sobrio.
Nudel (-, -n), *f.* [nu:deln], pasta.
Null [nul], cero.
nun [nu:n], ahora; sólo, únicamente.
nützlich [nytslich], útil.
nutzlos [nutslo:s], inútil.

O
ob [op], si.
oben [o:ben], sobre, encima.
Ober (-s, -), *m.* [o:ber], camarero; *Herr* ~! [her o:ber], ¡camarero!
obere [o:berer], superior, más alto.
Obst (-es, sólo sing.), *n.* [o:pst], fruta.
Obstsalat (-es, -e), *m.* [o:pstza'la:t], macedonia.
obwohl [op'vo:l], si bien, aunque.
oder [o:der], o, o bien.
Ofen (-s, -»), *m.* [o:fen], estufa; horno.
offenbar [ofenba:r], obvio, evidente.
öffentlich [œfentlich], público.
Öffentlichkeit (-, sólo sing.), *f.* [œfentlichkait], público.
offiziell [ofits'jel], oficial.
öffnen [œfnen], abrir.
oft [oft], a menudo.
ohne [o:ne], sin.
ökonomisch [œko'no:mi], económico.

Oktober (-s, sólo sing.), *m.* [ok'to:ber], octubre.
Öl (-s, -e), *n.* [œ:l], aceite.
Operation (-, -en), *f.* [operats'jo:n], operación.
Opfer (-s, -), *n.* [opfer], sacrificio, víctima.
Ordnung (-, -en), *f.* [ortnuŋ], orden; *in* ~! [in ortnuŋ], ¡está bien!
ordnungsmäßig [ordnuŋks'me:sich], regular; regularmente.
Organisation (-, -en), *f.* [organizats'jo:n], organización.
organisatorisch [orga:ni:zato:ri], organizativo.
organisieren [organi'zi:ren], organizar.
Ort (-es, -e), *m.* [ort], lugar.
Ortschaft (-, -en), *f.* [ort aft], aldea.
Osten (-s, sólo sing.), *m.* [osten], Este (punto cardinal).
Ostern pl. (sing.: **Osterfest** (-s)), *n.* [o:stern], Pascua; *frohe* ~ [fro:e o:stern], ¡felices pascuas!
Österreich, *n.* [œ:steraich], Austria.
österreichisch [œsteraichi], austriaco.

P
Päckchen (-s, -), *n.* [pekchen], paquete.
Paket (-es, -e), *m.* [pa'ke:t], bulto, lío.
Papier (-s, -e), *n.* [pa'pi:r], papel; documento.
parken [pa:rken], aparcar.
Parkhaus (-es, -»er), *n.* [parkhaus], aparcamiento por pisos.
Parkplatz (-es, -»e), *m.* [pa:rkplats], plaza de aparcamiento.
Partei (-, -en), *f.* [par'tai], partido.
Pass (-es, -»e), *m.* [pas], pasaporte; paso, pasaje.
passen [pasen], ir bien, tener la justa medida; adecuarse; *das passt mir nicht* [das past mi:r nicht], no me va.
Patient (-en, -en), *m.* [pa'tsient], paciente.
Pause (-, -n), *f.* [pauze], pausa.
Pech (-s, sólo sing.), *n.* [pech], desgracia, mala suerte.
Pension (-, -en), *f.* [panz'jo:n], pensión.
perfekt [per'fekt], perfecto.
Person (-, -en), *f.* [per'zo:n], persona.
Personalausweis (-es, -e), *m.* [perzo'na:l ausvais], carné de identidad.
persönlich [per'zœ:nlich], personal.
Persönlichkeit (-, -en), *f.* [per'zœ:nlichkait], personalidad, personaje.
Petroleum (-s, sólo sing.), *n.* [pe:'tro:leum], petróleo.

Pferd (-es, -e), *n.* [pfert], caballo.
pfiffig [pfifich], astuto, taimado.
Pfirsich (-es, -e), *m.* [pfirzich], melocotón.
Pflanze (-, -n), *f.* [pflantse], planta.
pflanzen [pflantsen], plantar.
Pflege (-, sólo sing.), *f.* [pfle:ge], cuidado.
pflegen [pfle:gen], cultivar, cuidar.
Pflicht (-, -en), *f.* [pflicht], deber.
Pizza (-, -s/-en), *f.* [pitsa], pizza.
Plan (-es, -"e), *m.* [pla:n], plano, proyecto.
planen [pla:nen], programar.
platt [plat], plano; soso.
Platz (-es, -"e), *m.* [plats], puesto; lugar; plaz; ~ *nehmen* [plats ne:men], ponerse cómodo, tomar asiento; *den ~ überlassen* [plats y:berlasen], ceder el puesto.
platzieren [pla'tsi:ren], emplazar.
plötzlich [plœtslich], repentino; repentinamente.
Politik (-, -en), *f.* [poli'tik], política.
politisch [po'liti], político.
Polizei (-, sólo sing.), *f.* [poli'tsai], policía.
Polizist (-en, -en), *m.* [poli'tsist], policía, agente de policía.
Position (-, -en), *f.* [pozits'jo:n], posición.
positiv [pozi'ti:f], positivo.
Post (-, sólo sing.), *f.* [post], correo.
Präsentation (-, -en), *f.* [pre:zentats'jo:n], presentación.
Präsident (-en, -en), *m.* [pre:zi'dent], presidente.
präzise [pre:tsi:ze], preciso.
Preis (-es, -e), *m.* [prais], precio, premio, recompensa.
Presse (-, -n), *f.* [prese], prensa.
Prinz (-en, -en), *m.* [prints], príncipe.
Prinzip (-s, -ien), *n.* [prin'tsi:p], principio.
privat, Privat- [pri'va:t], privado.
Probe (-, -n), *f.* [pro:be], prueba.
Problem (-s, -e), *n.* [pro'ble:m], problema.
Produkt (-es, -e), *n.* [pro'dukt], producto.
Produktion (-, -en), *f.* [produkts'jo:n], producción.
Produzent (-en, -en), *m.* [produ'tsent], productor.
Professor (-s, -en), *m.* [pro'fesor], profesor, educador.
profitieren [profi.ti:ren], aprovechar.
Programm (-s, -e), *n.* [pro'gram], programa.
auf dem Programm stehen [auf de:m pro'gram te:en], estar en programa.
Projekt (-es, -e), *n.* [pro'jekt], proyecto.
Promenade (-, -n), *f.* [prome'na:de], paseo.

Prost! [pro:st], ¡salud!
Protokoll (-s, -e), *n.* [proto'kol], acta.
prüfen [pry:fen], examinar, poner a prueba.
Publikum (-s, sólo sing.), *n.* [publikum], público, auditorio.
pünktlich [pyŋktlich], puntual.
Puppe (-, -n), *f.* [pupe], muñeca.
putzen [putsen], limpiar.

Q

Qual (-, -en), *f.* [kva:l], tortura.
Qualität (-, -en), *f.* [kvali'te:t], calidad.
Quartier (-s, -e), *n.* [kvar'ti:r], barrio.
Quelle (-, -n), *f.* [kvele], fuente.
quer durch [kve:r durch], a través.
Quittung (-, -en), *f.* [kvituŋ], recibo.

R

Rad (-s, -"er), *n.* [ra:t], rueda.
Radio (-s, -s), *n.* [ra:djo], radio.
Radius (-, -en), *m.* [ra:djus], radio (geometría).
Rand (-es, -"er), *m.* [rant], borde, filo.
rasch [ra], rápido, rápidamente.
Rasen (-s, -), *m.* [ra:zen], prado.
Rasierapparat (-es, -e), *m.* [ra:'zi:rapapa'ra:t], maquinilla de afeitar.
Rasse (-, -n), *f.* [rase], raza.
Rat (-es, -"e), *m.* [ra:t la:k], consejo.
Rate (-, -n), *f.* [ra:te], impuesto, tasa.
raten [ra:ten], aconsejar.
Rathaus (-es, -"er), *n.* [ra:thaus], ayuntamiento.
Ratschlag (-s, -"e), *m.* [ra:t la:k], consejo.
Rätsel (-s, -), *n.* [re:tsel], adivinanza, enigma, misterio.
rätselhaft [re:tselhaft], misterioso.
Rauch (-s, sólo sing.), *m.* [rauch], humo.
rauchen [rauchen], fumar.
Raum (-s, -"e), *m.* [raum], espacio; lugar; ambiente.
real [re'a:l], real.
Realist (-en, -en), *m.* [realist], realista.
Rebell (-en, -en), *m.* [re'bel], rebelde.
Rechnung (-, -en), *f.* [rechnuŋ], cuenta, factura.
recht [recht], diestro, derecho; recto; correcto, adecuado; ~ *sein* [recht zain], ir bien.
Recht (-es, -e), *n.* [recht], derecho; razón.
rechts [rechts], a la derecha, a derechas.
Rechtsanwalt (-es, -e), *m.* [rechtsanvalt], abogado, jurista.
Rechtstitel (-s, -), *m.* ['rechts'titel], título legal.

Rede (-, -n), *f.* [re:de], discurso, conversación, charla.
Redensart (-, -en), *f.* [re:densa:rt], expresión, forma de hablar.
Regel (-, -n), *f.* [re:gel], regla.
Regen (-s, sólo sing.), *m.* [re:gen], lluvia.
Regenmantel (-s, -), *m.* [re:genmantel], chaqueta impermeable.
Regierung (-, -en), *f.* [re'gi:ruŋ], gobierno.
regnen [re:gnen], llover.
reich [raich], rico.
reichen [raichen], alcanzar, tender.
reichlich [raichlich], abundante, copioso; sustancioso.
Reichtum (-s, -er), *m.* [raichtu:m], riqueza.
Reifen (-s, -), *m.* [raifen], círculo.
Reihe (-, -n), *f.* [raie], fila, hilera.
rein [rain], puro; limpio.
reinigen [rainigen], limpiar.
Reis (-es, sólo sing.), *m.* [rais], arroz.
Reise (-, -n), *f.* [raize], viaje; *eine ~ antreten* [aine raize antre:ten], empezar un viaje.
Reisebericht (-es, -e), *m.* [raizebe'richt], balance del viaje.
Reisebüro (-s, -s), *n.* [raizeby'ro:], agencia de viajes.
reisen [raizen], viajar.
Reisende (-n, n), *m. f.* [raizende], viajero.
reizen [raitsen], excitar, provocar, azuzar.
Religion (-, -en), *f.* [relig'jo:n], religión.
Rente (-, -n), *f.* [rente], pensión.
reparieren [repa:'ri:ren], reparar.
reservieren [rezer'vi:ren], reservar.
Respekt (-es, sólo sing.), *m.* [res'pekt], respeto.
respektieren [respek'ti:ren], respetar.
Rest (-es, -e), *m.* [rest], resto, remanente.
Restaurant (-s, -s), *n.* [resto'rant], restaurante.
retten [reten], salvar.
Revolution (-, -en), *f.* [revoluts'jo:n], revolución.
Rezeption (-, -en), *f.* [retsepts'jo:n], recepción.
Rhein (-s), *m.* [rain], Rhin.
rheinisch [raini], renano.
richtig [richtich], correcto, exacto; verdadero.
riesig [rizich], inmenso, gigantesco.
Risiko (-s, -en), *n.* [rizi'ko:], riesgo.
riskieren [ris'ki:ren], arriesgar.
Rock (-es, -e), *m.* [rok], falda.
Rolle (-, -n), *f.* [role], papel, rol; *eine ~ spielen* [aine role pi:len], representar un papel.

römisch [rœ:mi], romano.
rosa [ro:za], color rosa.
Rose (-, -n), *f.* [ro:ze], rosa.
rot [ro:t], rojo.
Rückflug (-es, -e), *m.* [rykflu:k], vuelo de vuelta.
Rückkehr (-, sólo sing.), *f.* ['ryk'ke:r], retorno, regreso.
Rücksicht (-, -en), *f.* [rykzicht], cuidado, consideración.
Ruhe (-, sólo sing.), *f.* [ru:e], tranquilidad, calma.
ruhen [ru:en], reposar, descansar.
ruhig [ru:ich], tranquilo, calmado.
Ruhm (-es, sólo sing.), *m.* [ru:m], gloria, fama.
rund [runt], redondo.
Runde (-, -n), *f.* [runde], ronda, circuito.
Rundgang (-s, -"e), *m.* [runtgaŋ], vuelta.

S
Saal (-es, -"e), *m.* [za:l], sala.
Sache (-, -n), *f.* [zache], cosa, objeto, hecho.
Sachkompetenz (-, -en), *f.* [zachkompetents], competencia.
Sack (-es, -"e), *m.* [zak], bolsa.
Sage (-, -n), *f.* [za:ge], fábula, leyenda.
sagen [za:gen], decir.
sagenhaft [za:genhaft], fabuloso.
Salami (-, -s), *f.* [za'la:mi], salchichón.
Salat (-es, -e), *m.* [za'la:t], ensalada.
Salz (-es, -e), *n.* [zalts], sal.
salzig [zaltsich], salado.
Sammlung (-, -en), *f.* [zamluŋ], colección, recolección.
Samstag (-es, -e), *m.* [zamsta:k], sábado.
Sand (-es, sólo sing.), *m.* [zant], arena.
Satellit (-en, -en), *m.* [zate'lit], satélite.
satt [zat], saciado, ahíto.
Satz (-es, -"e), *m.* [zats], oración, proposición.
sauber [zauber], limpio.
schade [a:de], ¡lástima!
schaden [a:den], perjudicar, dañar.
Schaden (-s, -), *m.* [a:den], daño, siniestro.
Schaffen (-s), *n.* [afen], creación, producción; *frohes ~* [fro:es afen], ¡buen trabajo!
scharf [arf], afilado, agudo, picante.
schätzen [etsen], valorar, estimar.
Schätzung (-, -en), *f.* [etsuŋ], cálculo, valoración, estima.
Scheibe (-, -n), *f.* [aibe], loncha.
Schein (-es, -e), *m.* [ain], luz, claridad; apariencia, aspecto.

scheinen [ainen], resplandecer, relucir.
Schere (-, -n), *f.* [e:re], tijeras.
Scherz (-es, -e), *m.* [erts], broma.
schicken [iken], enviar.
Schicksal (-s, -e), *n.* [ikza:l], suerte, destino, sino.
Schiff (-es, -e), *n.* [if], embarcación.
Schilderung (-, -en), *f.* [ilderuŋ], descripción, relato.
Schirm (-es, -e), *m.* [irm], paraguas.
Schlacht (-, -en), *f.* [lacht], batalla.
Schlaf (-s, sólo sing.), *n.* [la:f], sueño.
schlafen [la:fen], dormir.
Schlag (-s, -»e), *m.* [la:k], golpe.
schlagen [la:gen], golpear.
Schlange (-, -n), *f.* [laŋge], serpiente; tira; cola, fila.
schlank [laŋk], esbelto.
schlecht [lecht], malo; estropeado.
schlimm [lim], feo, malo.
Schloss (-es, -»er), *n.* [los], cerradura; castillo, palacio.
Schluss (-es, -»e), *m.* [tsum lus], final.
Schlüssel (-s, -e), *m.* [lysel], llave.
schmackhaft [makhaft], sabroso, apetitoso.
schmecken [meken], saborear, degustar, gustar.
schmelzen [meltsen], soltar, derretir, fundir.
Schmerz (-es, -en), *m.* [merts], dolor.
schmutzig [mutsich], sucio.
Schnaps (-es, -e), *m.* [naps], aguardiente, licor.
Schnee (-s, sólo sing.), *m.* [ne:], nieve.
schneiden [naiden], cortar, podar, dividir.
Schneider (-s, -), *m.* [naider], sastre.
schneien [naien], nevar.
schnell [nel], rápido, veloz.
Schnelligkeit (-, sólo sing.), *f.* [nelichkait], rapidez, velocidad.
schockiert [o'ki:rt], escandalizado.
Schokolade (-, -n), *f.* [oko'la:de], chocolate.
schon [o:n], ya; ~ *lange* [o:n laŋge], desde hace mucho tiempo.
schön [œ:n], bello.
Schönheit (-, -en), *f.* [œ:nhait], belleza.
Schrank (-s, -»e), *m.* [raŋk], armario.
schrecklich [reklich], terrible, tremendo.
Schrei (-es, -e), *m.* [rai], grito.
schreiben [raiben], escribir.
schreien [raien], gritar.
Schreiner (-s, -), *m.* [rainer], carpintero.

Schrift (-, -en), *f.* [rift], escritura; escrito.
schriftlich [riftlich], escrito.
Schriftsteller (-s, -), *m.* [rift teler], autor, escritor.
Schritt (-es, -e), *m.* [rit], paso.
schrittweise [ritvaize], gradual; paso a paso.
Schuh (-es, -e), *m.* [u:], zapato.
Schuld (-, -en), *f.* [ult], deuda; culpa.
schulden [ulden], deber, ser deudor.
schuldig [uldich an], culpable.
Schule (-, -en), *f.* [u:le], escuela.
schulen [u:len], instruir.
Schüler (-s, -), *m.* [y:ler], alumno, estudiante.
Schulter (-, -n), *f.* [ulter], hombro.
Schuster (-s, -), *m.* [uster], zapatero.
schützen [ytsen], proteger.
schwach [vach], débil; delgado, grácil.
Schwäche (-, -n), *f.* [veche], debilidad.
schwarz [varts], negro.
schweigen [vaigen], callar.
Schweigen (-s, sólo sing.), *n.* [vaigen], silencio.
schweigend [vaigent], taciturno.
schweigsam [vaikza:m], silencioso.
Schwein (-es, -e), *n.* [vain], cerdo.
schwer [ve:r], pesado, grave.
Schwester (-, -n), *f.* [vester], hermana.
schwierig [vi:rich], difícil.
Schwierigkeit (-, -en), *f.* [vi:rich'kait], dificultad.
schwören [vœ:ren], jurar.
schwül [vy:l], bochornoso.
sechs [zeks], seis.
See (-, sólo sing.), *f.* [ze:], mar, lago.
See (-s, -e), *m.* [ze:], lago.
Seele (-, -n), *f.* [ze:le], alma.
sehen [ze:n], ver.
sehr [ze:r], muy, mucho; ~ *gut* [ze:r gu:t], muy bien.
Seide (-, -n), *f.* [zaide], seda.
Seife (-, -n), *f.* [zaife], jabón.
sein [zain], ser, estar; su, suyo.
seit [zait], desde, a partir de; ~ *kurzem* [zait kurtsem], desde hace poco tiempo.
seitdem [zaitde:m], desde cuando.
Seite (-, -n), *f.* [zaite], página.
selbst [zelpst], mismo.
selten [zelten], raro, excepcional.
seltsam [zeltza:m], extraño, insólito.
Seminar (-s, -e), *n.* [zemi'na:r], seminario.
senden [zenden], enviar, expedir.
senken [zeŋken], disminuir.
September (-s), *m.* [zep'tember], septiembre.

Serie (-, -n), *f.* [zeːrje], serie.
Service (-, -s), *m.* [servis], servicio.
servieren [zer'viːren], servir.
setzen [zetsen], tomar asiento.
Sex (-es, sólo sing.), *m.* [seks], sexo.
sich [zich], sí; se.
sicher [zicher], seguro.
Sicherheit (-, -en), *f.* [zicherhait], seguridad.
sie [ziː], ella; ellas.
Sie [ziː], usted; ustedes.
sieben [ziːben], siete.
siebzig [ziːptsich], setenta.
Sieg (-es, -e), *m.* [ziːk], victoria.
Silber (-s, sólo sing.), *n.* [zilber], plata.
simulieren [zimu'liːren], simular.
singen [ziŋgen], cantar.
Sinn (-es, -e), *m.* [zin], sentido.
Sitte (-, -n), *f.* [zite], costumbre, usanza.
Situation (-, -en), *f.* [zituats'joːn], situación.
Sitz (-es, -e), *m.* [zits], puesto; asiento; sede.
sitzen [zitsen], estar sentado.
Sitzung (-, -en), *f.* [zitsuŋ], sesión, reunión.
Skala (-, Skalen), *f.* [skaːlaː], escala.
Skifahren [ifaːren], esquiar.
Sklave (-n, n), *m.* [sklaːve], esclavo.
so [zoː], así; ~ *dass* [zoː das], así que; ~ *sehr* [zoː zeːr], ~ *viel* [zoː fiːl], ~ *lange* [zoː laŋge], tanto; ~ *viel wie* [zoː viːl viː], tanto como.
sobald [zoːbalt], en cuanto.
sofort [zoː'fort], enseguida.
sogar [zo'gaːr], incluso.
Sohn (-es, -e), *m.* [zoːn], hijo.
solange [zoːlaŋge], hasta que.
solcher [zolcher], tal, similar, semejante.
Soldat (-en, -en) [zol'daːt], militar, soldado.
sollen [zolen], deber.
Sommer (s, -), *m.* [zomer], verano.
sondern [zondern], sino (adversativo).
Sonne (-, -n), *f.* [zone], sol.
sonnig [zonik], soleado.
Sonntag (-es, -e), *m.* [zontaːk], domingo.
sonst [zonst], en caso contrario, de no ser así.
Sorge (-, -n), *f.* [zorge], preocupación.; *sich Sorgen machen* [zich zorgen machen], preocuparse.
sorgen [zorgen], cuidar, ocuparse.
sowohl... als auch [zoːvoːl als auch], y... no sólo... sino también; tanto... como.
sozial, Sozial- [zoːtsjaːl], social.
Spanien [espanjen], España.
Spanier (-s, -), *m.* [espanjer], español.

spanisch [espani], español.
Spanisch [espani], lengua española; *auf* ~ [auf espani], en español.
spät [peːt], tarde.
später [peːter], más tarde.
spazierengehen [pa'tsiːreŋ'geːen], pasear.
Spaziergang (-es, -e), *m.* [pa'tsiːr'gaŋ], paseo.
Speise (-, -n), *f.* [paize], vianda, comida.
speisen [paizen], comer.
Spezialität (-, -en), *f.* [peːtsjali'teːt], especialidad.
Spiegel (-s, -), *m.* [piːgel], espejo.
Spiel (-es, -e), *n.* [piːl], juego, partida; *auf dem* ~ *stehen* [auf deːm piːl teːen], estar en juego.
Spitze (-, -n), *f.* [pitse], punta.
spontan [pon'taːn], espontáneo.
Sprache (-, -n), *f.* [pra:che], lengua.
Sprachkurs (-es, -e), *m.* [pra:chkurs], curso de idiomas.
sprechen [prechen], hablar.
springen [priŋgen], saltar.
Staat (-es, -en), *m.* [aːt], estado.
Stadt (-, -»e), *f.* [tat], ciudad.
ständig [tendich], continuamente.
stark [tark], fuerte.
Statistik (-, -en), *f.* [ta:'tistik], estadística.
statistisch [ta'tisti], estadístico.
statt [tat], en lugar de.
stattfinden [tatfinden], tener lugar.
Staub (-s, sólo sing.), *m.* [taup], polvo.
stecken [teken], introducir, estar dentro de.
stehen [teːen], estar recto; estar de pie.
stehenbleiben [teːnblaiben], pararse.
stehend [teːent], de pie.
stehlen [teːlen], robar.
Stein (-es, -e), *m.* [tain], piedra.
Steinpilz (-es, -e), *m.* [tainpilts], rovellón.
Stelle (-, -n), *f.* [tele], puesto, lugar; empleo.
stellen [telen], poner, colocar en posición vertical.
sterben [terben], morir, fallecer.
Stern (-es, -e), *m.* [tern], estrella.
Steuer (-, -n), *f.* [toier], tasa, impuesto.
Stift (-es, -e), *m.* [tift], perno; lápiz.
Stimme (-, -n), *f.* [time], voz.
Stimmung (-, -en), *f.* [timuŋ], humor.
Stirn (-, -en), *f.* [tirn], frente, fachada.
Stock (-s, -»e), *m.* [tok], bastón, palo; planta de un edificio.
Stockwerk (-es, -e), *n.* [tokverk], piso de un edificio.

Stoff (-es, -e), m. [tof], tejido.
stolz (auf) [tolts auf], orgulloso.
Stolz (-es, sólo sing.), m. [tolts], orgullo.
stören [tœ:ren], molestar, perturbar.
stoßen (gegen) [to:sen], golpear, chocar.
Strafe (-, -n), f. [tra:fe], pena.
Strahl (-es, -en), m. [tra:l], rayo.
Strand (-s, -»e), m. [trant], playa.
Straße (-, -n), f. [tra:se], carretera, camino.
Strecke (-, -n), f. [treke], trecho, segmento.
streichen [traichen], cancelar, terminar, borrar.
Streichholz (-e, -er), n. [traichholts], fósforo, cerilla.
streiten [traiten], luchar, disputar.
Stress (-es, sólo sing.), m. [tres], estrés.
Stroh (-es), n. [tro:], paja.
Strömung (-, -en), f. [trœ:muŋ], corriente.
Strumpf (-s, -»e), m. [trumpf], media.
Stück (-es, -e), n. [tyk], pieza, parte, porción.
Student (-en, -en), m. [tu'dent], estudiante.
studieren [tu'di:ren], estudiar (en la universidad).
Studium (-s, -en), n. [tu:djum], estudio.
Stuhl (-s, -»e), m. [tu:l], silla.
stumm [tum], mudo.
Stunde (-, -n), f. [tunde], hora.
Sturz (-es, -»e), m. [turts], caída; empeoramiento, ruina.
Subjekt (-es, -e), n. [zupjekt], sujeto.
suchen [zu:chen], buscar.
Süden (-s, sólo sing.), m. [zy:den], sur.
Südeuropa (-s, sólo sing.), n. ['zy:toi'ro:pa], Europa del Sur.
süffig [zyfich], agradable.
Summe (-, -n), f. [zume], suma.
Suppe (-, -n), f. f [zupe], sopa.
süß [zy:s], dulce.
System (-s, -e), n. [sys'te:m], sistema.
Szene (-, -n), f. [tse:ne], escena.

T

Tabak (-s, -e), m. [tabak], tabaco.
Tablett (-es, -s), n. [ta'blet], bandeja.
Tag (-es, -e), m. [ta:k], día.
Tageszeitung (-, -en), f. [ta:gestsaituŋ], diario.
täglich, Tages- [te:klich], cotidiano, diario.
Tal (-s, -»er), n. [ta:l], valle.
Tanz (-es, -»e), m. [tants], baile, danza.
tanzen [tantsen], bailar, danzar.
Tasche (-, -n), f. [ta e], bolsillo, bolsa.
Taschentuch (-es, -er), n. [ta entuch], pañuelo.

Tatsache (-, -n), f. [ta:tzache], realidad, hecho.
tatsächlich [ta:t'zechlich], real, efectivo; efectivamente.
taub [taup], sordo.
täuschen [toi en], engañar, burlar, traicionar.
tausend [tauzent], mil.
Tausend (-s, -e), n. [tauzent], millar.
Taxi (-, -s/Taxen), n. [taksi], taxi.
Tee (-s, -s), m. [te:], té.
Teig (-es, -e), m. [taik], pasta.
Teigwaren [taikva:ren], pastas alimenticias.
Teil (-es, -e), m. [tail], parte.
teilnehmen [tailne:men], participar.
telefonieren [telefo'ni:ren], telefonear.
Telegramm (-s, -e), n. [tele'gram], telegrama.
Teller (-s, -), m. [teler], plato.
teuer [toier], caro, costoso.
Teufel (-s, -), m. [toifel], diablo.
tief [ti:f], profundo.
Tiefe (-, -n), f. [ti:fe], profundidad.
Tier (-es, -e), n. [ti:r], animal, bestia.
Tisch (-es, -e), m. [ti], mesa, tabla.
Tischler (-s, -), m. [ti ler], carpintero.
Titel (-s, -), m. [titel], título.
Tochter (-e, -»), f. [tochter], hija.
Tod (-es, -e), m. [to:t], muerte.
Toilette (-, -n), f. [toi'lete], servicio, lavabo, excusado.
Ton (-s, -»e), m. [to:n], tono.
Tor (-es, -e), n. [to:r], puerta, portería.
tot [to:t], muerto, difunto.
Tourist (-en, -en), m. [tu'rist], turista.
Tradition (-, -en), f. [tradits'jo:n], tradición.
Träne (-, -n), f. [tre:ne], lágrima.
Transport (-es, -e), m. [trans'port], transporte.
transportieren [transpor'ti:ren], transportar, trasladar.
Traum (-s, -»e), m. [traum], sueño.
träumen [troimen], soñar.
traurig [traurich], triste.
Traurigkeit (-, sólo sing.), f. [traurichkait], tristeza.
Trauung (-, -en), f. [trau'uŋ], matrimonio, esponsales.
treffen [trefen], encontrar; sich ~ mit [zich trefen mit], encontrarse con.
treiben [traiben], empujar.
trennen [trenen], separar.
Treppe (-, -n), f. [trepe], escala, escalera.
treu [troi], fiel.
trinken [triŋken], beber.

trocken [troken], seco.
Tropfen (-s, -), *m.* [tropfen], gota.
trösten [trœ:sten], consolar.
trotz [trots], no obstante, a pesar de.
trübe [try:be], turbio, gris.
tschechisch [t echi], checo.
tüchtig [tychtich], bueno, hábil.
Tugend (-, -en), *f.* [tu:gent], virtud.
Tür (-, -en), *f.* [ty:r], puerta.
typisch [typisch], típico.

U
üben [y:ben], ejercitar.
über [y:ber], sobre, encima; de.
überall [y:ber'al], por doquier, por todas partes.
übergeben [y:ber'ge:ben], entregar.
überhaupt [y:berhaupt], por lo general, habitualmente; sobre todo.
überhaupt nicht [y:berhaupt nicht], nada en absoluto.
überholen [y:ber'ho:len], superar, sobrepasar, rebasar.
Überlegung (-, -en), *f.* [y:ber'le:guŋ], reflexión.
übermorgen [y:bermorgen], pasado mañana.
Übernachtung (-, -en), *f.* [y:ber'nachtuŋ], pernoctación.
Überprüfung (-, -en), *f.* [y:ber'pry:fuŋ], control.
überqueren [y:ber'kve:ren], cruzar, atravesar.
überraschen [y:be'ra en], sorprender.
Überraschung (-, -en), *f.* [y:bera uŋ], sorpresa, admiración.
Überstunden (-, -n), *f.* [y:ber tunden], horas extraordinarias.
übertreffen [y:ber'trefen], superar, aprobar (un examen).
überwinden [y:ber'vinden], superar, sobrepasar, vencer.
überzeugen [y:ber'tsoigen], convencer.
Überzeugung (-, -en), *f.* [y:ber'tsoiguŋ], convicción.
üblich [y:plich], habitual, usual.
übrig sein [y:brich zain], permanecer, quedarse.
übrigens [y:brigens], por lo demás.
Übung (-, -en), *f.* [y:buŋ], ejercicio.
Uhr (-, -en), *f.* [u:r], reloj; horas (al decir la hora); *um wie viel ~* [um vi: fi:l u:r], a qué hora.
um [um], por, entorno a; ~... *zu* [um/ tsu:], por.

umblättern [umbletern], hojear.
umfassen [um'fasen], comprender, abarcar.
umgeben [um'ge:ben], circundar, rodear.
Umgebung (-, -en), *f.* [um'ge:buŋ], inmediaciones.
Umleitung (-, -en), *f.* [umlaituŋ], desviación.
umsonst [um'zonst], gratuitamente; en vano.
Umstand (-s, -,,e), *m.* [la:ge], circunstancia.
unbedingt [unbe'diŋkt], absolutamente, por fuerza.
unbekannt [unbe'kant], desconocido.
unbeweglich [unbeve:klich], inmóvil.
und [unt], y; ~ *nicht* [unt nicht], ni.
unendlich [unentlich], infinito.
unermesslich [uner'meslich], inmenso.
unfähig [unfe:ich], incapaz.
Unfall (-s, -,,e), *m.* [unfal], accidente.
ungarisch [uŋgari], húngaro.
ungefähr [uŋge'fe:r], cerca, alrededor.
Unglück (-es, -e), *n.* [uŋglyk], desgracia, infortunio.
unglücklicherweise [uŋglyklicher'vaize], desgraciadamente.
Universität (-, -en), *f.* [univerzi'te:t], universidad.
unmittelbar [unmitelba:r], inmediato, directo; directamente.
unmöglich [un'mœ:klich], imposible.
unnütz [u'nyts], vano, inútil.
Unordnung (-), *f.* [unortnuŋ], desorden.
Unrecht (-s, -e), *n.* [unrecht], erróneo, torcido.
Unruhe (-, -n), *f.* [unru:e], inquietud.
unruhig [unru:ich], inquieto.
uns [unz], a nosotros, nos.
unser [unzer], nuestro; de nosotros.
unsicher [unzicher], inseguro.
unten [unten], bajo, debajo.
unter [unter], bajo.
unterbrechen [unter'brechen], interrumpir.
untergehen [unterge:en], ponerse (el sol).
unterhaltsam [unter'haltza:m], divertido.
Unterlage (-, -n), *f.* [untela:ge], apoyo, sostén; pieza de apoyo, prueba, documento.
Unterricht (-s, sólo sing.), *m.* [untericht], enseñanza, lección.
untersagen [unter'za:gen], prohibir.
unterschiedlich [unter i:dlich], diferente.
unterschreiben [unter' raiben], firmar, suscribir, subrayar.
unterstützen [unter' tytsen], sostener, afirmar.
unterwegs [unter've:ks], durante el recorrido.

unterzeichnen [unter'tsaichnen], suscribir, subrayar.
unumschränkt [unum' reŋkt], absolutamente.
unvollständig [fol tendich], incompleto.
unzufrieden [untsu:fri:den], descontento, insatisfecho.
Urkunde (-, -n), *f.* [u:rkunde], documento, acta.
Urlaub (-es, -e), *m.* [u:rlaup], vacaciones.
Ursache (-, -n), *f.* [u:rzache], causa.
Ursprung (-s, -»e), *m.* [u:r pruŋ], origen, procedencia; fuente.
ursprünglich [u:r pryŋglich], originario, primitivo.

V

Vater (-s, -»), *m.* [fa:ter], padre.
verabschieden[zich fer'ap i:den fon], despedirse.
verändern [zich fer'endern], cambiar.
Veränderung (-, -en), *f.* [fer'enderuŋ], cambio.
Veranstaltung (-, -en), *f.* [fer'an taltuŋ], manifestación.
verantwortlich [fer'antvortlich], responsable.
verbieten [fer'bi:ten], prohibir.
verbinden [fer'binden], conectar.
Verbindung (-, -en), *f.* [fer'binduŋ], conjunción, conexión.
verbindung [zich infer' binduŋ zetsen mit], contactar.
verbittert [fer'bitert zain y:ber], amargar.
Verbrechen (-s, -), *n.* [fer'brechen], delito.
verbrennen [fer'brenen], arder, quemar.
verdienen [fer'di:nen], ganar, merecer.
Vereinbarung (-, -en), *f.* [fer'ainbaruŋ], acuerdo, entendimiento.
Vereinigung (-, -en), *f.* [fer'ainiguŋ], unión, reunión, fusión.
Verfasser (-s, -), *m.* [fer'faser], autor.
verfügbar [fer'fy:kba:r], disponible.
Verfügbarkeit (-, sólo sing.), *f.* [fer'fy:kba: rkait], disponibilidad.
verfügen über [fer'fy:gen y:ber], disponer de algo.
Verfügung (-, -en), *f.* [fer'fy:guŋ], disposición; *zur ~ haben* [tsu:r fer'fy:guŋ ha:ben], tener a disposición.
vergangen [fer'gaŋen], pasado.
Vergangenheit (-), *f.* [fer'gaŋgenhait], pasado.
vergeben [fer.ge:ben], perdonar.
vergeblich [fer'ge:plich], vano, en vano.
vergehen [fer'ge:en], pasar.

vergessen [fer'gesen], olvidar.
Vergleich (-s, -e), *m.* [ferglaich], comparación.
vergleichen [fer'glaichen], comparar.
vergleichsweise [ferglaichsvaize], comparativamente.
verhaften [fer'haften], detener, arrestar.
Verhältnis (-ses, -se), *n.* [fer'heltnis], relación.
verhandeln [fer'handeln], tratar.
verhindern [fer'hindern], impedir.
verhören [fer'hœ:ren], interrogar.
verhüten [fer'hy:ten], prevenir.
verirren [zich ver'iren], extraviarse, perderse.
verkaufen [fer'kaufen], vender.
Verkehr (-s), *m.* [fer'ke:r], tráfico.
verkünden [fer'kynden], anunciar, pronunciar (una sentencia).
verlangen [fer'laŋgen], requerir, pretender.
Verlauf (-s, -»e), *m.* [fer'lauf], desarrollo, curso.
verlaufen [fer'laufen], desarrollarse.
verletzen [fer'letsen], herir; ofender; infringir.
verliebt (in) [fer'li:pt], enamorado.
verlieren [fer'li:ren], perder.
Verlust (-es, -e), *m.* [fer'lust], pérdida.
vermeiden [fer'maiden], evitar.
vermögen [fer'mœ:gen], poder, ser capaz.
vermuten [fer'mu:ten], suponer, presumir.
vermutlich [fer'mu:tlich], presumible.
vernachlässigen [fer'na:chlesigen], descuidar.
verneinen [fer'nainen], negar.
vernichten [fer'nichten], destruir.
Vernunft (-, sólo sing.), *f.* [fer'nunft], razón.
verpassen [fer'pasen], perder (el tren), dejar escapar.
verpflichten [fer'pflichten], obligar.
verringern [fe'riŋgern], disminuir, reducir.
verrückt [fer'rykt], loco.
versammeln [fer'zameln], reunir.
verschieden [fer' i:den], vario, diverso.
verschlafen [fer' la:fen], somnoliento.
Versehen (-s, -), *n.* [fer'ze:en], descuido.
versichern [fer'zichern], asegurar.
Verspätung (-, -en), *f.* [fer' pe:tuŋ], retraso.
versprechen [fer prechen], prometer.
Versprechen (-s, -), *n.* [fer' prechen], promesa.
Verstand (-s, sólo sing.), *m.* [ver' tant], intelecto, inteligencia; *sich verständigen* [zich fer' tendigen], hacerse entender; comunicar.

verständlich [fer tentlich], comprensible.
verständnisvoll [fer' tentnis'fol], comprensivo.
verstecken [fer' teken], esconder.
verstehen [fer' te:en], entender, comprender, interpretar.
verstorben [fer' torben], difunto.
Versuch (-es, -e), m. [ferzu:ch], intento.
versuchen [fer'zu:chen], tratar, intentar, probar.
verteidigen [fer'taidigen], defender, proteger, cobijar.
Verteidigung (-, -en), f. [fer'taidiguŋ], defensa, auxilio.
verteilen [fer'tailen], repartir, dividir; distribuir.
Verteilung (-, -en), f. [fer'tailuŋ], reparto, división; distribución.
Vertrag (-s, -"e), m. [fer'tra:k], contrato.
vertrauen auf [fer'trauen auf], fiarse de, confiar en.
vertreten [fer'tre:ten], representar, sustituir.
Vertreter (-s, -), m. [fer'tre:ter], agente, representante.
verursachen [fer'u:rzachen], causar.
verurteilen zu [fer'urtailen tsu:], condenar a alguien.
Verurteilung (-, -en), f. [fer'urtailuŋ], condena, veredicto.
Verwaltung (-, -en), f. [fer'valtuŋ], administración.
verwandt sein [fer'vant zain mit], ser pariente.
Verwandte (-n, -n), m. [fer'vante], pariente.
Verwandtschaft (-, -en), f. [fer'vant aft], parentela.
verwechseln [fer'vekseln], confundir.
verweigern [fer'vaigern], rechazar.
Verwunderung (-, sólo sing.), f. [fer'vunderuŋ], maravilla, sorpresa.
verzeihen [fer'tsai:en], perdonar.
Verzeihung (-, sólo sing.), f. [fer'tsai:uŋ], perdón.
Vetter (-s, -n), m. [feter], primo.
Vieh (-es), n. [fi:], ganado.
viel [fi:l], muy, mucho; zu ~ [tsu: fi:l], demasiado.
vielleicht [fi:'laicht], quizás.
vielmehr [fi:lme:r], más bien.
vier [fi:r], cuatro.
viereckig ['fi:r'ekich], cuadrado.
Viertel [firtel], cuarta parte, cuarto.
vierzig [firtsich], cuarenta.
Vision (-, -en), f. [viz'jo:n], visión.

Vogel (-s, -"), m. [fo:gel], pájaro.
Volk (-s, -"er), n. [folk], pueblo.
voll [fol], lleno.
vollständig [fol tendich], completo, entero.
vollzählig [foltse:lich], completo.
von [fon], de, para.
vor [fo:r], delante, antes; ~ allem [fo:r alem], ante todo, sobre todo.
vorausgesetzt, dass [fo:'rausgezetst das], suponiendo que.
voraussehen [fo:'raus'ze:en], prever.
voraussetzen [fo'raus'zetsen], presuponer.
vorbeigehen [fo:r'bai'ge:en], pasar delante; ir más allá; im Voraus [im fo:raus], por adelantado.
vorbereiten [fo:rbe'raiten], preparar.
Vorbereitung (-, -en), f. [forberaituŋ], preparación.
Vorderseite (-, -n), f. [forderzaite], parte anterior.
voreingenommen sein ['fo:raiŋge'nomen zain], estar prevenido.
Vorgesetzte (-n, -n), m. f. [fo:rge'zetster], superior.
vorgestern [fo:rgestern], antes de ayer.
vorher [fo:rhe:r], antes.
vorhersehen [fo:r'herze:en], prever.
vorhin [fo:r'hin], hace poco tiempo.
vorkommen [fo:rkomen], ocurrir, suceder.
vorn [forn], delante.
von vorn(e) [fon forne], desde el principio.
vornehm [fo:rne:m], distinguido, noble.
vorrücken [fo:ryken], adelantar, avanzar.
Vorsatz (-es, -e), m. [fo:rzats], propósito, intención.
Vorschlag (-s, -"e), m. m [fo:r la:k], propuesta.
vorschlagen [fo:r la:gen], proponer.
Vorschrift (-, -en), f. [fo:r rift], regla, norma.
vorschriftsmäßig [fo:r rifts'me:sich], conforme a las disposiciones, reglamentario.
Vorschuss (-es, e), m. [fo:r us], anticipo, préstamo.
Vorsicht (-, sólo sing.), f. [fo:rzicht], atención, cautela.
Vorsprung (-s, -"e), m. [fo:r pruŋ], ventaja, adelanto.
vorstellen [fo:r telen], presentar; sich ~ [zich fo:r telen], imaginarse.
Vorstellung (-, -en), f. [fo:r teluŋ], presentación; imaginación; representación, espectáculo.
Vortrag (-es, -e), m. [fo:rta:k], día anterior.

Vorteil (-s, -e), *m.* [foːrtail], ventaja.
vortragen [foːrtraːgen], exponer.
vorüber sein [foːryːber zain], haber o estar acabado.
vorziehen [foːr'tsiːen], preferir.
Vorzug (-s, -ᵉe), *m.* [foːrtsuːk], preferencia.
vorzugsweise [foːr'tsuːks'vaize], preferentemente.

W

wach [vach], el despertar, estar despierto; ~ *werden* [vach veːrden], despertarse.
wachsen [vaksen], crecer.
Wächter (-s, -), *m.* [vechter], guardián.
Waffe (-, -n), *f.* [vafe], arma.
Wagen (-s, -), *m.* [vaːgen], auto, coche.
Waggon (-s, -s), *m.* [va'gon], vagón.
Wagnis (-ses, -se), *f.* [vaːknis], empresa arriesgada, riesgo.
wählen [veːlen], elegir.
Wahnsinn (-s, sólo sing.), *m.* [vaːnzin], locura, demencia.
wahnsinnig [vaːnzinich], loco.
wahr [vaːr], verdadero.
während [veːrent], durante; mientras.
Wahrheit (-, -en), *f.* [vaːrhait], verdad.
Wald (-s, -ᵉer), *m.* [valt], bosque.
Wand (-, -ᵉe), *f.* [vant], pared, muro.
wann [van], cuando.
Ware (-, -n), *f.* [vaːre], mercancía.
warm [varm], caliente.
Wärme (-, sólo sing.), *f.* [verme], calor.
warnen [vaːrnen], poner en guardia, avisar.
warten auf [varten auf], esperar.
warum [va'rum], por qué.
was [vas], qué es lo que (interrogativo).
Wäsche (-, -n), *f.* [ve e], lencería.
waschen [va en], lavar, hacer la colada.
Wasser (-s, -), *n.* [vaser], agua.
WC [veːtseː], lavabo.
Wechselkurs (-es, -e), *m.* [vekselkurs], cambio de divisas.
wechseln [vekseln], cambiar.
wechselweise [vekselvaize], alternativamente.
wecken [veken], despertar.
weder... noch [veːder/ noch], ni... ni.
weg [vek], fuera.
Weg (-es, -e), *m.* [vek], vía, carretera, camino.
wegen [veːgen], por, a causa de.
weggehen [vekgeːen], irse.
weglaufen [veklaufen], escapar.
wegnehmen [vekneːmen], sacar, quitar.

Weihnachten pl. (sing. Weinnachisfest (-s)), *n.* [vainachten], Navidad; *frohe* ~ [froːe vainachten], ¡feliz Navidad!
Weihnachtsferien [vainachtsfeːrjen], vacaciones de Navidad.
weil [vail], porque.
Wein (-es, -e), *m.* [vain], vino.
Weinberg (-es, -e), *m.* [vainberg], viña.
weinen [vainen], llorar.
Weintraube (-, -n), *f.* [vaintraube], uva.
Weise (-, -n), *f.* [vaize], modo; *auf diese* ~ [auf diːze vaize], de este modo.
Weisheit (-, -en), *f.* [vaishait], sabiduría.
weiss [vais], blanco.
weit [vait], ancho.
Weite (-, -n), *f.* [vaite], anchura.
weiter [vaiter], adelante; ulterior, otro.
weiterhin [vaiterhin], a continuación; en el futuro.
weiterleiten [vaiterlaiten], tramitar.
Weizen (-s, sólo sing.), *m.* [vaitsen], trigo.
welcher [velcher], cual, el cual.
Welle (-, -n), *f.* [vele], ola.
Welt (-, -en), *f.* [velt], mundo.
wen [veːn], quien (ac.).
wenden [venden], pasear, dar una vuelta; *sich* ~ *an* [zich venden an], dirigirse a.
wenig [veːnich], poco.
weniger [veːniger], menos.
wenigstens [veːnichstens], al menos.
wenn [ven], si.
wer [veːr], quien.
werden [veːrden], convertirse en.
werfen [verfen], lanzar.
Werk (-es, -e), *n.* [verk], obra, creación; establecimiento.
wert [veːrt], digno; ~ *sein* [veːrt zain], merecer, valer.
Wert (-es, -e), *m.* [veːrt], valor.
Wertpapier (-s, -e), *n.* [veːrtpa'piːr], título negociable.
weshalb [ves'halp], por qué.
Westen (-, sólo sing.), *m.* [vesten], Oeste.
Wetter (-s, sólo sing.), *n.* [veter], tiempo atmosférico.
Whisky (-s, -s), *m.* [viski], whisky.
wichtig [vichtich], importante.
Wichtigkeit (-, -en), *f.* [vichtichkait], importancia.
Widerstand (-s, -ᵉe), *m.* [viːder tant], resistencia, aguante.
widerstehen [viːder teːen], resistir.
wie [viː], como; ~ *viel* [viː fiːl], cuanto.

wiederholen [vi:derho:len], repetir.
wiedersehen [vi:derze:en], volver a ver; *auf* ~ [auf vi:derse:en], adiós.
wiegen [vi:gen], pesar.
Wille (-ns, -n), *m.* [vile], voluntad.
willkommen [vil'komen], bienvenido.
Wind (-es, -e), *m.* [vint], viento.
Winter (-s, -), *m.* [vinter], invierno.
wir [vi:r], nosotros.
wirklich [virklich], verdaderamente.
Wirklichkeit (-, -en), *f.* [virklichkait], realidad.
Wirkung (-, -en), *f.* [virkuŋ], efecto, consecuencia.
Wirtschaft (-, -en), *f.* [virt aft], economía.
Wirtschaftszentrum, -zentren [virt afts'tsentrum], centro económico.
wissen [visen], saber, conocer.
Wissen (-s, sólo sing.), *n.* [visen], conocimiento.
wer weiß [ve:r vais], quién sabe.
Wissenschaft (-, -en), *f.* [visen aft], ciencia.
wo(hin) [vo:(hin)], donde.
Woche (-, -n), *f.* [voche], semana.
woher [vo:'he:r], de donde, por donde.
Wohlbehagen (-s, sólo sing.), *n.* [vo:lbe'-ha:gen], sensación de bienestar.
Wohnung (-, -en), *f.* [vo:nuŋ], apartamento, vivienda.
Wolle (-, sólo sing.), *f.* [vole], lana.
wollen [volen], querer.
Wort (-s, -"er/-e), *n.* [vort], palabra.
Wortführer (-s, -), *m.* [vortfy:rer], portavoz.
wozu [vo:tsu:], a qué.
Wunder (-s, -), *n.* [vunder], milagro, prodigio.
wunderbar [vunderba:r], maravilloso.
Wunsch (-s, -"e), *m.* [vun], deseo; *auf* ~ [auf vun], a petición, por encargo.
wünschen [vyn en], felicitar, desear.
Wüste (-, -n), *f.* [vy:ste], desierto.
wütend werden [vytent ve:rden], enfadarse.

Z

zählen [tse:len], contar.
zahlreich [tsa:lraich], numeroso.
Zahn (-s, -"e), *m.* [tsa:n], diente.
Zahnbürste (-, -n), *f.* [tsa:nbyrste], cepillo de dientes.
zart [tsart], tierno, fino, frágil.
Zauber (-s, -), *m.* [tsauber], encanto, encantamiento, magia.
zauberhaft [tsauberhaft], encantador, mágico.
zehn [tse:n], diez; ~ *Stück (etwa)* [tse:n tyk etva], decena.

zeichnen [tsaichnen], dibujar.
Zeichnung (-, -en), *f.* [tsaichnuŋ], dibujo.
Zeigefinger (-s, -), *m.* [tsaigefiger], índice.
zeigen [tsaigen], mostrar.
Zeit (-, -en), *f.* [tsait], tiempo.
Zeitung (-, -en), *f.* [tsaituŋ], diario.
zentral, Zentral- [tsen'tra:l], central.
Zentrale (-, -n), *f.* [tsen'tra:le], central, centralita.
Zentrum (-s, Zentren), *n.* [tsentrum], centro.
zerbrechen [tserbrechen], romper, infringir.
zerstören [tser' tœ:ren], destruir.
Zeug (-s, sólo sing.), *n.* [tsoik], cosas, material.
Zeuge (-n, -n), *m.* [tsoige], testigo.
ziehen [tsi:en], tirar.
Ziel (-es, -e), *n.* [tsi:l], objetivo, meta, intención.
ziemlich [tsi:mlich], bastante.
Ziffer (-, -n), *f.* [tsifer], cifra.
Zigarette (-, -n), *f.* [tsiga'rete], cigarrillo.
Zimmer (-s, -), *n.* [tsimer], habitación.
Zimmerrechnung (-, -en), *f.* [tsimer'rechnuŋ], cuenta de la habitación.
Zins (-es -en), *m.* [tsinzen], *pl.* interés.
zittern vor [tsitern vor], temblar de.
zivil, Zivil- [tsi'vi:l], civil.
zögern [tsœ:gern], vacilar.
Zone (-, -n), *f.* [reg'jo:n], zona.
Zorn (-es, sólo sing.), *m.* [tsorn], cólera.
zu [tsu:], a, por.
zubereiten [tsu:be'raiten], preparar, aderezar.
züchten [tsychten], criar, adiestrar (animales).
Zucker (-s, sólo sing.), *m.* [tsuker], azúcar.
zuerst [tsu:'erst], antes, en primer lugar.
zufrieden mit [tsu:'fri:den] *(+dat)*, contento de, satisfecho con.
zufriedenstellen [tsu:'fri:den telen], contentar, satisfacer.
Zug (-s, -"e), *m.* [tsu:k], tren.
zugeben [tsu:ge:ben], servir; añadir; admitir, aceptar.
zugehen [tsu:ge:en], alcanzar.
zuhören [tsu:hœr:en], escuchar.
Zukunft (-, sólo sing.), *f.* [tsu:kunft], futuro; *in* ~ [in tsu:kunft], en el futuro.
zuletzt [tsu:'letst], por último.
zunehmen [tsu:ne:men], aumentar.
Zunge (-, -n), *f.* [tsuge], lengua.
zurück [tsu:'ryk], detrás.
zurückbringen [tsu:'rykbriŋgen], restituir.
zurückfahren [tsu:'rykfa:ren], volver.

zurückhaltend (sein) [tsu:'ryk'haltent zain], ser reservado.
zurückkehren [tsu:'ryk'ke:ren], regresar.
zurückrufen [tsu:'rykru:fen], retirar; recordar, acordarse.
zurückweisen [tsu:'rykvaizen], rechazar.
zusammen [tsu:'zamen], junto.
zusammenfassen [tsu':zamenfasen], resumir, compendiar.
Zusammenkunft (-, -»e), *f.* [tsu:'zameŋ-kunft], encuentro.
zusammensetzen [tsu:'zamenzetsen], componer.
Zustand (-es, -e), *m.* [tsu: tant], condición, estado.
zuständig [tsu: tendich], responsable, competente.
zustimmen [tsu: timen], consentir, aceptar.
Zuverlässigkeit (-, sólo sing.), *f.* ['tsu:ferlesich'kait], fiabilidad.
zuvorkommen [tsu:'fo:rkomen], prevenir.
zwanzig [tsvantsich], veinte.
zwar [tsva:r], ciertamente, cierto que.
Zweck (-es, -e), *m.* [tsvek], fin, objetivo; *zu welchem* ~ [tsu: velchem tsvek], con qué fin.
zwei [tsvai], dos.
Zweifel (-s, -), *m.* [tsvaifel], duda.
zweifelhaft [tsvaifelhaft], dudoso, incierto.
zweifeln [tsaifeln], dudar.
zwingen [tsvigen], obligar.
zwischen [tsvi en], entre.
zwölf [tsœlf], doce.

ÍNDICE ANALÍTICO

adjetivo calificativo, 57
als, 142, 151, 182
also, 216
an, 54
anstatt ... zu, 142
aposición, 139
artículo determinado, 22
auf, 54
aus, 52
außerdem, 217
adverbios
— con función copulativa, 216-218
— de tiempo, 146-150
— pronominales, 194-196
— relativos, 100

bei, 52
bevor, 180
bis, 180
bleiben, 140
brauchen, 141

comparativo del adjetivo y el adverbio, 92-95

comparativo de superioridad, igualdad e inferioridad, 94-95
complementos de tiempo, 146-150
subjuntivo, 112, 114, 128, 206-208, 213-216
— imperfecto, 213-216
— imperfecto de los verbos auxiliares, 113, 128
— imperfecto de los verbos modales, 112, 113
— presente, 207, 208
conjunciones, 78-80, 85, 102, 130, 142, 150, 151, 166, 167, 179-183
— adversativas, 182
— causales, 102, 103
— concesivas, 183
— condicionales, 114, 215
— consecutivas, 180-183
— coordinativas, 167, 168, 180-183
— correlativas, 148
— finales, 130
— temporales, 167, 168, 180, 181

conjugación de los verbos débiles, 23
construcción
— de la oración, 78, 79, 159-161
— de frases principales, 25
— de una pregunta, 25, 38-41

da, 102
dabei, 194
dadurch, 194
dafür, 194
dagegen, 194
daher, 217
damit, 130, 194
danach, 194
daran, 194
darauf, 194
daraus, 194
darin, 194
darüber, 194
darunter, 194
das, 22
dass, 85, 215
davon, 94
davor, 194
dazu, 194, 195
dein, 67
den, 29, 30
denen, 80
der, 22, 80

deren, 80
determinante, 22
— declinación, 28, 29
deshalb, 217
dessen, 80
deswegen, 217
die, 80
diese, 82
dieser, 82
dieses, 82
du, 24
durch, 54
dürfen, 33, 34

ehe, 167, 168
ein, 29, 30
entlang, 30, 53
entweder ... oder, 150, 151
er, 23
es, 83, 85
euer, 67

fecha, 46
für, 54
futuro, 138, 139
gegen, 53
gegenüber, 52
género, 22
genitivo de los nombres propios, 63

gerundio, 129
días de la semana, 44

hin und her, 143
hinter, 54
horas del día, 43, 44
hören, 140

ich, 23
ihr, 23
imperativo, 74
in, 54
indem, 183
indicativo, 23, 24, 85, 86, 112, 113, 138, 140
— Pretérito imperfecto de,
— — de los verbos auxiliares, 56
— — de los verbos débiles, 101
— — de los verbos fuertes, 144, 145
— — de los verbos modales, 113
— Presente de,
— — de los verbos auxiliares, 24
— — de los verbos débiles, 23
— — de los verbos modales, 33
infinitivo, 139-142
inzwischen, 21

kein, 29
Konjunktiv I, 207, 208
Konjuntiv II, 213-216

können, 32, 33

lassen, 140
lassen (+ infinitivo), 115

mein, 66
meses, 45
mit, 52
mögen, 32, 33
müssen, 32, 33

nach, 52
nachdem, 180
nämlich, 217
neben, 54
negación, 29, 30
nicht, 30
nombres geográficos, 89-92
números
— cardinales, 41, 42
— ordinales, 45, 46
obwohl, 183
ohne, 53
ohne ... zu, 142
oraciones
— de gerundio, 151, 152
— relativas, 81
— secundarias (subordinadas), 79, 80, 99-103, 130, 131, 142, 143, 161, 180, 188

participio pasado, 86-89, 130
participio presente, 128-130
pretérito perfecto, 85, 86
pasivo, 103-105
— de los verbos modales, 105
pluscuamperfecto, 145, 146
prefijos separables, 56
preposiciones, 51-54, 68-70
— que rigen acusativo, 53, 54
— que rigen dativo, 52-54
— que rigen genitivo, 70
pronombres
— demostrativos, 82
— interrogativos, 80, 83, 179
— personales, 23, 67
— posesivos, 65, 67
— relativos, 80-82
— reflexivos, 71

sehen, 140
seit, 52
seit(dem), 181
Sie, 23
sie, 23
so dass, 182
sobald, 181
solange, 181
sollen, 32, 33
sondern, 179, 180
sonst, 218

sustantivos, 30-32
— formación de, 162-164
— masculinos en *-(e)n*, 189-194
— especiales, 115-117
sowohl... als auch, 150, 151
statt, 70
superlativo del adjetivo y del adverbio, 92-94
trotz, 70
trotzdem, 218
über, 54
um... zu, 102, 103, 142
unser, 66
unter, 54

verbos
— con preposición, 69-71
— débiles, 23
— de acción y de estado, 71, 72
— modales, 32, 33
— reflexivos, 72
— inseparables, 55
— separables, 55, 56
von, 53
vor, 54

während, 70, 181
was, 99, 100

was für ein, 83
weder ... noch, 150, 151
wegen, 71
weil, 102
welcher, 40
wenn, 142, 144
wir, 23

wo, 100
wohingegen, 182
wollen, 32, 33
würden (+ infinitivo), 104, 105

zu, 53
zwar, 168
zwischen, 54

www.ingramcontent.com/pod-product-compliance
Lightning Source LLC
Chambersburg PA
CBHW050515170426
43201CB00013B/1967